崔敬伯财政文丛

崔敬伯 著

图书在版编目（CIP）数据

崔敬伯财政文丛/崔敬伯著.
—北京：中央编译出版社，2015.6
ISBN978-7-5117-2651-3

Ⅰ.①崔…
Ⅱ.①崔…
Ⅲ.①财税－文集
Ⅳ.①F810-53

中国版本图书馆CIP数据核字（2015）第101211号

崔敬伯财政文丛

出 版 人：	刘明清
出版统筹：	贾宇琰
责任编辑：	杜永明
责任印制：	尹 珺
索引编制：	贺 天
出版发行：	中央编译出版社
地　　址：	北京西城区车公庄大街乙5号鸿儒大厦B座（100044）
电　　话：	（010）52612345（总编室）　（010）52612341（编辑室）
	（010）52612316（发行部）　（010）52612317（网络销售）
	（010）52612346（馆配部）　（010）55626985（读者服务部）
传　　真：	（010）66515838
经　　销：	全国新华书店
印　　刷：	北京印刷一厂
开　　本：	720毫米x1000毫米　1/16
字　　数：	1642千字
印　　张：	100
版　　次：	2015年6月第1版第1次印刷
定　　价：	380.00元
网　　址：	www.cctphome.com　　邮　箱：cctp@cctphome.com
新浪微博：	@中央编译出版社　　　　微　信：中央编译出版社（1D：cctphome）
淘宝店铺：	中央编译出版社直销店（http://shop108367160.taobao.com）（010）52612349

本社常年法律顾问：北京市吴奕赵阎律师事务所律师　闫军　梁勤
凡有印装质量问题，本社负责调换，电话：（010）55626985

序

  崔敬伯先生是我国著名财政学家,民国时期因博学笃志,备受学林称誉。新中国成立后,参与新税制的建立,但终因政治运动而长才未展。

  崔家后人经多年辛劳,收拾遗著,辑为《崔敬伯财政文丛》一书。书中所论非常广泛,涉及中西财政思想的分野源流,改进税制、抑制通货膨胀等方面的研讨,其中有关财政与宪政、财政公开、打击贪腐等方面的论述,都显现出他的远见卓识。人文学术,本来就是人类共同的财富;何况财政学作为经国之大业,更需要世代的接力传承。因此,这本书的出版不仅是对敬伯先生的生平事业的最好纪念,更将成为研究现代中国财政学和财政史的一部基本的参考文献。

  愿读者诸君珍之重之,在继承和研究前人学术成就的基础上,培育出更新更美的成果。

崔敬伯先生（1897~1988）

1930年，作者与母亲、妻子、三个女儿

1931年，作者在英国寓所就餐

1935年，作者在北平

1947年，作者在南京

1930-1932年,作者在英国就读的伦敦大学政治经济学院一角

1962年,全家同游中山公园(北京)

作者1984年参加中国税务学会成立大会，
与曾参加过1949年首届全国税务会议的代表合影

1984年，作者与原河北省立法商学院校友合影于校友李大钊陵园

1985年,全国第一届财政史助教进修班开学时,作者与学员合影

1986年,全国第一届财政史助教进修班结业时,作者与学员合影

作者1987年九十寿辰时,在其诗词选作品上题名留念

作者1987年九十寿辰时,与前来祝寿的朋友们交谈

Devon Lodge
Addison Bridge Place
London W.14
16.9.30.

Dear Mr Tsui,

Thank you very much for your charming letter. The cost of books today is, of course, prohibitive and I much regret it; but the expenses of publication are also very high. I hope one day that the publisher will be persuaded to issue cheap editions of them.

Yours faithfully,
Harold J. Laski

在英国留学时，伦敦大学政治经济学院拉斯基教授写给作者的亲笔信

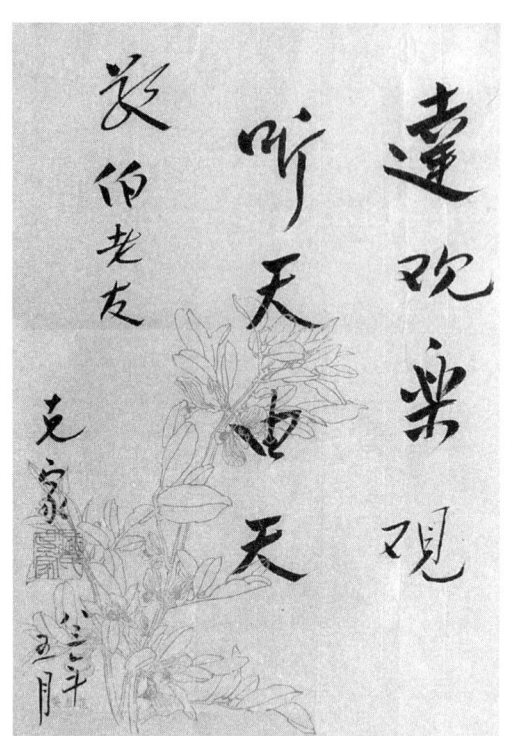

1983年，诗人臧克家写给作者的祝辞

1987年，财政部原部长吴波祝贺作者九十寿辰的诗作

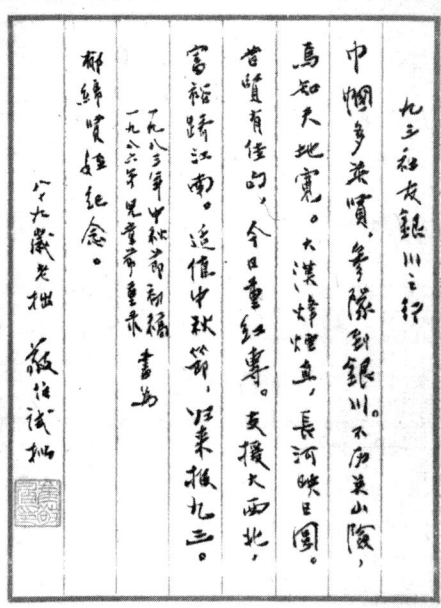

作者1986年《九三社友银川之行》手稿

作者毛笔手书《四时读书乐》诗篇摘句

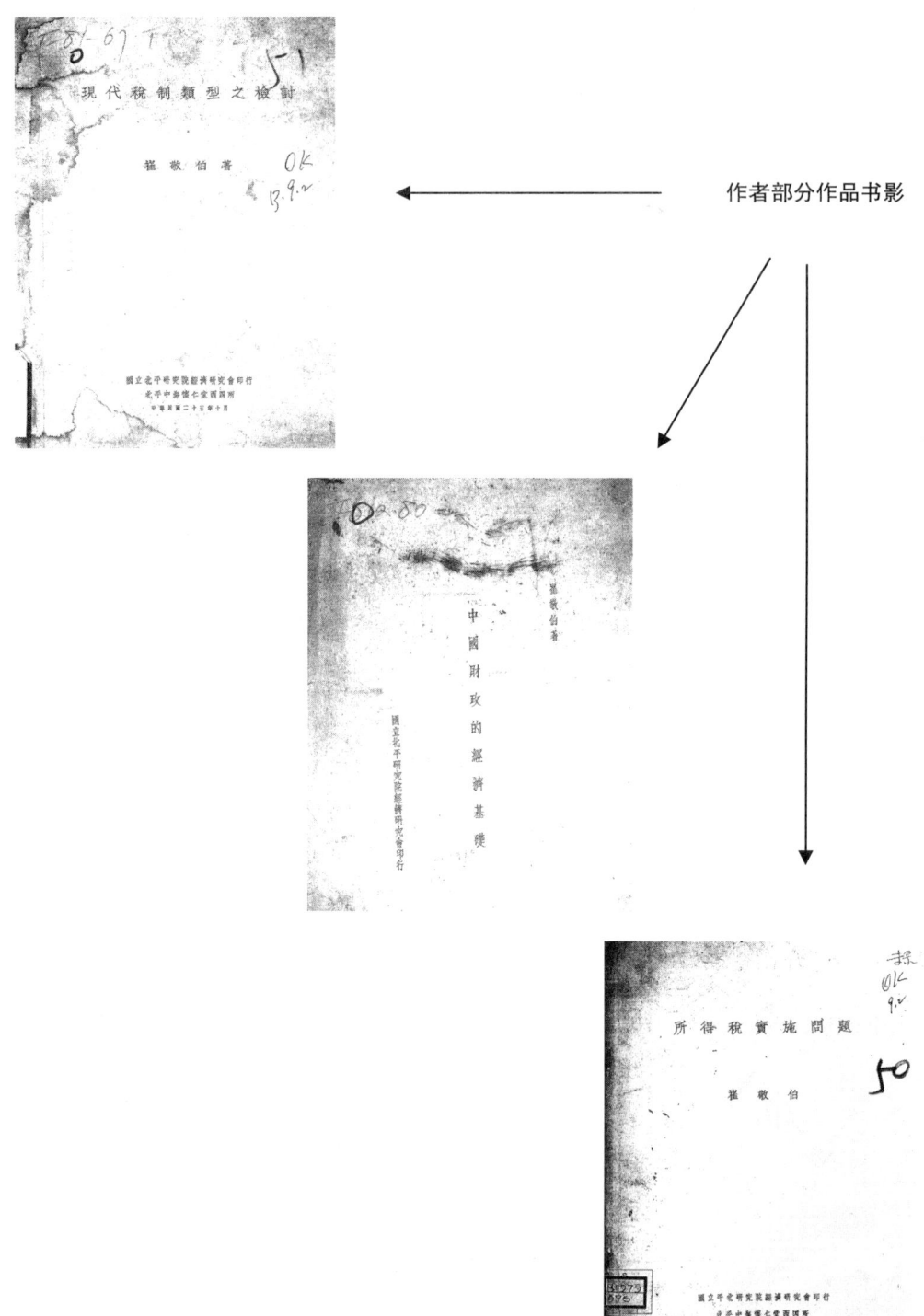

作者部分作品书影

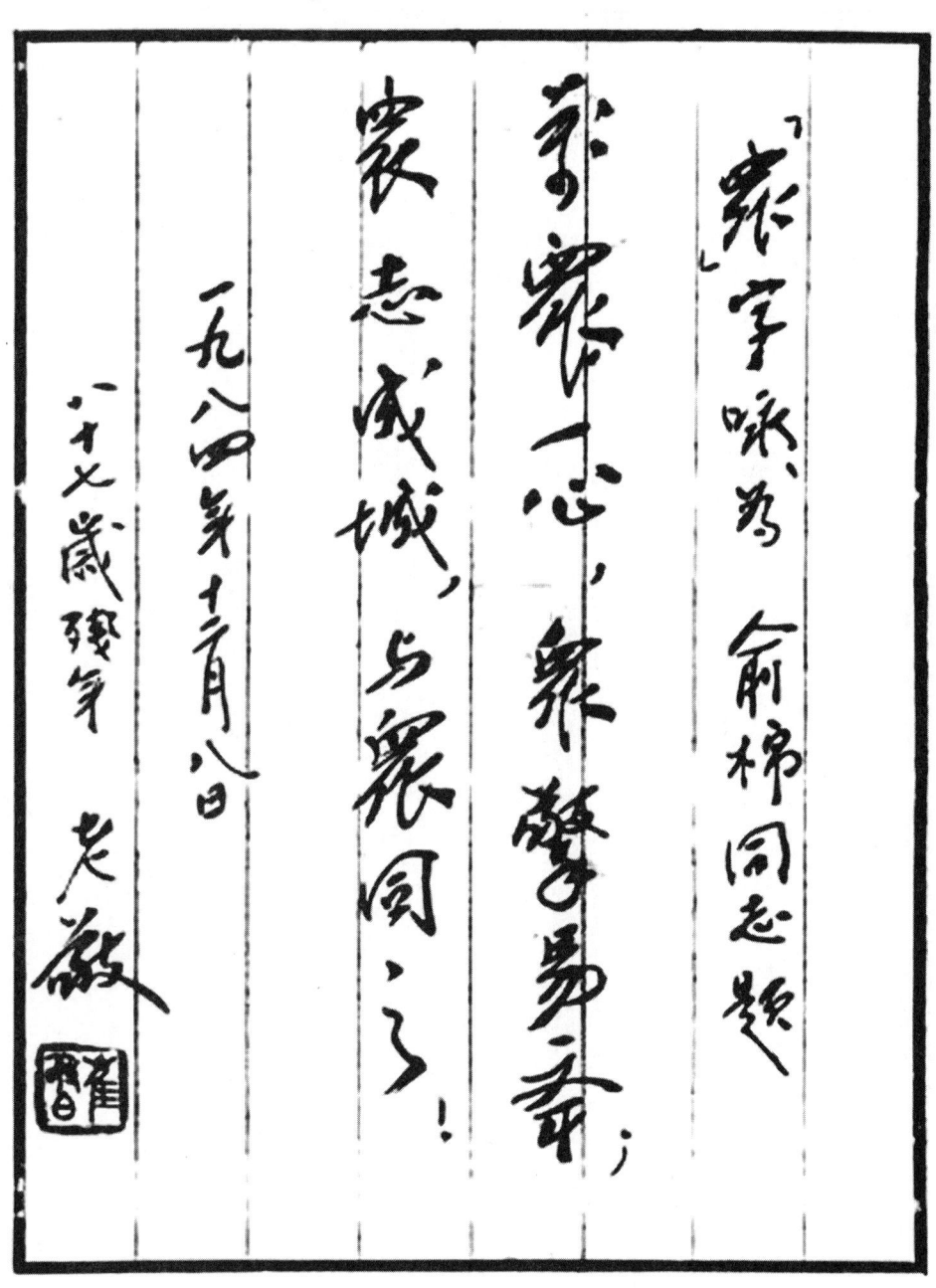

1984年，作者为俞棉同志题"'众'字咏"

作者1937年在天津《大公报》"经济周刊"上发表的论文

作者1939年给重庆《时事新报》"财政与金融"周刊撰写的发刊词

作者自治的印鉴

出版说明

我国著名财政学家、财经教育家、中央财经大学(原中央财政金融学院、中央财政干部学校)老领导、教授崔敬伯（1897-1988）先生，直隶宁河(今属天津)人。早年曾就读于天津北洋法政学堂附中、直隶公立法政专门学校商科。后留学日本东京大学、英国伦敦大学政治经济学院。一九三二年回国，曾任燕京大学、北平大学、中法大学、中国大学教授，国立北平研究院研究员，川康直接税局局长，直接税署副署长和国民政府立法委员。其间致力于将西方财税理论和民主思想介绍到中国，并积极推动其在中国的实践。

中华人民共和国建立之初，崔敬伯先生于一九四九年十二月就任中华人民共和国财政部税务总局副局长，并参与筹备和召开首届全国税务会议，参与制定《全国税政实施要则》，统一全国税政，创建新中国税制体系，成为新中国税收体制的奠基人之一。一九五零年十月，他参加中国民主建国会，历任民建中央委员。

一九五五年五月，崔敬伯先生调任中央财经大学的前身之一——中央财政干部学校，任副校长，负责教学研究工作，同时兼任国家税务总局副局长。一九五八年二月起，任中央财政金融学院专任教授，"从事教学，专研财政"。一九六零年与王子英先生在中央财政金融学院首次开设"中国财政史"课程，并写出讲义。一九六三年，不顾六十七岁高龄，完成了《中国财政史》第二稿。一九六六年，"文化大革命"开始后，他被剥夺了工作权利，身心遭到严重摧残，但他却将自己珍藏的一部分中外财政专著，捐献给中央财政金融学院。一九六九年九月，他第二次将自己珍藏的中外财政专著一千余册（内有不少珍贵的古籍线装书）捐献给中央财政金融学院。一九七八年三月，中央财政金融学院复校。从一九七九年六月起，他担任中央财政金融学院顾问。一九八零年一月，中国财政学会成立；二月，他被推选为第一届理事会理事。同月，他与王子英先生合著的《中国财政简史》由中国财政经济出版社出版，被财政部确定为全国高等财经院校教材。崔敬伯先生十分重视财政史教学与研究的基础文献建设，一九八二年二月，他为中央财政金融学院汉语教研室编纂的《财经古文选》作序。一九八三年六月，他被聘为中国财政学会第二届理事会顾问。一九八四年十二月，他被聘为中国税务学会顾问。一九八七年二月，他的《财税存稿选》一书由中国财政经济出版社出版。一九八七年四月，中央财政金融学院为他印制《静泊诗词选》；同年五月，他被聘为中国财政学会第三届理事会顾问。一九八八年五月二十七日，崔敬伯先生因病在北京逝世；六月十三日，民主建国会中央委员会暨中央财政金融学院在北京八宝山公墓大礼堂，为崔先生举行隆重的追悼大会。悼词中称：他的一生"是不断追求进步的一生"。

崔敬伯先生一生勤奋好学，知识渊博，特别专于财税理论和财税史研究，他既是民国时期现代财税理论和实践的探索及传播者，也是二十世纪七八十年代财政史学界"七校八老"之一的教育家。他为财政史的研究和传承，为中央财经大学的教育事业做出了重要贡献。

正如原财政部税务总局局长刘志城言："在我们整理税史、研究改革的时候，回溯过去，总能想到您（崔敬伯，编者注）的业绩。"为使今人了解和继续研究崔敬伯先生的财税思想，为反映中央财经大学财政史研究的历史渊源，更感谢崔敬伯先生为中央财经大学财政理论和财政史学科建设做出的贡献，在崔敬伯先生第二代至第四代后人所做大量文稿资料收集、整理和核校等工作的基础上，中国财政发展协同创新中心与中央编译出版社携手推出《崔敬伯财政文丛》，以纪念崔敬伯先生孜孜不倦探索财税科学的一生。

由于本书收录的文章，写就、发表于二十世纪三十年代到八十年代，加之涉及的外国人名、作品和理论著作相当多，因此，翻译名称自然带有时代的印记。所以，我们在编辑出版过程中，只对特

出版说明

别重要的外国人名以作者曾经使用、现代仍然通用的名称统一替换（如熊彼特），对于涉及的大量其他作者名称，则按照使用最多的来统一（如比沃瑞治、瓦格纳）。我们把文中大量的繁体字予以简化处理，对作品的引文格式予以规范。特别需要指出的是，我们精心编制了一个中外人名、专有名词的全页码索引文件，以便于读者检索和使用。其他诸如文字、标点、观点等，为保留原貌，我们不做处理（只对个别原出版时纰漏的错别字和标点作了更正）。

崔敬伯先生学识宏富，中西知识信手拈来，英语和古语的使用游刃有余，在陡增"仰之弥高"的敬佩之情时，也给我们编辑出版工作带来相当压力。虽然经过近两年的艰辛努力，但对这部五十多年时间跨度、古今中外融通的财税经典之作，仍然有我们力不能及的纰漏之处，敬请专家学者和读者朋友不吝指正。

中央财经大学中国财政协同发展创新中心
财政学院中国财政史研究所
中央编译出版社
二零一五年一月十五日

前　言

——开张天骨挥橡笔

李胜良

受崔敬伯老前辈之哲嗣崔君望先生之邀，为《崔敬伯财政文丛》撰写前言，其间的况味与唐朝元稹应杜甫后人之请撰写《唐故工部员外郎杜君墓系铭并序》颇有几分相近。元稹为大他六十七岁的杜甫作铭，未曾与杜甫谋面，所得信息与灵感均来自口碑和文字。我为大我六十八岁的崔敬伯先生文集撰写前言，同样无缘亲聆受教而得益于文献和寻访。而我对崔敬伯先生道德文章的认知，竟也同元稹之于杜甫的研判有相当的暗合："余读诗至杜子美而知大小之有所总萃焉。……至于子美，盖所谓上薄风骚，下该沈宋，言夺苏李，气吞曹刘，掩颜谢之孤高，杂徐庾之流丽，尽得古今之体势，而兼人人之所独专矣。使仲尼锻其旨要，尚不知贵，其多乎哉。苟以其能所不能，无可无不可，则诗人以来，未有如子美者。"这恰也是我的心声：在财税研究领域，崔敬伯也正是这样的"总萃"之才，自有财税研究以来，论及才、学、识、德的综合资质"兼人人之所独专"，也大可以一句"难有如静泊者"论断之。

杜甫是诗中之圣，崔敬伯先生又曷尝不是中国财税学界的泰斗呢？考诸杜、崔生平业绩，我寻到了以下的许多相匹之处：（一）杜甫是一位屡入官场的诗人，他的诗因而有了庙堂和江湖兼而统之的悯世情怀。而崔敬伯与诸多财税学者的一大不同，在于他多番参与财税实践，并以国民政府川康直接税局局长、财政部直接税署副署长、新中国中央人民政府财政部税务总局副局长的一线在场身份，亲身参与了波澜壮阔的立税、治税、办税活动。这样紧密跟踪财税实践并做出理论演绎的优越境遇，在民国也许只有贾士毅堪为比附;（二）杜甫以"诗史"名世，崔敬伯则以他财税文章与时代的微观同步，卓然独立且卓尔不群;（三）杜甫在遣词炼句方面堪为宗师，崔敬伯则因其在英文、中国古文、现代文的深厚学养而尽得文采斐然之味，并成就义理、考据、辞章尽臻至善的境界。这在学者每欠文采、作家总差学问的当今看来更是灿若朗星——事实上，我本人最初正是因为《财税存稿选》的华美文采而发自内心地喜欢上崔敬伯的;（四）杜甫一生视诗如命，在人生的最后一刻仍有诗作《风疾舟中伏枕书怀三十六韵》，崔敬伯则将他的三个恒定身份即学者、师表和诗人保持终生：九秩之岁，他还在写作《税务管理六要》；去世前一年，他又发表《寄希望于中青年税友》；生命将熄，他居然还有诗赠护工之举❶;（五）杜甫投注于诗的精力世所罕匹，佳作比例更是亘古领先。崔敬伯之于财税研究的勤奋与多产令人惊讶，其诸多著述则成为研究民国税收史、共和国税收史不可绕过的文献。未读及本文集时，我关注过他在一九三六、一九三七两年的学术井喷。现在我才知道，他在一九三九年至一九四五年的重庆更是文思泉涌、文运强劲。在本已紧张的办税工作以外，他同时为多家杂志撰写专栏，综合论文、杂文、诗歌的发表量可达到一年一百篇以上的强度，仅计一九三九年十一月在重庆《时事新报》上的"财说"就刊载了八篇;（六）杜甫始终坚持着他的"致君尧舜上，再使风俗淳"的社会理想，而崔敬伯则无论是在教学、学术、公务、立法那个岗位上，都有着深厚而且踏实的入世情结，效大禹、墨翟为人手足胼胝、摩顶放踵，努力贯彻他有功于历史的使命。有趣的是，在"税收取之于民用之于民"的红色税收义理还没有在边区叫响时，他在国统区就已经有过这样旗帜鲜明的语句："政府为人民而存在，政府之开支，不能不取之于民，但必须用之于民！而不能以多数人之输将，徒供少数人之享乐！故周公之诫成王，有曰：其无淫于游、于观、于逸、于畋，以万民唯正之供。"❷他德行高洁，"无道人之短，无说己之长"，"入污泥而不染"，但凭学识、修养和历久坚持的精神立世，"坚

---

❶ 即逝世三个月前写就的《龙家略壮友察改》。
❷ 刊载于1945年4月28日重庆《新民报晚报》"读书札记"（30）。

持不贪污,只凭自己的劳动,靠工资和写稿的稿费收入来养家",赢得了最大界面人们的认可。川康老同事说他"高风亮节",中央财政金融学院的悼词中称他在旧社会"从政十年,洁身自好,两袖清风",纵是专程到四川调查的红卫兵,回来向"清理阶级队伍"负责人汇报也只三个字:"没问题。"

我曾经数度抒写这位让我心仪的故人❶。其中一篇评传类文字里的表达,可视为我的"不易之论":在中国现代税收史上,也许没有谁比崔敬伯更称得上是税收门类的"百科全书"了。他研究税学、创立新税、主持税政、普及税理,穿梭于税收理论、立法、实践、教学的多维空间,且都做出了出类拔萃的业绩。因为早年受过日本大内兵卫,英国拉斯基、达尔顿,美国塞利格曼等财政经济学者的真传,又有着扎实的国学根底,再加上后天的精诚努力,崔敬伯学贯中西而又融会贯通,其无论是文采、学问、素养、德行都堪称楷模。这一切都有助于他在税收领域同时取得立德、立功、立言的不朽声名。作为一个晚生后学,回味起他的涉税履历中的桩桩件件,不由得肃然起敬,心驰神往。

在对崔敬伯先生已经面世的数部文稿包括《中国财政简史》《财税存稿选》《静泊诗词选》以及崔氏后人编辑的《崔敬伯纪念文集》有过深度研读之后,此番细品崔敬伯财政学文论集,我更加充实了这样的判断:他是财税学术领域一位不世出的奇才,是一位因其学问与文采俱佳、理论与实践俱佳、诗品政品与学品人品俱佳、中西学养俱佳而致空前绝后难以复制的多维立体人格典范。他曾经活跃于那个文化人可以凭借自己的一身绝学立身扬名的时代,他也因而与我倾心的那个"民国二十五年才俊群"如陈登原、朱偰、罗玉东、梁方仲、胡善恒、陶希圣、鞠清远、李权时、何廉等构铸起一座纵是今天的人们也需仰目以视、景行行止的丰碑。一九八八年崔敬伯

---

❶ 2008年以来我先后写过多篇关于崔敬伯的文字,其中"财税学者崔敬伯的雅士风范"收入我的《大任斯人》一书,"崔敬伯评传"发表于《河北税务》,"崔敬伯心中的税收正道""崔敬伯的1949年"发表于《宁夏日报》,"'毋忝尔职,真值是崇'——崔敬伯的税收情怀"发表于《陕西国税》,"'税人'之歌"发表于《中国税务》。

先生仙逝时，我还没有完成自己的大学学业，对税收学的研究还只算初窥门径，自是无缘得蒙这位"宠才货殖传经济"、"文章道德万人师"、"久历序庠名教授，创行直税老前驱"的巨匠的耳提面命。但我还是走访过许多受过崔先生点拨的学者，他们对崔先生的敬重让我这位私淑者感念不已。他们几乎都对我谈起，先生的文章才具、学识和运笔都称一流，是后学无从企及的，更不要说超越了。

读崔敬伯的文章，在那随时穿插着英语、古代汉语和精巧译文的字里行间徜徉，读者总能感受到一种如痴如醉、如沐春风的感觉。深刻的税理，在这位文字高手的驾驭下，竟被赋予了鲜活、灵动、澄澈的美文元素，不能不让你叫绝称美。从崔敬伯文章中那些唯美齐整的归纳中醉心分享他的才情，确是一件赏心悦目的事。试举三例：他总结出一套行之有效的教学法，谓之三"F"：一是 fair play，即公平的竞赛，他译为"公以相律"；二是 faithful contact，即诚恳的接触，他译为"诚以相接"；三是 free discipline，即自由的纪律，他译作"舒以相即"❶。他翻译美国学者蒲徕恩的租税定义，称其公共目的有三，即公安（social safety）、公道（social justice）、公益（social welfare, material and immaterial）。更绝妙的是他翻译雪莱的《歌与英人》(Song–To the Men of England)，驭驾妥贴的竟是颇为圆熟的《诗经·大雅·瞻卬》笔法：汝莳种子，人反收之；汝寻财富，人反有之；汝织衣裳，他人曳之；汝铸军器，他人挟之；莳尔百谷——毋贻暴主；寻尔财富——毋集贪夫；织尔衣裳——毋饰怠荒；铸尔军器——挟之自防。❷以这样的译笔佐证他对战时财政的论说，真是珠联璧合琴瑟和鸣。

从一九一六年在直隶公立法政专门学校商科读书时接触到财政学、一九二七年在日本选修现代财政学、一九三零年在英国伦敦政治经济学院受教于名师拉斯基、达尔顿修习财政学，到一九八八年以中国财政学会、中国税务学会、中央财政金融学院顾问身份辞

---

❶ 载于 1944 年 10 月 30 日重庆《大公晚报》"公退随笔"（47）。

❷ 崔敬伯：《财税存稿选》，中国财政经济出版社 1987 年版，第 77 页。中间有一句，是崔敬伯先生手写加补上去的——我手中的赠本，是他生前修订过的。

世，崔敬伯在财政学领域的耕耘长达七十余年。与此相关的身份先后有八个：读书人、教师、学者、财税专家、新税先驱、税务官员、诗人、专栏作家。在一九三八年至一九四五年的重庆，这样八种身份甚至交替、叠加、融合于一炉。如此多的角色作好一个已不可得，何况要在如此多的功能和使命间自然而畅意地穿越。纵是在公务至为繁忙之时，他的读书也不曾间断。从曾经发表的专栏系列《东游漫录》《读书札记》《公退随笔》中，人们很能见出他读书之宽、精、深。有过在中央财经大学特藏图书阅读经历的人们也会证明，六十九岁后的崔敬伯，曾经先后将他的千余册珍藏书籍，献给大学图书馆。教师更是崔敬伯的一个永恒身份，从其一九一九年二十三岁以第一的成绩毕业于直隶公立法政专门学校（后改名为河北省立法商学院）商科并留校开始自己的教学履历，到一九七九年以八十三岁高龄莅临重新整合的中央财政金融学院开设讲座，从少壮时"台前执教鞭，自问已汗颜"的战战兢兢，到耄耋之年"老当益壮恢余勇，满座菁英学少年"的兢兢业业，其在讲台上的时间竟长达一个甲子。几十年间，仅仅是他讲授过财政、税收课的学校就可以开列出如下的一大串：燕京大学、北平大学、中法大学、中国大学、朝阳学院、中央大学、重庆大学、中央政治学院、金陵大学、中央政治大学、湖南大学、北京大学、北京铁道学院（现北京交通大学）、中央财政干部学校（中央财政金融学院、中央财经大学的前身）……学者的资历更不必说，且不提国立北平研究院研究员、国民政府财政部所得税筹备委员会特邀研究员、中央财政干部学校教授这样的标志性称号，仅看本书收录的400多篇学养深湛、异彩纷呈的财税文章，便足可令人叹为观止。很早就以智囊形象参与民国所得税创建、后来又以智库之器襄助描绘共和国税制新图、先后以国民政府和共和国高级税务官员资历参与国共两党财税建设的这些傲人资历，自是无愧财税专家、新税先驱、税务官员的美誉加身与职守担当。《新民报晚刊》称"崔敬伯氏为国内有数之财政专家"；财政学大家许毅称其为"中国税收领域的著名专家"，"一九三七年他还直接参与起草了中国的第一部《所得税法》"；周邠说他"非今世税人所能易见者"；闵庚尧说他是"我国财政税务理论专家、教育家"、"学院第一号专家、教授";吴家俊说"在民国时期的财政税收界的老前辈中,以崔老最为权威";苏联专家说"你们中国也有自己的财政专家,崔敬伯就是一个",皆非虚泛之誉。

事实上,崔敬伯最为知名的一首诗词,因与发生在重庆的毛泽东《沁园春·雪》唱和风潮相关联,而名声大噪。在那团赞颂、敬佩、怀疑、诋毁众口难调的唱酬热风中,这篇自居"顶天立地之老百姓"、题为《蒋管区所谓的大后方》的词作中,本属"国府"官员的崔敬伯表达的完全是一种价值中立的姿态:不怒不笑,不温不火,不亢不卑,不折不扣。该词写道:"一夕风横,八载抗战,万里萍飘。恨敌蹄到处,惟余榛莽;衣冠重睹,仍是滔滔。米共珠殊,薪同桂贵,欲与蟾宫试比高。抬眼望,盼山河收复,忍见妖娆! 名城依旧多娇,引多少接收竞折腰。惜蒿里鹑衣,无情点缀;泥犁沟壑,未解兵骚。天予良时,稍纵即逝,苦恨颓梁不可雕。沧桑改,念今朝如此,还看明朝"。

让崔敬伯在非公共领域知名的另一宗趣事,则来自于他在教学生涯和专栏文章中参与对马克思《资本论》中提及的一位清朝官员的"正名"。马克思写道:"清朝户部右侍郎 wan-mao-in 向天子上了一个奏折,主张暗将官票宝钞改为可兑现的钞票。在一八五四年四月的大臣审议报告中,他受到严厉申斥。他是否因此受到笞刑,不得而知。审议报告最后说:'臣等详阅所奏……所论专利商而不便于国'。"对于此一记述的重大意义,有研究者说:一八五四年中国发生的事,在一八六七年德国出版的《资本论》中就有记述,而且是在讲货币理论时被提及,可见在《资本论》作者的思想中,古代中国的货币思想特别是有关纸币的理论和措施是值得参考的,至少具有为"强制流通的国家纸币"提供相关参照的理论价值。然则,对于这位在大清历史和中国货币史上应该占有一席之地的人,在《资本论》东传时并不怎么为人所知,于是才有陈启修把 wan-mao-in 译为"万卯寅"而日本学者则译为"王猛殷"的事情发生。所幸有一九三零年以后崔敬伯、王思华、侯外庐、郭沫若、吴晗等人的考证，才让这位有精深造诣却不得志的清朝学者型官员的事迹得见天日。想想看，由崔敬伯这样做过财政官员的学者为同样做过财政官员的王茂荫"平反"，又是如何的雅事呢？

读了崔敬伯的诗集你会知道，他其实还有许多堪为史笔的佳作。比如他在《中国财政史》二稿修成后的即席赋诗，颇能记载新中国第一部财政史著述的诞生流程和作者居于阶级本位的心路历程："半封半建祸益烈，敲骨吸髓宁有止"与"共产健将揭红旗，彻底翻身荡渣滓"的措辞虽然打上了时代的烙印，其阐明的"我辈应研财政史"、"生动教育盈此纸"的观点却并不受到意识形态的影响。再如他的《水调歌头：财政与金融》一词，因其对"太公九府圆法"、"管仲弘羊心计"、"刘晏马上总思量"、"洪范五福先言富"等大密度典故的运用而成财政诗名篇。其他如《八年感悟》《税人铭》《直接税税歌》，更是以感性生动的文字形象展现税收诸事，当年曾经优于涉税公文而产生了良好的税宣效果，今天仍然以胜于涉税史料的鲜活度引发读史者的兴味。

崔敬伯的诗词创作早在一九一四年就有成文❶，其专栏写作则始于一九二七年在《国闻周报》的《东游漫录》三十七篇❷，那时的他已经展露出对于日人汉诗的圆熟解读。后来他分别在诸多报刊开设专栏，《读书札记》（重庆《新民报晚刊》）、《公退随笔》（重庆《大公晚报》）、《财说》（重庆《时事新报》）等一波波有如行云流水的文字汨汨而出。据崔氏后人统计：《读书札记》有一百二十九篇❸，《公退随感》有三百零七篇❹。接触到由崔氏后人们悉心收拢的这本文集后，我对他在重庆时期于《时事新报》起于一九三八年九月十九日止于一九四六年八月二十二日发表的一百九十一篇"财说"生发了深厚的兴致。此前由崔氏后人排比的《崔敬伯年谱》，未曾提及这一时期的笔耕详情。读了文集让我大为感喟：就是在重庆时期这读书

---

❶ 崔氏后人共搜集到崔敬伯诗词430余首。

❷ 自1927年8月7日至1928年3月31日。

❸ 自1945年3月21日写至1945年8月29日，合每月20多篇。

❹ 自1945年9月1日起，至1946年7月30日止，合每月10数篇。

人、教师、学者、财税专家、新税先驱、税务官员、诗人、专栏作家八种身份纷繁展演时，崔敬伯居然有他超过六百篇❶的诗作、杂文、专论发表。即使是在四、五十岁的当打之年，这工作负荷也有些太重了吧？难怪他会在一九四五年因患心脏衰弱症而住院，而那样的情势下，宁静淡泊的他想到的缓解之策竟然不是减少文牍劳形之苦而是请辞直接税局局长！

　　有了面前这部集崔氏第二、三、四代后人统合之力搜集、抄录、整理、校核、编辑的《中国财政问题论丛》，后学终于得见崔敬伯财税学建树的大观。崔氏家族向有长寿基因，从崔敬伯曾祖的八十四岁到他本人的九十二岁，代有例证。这也确保了崔敬伯子女君慧、君定、君戒、君望退休之后才得以从容不迫凝神静气地从事对父亲财经文集的归拢梳理。我在二零零九年取得与崔氏后人的联系时，纵是其中第二代中年龄较小的崔君望先生也已经七十五岁，彼时，崔敬伯的长女君慧，则已经八十七岁。由这样一群耄耋老人主持编辑的崔敬伯文集有多么难得，可以想见。而且，崔氏后人中没有一个从事财税事业者甚至缺少受过文科训练者的这一景况，更是增添了此一文集编校工作的难度。一群可敬的老人主持为一位更可敬的老人汇纂文集，本身就透着佳话。品读这样一部文集，领略作者五十余年如一日的财税笔耕，徜徉于其间"开张天骨挥橼笔"❷的奇思妙想、丽句清辞，也自是雅事一宗了。

　　联系崔敬伯生平及本文集来看，崔敬伯的财税研究可做以下纵向分期：伦敦时期（1930～1932）、北平时期（1933～1937）、重庆时期（1938～1946）、南京时期（1947～1948）、长沙时期（1949）、北京时期（1950～1988）。其中最为多产的时期是在重庆八年。新中国成立后崔敬伯以其扎实的理论和经验被"结合"进了税务决策层，与高秉坊、钱剑飞等一起成为制度转轨时期民国财税精英参与国家税收治理的一道风景线。可惜的是，北京时期的三十八年，他的创作

---

❶ 从《崔敬伯财政论丛》一书可以见出此一时期（1938～1946）发表的财税文论达239篇，加上400多篇的杂文专栏，以及数以十计的诗作，这一数字并未高估。

❷ 这是1986年4月周邠、文泽宏、黄其杰等在《敬老九秩嵩庆》诗中的句子。

量不过四十篇，不到这部文集的十分之一，甚至不及重庆八年论文的六分之一，在一生一千三百多篇诗文❶中占据的比例就更显尴尬。建国后平均一年一篇论文（且大多属于讲话、总结）的窘况，与重庆时期平均每年三十篇论文的盛况呈现天壤之别。究其缘由，一九五七年被打成右派，"文革"中又被剥夺工作，以及税制渐趋简化甚至式微状况下税收理论圈的无限清冷，乃是内因和外因。一个满腹经纶的老专家长达三十年的斯文寂寞，不能不说是财税理论界的悲哀。

崔敬伯财税研究的显见特征是它的实践性、现实性、对策性。学以致用、读以致用、研以致用、教以致用、倡以致用并始终与时代需要同步俱进，是本文集收录的四百多篇财税文论的整体取向。基于这一点，他在每个时期的创作都各有侧重。伦敦时期，他的主要笔触置于西方财政学引进，代表作为发表于天津《大公报》的《最近英国之地方财政》（译作）和发表于《国闻周报》的《大战后各国国家财政的新趋势》（译作）；北平时期，主要研究精力集中于对所得税创建和战时财政的探究，代表作有《现代所得税制之综括的检讨》（译作）《苏俄现行之所得税制》《所得税实施问题》《从间接税到直接税——税制改革的批判与展望》❷《军事负担与中国农村》《战时租税政策》《从金库到火药库——军扩财政之蓦进》《战时财政与中国——中国财政的政治条件》。这两个研究方向也成为他长期关注的理论和实践问题。就是在这一时期，他在国立北平研究院经济研究会的三篇单行本论文《所得税实施问题》《中国财政的经济基础》《舆论与财政公开》面世。重庆时期，他的主要研究方向是抗战财政和直接税实施，这是两个具体而微的命题，由崔敬伯那细腻周详、旁征博引的绣花纤笔写来，不仅透彻生动，而且入木三分。比如他为论证对敌财政的学理，专门写出《财政游击与游击财政》《论

---

❶ 据不完全统计，崔敬伯一生写有诗词430余首，专栏杂文470余篇，论文400余篇。还不包括讲义、书信等。

❷ 正是这篇文章的发表，引起了所得税筹备委员会的关注，并成为他受聘直接税创建和管理的契机。

财政自信》这样细致入微的文章。"游击财政"的七条原则，至今读来仍让人忍俊不禁。为确保在财政上"知己知彼"，他花费相当精力研究我方和"暴敌"的财政、货币、税收实力，写出《敌我财政的对比》《法币在华北》《法币在江南》《法币与国际》《法币在"孤岛"》《论日元改系》《中日货币战的现阶段》《暴敌通货膨胀的窘态》《倭岛寻金之热与幻》《由对敌货币战争说起》《打破"畸形经济"》，尽得财政战之妙，为当局提供了详实的理论与实战凭据。他又写出多篇文章，论证征收所得税、过分利得税、遗产税的必要性与可行性，并以堪称税宣典范的《纳税的荣誉——一个新时代的财政哲学》《新年与新税——以所得税加强抗战财政之资源，以遗产税促成现代政治的进展》《"纳了税还透着高兴"》《释暴富不祥——国家征课利得税及遗产税的哲学基础》《前方战胜，后方纳税》《守真歌并序》等文章，以喜闻乐见、直入心灵的用笔阐明这种必要和可能。南京时期，他的着眼点是财政复员，恰是抗战胜利后的民意主流，代表作是《从财政看宪政》。这样一篇文章的立意，纵是今天读来也不落后。长沙时期，他的着眼点已经落在转型期财政的展望上。对于旧制度的清算是他从思想上转向新阵营的一个显见标志。在《湖南日报》上发表的"八斥词"即《斥压制学潮》《斥逃资》《斥中统与军统》《斥豪门（一至五）》也是这一时期奔向光明的心曲袒露。北京时期的主题是新中国税制建设，代表作有《新民主主义财政政策及税收政策纲要》《从特权财政到人民财政》《怎样认识纳税？——"共同纲领"税收政策的透视》《现行工商业税解说》。读崔敬伯那些时代气息、宏观视野、微观细节、恣肆才思扑面而来的文章后你会认识到，他本人就是一部活的民国至共和国初年财政史。将他的文章与贾士毅的巨著《民国财政史》《民国续财政史》对接，从一九一二年至一九五六年这四十多年的财政变迁便一目了然。

就这本文集讨论崔敬伯财税研究的横向分野，可以归纳为以下八类：基础理论、应用理论、财税实务、财税历史、财税人物、外域财税、财税诗词、财税公文。基础理论研究如《国家岁出理论分析》《现代租税制度之构成与战费负担分配之决定》（译作），体现了

前 言

他扎实的现代财政学功底；应用理论如《恐慌深化中"租税国家"的危机》《危机交迫中之中国财政与金融》《螺旋型财政的透视》《从"租税国家"到"企业国家"》，一腔忧国忧民的热情和哲思跃于纸面；财税实务更是崔敬伯的强项，在《如何解决华北财政问题》《所得税实施问题》《过分利得课税问题》《征实范围扩充问题》《坚决肃清纳税中的假账与瞒报——通过"五反"运动建立真账与实报》等文章中，人们自能体悟一位资深财税专家的强大实力；财税历史总是在崔敬伯的文章中信手拈来左右逢源，专题性的研究如《财政观之中华古国》（译作）、《罗马衰亡之财政的原因》《国史上最成功的总动员》《最近十年中国财政批判》《印花税的回顾与展望》蕴含着朴重深厚的历史意识；崔敬伯最欣赏的财税历史人物有英国的达尔顿（Hugh Dalton）和中国唐朝的刘晏，有多篇文章中都提及他们并给予高度褒扬。其中关于达尔顿的文章分别有《英财长达尔顿氏之生平》《少花与善用》《学者之达尔顿》《师表之达尔顿》《财政家之达尔顿》《达尔顿的财政思想》《最高社会福利》《厚生与财政》❶等多篇，完全可以支撑起一部体系谨严的《达尔顿评传》。达尔顿可以说是崔敬伯心中的人生坐标，二人身兼财政家与财政学家的人生履历颇是相匹❷。外域财税研究也是他这样一个双料海归的职责所系，《资本主义末期的英国财政》（译作）、《苏联财政中的预算问题》（译作）、《恐慌激化中之各国税收问题》（译作）、《苏俄现行之所得税制》《世界两大财政类型的对比》《国际财政协助之展望》《当前一战中的人·物·法》《国际贸易会议与我国贸易政策》等文，排闼而出的是那么一种学贯中西、融会贯通的化境；崔敬伯的很多诗词都与财税有关，除了前面提过的诸篇，《虞美人·斥所谓剿共的内战》《虞美人·战时财政何时了》《水调歌头·三把刀与三条路》等，都是这方面的佳篇；崔敬伯写过许多财税公文，可绝无今天常见的那种八股之

---

❶ 除第一篇之外，其余诸篇分别见于慧定戒主编：《静泊——崔敬伯纪念文集》，2005年版，第194～204页。

❷ 崔称道达尔顿：他是一位学识湛深的学者，是一位久历沙场的社会主义壮士，同时又是一位有抱负、有经验的政治家，而其本色，则是一位理想甚高同时又不忽略实际的学者。

气,全然一派博雅的书卷气和通透达观的人情味,如刊载于《税工研究》上的发言、开幕词和总结,甚至成为几位票友专题收录的明确目标。

崔敬伯生于当年辖于河北省的宁河县,出任国民政府立法委员时,也是出于河北读书人的推选。我当年发表《崔敬伯评传》,便是作为"河北税史人物"的一篇。另外,崔敬伯夫人崔颖若,籍贯清苑温仁,更是距我老家不远的乡亲。我能有幸为崔敬伯文集撰写前言,也拜这份难得的乡情所赐。身为后学,我颇为服膺倪镇先生在崔敬伯九十大寿时写下的贺寿佳句:"治学薄政,杏坛之光。桃李争艳,誉满朝乡。献身新税,业绩辉煌。国初改革,税制优良。九十高龄,谋献是张。国之瑰宝,德能其昌。如山之寿,逢吉康强。盛世人瑞,国之祯祥。培育后进,不厌其详。治学有道,兰桂齐芳。先生之风,山高水长。"希望《崔敬伯财政文丛》的出版能够引来更多人对崔敬伯道德文章的关注。

此为前言,以表达对崔敬伯先生发自心底的钦敬,并就教于大方之家。

清苑李胜良[1]谨识

---

[1] 李胜良,1965年生于河北清苑。2000年于东北财经大学获经济学硕士。现供职于河北省地税局科研所,兼上海交通大学税务研究所研究员。著有《纳税人行为解析》《发票撷趣》《税收脉络》《大任斯人》《税道长安》《曹钦白评传》等书,发表税收文论300多篇。近年先后在《陕西国税》《宁夏日报税务周刊》《海西税务》《大连税务研究》《唐山地税》《广东地方税务》《河北税务》等刊开设税收文化专栏。自2008年开始研究崔敬伯,已发表相关文章8篇。

目　录

序
出版说明
前　言

一九三零年 ……………………………………………………………… 1

财政观之中华古国 2
经济科学之现在的地位 5
最近英国之地方财政 15
拉斯基论罗素 20
一九三零年之欧罗巴回顾与前瞻 24
大战后各国国家财政的新趋势 29
剩余的物与冻馁的人 37

一九三一年 ……………………………………………………………… 41

世界的财政与经济 42

一九三二年 ……………………………………………………………… 47

政治的根本问题 48
经济改造与政治改造 52

一九三三年 ……………………………………………………………… 57

罗马衰亡之财政的原因 58

国家岁出理论分析 63
河北省遭难区域的财政问题 70
五千万美金棉麦借款问题 75
怎样救济战区？ 84
英国地方财政制度 88
如何解决华北财政问题 97
财政政策的根本义 101
贪污的剥削与民族的前途 105
亟待解决的华北农村救济问题 110
民族意识中的农本思想 113
又是一次二重的战时财政？ 116

一九三四年 119

现阶段的中国财政 120
中国的内债（书评） 125
军事负担与中国农村 130
宪法与预算 134
制宪与财政监督 138
资本主义末期的英国财政 142
苏联财政中的预算问题 146
美国预算制度与N. R. A. 149
现代租税制度之构成与 战费负担分配之决定 152
现代所得税制之综括的检讨 156
恐慌激化中之各国税收问题 162
战时租税政策 168
租税原则之动态的检讨 172

一九三五年 179

世界财政动向鸟瞰 180
恐慌深化中"租税国家"的危机 193
租税政策的歧途 200

目 录

危机交迫之中国财政与金融 203
苏俄现行之所得税制 210
经济研究工作计划 219
财政学方法论商榷 222
中国社会之癌 229

一九三六年 235

租税负担之分配问题 236
非常时期经济教学内容商榷 241
理财要政 244
从金库到火药库 247
内外交乘之财政管理问题 252
中国金融财政之发展阶段 256
所得税实施问题 260
现代税制类型之检讨 287
中英信用借款的透视 298
中国财政的经济基础 300
财政与大众 309
战时财政与中国 313
论遗产税原则及其实施 322
吾国新所得税制之缺点 324
从间接税到直接税 326

一九三七年 333

中国财政之划时代的展开 334
实报与中国财政 345
所得税全部开征以后 349
中国财政中的金融统制 351
军扩财政的新姿态 365
国民意志与国家财政 367
舆论与财政公开 373

最近财界之传说与现实 374

最近财政之传说与现实 377

螺线型财政的透视 382

财政部与中央银行 384

当前中国财政问题 387

从"租税国家"到"企业国家" 390

所得税与现代生活 392

最近十年中国财政批判 394

说"预算日" 405

世界两大财政类型的对比 407

所得税与应能负担 414

评二十六年度国家总概算 416

所得税与外侨 419

所得税与租界 421

推行所得税的人事问题 424

论预算类型 426

平均人民负担 428

谈税制改革 430

整军之财政意义 432

从间接税到直接税 434

遗产税应即实行 447

国民经济的基本认识 449

现阶段之国民经济与国家财政 451

一九三八年 ················· 459

所得税与国防公债 460

抗战财政的根本认识 464

国际风云与中国财政 468

税法与税人 470

财务人员如何训练？ 472

论开征遗产税 474

目 录

税制改革之展望 477

节约与治安 479

所得税与抗战 481

今后之经济与财政 483

从管理贸易说到贸易国营 485

过分利得课税问题 487

国际财政协助之展望 489

新经济基点之创设 491

论稳定金融 493

英美借款成功与我国战时财政 495

战区财政问题 497

一九三九年 499

新财政之诞生 500

我们所望于重庆市财政 503

亟待树立之新关税政策 505

敌我财政的对比 507

财政游击与游击财政 509

亟待研讨之地方财政 511

教育的经济基础 513

战时财政下的教育 515

勖二届地方金融会议 517

英国贷款谈判成功 519

法币在华北 521

献金与避税 523

再论法币在华北 525

三论法币在华北 527

国际财政援助与债信 529

人事管理中树立客观标准刍议 531

纳税的荣誉 533

公债政策与长期抗战 535

所得税与商业 537

四论法币在华北 541

劳动与生产 543

法币在江南 545

再论法币在江南 547

财政建设 549

战时财政与法币 554

中日货币战的现阶段 559

外汇波动中之法币问题 563

西南经济建设与抗战 566

法币与国际 568

再论法币与国际 570

如何增进运输效能 573

税人与税政 575

欧战中的几个经济问题 584

我战时财政的前途 586

法币在"孤岛" 595

欧战与中国经济 597

论日元改系 600

国防公债第一次还本付息与所得税 602

远东经济与美国 604

脱轨的钱和力 606

直接税制度之树立 608

以财政加强法币 610

论物价问题 612

物价与生活 614

教育与财政 616

再论教育与财政 618

三论教育与财政 620

"财政与金融"周刊发刊辞 622

四论教育与财政 624

新岁前抗战财政之展望 626

目 录

一九四零年 ……………………………………………………………… 629

我国战时财政之检讨 630

新年与新税 636

遗产税与战时财政 638

财政与金融之分野与联系 640

遗产税与现代政治 643

再论财政与金融之分野与联系 645

再论以财政加强法币 648

侨汇与战时财政 650

遗产税实施之商榷 652

财话·"纳了税还透着高兴" 669

暴敌通货膨胀的窘态 670

追念财政学大师塞利格曼老教授 672

健全财政在抗战中长成 675

倭岛寻金之热与幻 680

财话·释"牺牲均等" 682

论消费统制 683

肃清贪污由官吏自觉始 685

非常利得纳税问题 687

消费景气批判 689

赋税政策与物价水准 691

从战时税政到建国税政 693

吾国战时贸易与关税之变迁 699

物价腾贵中消费管理问题 709

前方战胜，后方纳税！ 711

勖直接税处 713

释直接税 715

直接税与政治建设 717

今日起开征遗产税 720

国民负税能力如何 722

再论国民负税能力 724

抗战中直接税体系之长成 726
论法币的韧力 732
释暴富不祥 734
漫谈平抑物价 736
遗产税与教育 738
劝储运动与募债运动 740
论财政自信 742
勖直接税处业务会议 744
论游资 746
再论游资 748

一九四一年 ………………………………………………… 751

直接税之理想与实际 752
论印花税票之节约 756
说预算日 758
劝募与摊派 762
由对敌货币战争说起 764
积极促成专卖制度 766
论地价税之开征 768
财政与财政家 773
整顿地方财政 775
厉行赋税政策 777
暂行租税系统划分标准蠡测 780
直接税与行政管理 783
中国经济史之划期的展开 786
三届财政会议蒭影 792
财话·二黄对映 801
新财政政策的推行 802
研讨专卖问题之指标 804
财政统一的础石 807
税收与税政 809

目 录

打破"畸形经济" 813

冻结资金与物价 815

舆论与财政 817

直接税与中国财政 819

释税徽 824

奖励资金内移 826

平价问题的重心 828

平价与"人第一" 831

物价与货币 833

紧缩平论 835

紧缩平论补 838

当前一战中的人·物·法 841

平价的机会 844

吸收游资的正道 846

物资管制的初步要求 848

一九四二年 851

生产"重点主义" 852

物资局的前瞻 854

物价问题的再检讨 856

统制经济的现实问题 859

经济检查之重要 862

调节供求关系 864

经济动员的基调 866

借款运用方法总检讨 868

课征直接税问题 871

消费节约与后方物资 873

再论英美贷款的运用 880

物资管制新阶段 882

财政之紧缩与动员 884

推销美金节建储蓄券 890

今日财政之核心——经理 892

生产管制问题 896

大算盘与小算盘 898

财政真义与新税政 900

证券交易所设立问题 903

保障人民财产所有权 905

全面平价的实施 907

税政与税负 909

理财与养耻 914

国史上最成功的总动员 917

阻遏生产逆势的狂流 920

发国难财者自赎之道 922

川康营业税接办及调整经过纪要 924

纠正平价的错觉 936

学术与财政 938

扫除假账运动 944

扶持国家的重要安定力 947

一九四三年 ········ 949

论美国战时财政政策 950

今天以后的责任 952

平等新约与计划经济 954

限价工作之改进 956

商人应负起限价的责任 958

限价的新办法 960

战时总预算的编审 962

取缔黑市问题 964

筹划利用外资 966

征实范围扩充问题 968

国营与民营 970

廉吏与浊世 972

目 录

奖励外资与战后经济建设 976

利用外资的原则 978

宪政实施与经济建设 980

新税人之期待 982

税务管理刍言 988

论直接税 994

一九四四年 …………………………………………… 997

实施民生主义的设计 998

献金与节约 1000

直接税税歌歌词 1002

守真歌并序 1003

建立标准计税制 1004

普遍展开募债运动 1008

法币的前途 1010

论所利得税简化稽征 1013

如何推动遗产税 1015

税训与税风 1017

当前财政问题 1021

如何转移风气？ 1023

战后中国财政问题 1025

新税人的培养 1033

直接税的人事制度 1035

军事与财政 1039

释客观 1041

当前的物价问题 1043

外销物资管制政策 1045

中国战时经济之特征 1047

论财政指导原则 1049

黄金与美钞 1051

黄金问题之检讨 1053

一九四五年 ······ 1055

严惩贪污整饬吏治 1056

防止物价上涨 1058

新时代与新商业 1060

物价波动之主要原因 1064

战时对外贸易问题之检讨 1066

加强物价管制的必要 1068

中央银行的过去及将来 1070

贸易自由之检讨 1072

当前工商业的危机 1074

国难商人要救济吗？ 1076

薄俸与贪污 1078

新生活运动与民族复兴 1080

加速确立对外贸易方针 1082

企业复员第一声 1084

一九四六年 ······ 1087

国际经济合作展望 1088

谈财政复员 1090

复员建国与经济政策 1092

国际贸易会议与我国贸易政策 1094

泛论开放外汇市场案 1096

财政经济问题的症结 1098

物价问题及其对策 1100

公务员应加强保障 1102

如何稳定财政 1105

江南的危机 1107

对外贸易应如何改革 1109

从管制物价说起 1111

可怕的入超 1113

论外汇变更暨废止出口税 1115

目 录

一九四七年 ········· 1117

英财长达尔顿氏之生平 1118

中国经济史新页的迟临与倏逝 1121

经济激流中之中间阶层 1126

战时财政何时了？ 1130

安定天下与安定一方 1134

直接税考试及格人员讲习班 开学典礼训词 1138

人材消长与均权政治 1140

水与中国经济 1144

政治现状下改善经济 并非完全无用 1148

惩贪与养耻 1150

支配经济生活之三大收支 1154

一九四八年 ········· 1159

改进所得税制度拟议 1160

税人铭 1163

从财政看宪政 1164

多方面的努力 1168

血液与心脏 1169

改革币制与稳定币值 1172

改革币制与平衡财政 1176

吸收游资与公债政策 1181

烽火话节约 1186

当前财政政策 1188

经济改革要抓住豪资 1193

一九四九年 ········· 1195

军事财政与发行 1196

逃资与外援 1201

机能财政学的展开 1205

教育与财政 1209

转型期财政的展望 1213

一步一步的推进计划经济制度 1223

膨胀财政的穷途 1226

财政新类型的展开 1236

财政剥削与农业循环 1244

印花税的回顾与展望 1252

新财政体系中的货物税 1255

一九五零年 ······ 1259

关于税务管理的意见 1260

新民主主义财政政策及 税收政策纲要 1267

怎样认识纳税？ 1272

在全国货物税业务会议开幕会上的讲话 1279

在全国货物税业务会议总结会上的讲话 1282

从特权财政到人民财政 1284

全国税务会计会议的开幕词 1288

全国税务会计会议的总结报告 1291

税务问题 1296

第一次全国税务机关 计划工作会议开幕词 1300

第一次全国税务机关 检查工作会议开幕词 1304

一九五一年 ······ 1309

税收政策与调整公私关系 1310

新形势与新税法 1315

第二次全国货物税业务和
　第一次全国票证工作会议开幕词 1317

在第一次全国税务干部 教育会议开幕时的讲话 1322

第一次全国直接税 业务会议的总结报告 1325

现行工商业税解说 1341

第二次全国地方税 业务讨论会总结报告 1355

目 录

一九五二年 ········· 1363

坚决肃清纳税中的假账与瞒报 1364

一九五三年 ········· 1367

现行印花税的回顾和展望 1368
税务问题解答 1372
一九五三年度各级税务机关税收征解业务
　会计制度草案试行工作基本总结 1380
第四次全国税收会计工作会议总结报告 1386

一九五四年 ········· 1393

保证税收防止偷漏的重要意义 1394
全国第一次商品流通税业务会议及
　第三次货物税业务会议开幕会的讲话 1398
人民税政是为人民宪法而服务的 1399
努力完成税收任务，保证国家预算收入 1401
关于初级市场情况座谈会综合发言 1404
私营企业建立节约制度的重要意义 1411
税务工作人员在遵守宪法和
　保证宪法的实施方面负有重大的责任 1414

一九五六年 ········· 1419

我对于"百家争鸣"方针的认识 1420
在税务监察工作座谈会 闭幕会上的讲话 1423
欢迎税工同志向科学进军 1425
试论财政科学中的"百家争鸣" 1428

二十世纪八十年代后 ········· 1433

《财经古文选》序言 1434

以六计隆"四化",以一勤应百忙 1435

以古为鉴 可知兴替 1436

《中国税务》创刊献辞 1439

中国税务学会成立大会咏歌 1440

寄希望于中青年税友 1442

崔敬伯年谱 1445

郡望与家世 1446

年　谱 1448

附　录 1471

深切怀念崔敬伯前辈先生 1472

关山险阻 征途漫漫 1476

坦荡如砥 超然物外 1483

一阕《沁园春》 为民鼓与呼 1489

参考文献 1493

一、外文图书 1494

二、中文图书 1498

三、报刊杂志 1501

索　引 1505

中国人名 1506

外国人名 1511

专有名词 1517

编后记 1557

一九三零年

财政观之中华古国

（一九三零年六月十四日）

> 无论那一位，如果瞥见了这个论题而且打算看一看，则我以怯弱的心情希望他能够一直看到底。
>
> 都说我们中华是古国，但是古到什么程度，毕竟不甚了然，因为一个人是看不见自己的面孔的，找一个很亮的镜子，将自己的面孔映在镜子里，客观详细地看一看吧。现在因为环境的需要，要我们先从财政这方面去着眼。
>
> 采一个最极端的客观观察法，听一听一个外国人述说一件外国很古很古的事情，结果呢，不等着将他读完了，几乎使我掉眼泪。
>
> 美国普林斯顿大学财政学教授勒茨氏（H. L. Lutz）在他所著的《财政学》第一章《古代的财政》标题之下，曾写下下列的句子，现在一句一句地丝毫不敢增减地把他译出来。

"所谓财政学这种学问，在古代是没有的。古时的政府自然也需要财源，去作各种的事业与活动，但是古代文明自有其特质，是不会注意到现代财政学所恃以为基础的原理原则。"

"第一层，古时之人有一种很夸大的见解，认定国家之重要与全能，因而对于人民的权力、幸福和经济的重要，都认为卑不足数。因为国家可以宰制一切，于是他可以任意地从人民抽取捐税而没有限制，甚至可以立刻没收其财产而不许其发问。因为国家是太重要了，所以更无余地。问一问，对于人民是否公平，租税负担的分配是否适当，更顾不到公家收入的正当用途，是否促进了大众的幸福。"

"还有一个原因，足以影响一切经济的发展因而影响一国之财政者，便是古人对于工商业的活动所持的态度。作工和买卖被认为是贱业，应该俯伏在自由

---

* 此译文系译者以"钦壁"笔名发表于天津《大公报》。——编者注

的富有的阶级以下。这些工商业的活动，在今日认为是国家的实力与繁盛之主要的本源，而在古昔，则被贵族所降黜。至于奴隶及脱藉者等，只有战争才是唯一的崇尚的职业。因此见解，农商各业遂大受桎梏，而依附于农商的一国经济之命脉，不免日趋于贫枯，到时且归于毁灭。最古的含有财政性质的论著，至今尚存的一册，为色诺芬所著对于雅典收入之简短的讨论集，其中载有一段建议：打算供给都市以资金，可用奴隶输入的方法使开银矿，开矿所得再用以购奴，有余则归诸都市的金库。"

"既尊重战斗而贱抑劳工，则古代国家主要收入来源，自然仰给于从战败种族所得的掳获和从征服人民所课的贡献。此等收入外，加之以人民的军事义务和奴隶的无偿工作，用以建造堡垒和其他的工程。至于教会机关，自有其庄园牧畜以自得收入，而益之以信徒的捐款。此时国家支出之主要用途，为主权者之使用费、伟丽工程的建筑费，兴造武观、绘绣雕镂，侈意铺张其军事战胜的结果。"

"在希腊和罗马有很多的穷人，最初的无产阶级，大抵恃此公家掳获以为活。当时因为服兵役是人民第一个义务，而且自带器仗以赴沙场，所以国家因战事所生之负担初非甚重，以后因为都市生活的性质衰退的结果，军士渐渐可以分取战胜的捕获，同时当兵要饷亦渐演为事实，于是国家之主要财源大减，而战费反增。"

"这是很明显的，古代国家既是发展出这样的经济秩序，当然不能继续自给。等到一个侵略好战的国家，把左近四周所有知名的部落和微弱的国度都吞噬了以后，则其国家所赖以支持的资源必渐归于缺乏。倘再有其他的更饥饿更凶猛的敌手出现，则此国家除了国力的衰退和最后的惨败，更无他道。由是观之，古代的历史，只是几个小邦互相捕噬，一个跟着一个，穿过了刹那的剧场，一个随着一个，屈服于敌人的袭击，如是而连续不已。"

"雅典国家，尚有数种公共收入的来源，其中有自国有田产所得的租金、国有采矿的收入、通行税与市场税、罚款与诉讼收入。又有一种规律的制度，凡是属地和附庸，都要量其所有按时纳贡。此制似曾施行，但其详细尚不可考。最后的方法，对于财产之直接税，曾经准行，但只限于战时，雅典人民，认纳税为不名誉，只能在绝对必要的时候和景况中，才能忍受。"

"罗马和希腊不同，颇置重于租税。但此两国，对于经济活动之社会的重要性，则鲁卫之政，所见略等。长于组织的奇才，引导他们计划出很精密的租税管理制度，但是这种制度，其计划与运用的目的，与其说是对于租税之负担，期得其分配之公平，无宁说是对于收入之有效的聚敛。收税之吏，百端勒索，驱其良民，多数为奴，因百姓之困穷，遂致促罗马之文明，使卒归于凋绝。罗马的统治者，不知道租税的健全原则，所以破坏了财政上最关根本的原则以后，将发生如何的影响并何以保障其人民，自然也是没有什么打算的。"

以上系将勒茨教授的《财政学》从第五页第二十八行以至第八页第十七行，一句不敢增减地照译出来，该书一九二五年初版，一九二九年再版，由纽约D.Appleton书店印行，可以覆按。初看时，好像是数千载前、数万里外，"夫唯是风马牛不相及也"，胡为乎而写在《财政观之中华古国》的论题之下？

然而至少我个人，读到勒茨教授的描写，几乎一句一刺，最后读到"因百姓之困穷遂致促罗马之文明，使卒归于凋绝"一语，不知道为什么，心中一动，眼泪几乎迸出来。"丈夫有泪不轻弹，只因未到伤心处"，或者也许是因为快到伤心处的缘故。

打算研究中华是怎样的古，仅从财政一方面去看，而且仅仅观察了一个外国人所描写的很远的、很古的希腊与罗马人民生活之一段历史，已经令我不忍再往下观察了。就此止住吧，同情的读者，当有以鉴其患。

民国十九年五月二十七日写于伦敦

经济科学之现在的地位[*]

（一九三零年六月）

> 现在打算译出的这篇文章，乃是伦敦大学经济政治学院经济学教授罗宾士所著，罗氏（Lionee Robbins）年岁不大，原来也是伦大的学生，是坎南、瓦勒斯、拉斯基诸位老教授的及门弟子。坎南（E. Cannan）从前在伦大主讲经济学，其声望不亚于从前马歇尔之主剑桥，以年老之故，业于一九二七年休职，以后讲是学者，中经一二人，至一九二九年八月一日，罗宾士乃实授教授之职，继坎南而主伦大经济学之讲坛。其人虽尚无若何巨著，但就其过去所发表之论文观之，颇富于创作性，且其人元气弥满，慧智活跃，如此努力，将来至少可以追得上继马歇尔而主剑桥之皮固（Pigou）。现在所译的一篇，乃罗氏于本年一月三十日在伦大经济学院之开学讲演，以后由他自己整理，而发表于三月间伦大出版名字叫作 Economic 的杂志上。吾人初入伦大，打算听他的功课，至少要把他这篇文章看一看。看过的结果，认为有介绍于国内的必要，虽然其中所举的名词论点，多是就着欧洲或英国说法，于我们中国不大适用，结果落一个"名词的输送"，岂不白费功夫，但是罗氏那种观察之锐、理解之透、"永远向前"的榜样，在这篇文章里很能够表现得出来。从前伦大有一个学生，谈到坎南老教授，曾对诺尔女教授（Knowles）讲："关于他有一件事情，他永远叫你想着往前走"，这句话很可以拿他的学生罗宾士来证明。西洋的经济学，至少在英国，现在究竟到了什么地步，我们不能不大概地看一看，这就是我所以译出这篇东西而寄回本国的原因。以下便是译文并附以个人的结论。

诸位女士、诸位先生，在伦敦经济学院担起教授的责任，无论对于那一位都不是一件容易的事，而对于曾在此处得以学生资格而工作之人更是不易。大家从社会上的称誉，知道我们学校的沿革，但是一个学生，则因每日之接触而

---

[*] 此译文为译者留学英国期间完成，连续发表于一九三零年六月十九日、二十日和二十一日的天津《大公报》。——编者注

知其情况。正以其每日接触,乃倍觉其生活之紧张,发生一种"奔轶绝尘、瞠乎其后"之感。而且我还要承认,只要我想到当学生时教过我们的那些巨人——坎南教我们经济学、瓦勒斯教我们政治学——则不禁其战栗随之,深感其责任之重,惟恐其不克负荷。

而且我一想到以前在这个座位来讲经济学的人,他那广泛的经验、他那深邃的理解、他那谨严而渊博的学绩,更使我无从减少其恐惧之念。

但是我来到此处,并不是拿我个人的困难来麻烦大家,我所打算引起大家注意的,并不关于个人,乃是一个多年未决的问题,怎样和我们的科学往前走。大战以后的这些年,在经济学历史中是一个重要的时期,许多新的工作曾经作过,许多旧的工作曾经审问,我们都是这样的忙,所以曾经作过而且正在作着的工作,其较广之意义为何,则又不甚明显。所以按时将这些工作加以盘查,不是没有用处的。今晚要求诸君和我共同担负的,便是这一类的勘测问题,所谓经济科学的现在地位,究竟是什么呢?

经济学的进步也和他所研究的分量的进步相同,并不是完全走直线,一定的退步固然很少,但是他的活动则时有大小之差,无论是企业家、是经济学者,对于将来的进步,每表示其信赖之波度。李嘉图很清楚地以为经济学仍在他的幼稚时代;马歇尔说过,经济学家所应该致力的,还够他们去干三千年。但是李嘉图以后的米尔则以为主要的工作已经作过,所余的一点,不过对于表现的适当方法尚待计划而已。

在马歇尔成功后的数年间,我想在许多方面,尚追随着同等的喜悦,但是现在情形可大不相同了,所有最好的表记都提示给我们,现正迎受着经济理论之鸿洞的高潮。人们到处攻究着新的问题,或是批评旧有学说之已决的办法,我们又得回到詹翁士与效用学派的时代。在经济思想的历史中,又遇到一个时期,所有世界上的经济学者都是那样的活动或是那样的怀疑,没有人对于过去已经作过的表示满足,没有人擅自主张今日所正作着的除临时外尚有何物。

我要立刻防止一种可能的误会,我们所说的是我们不满足、我们要批评,但是我并未说我们是整个的认定了所有从前作过的都要推翻,那决不是我们的心意。如果因为我的话而发生那样的印象,那我将不安之至。经济现象之理性的考察,对于许多人,是如此不讨喜欢的东西,所以常有许多人,要抓住经济学者间之很小的争点,即认为经济科学之整个的无价值,而且认为即在经济学者他自己之间，关于他们科学里边最简单的意见都不能够一致。我不愿意容许那样的态度，我不知道其他的经济学者是否愿意容许。我们对于过去的巨大的收获是无所用其争论的。

吾辈决不否认过去经济学者曾经铸成具有大力和大用的工具。我们所要争论的宁在他们分析所得终点，认为是初步的接近么？是的，我们要对于一切浅见的攻击，维护他，但是便认为最终的解决么？不是，如果那样的承认，便是辜负古人所遗传给我们的付托之重。

且举一个例子，说明我心里的意思。看一看最老而且最该尊重的经济理论之一——"货币数量说"，这个学说，凯恩斯君（J. M. Keynes）曾说过"是根本的"，而且我想，有一件事大家都得承认的，便是一个人能否成为经济学者，其精如化学的试验标准，就看他是否愿意承认一种重要的关系存在于物价的一般平准与流通的货币数量之间。我以为这不仅是学说中的真理，而且是一种原则，在实际上具有重大的影响，因大战的经验而愈益证明。

概括言之，这决不是说瞎话。凡是大战当时以及战后，其受通货膨胀的苦处最少的，便是这种真理晓得最清楚的地方。而其受祸最厉害的，也便是这种真理未曾得到普遍的承认的地方。不过这种所谓一般的关系，其正确的性质为何？一般物价之平准最好用什么方法，使受货币数量变动的支配、货币之流通、一往一返、其变迁之率可以生出如何的不同？解决这些问题意见尚未一致。但自战后之经验观之，此等问题对于执行政策之人乃异常之重要。

再拿物价的一般理论看一看，此处战争的经验，又是一个试金石。我以为"国家管理"之各种试验中，毫无疑问的，以广义的物价理论和"物价公定"为从来所未见的最成功的实验的证明。诸位见过许多凡是规定政策时，相当注意到价格学说之初步理论，其结果总要有效，但是如果将这样的概论都忽略了，立时给你一个很丢脸的混乱和祸患。

这是大家都晓得的，而且我们无论是谁，随便拿过路得君（E. M. H. Lloyd）所著的《国家管理中的试验》或是美国物价公定当局对于试验经过的很有趣味的记载读一读，谁都能够觉到，就在规定政策最需要巧妙与精微之点，越可以看出经济学的教训是如何的不充分和不明了。这等大规模的试验已经证明了旧日的理论，但是他也放下了等着我们去答复的新的问题。

由此看来，经济学已经到了一个地步，如果你要越过"初步的接近"，势必使一个经济学者不时地回头，将最根本的问题重新考察一下。我可以不要深说，略微地指出大家所已经知道的几个主要的缺陷，概括地说，我想可以归入下列三项：

第一，在现在理论的体系中存在着不可否认的罅隙，分明有些一般的理论，存在着广泛的问题，却未见做出什么扩大的研究，现在我并不是想到"高等的数理经济"，我想的，宁属一些很浅近的事情，例如现代的信用经济中，储蓄、贴现率和物价的关系，在这范围里，除了威克塞尔（Wicksell）和一二学者单独的努力外，在大战前，几乎是作得很少，或是没有作，货币的理论和储蓄的理论，乃至坚壁固守、两不相闻。我以为大家如果看一看罗伯森君（D. H. Robertson）关于此点的开路工作，一定可以相信，或者就在这一点，将来必可铸成政策上所需要的几个最有力量的工具。我们再看一看"平衡的理论"和"变动的理论"，其间也存着惊人的缺陷，我不知是否有过比较重要的著作，打算将"短期间物价的平衡"的理论和"定期的变动"的理论使之发生关系，然而这确是十分重要的问题。此外尚有许多问题在那上面，也曾作过不少的工作，可是仍未达普遍的一致，当然也要归入这一项。例如对于利息的理论，虽然也写过许多，但是我敢说，除了最广义的概论以外，在一般经济学者中，对于这件根本重要的事体，意见尚未一致。

第二个缺点，在现存的理论中，其"理论的结构"尚有缺陷，即在此处，我们遇到现代经济学的裂痕较大的一方面。在经济学者工作的橱子里，总是放着许多的间架——什么环子、钩子的，即用以连续其推论。虽然他们相信，为经济学的进步起见，总要忍受那些缺陷，毕竟隐约地觉到这是弱点。过去许多年，不管这些的存在，倒也没有什么，可是近来啊，这些弱点都被拉到光天化日之下了，结果乃异常失措。举个例子如"原价论"——同样的例子，也不难从"需要论"取得，自从马歇尔以后，许多经济学家大都知道建立几个"特殊平衡的原价曲线"，尚有几个难点，未经完全解决。

然而在这个国家里❶不拘怎样，我们曾经很自足地向前走，好像一切都妥当了，好像仅仅需要一点智慧——宁属于不甚紧要的一种——便足以建立整个的理论的一致。不错，随时也有困难发现，照这样子去分析，结果也得到了，但是对于其他的推论，又难相合，则又诿为偶然的特例，依然用着我们那些"上

---

❶ 指英国。——崔敬伯注

下坡行的原价曲线",对于上述困难,夷然不顾地向前走。于是来了一位斯拉发教授(Sralfa),带着一篇很客气的论文,里边提出几个问题,除非这些问题都解答了,他绝不往前走一步,于是整个的建筑颤动了。我想这样地说决非张大其辞,在今日"特殊平衡中的整个的原价论"是一个完全公开的疑问,在今日只有速成课本的著者和初级考试的委员,才认为原价的定率是简单的。

如果我可以暂时深说一点,我总想着说,此处也罢彼处也罢,凡是研究"价值论"所用"一时一事"的老法子,除了很窄的限度以外,确乎已经破碎了。关于决定一种商品的价值而分析其原因,老是假定此外的一切维持不变,这个法子好像引出许多的不一致来,打算免除这些不一致,只有放弃这个方法。在分析"原价"的时候也有这种结果,同时在分析"效用"的时候,如果我观察不错,亦复如是。只要放弃"其他不变"这种假定,整个的从价格决定的行程去着想,我们才可以从这些困难中得到解放,这可以说是洛桑学派所贡献的理论上的先见。从最初起,这种学派的建设者,老早便料到此路不通,催着大家采取其他可以防止其出现的方法。

第三个缺陷,不是因为理论的欠缺,而是因为已成学说的"假定"之过于简单。一种学说,在他本身,可以说是完全一致,但是拿他去解释眼前的事实,便不能够适用了,不是因为他那出发的假定之过于简单,便是因为与事实不能吻合无间。我想我们已经渐渐地实现,已成学说的大部分虽然可以不受我们方才所说的非难,可是也难逃此数。在过去经济学者关于他们的假定,并未十分的注意,他们太倾向于推论了,好像他们时代的一切情形,永远是社会经济的板定的事实,在过去一百五十年间,根据这种基础所得的推论,适与当时的情实相应合,于是对于经济制度的稳定和完善地执行,确是一个很大的贡献。但是社会的结构是逐渐地改变,其运行的力量取到不同的比例,于是根据旧日假定的一切学说,也便失掉可以为解释的工具的价值。这些,并不是完全失真,他们只是不能再应用了,而新的学说,则亟待计划,代之兴起。

举个例子,如工资的学说,经过了我们科学的正统时代,一般经济学者,动辄以为在非竞争的团体之间,无论如何总要发生相当有效的工人移动,而在这种假定的基础以上,他们也曾表示出一种趋势,凡是同等工人的工资率,在短时期中大致可趋于均等。那种学说我并不认为是错误,但是这事很明显,他的应用要靠着劳动市场的一种状态,特别在人口增殖急遽的时期,拿开了急遽增殖的要素，便是说，对于已经从事于各种工业的劳动供给，拿开了"自由补充的比较的高率"，则正统派所假定的伸缩力，必致隐没。所以在我们今日，这似乎是可有的，因为人口逐渐地趋于稳定，此种特殊的学说以及根据他而发生的理论，也更要不能适用了。

我们再看一看国际贸易的学说，这种学说的一大部分，尤其关于关税和资本输出的部分，也是根据于工资率之伸缩力的假定之上，承认这种假定，其说之大部分仍然可以站得住，但若代之以硬性的工资率，这种情形在战后的期间，宁已成为常态，而非例外，则我以为很明显的，总得需要一些修正。我还可以举出许多的例子，但是我想已经说得不少，总可以看出，在这个时代，无论如何，这类的信念如同"李嘉图全有了"或是"马歇尔全有了"——李嘉图、马歇尔都是此中的巨子，我们当然承认！可是不能再流行了。我们来返视这些大家他们自己的意见，虽然许多有价值的曾经作过了，仍然留下许多等着将来去作。

然则用什么法子才可以得到进步呢？最好是怎样才能够避开那些缺陷。最近，在几个方面曾经提议，以为大部分的困难都是因为用了错误的方法，他们主张，经济科学太偏于演绎和理论了，将来这些方法都该废掉，而代之以"历史的及统计的归纳法"。对于统计的稠密的大量应用高等统计的分析法，于是发现"经济行为"的法则，可以叫经济科学和自然科学放在同等的基础之上。

这就是所谓团体主义者（institutionalist）的主张。我承认，如果一个人自己不否认一种科学发明的主要工具的用处，便可以报之以荣名，则我对于此事，宁以偏于保守而自足。我看过的经济学，凡是有过收获的地方，我可以看得出，他并未曾整个的属于演绎，也未曾整个的属于归纳。在这个国家，无论如何，总还没有将这些方法无收获地分开。近代经济学中伟大的创始者，未尝专靠着一条腿去走路，斯丹利·詹翁士（Stanley Zevons）是一位统计大家，同时也是一位抽象的效用论的创始者。阿尔佛雷德·马歇尔（Alfred Marshall）是近代理论经济中的最高权威，同时对于统计方法也有重要的贡献。而且在我们今日——很难得的仍然很活跃地和我们一同工作的包雷（Bowley）教授，是现代的天字第一号的统计学家，然而他对于"纯分析"的进步，比较许多现在还是活着的学者促进的还要多。统计学者所计划出来的方法来供我们用，自然是无疑问的，具有大的力量和大的功用，但是如果不用合适的理论去领导，我们便想不出什么理由，他可以比以前的很幼稚的方法，更能收获。事实之被动的观察，不助之以理论的假定，一定是没有什么获得，这不是科学家，只有乡里愚夫才拿这样的态度走进这个世界。

因此之故，我对于这种学派中，较为偏激的分子所持的态度，总以为不见得产生什么结果。我并不是认为经济学可以永远离开归纳法，我也不是想那种方法已经达到了他的有用的限度，而且还有一层，我决不去争论。随着经济学的进步，不一定看得见数量考察之广泛的扩张，因为很明显的，数量的正确是一切科学研究的目标，而且只有继续不断地拿现存的事实去证明理论，我们才能够发现从适合的假定出发，可以往前走多远，并且很幸福的，我们有理由可以想像，将来经济理论家和统计学家双方的联合，一定要比从前来得特别的密切，这种移近（rapprochement），自双方聚拢而来。在这一方面，近来统计技术的发展，对于纯理论的抽象的数量，供给许多数目的价值，很可以令理论的经济学者，久已怀抱的希望渐次实现。

在美国，对于主要农产物需要的伸缩力，久已作了许多重要的考察工作，而且无疑惑的，我们不过刚刚站在这种运动的起点，自然这类考察的结果，也有很深奥的限制，运用的时候，要我们特别的注意。可是，舒尔茨（Schultz）博士曾告诉我们，如果在某一个时期砂糖的税率略微的增一点，糖价势必涨到税率的百分之八十六，这种话，我们也可以觉出来其正确的程度尚有可疑，但是我们势必也要觉出来，达到了真理的很粗浅的近处，已经是很重要的前进的一步。

同时在纯理论一方面，也有很重要的趋势，发生一种希望，在将来，数量的分析将更趋于普遍。从前打算联合理论的默察和统计分析，有一个很大的困难，便是在理论方面总是先入为主，以为某种情势下的一种要素遇有变动时候，其他的事物都维持不变。所以现在一种最有希望的发展，就在理论的经济学者能够倾向从"余者俱同"的圈圈中解放出来，使之呈现比一个还要多的"变动"。理论是越发的复杂，但是他的应用，可也日趋于实际。

一个很简单的例子可以把我心中所想的弄得更清楚一点，旧日的货币数量说有一个直接的系论，便是其他事物相等，则货币的供给不变，总可以保证一般的物价平准不变。这个学说我想是不会假的，但是其他事物相等的时候很少，所以这个学说解释事实的影响只是间接的，而且容易解释错了。因为"需要"是不断地变动，我们所愿意知道的，宁是什么样子的供给的"变动率"可以保持物价的稳定，实际的率离开理想的率，其影响于物价者又将如何。在这里大家请看，我们需要一种理论，拿到两个要素的变动，而对于两个的合成力提出问题，这样的学说，大家都知道已经由嘉塞尔（Cassel）教授将他展开，其结果呢，虽然对于细目尚免不了批评，渐能使之新颖而精确，用以解决金之供给的问题。我还相信，如果用类似的方法考察工资的变动，将工人移动的不同的度数和需要变动率同时表示出来，则对于解决产业改组的问题，总可以试验着去开辟许多新的道路。

事实既然如此，所以特种考察之方法的讨论，纵令常能发生结果显示光明，可是我不那样想，我们总得过度的劳困以从事于抽象中的方法，我们所应该作的宁要与实际发现的事实共同前进——设法应用手底下的工具而无庸对于什么工具才适合而吵个不休。有时我们要用理论的推想绝尘而驰；有时要研究特殊实质的问题才能指示出来新的推论；有时我们可以回头看一看既成主义的起源而发现其当时所以形成此说之真义所在。将来的经济学要从这许多的源流以形成其新的形式，依我个人看来我还不敢这样想：我们会在刹那之间便盼望他有惊人的发展。我想在我们面前依然放着长期间的篛锄工作，但是为"新综合"预备的材料将要渐渐地积累，将来总有一天，我们大家中总有一位，总要看出来有许多在今日似乎尚在考虑中而其不相联贯的东西，会在共同的一致之下，实实在在地结合在一起。到彼时，时机总可以到来，为那些"恢弘的详说"和"设计的推理"、为那些"广泛的扫荡"和"晶莹的想像"、为这些、为那些，我们大家今日等候的是如此的迫切，这不是从方法的讨论中可以得到的，这是从每日不断地研究新生的问题的劳作中，我们所寻求的经济学才可以产生。

女士们、先生们，从方才所指出来的发展可以形成的一种科学，不敢说是每一个人都可企及可以得到的一种知识。一位绅士在他的闲散的时间，拿一本经济学的书当作一个合适的研究题目，这样的日子已经过去了。有人常说，今日经济学者一种主要的任务，便是将这种学问里边重要的主张，叫每一个人都明白，这种意见我就很难赞同。我觉得我们特别要希望经济学者，不仅在他们自己窄的假定的讨论范围中，而且在容纳一切社会科学的较广的讨论范围中，应该时常问问他们自己，他们结论的最后意义究竟是什么；这还不够，我还想，在这样的一个学校机关里，社会科学的各部分，都在密切的和谐中去研究，只要是这里的一份子，则上述的工作特别地横在他的面前。如果容许我说一说个人以前的经验，我要说这是我个人的一种奢望，对于这种综合打算作一点贡献。我在此当学生的时候运气很好，得在拉斯基（Laski）教授之下研究了社会哲学的几个部分，我不是无希望，在不甚遥远的将来会能够拿出证明来，证明他的雅量的和同情的教训所给予的鼓励不是完全白费了的。

　　但是，确定一个人结论的涵义是一件事，使其结论或涵义都让一般公众领略则又是一件事。在事实上我相信，如果希望经济学成为这类的东西，没有训练的常人也可以领略得到，则这种学问必不幸而终归无益。经济学者应该比他们现在更使人易于了解是无疑的，从纷洧的思想里确是可以发生一种晦暗，但是这主要的过失并不在经济学者的本身而在他们所研究的世界。经济现实的世界是一件复杂的东西，而不能盼望他在我们能够多明白一点的时候，我们的推理便可以减少其复杂的程度，使这些事物比他们的本来面目更简单些。这不是作学问的职分。

　　我实在是这样地想，如果我们以经济学者的资格太致身于通俗化的企图，势必对于我们的科学不忠实，而限制其可以发生有益影响的机会。凡是报纸上和社会上所喜欢的那种经济学，不是免不了错误便是免不了误解。所以我们不如用我们的分析推进我们的经济学，张开两臂容受专门的技术。只要技术帮助我们而走到至善之境，使我们也可以得到坦然赋与自然科学的实行家的一种尊敬。人家常告诉我们，如果我们不一步一步地把达到结论所走过的路子弄明显了，则我们的推想必不幸而归于学术的无力。但是我要提醒，经验似乎在反面证明，如果学问的一部分，连现在街上的人都很尊敬地愿意接受专门经济学者的意见，这一定是关于金融的理论。我要提醒，这不是偶然的事，恰在这个范围里，经济学才是最正确最专门而是常人所最不容易了解的。

　　我们应说的都说了，但是我们学说的效用是什么？为什么要研究那些无知的和倨傲的认为最暗淡的学问？曾有几位主张，以为我们若将经济学的探索推到相当的深度，我们可以为人们发现新的价值新的生活的路途，这种希望我不去想，我不相信考察了选择的结果便能够决定选择最后的问题，我不相信研究了我们作某桩事的时候可以呈现某种现象，便可以决定是否这些事就值得去作。

　　但是我颇相信，研究了各种不同的选择是怎样的作成，可以使我们的选择较合于理性。经济学不能告诉你，是否你应该作某桩事，但是他一定能够告诉你，假如你作某桩事便可以呈现出什么来。缺乏善良的意志（good will）他是不能治疗的，但是缺乏一种理解，无此理解则善良意志无从生效，他倒可以渐渐地学着去治，就在这一点确确实实足以证明了经济学的存在。对于那些人生存显不出什么价值足以值得他追求的，则经济的研究实在是毫无贡献，但是对于那些人，其生命的汁液（sap of life）仍然活动，则经济学可以贡献一种希望，使之发现比以前所已经知道更为有利的工具，以完成其最后之目的。

以上对于罗宾士教授《经济科学之现在的地位》一文，除了几条附注所以记明引证之书名及页数在译文中不甚重要因而省略外，至于本文，则自始至终一句一句地至此将他译完。罗氏此文的内容、价值、分量、影响以及将来在经济学上的地位，读者深思，当能推想。译者在此文中所消耗的力量、所表现的忠实、所暴露的缺点，读者明眼，亦能鉴及，读者自有其整个的判断，下走不复赘陈，惟有几句题外话若鲠在喉，不得不吐者则请卒陈于读者之前。从前读书，老是从正面着眼，人家说黑是黑，说白是白，人家说的是经济，再也想不到其他的方面去，给他一个形容词，便是神经呆滞；但是现在呢，不知道受了什么病，又有一点神经过敏，人家骂得那样痛快，是不是骂的是我？人家对于本国本洲说得那样热闹，是不是也给我们听？人家点起那么许多的膏灯炬火，把人家的天地照得那样红，自家是否也渐渐地意识了漫漫长夜？人家策着飞马，沿着驿路，永远是追着前路的曙光，自家是否也有一天厥然兴起，所瞥见的闪耀之光，轮廓比他们还要大？如是推想不已，有如狂呓，自家亦知是病。但是朋友们，"病尉迟"毕竟是尉迟，毕竟还有尉迟的力，我们未尝不可以看看他的病中的力，是否也可以帮着伙伴，战退几个敌人；是否也可追着前驱，杀开一条血路。

民国十九年六月三日

最近英国之地方财政[*]

（一九三零年七月十四日）

> 本年六月二十一日英国出版之统计周报（*Statist*）载一短文，叙述英国最近之地方财政，其统计数字及比较率数，扼要详明，至足珍贵，可供研究地方财政者之比较与参考，因亟译之，以饷国人。

本周（指一九三零年六月十五日至二十一日）所开地方政府当局与中央政府的代表会议，其用意所在，系促进地方的职业计划（employment scheme）所需费用，一部分将由有关系的地方当局负担。现在要看一看，地方政府的财政现状，是否可认为满意，足以无顾虑地担起那宗特别的支出。下表将英格兰与威尔士的地方政府最近发表的地方债数目和他们对于较为重要的项目每年的支出数表示出来。同时可以指出的，是地方负债总额在一九二六至一九二七年度其数为一，零二一，八五八，零零零镑；再看一九一三至一九一四年度，则为五六二，六三零，零零零镑。同时支出经费总额，除从举债所支出的资本工作不计外，其数在一九二六至一九二七年度为四零二，二一九，零零零镑；在一九一三至一九一四年度为一四八，二六零，零零零镑。至因生利事业所发生的公债支出，在一九二六至一九二七年度为一一七，三六八，零零零镑；而在一九一三至一九一四年度则为二一，一四九，零零零镑。两期相较，则经费之支出总额，对于前期之一六九，四零八，零零零镑，后期为五一九，五八八，零零零镑。

---

[*] 此译文系译者以"风雪荡舟客"笔名发表于天津《大公报》。——编者注

英格兰与威尔士地方政府公债及经费主要项目表[1]

	（地方公债）		（地方经费）	
	1913~1914	1926~1927	1913~1914	1926~1927
教育				
初级教育	44,372	34,158	26,250	39,896
高级教育	7,741	11,882	5,527	16,114
房屋建筑	12,492	142,229	960	26,167
贫民救济	11,357	7,401	12,295	43,707
道路	61,704	91,858	17,047	49,544
小所有物	4,686	20,256	483	2,127
公营事业				
公墓	2,943	2,502	750	1,458
市场	7,099	7,270	851	1,633
自来水	131,095	155,706	9,135	11,267
瓦斯	22,537	27,529	8,517	21,351
电气	30,791	79,250	5,195	25,231
电车与轻便铁道	37,724	39,336	10,014	24,086
海口船坞堤岸运河与码头	79,603	92,975	8,045	13,842
其他公营事业	16,859	6,914	5,741	2,345
其他工程与计划	—	16,048	—	4,952

　　有一件事要注意，即一九二六至一九二七年支出之贫民救济经费，因为大罢工和停止采煤的缘故，较前一年增出九百万镑。自一九二三年以后，经费中几乎一切的项目，都是与年俱增，然在各项目中，没有像"贫民救济"增得这样厉害，打算寻求这些支出直接对于纳税者负担如何，须将供此支出之来源，加以分析，分析之内容如下：

---

❶ 单位英金千镑，千位下三个零省去。
　　一九二六至一九二七年之房屋建筑经费栏，包括三，零一七，五零零镑之公债费用等，在"小宅地取得法"（small dwellings acquisition acts）之下所通融之款项，即与此项有关。

英格兰与威尔士地方政府公共收入主要来源表❶

	1913~1914	1926~1927
收入来源		
公共课税	71,276	159,000
政府辅助	22,617	86,960
房屋收入—租金等	561	15,316
（课税辅助外之总收入）		
公营事业（课税辅助外之总收入）		
公墓	474	1,079
市场	1,008	2,104
自来水	8,758	15,921
瓦斯	8,773	20,937
电气	5,423	24,498
电车与轻便铁道	10,412	23,110
海口船坞堤岸运河与码头	8,357	13,772
其他公营事业	2	556
杂项收入	9,985	26,698
生利事业之募债收入	19,977	119,373

一九二六至一九二七年度地方政府之收入总额为五一五，一三三，零零零镑，其中一一九，三七三，零零零镑系属募债收入，而投诸生利之事业（capital works），从上表可以看得出，课税收入较诸一九一三至一九一四年度增过两倍，而中央政府下助之款更增至广大之限度，至关于课税之收入其更详细之数目，可由卫生部每年发表之英格兰与威尔士地方课税说明书中得之，兹撷成简表如下：

每年三月三十一日终止❷❸

地方政府课税总收入	目的物之原来价值	税收平均额					每磅中税收平均额自一九一四年三月一日以后之百分率的增加
		每磅课数		每人课数			
		先令	辨士	镑	先	辨	
1914	71,276	211,563	6	8.75	1	18	11	—

---

❶ 单位英金千镑，千位下三个零省去。

房屋收入一九二六至一九二七年份之数，包含三，一五二，零零零镑，系因小宅地取得法所发生之款项通融事项，因而收入之返还额和利息等。

❷ 第二第三两栏，单位为英金千镑。

一九二八至一九二九两年，俱系概算数。

❸ 一九二六年六月三十日终止之会计年度《财政部报告书》第三十二页。

记有 V 记号者，不到美金半分。

续表

地方政府课税总收入	目的物之原来价值	税收平均额					每磅中税收平均额自一九一四年三月一日以后之百分率的增加
		每镑课数		每人课数			
		先令	辨士	镑	先	辨	
1926 148,598	246,833	12	0.50	3	16	5	78
1927 159,000	256,103	12	5.00	4	1	5	85
1928 167,000	258,879	12	10.75	4	5	0	92
1929 166,250	267,639	12	5.00	4	4	3	85

一九二八至一九二九年度税收减额主要原因，系因救贫条例下之机关支出减少之故，而此种减少，有些地方可与教育费之增加相抵消，市部区百分之五十一，在一九二八至一九二九年度，地方课税每磅中的额数少于十四先令，而不少于十先令。至于村部区（rural area）百分之六十，其一般课税少于十二先令，而不少于八先令，每磅中收税额之极端的距离，在一九二八至一九二九年度，市部区则自 Oxford County Borough 之七先令一辨士，至 Gelligaer 之三十四先令十一辨士，同时在村部区，则自 Bedford 中一小区的二先令，至 Cormarthen 中一小区之三十一先令七辨士。下列一表，系由卫生部说明书中撷出，将地方税之每磅纳税额按年分析，以表示市部区中，有多少处其率（甲）少于六先令、（乙）上下于六先令与二十先令之间，其数目极不同、（丙）二十先令及以上。

年代	1913~1914	1926~1927	1927~1928	1928~1929
市部区总数	1153	1150	1152	1149
6先令以下	163	—	—	—
6先令及8先令以下	650	6	2	2
8先令及10先令以下	299	87	59	59
10先令及12先令以下	39	275	221	239
12先令及14先令以下	2	324	318	349
14先令及16先令以下	—	233	277	250
16先令及18先令以下	—	107	118	121
18先令及20先令以下	—	52	62	51
20先令及以上	—	66	95	78

有一件事自然要记住，在新的定率法之下，因为新估价的结果，在许多情况之中，以一九三零年三月三十一日为止之一年度，其每磅之课税率当有些许之减轻。但此减轻在许多的例子里边，宁属表面而非真实，盖因对于非工业的财产，增加其估价数目的缘故。

短文译竟，略志数语。国人习性，长于谈玄而短于征实，对于统计数字，不究其来源与效

最近英国之地方财政

用，辄嫌其干燥寡味，弃置弗顾，以致一切设施俱少统计之基础，换言之，即少科学之基础，而惟冥想与意气是尚。主观想像，在具有绝顶聪明者，非不可以见效呈功，然而政治制度与经济事实日趋繁复，吾人本科学之精神，纵不能将社会科学做到物理试验之精确，亦应对于客观现象，作各种有系统的统计，以为研学与施政之基础。一方对于本国统计亟须努力，同时对于外国有价值有关系之统计材料，亦应尽量搜罗，以供客观研究之比较参考，窃愿与国人共勉之。

民国十九年六月二十四日寄于伦敦

拉斯基论罗素

（一九三零年七月三十日）

> 罗素（Bertrand Russell）先生是世界的哲学家，是中国的好朋友，大家都知道。拉斯基先生是伦敦大学经济政治学院的政治学教授，是英国第一流的政治学者。在今天（七月十二日）Daily Herald 的日报上，拉斯基教授揭载《论罗素》一文，以世界第一流的政治学家，尚论世界第一流的哲学家，其言论当有可倾听者矣，爰亟译之，以饷国人。惟以读书余暇，仓卒握管，不无舛误，阅者谅之。
>
> 民国十九年七月十二日记于英京

这大概是一句稳妥的预言：半打存在的英国人，其中一位的罗素先生，在现在思想的历史中，已经占一个确定的地位。

在我们这个时代，一个人的心境，没有再比他具有更伟大更锋利的透明，他有最高的天赋，可以叫他的睿智表现得这样清楚，所以更无一人可以错认了他的意思，而且只要是他对于某个集体说几句话，他的话没有不能促起人们的注意的。

罗素先生和许多第一流人物的心性相同，具有一种想像广泛的扫荡。在另一方面，他是一位数理的论理学家，他的著作具有造成一个时代的重要性。我以为在每一代，不见得有一打人，能够整个了解他在这一方面所写出来的书籍。

攻击之勇

更无一人，只要注意他深至最后的哲理，未有不倾服于此智慧之力的丰碑

---

* 此译文发表于天津《大公报》。——编者注

之前。在另一方面，罗素先生是一位第一流的允孚众望的哲学家，他有能力令很困难的问题，立刻变成引人入胜而且轶趣横生，于是在这种研究范围里得到广泛的听众，可以说是对他能力的一种不能量数的贡品。可是罗素先生在这范围所写的东西，绝不是仅注意于通俗化，他可以永远的靠得住，随时贡献崭新的睿智和富有创作性的批评的想像，差不多在我们这个时代，是没有什么人可以超越的。

罗素先生不仅以注释人生之哲学的方面而自足，他与柏拉图相同，对于日常实际问题的解释，认为是思想家的事业。在这一点，自然要激起广泛的抗议与忿恚，那也是对于他的能力的一种贡品。

因为他是一位英国散文的伟大作家。所以他的意思，没有人曾错认过，是以当他批评婚姻问题、财产问题、国家主义或是我们的教育方法，就是对于他的攻击，人们也禁不住要听一听。

在这些批评中，永远是富有勇气，对于目标之清晰的诚意，对于不重要之点的抽剥力，最后一直穷到问题的核心，只要是念一念罗素先生的社会问题的研究，势必迫你再看一看他的哲学的基础。

他和萧伯纳与维尔斯，可以说是"伯仲"，可是在我们一代，关于清晰的思考，所负于罗素先生者，较之其他著者有过之无不及。

天知道，罗素先生并不是没有他的错。归根结底，他是一位含有贵族性的无政府主义者，于是也和那种模型的一切思想家相同，对于政治家的困难，自要趋于轻视。他太好站在反对的地位了，只因他不能够使他自己相信那些握有政权的人，已经尽着他们的力量在那里工作。对于固守最高原则之特洛伊的勇士，每一个政治家都是带有危险才干的希腊老。

关于他还有一点，和街头的顽童与路易十四幼时所起之反抗党相像，他喜悦风霆之士，他喜欢攻击已经确立已经承认的事情，就因为这些是既成和既认的缘故。他不能解劝他自己，对于安逸的人们所认为神圣的积习，不要尽是用那讽刺的奇异的天才。

恶作剧的顽童

在他的性格中，有一点纯粹恶作剧的顽童的意味，因此他享到一种"骂人的成功"。如果那些有权的人同意于彼，他还是真不舒服，除非他站在少数方面，罗素先生是永远不放心他是对的。

但是在活着的当中，还不见得有几位能够具有更开展的心胸，或是更具热情、更无怜悯的好奇之想。无论对于什么题目，他没有不敞开了胸襟预备着去辩证，而且每一个论题只要到了他的手，没有不是渴望着进一步的求知。

如果唯理论者与怀疑论者的气质，就是像他那样追寻真理的意志，那么，对于文明的价值没有再比这种心的体质再高的。

为宽容、为自由、为真理，都是他的生活原则，他是这些神坛左右遵守的侍者，我曾听到别人讲，罗素先生是缺少敬意，而且他是常常地改变他的心。

不错，他不能领他自己去尊礼一般所崇拜的东西，就因为那些曾经运用着有力的权威。但是真的尊崇，是根据于开朗的心情，而不是出自盲目的迷信。他所注意的东西，是能够证实出来包含着真理。按照这种意思，则罗素先生固有其敬意，不过这种敬意，不是常人所能妄托的罢了。

这也不错，他是常常改变他的心理，没有人能够十分晓得他的下次的出版物，要取到如何的哲学地位。但是要知道，那是因为他的心理是太好活动、太好追索，以致于总是不满意于静态的理智现状。

对于最高原则的审问，他不能自劝其停止，那些微渺之人所称为他的不一致，也就是他对于真理的尊崇。

争自由的斗士

我要说，他留意于宽容与自由，别人能够比上他的还很少，为这些他是不断地奋斗，而且按照他的战斗记录所表示，他作那些斗争的时候，挟着一种豪迈的勇气。对此勇气加以赞奖，倒有些失礼，罗素先生的公民资格，还不是对于命令之被动的承受。

他的富有指导力的判断，对于舆论的滤清，曾有一种周详的贡献。他人所不能了解的，他能了解，托洛（Thoreau）所说的是什么意思，"当公道湮灭的时代，为公正的人所预备的地方在那里，在监狱里"。

罗素先生对于将来时代的影响，我们还不致于估价过高。按着习俗的表面价值，而不加以严厉的审查，以明其要求之真象，即欲其承认，对罗素先生，除拒绝外更无他道。此种特性，对于青年之渴求一切更新者，乃深为适合。

在中国与印度，他是一个预言者，因为他有很大的天赋，能够按照某种意见所含有的真实意义正确估价，一旦此种意见，因为攻击一些传统的利益之故而被妨害，彼则毫不客气地加以拒绝，拿出苏格拉底的力量，提出人们觉着不便的问题，自然理有应得。给他一个广大的徒众，为这些信徒，他确曾教以至可宝贵的思考艺术。

社会上的假托

对于社会已经得到便利得到安逸的人们，罗素先生自然是一个不变易的激怒之源，至于那些人，凡是不妥协、凡是从承认的积习坚执着揭开帷幕、凡是对于社会上种种假托所赖以支持的口头禅毫不关心，则其被认为危险亦属事理之常。

我能够想像得出，罗素先生可以叫促起灾祸的人物或权力，因忿恚而无助，他们对于求效验的计划，其间是没有什么切合的。

当我想到罗素先生，同时我心中想到的同样例子，不可免的，就是福路特尔。他俩有同样的无怜悯的讽刺、同样的脾气之顽皮、同样的为自由的热情、而且有同样的宽容、自由的核心。

福路特尔和罗素先生相同，擅长各种的学问，他是各种意见的无尽藏。亦与罗氏无异，对于个人的错误，他有同样的深切的慈悲。同时恨他的那些人，其大部分也就是恨罗氏的一个样子的人，所谓自己觉着不错的、所谓抱残守缺的和一些没有思想的保守分子。

理性之生命

如果以为罗素先生的哲学，关于我们今日的时代，不如福氏之对于他的时代，在我尚不能无疑。他俩都实在地看出来革命的意思就是破坏，他俩都告诉我们，如果我们不能在公平的原则之上建筑我们的社会秩序，革命是最后的不可免。

他俩都坚持着免掉革命的主要道路，就是生活在理性的生命中的简单的道路。而且当他俩注意到，劝人走那条路的努力，究竟达到怎样的程度则又不免于悲欢。

罗素先生在争理性的战斗中，是一位伟大的斗士。他的成功绝非小可，这是大家周知的事。他曾开启他所生长的时代之心，能比他的尚不多睹。这样的成就，我们都得感谢他。

一九三零年之欧罗巴回顾与前瞻*

（一九三零年八月二日）

> 引言——路德伟（Emie Ludwig），德国人，是世界上最著名的传记作家之一。本年六月三十日，是联合国从德国的梅因兹占领地撤兵的纪念日子，路氏乃撰写此文，投登伦敦出版的《旷观周报》（Spectator）。十一年的军事占领，至今日始大致清理，其对于欧洲前途的意义如何，更扩言之，其对于世界和平的意义如何，颇值吾人之注意。路氏此文，沉痛警彻，剖深鉴远，惜译者不文，不能将此世界的学者之怀抱与透视，整个地迻译出来，然而贡此区区，已足以供我国人之深思与内照者矣，天海苍茫，跂祝曷既。
>
> 民国十九年七月十八日
识于英京寄宇

欧罗巴在改造的过程中，已经过了十六年，恰与战时相同。我们可以看到，有几个时期，前线是平静无事，而吾人亲眼看到的改造进展，也是交互地显出张弛的不同。现在的顷刻，是一个极大的不安，两个主要的潮流，一个是苏俄的运动，一个是欧洲合一的运动，其激荡奔流的力量，或者比以前任何一个时期，都要来得猛烈。如果我们想一想，在英国展开的恐慌，在奥国遇到的不安，在这单子里，我们先不要添上德意志，已经不可拒阻地提醒我们，儿时所玩的乐室争座位的玩意儿，最后总要有一个奏乐的，得不到一个座，于是罚他一笔款，这是真的，欧洲所玩的玩意儿，计算得不见怎样高妙，因为我们不知道，直到末了，是不是有几个演员，可以不被大家挤出去，理想怎么样，自然要另外预备一个椅子，于是大家都有了座位了。

十年前，我和我思想相同的那些人，都被气力困惫幻想消失的德国人所嘲笑（而且不仅被德国人）。因为我们说"欧罗巴"将要成为新时代的"呐喊"，但

---

* 此译文系译者以"风雪荡舟客"笔名发表于天津《大公报》。——编者注

是自从勃里安君把欧洲的问题拿到手里，甚至于那些永远栖息在过去时代的人，对于这种意见的态度，也渐渐的严重起来。在实际上，发生这种变化，不过在很短的时间里，而且当我们看到谆恳不倦的开勒基（Count Condenhove Kalergi）带着一份起草的宪法展在我们面前，并没有惹起欧洲的哗笑，我们就能说：已经得到许多了，而且能说：比我们从前梦想的进展还要快。但是同样的当卢梭、福路特尔、狄德罗诸人发表那些造时代的著作时，其距离法国大革命也不过仅仅二十年的光景，而且当他们表现的时候，一般公众，对于这些作者也认为是理想家。

两个运动，欧洲型和俄国型，在今所颉顽奋勉的，除了社会的改造，还有什么呢？虽然在外表上，一个似属于政治，一个似属于社会，但是在实质上，每一个都包含着两个要素。而且这两个问题，打算把这一个从那一个分开，在今日是比较往日更为困难。法国大革命，造始于阶级斗争，而终之以胜利的专政，所以俄国大革命也可以引到一种战争，其结局如何，尚无人能以预见。据我个人在俄国所见过的，加以新近闻诸负有众望的专家所谈，很真确地指示出，在俄国领袖方面，对于和平的一种真意，实在是为他们自己最好的利益。但是，在莫斯科也和罗马一样，有一个问题：在现在的时代，是不是也有一天，那些领袖眼睁睁地看不出，就是他们自己也更要靠着周遭的环境，而不能再随他们的喜怒，说为我们就为我们，说为他们就为他们。

对垒的存在，不仅在欧洲与苏俄之间，进一步还有惊人的事实，在所有的地方、所有的京城，每一个人都正在披挂着，可是没有半个人愿意打仗。在大战前，自然不是每一个政府都是如此，在一九一零年至一九一四年之间，虽然他们在实际上未曾使战争成为不可避，可是许多问题，都是给战争造材料，那些问题，在今日的欧洲已经不存在了。我还可以深说一句，现在时代的难题已经少了，这不是说世界上不公道的事情已经少了，不至于再造出许多强权和强盗，而且在凡尔赛和约以后，实在又添了许多，但是和平的观念（大战的一个好结果）现在在好几百万人的心里支配着，而在战前呢，能够知道的恐怕还没有几千人那么多。而且还有一层，这几百万人，在许多国里现在已经得到对于国事的发言权。这种权在往日是没有的。运用判断与容忍，可以造出一种和解，不是用大炮与毒气所能得到的，已经成了一种确信。今日我们虽然可以继续去打仗，而在事实上，我们是只能落得一个损失，已经成了一种经验。这些确信与经验，都可以促成一种很幸福的幻象消散，大破坏之无数的目击者，总要把这些教训传给他们的子孙；在母亲一方面呢，同样的也要传给她们的女儿。

  叫我看到的，在欧洲的发展中，还有一件很大的象征的事实，就是一切的国家之中，其中最好战的，也就是这样的一个国家，供给全世界以最好的非战书籍，而且迫着世界去承认，就是那些"铁盔儿"那些"学生会"，他们的数目，无论是怎样的可惊，至对于将来时代的意义，也没有像这种"道德的进攻"来得重大，在历史上向着战争引到一种公共的禁制，这大概是第一次。我们看看历史的册页中，不是充满了少数人被嘲笑的信条么，叙述理想的历史记录，不就是记录着多数人的错误的判断么，可是这些错误的判断，不也就成了他们的功么。当"理想"第一次往前推进的时节，所谓"强权即公理"（jus manuarium）的古旧的封建主张，应该拿法律的规条去替代。那些先驱，竟被笑骂或者甚至于烧死，然而这种"强腕"的主张，在今日的世界，就是在尼格罗的人群里也是主张不出去，废除这种强腕的"国际"法，一点没有困难，实在因为较多的人已经都倾动了，不仅被压迫者，此外还有整个的世界，他的运命已经烙上印了。

  这是事实的趋势。还有一种理由，可以令他更为确定，便是所有各国的有力者，也怕打仗了，别看他们说的，仍然投合民众的老心理。苏维埃，从他的世界的策略转变到国家的计划，你看他转得多快。他们的目的，有时是显赫的，有时是成功的，无论在苏俄、在罗马，无疑问的都是真的。去年秋天托洛茨基曾对我（路氏自称）讲，"从任何的反动，有一件事我们再用不着害怕，我们从贵族、教堂与国家的手里拿出来的土地，而付与农民，我们将永不交回"。我们还可以追想一件事，当法国波旁（Bourbons）王朝的长房同承大统的时节，那些正统派是怎样的喜欢，然而无用，落个空，因为国王尽管复位，而"第三阶级"的胜利，仍然是存在着——而且改变了半个欧洲。而那些被改变的，则又是起先反对大革命，反对大革命的子孙，初打不成，续打竟胜的那些国度。因为这就是附着于一切革命的法则，他们的奋斗与成功，可以在形式上把他毁掉，可是在实质上，永远不会全毁。所以真值得人们注意的，尚且不是一种运动的正面理想之牛步的劳作，而是将那些陈腐的偶像，在顷刻间或是在浃旬中根本的废黜。革命的果实，常与那些先锋所希望的不必尽同，而且不如希望之大。然而日子一长了，他所得到的较之久踞权要、只知骄尊、缺乏了解的那种阶级所能割让的一定来得多。

所以在意大利，工团主义的某种形式，已经渐渐地成为固定的东西，而且因为他是以理性为根据，一定可以支持下去，或者这法西斯支配的国家，最后也许证明了更趋于社会主义化。同时共产主义的国家，渐渐地工团主义化，而与他们现在所表现者不同。旧日的欧洲，要在现时正是革命的地方，重新把他自己建筑起来，可以说是一件确定的事实。同时"社会的公道"的某种形式，纵令在不同的形态之下，也要从莫斯科与罗马，贯透到其余的欧洲。歌德曾经说过，"革命以前，一切都在奋斗着，革命以后，则奋斗所求的变成了既得的权利"。

在这种争理想的战斗中，德意志能够扮一个很主要的或者还是可以左右的一个角色。三年前巴尔福君曾对我（同前，路氏自称）讲，"欧洲的将来，要靠着德意志内部发展"，顶难的，他也要加速或者延缓某种方针的确定。德意志的力量所在，其主要之点，要置重而且曾经永远地置重在中间阶级，因此曾经排除了使他变成共产的可能。现在他国里的劳动阶级渐渐地日与中间阶级很密近地相调和（每一个都对于那一个相吸引），不过是这样的一个国家，也要和法西斯主义异趣，我们看一看德国人服从的气质，在表面上看来，他似乎要照着那种制度预定他的运命，或者因为他这种两面的形态，他可以扮一个中间的角色，这也是他地理的地位的自然结果。

一个国家，在政治上是这样的年青，在他初步的时候，他要作出许多错误，难道说，这就是可惊的么，如果他不是这样子，他的成就之大，谁又能料得到。一个人，就是许多年都是很活动的从事于政党的右翼，或者也可以容许他。在他那一面，说几句话，纵令他所说的似乎都是愚者的言计，然而我（同前，路氏自称）对他们的领袖的责任的意念是相信的，他们肯尽力于最大的谨慎，不使内战爆发。在一九一八年十一月的时候，德国竟能免除内战，不能不归功于那些失了权力的心理状态。但是再进一步，走到反动的时节，则又可以很确信的，希望民主派的蹶然兴起。看看一九二零年的三月，就是一个弱而战败的人民也能够起来。而且到现在，我们每日相处的，就是在这样时期获得他的力量的民族。"中道"（via media）是德国地理的地位所指示给他的路子，和各种阶级的组织力与各样文化的结合力，不仅供给他，而且供给欧洲对于冒险的一种保障。

此外还有一层，他享受着一种值得羡妒的地位，虽然是解除了武装，反有许多求爱的来找他。如果有几位谈了这句话要失声地笑起来，我依然是不消劲，因为我相信，过去许久的时候，他们自己就在秘密中，利用这种简单的真理。可是他们对于公众，却是一意地屈辱被解除的国家。我们看一看伦敦的海军会议，看不出来的德国角色，他是怎样地转移全局，就可以认为是一个例子，同时也就是一段开场乐，这是一件真事，可是在过去十年中，在那充塞天花板永远不通风的政党会议室里边，讲演的迷雾是那样的高涨，打算从里边认清这种真理真不是容易的事。而且一个欠债的总要注意到债主的面孔，就认为是可以轻蔑，似乎也不应该这样主张。

战争中的权威才得以主张自己的正当，这样的时代已成过去，只是在拿勇猛当作一切基础的时代，才有那样的吸引力。但是现在所有的军士们、运动家、探险家，在他们伙伴里，还有具有英雄风采的南森（Nansen）俱都表示了他们的态度而反对战争。所有的社会问题、经济问题，都已经移到磋商协议的范围里边去，用协议的方法，欧洲合众国也许要建立起来，同时和俄国也要得到了解。因俄国虽然和欧洲相持不下，到了还得靠着欧洲的金子和机械时，"勇猛"已经转移到运动方面去了。而且在过去不久，当我看到一个诗人，推崇成吉思汗当作可以效法的政治榜样的时候，我（路氏）只能想到，动物园中关在笼子里的食人之兽。❶

如果不是用新的理想，无论如何也得用新的方法，欧罗巴才可以得到改造。打仗的玩意儿，已经玩过了。

---

❶ 成吉思汗时代的权威，在欧洲人眼里，是怎样的值得重视，也可以看出来。——译者注

大战后各国国家财政的新趋势*

（一九三零年八月四日）

> 美国康斯脱博士（A. Comstock）去年出版的《现代各国的租税制度》（*Taxation: in the Modern State*）这书写的很好，而且是"客观事实的比较研究"。下走不揣，兹将书中第一章《大战后国家财政的新趋势》译出，俾我国人对于世界财政的新潮流，得一写实的"鸟瞰"。

国家的经济生活中有几种情况，打算恢复到战前具有的特点，是很缓慢的；财政上的收入与支出就是个例子。许多国家自一九一四年以后，都是被逼迫着改变了预算的性质与范围，而其动因，与其说是根据于算好了的方策，无宁说是出于一时的方便。以后他们看出来了：纵令紧急支应的部局可以取消，战事蹂躏的村落可以改建，久经破坏的产业可以复兴，但是经费与租税，竟不能回缩到从前的数量。

就是在美国，人口中每人负担和收入的关系，是比较的轻微，然而公众也慢慢地晓得了：一个预算跟着一个预算，阑入历史的记录，其扩大的租税范围，竟至于不复改变。一九二七年，海格教授曾指出：联邦、各州与地方政府，在前一年租税收入的总数，竟致超过大战时期之最高额。❶

社会上对于一九一四年以后所发生的国家租税制度范围的变迁，有一部分是不甚清楚，对于他的性质，更是几乎忘却。在重要租税的领域中，有两个主要的变动：所得税已经推展到无前例的税率与税数，而且依然离不开最高点，在

＊ 此译文发表于《国闻周报》杂志第七卷第三十期。——编者注

❶ 一九二七年三月，*World's Work* 第五十三卷第五号第四九四页海格(R. M. Haig)"租税中的八十亿"。

现在世界上几乎每一个国度里，都占一个最重要而且最显著的税收地位。第二则为贩卖税（sales or turnover taxes），除英、美二国外，在所有主要的工业国家俱已采用，其财政上之重要性，已经达到第二位，甚至于达到第一位。

这都是国家预算中构造的变迁，凡是研究战后事项的学者，对此不容忽略。想不到在近来的著作中，对于此等事件之大部分竟致忽略，这确乎是可惊的遗漏。因为我们生活在一个时代，而在这个时代里，特别要依靠着事实和变迁的经济的解释。以上两种主要的租税变迁，直接反映工商业的发展，因为此种发展，才供给我们以国家分类的标准，对于此等国家，普通皆称之为"广大的近代的产业国家"。

打算对于五个大国——美、英、法、德、意——加以比较，势必对于五国的国家财政制度，认为可以互相比较。实则他们所根据的宪法，就根本不同。美国有一个联邦制度，在此制度之下，除了为军事和从过去的战事所发生的用项，系属于中央政府外，几乎一切的职责，都由单独的各州和地方政府去作。德国，关于此点，在几个大国中和美国最相近，也有一个联邦制度，但是对于国家政府，则予以较广泛的特权。英、法、意三国都是中央集权的国家，其地方政府仅有较小或无足轻重的职责。

这些宪法组织的不同，对于租税方面的影响，不如在经费方面之影响重大。美国的国家租税制度，现在即与英国相近，而与他国较远；美国关于联邦的组织，虽与德国相同，而租税制度则迥不相似。质言之，一国政府，无论怎样的迫于需要而动用款项，他们筹款的方法，总是按照合乎他们国家财政上、商业上的惯例去办，而不必即顾虑到那些政治上的不同。

所得税之收入所以能有今日，实因从服务、从交换、从无形的产业能够有巨额金钱收入的原故。至于今日贩卖税的收入，则发生于主要国家商业往来，每天的、每月的、每年的交易巨额。这些趋势，也许、或者也许不使战前的财政理论归于无用；但是无论在那一面，战前的财政理论，迟早要借着今日财政实务的光景加以批评，因为在那种实务实行后，到今日已二三十年之久。贩卖税一项，在战后的研究中几乎完全忽略，而在今日的世界，业已表示出许多征候，他是第二个重要的租税。所得税曾得到详细的讨论，因为那种讨论的基础，早已安放在战前的时代。旧的租税渐趋于晦暗，且几于无用，但是依然占领着人们的注意力，甚至于达到他们现在地位所不应获得的程度，其实已经早该放逐到历史观研究的范围。

改革的风势已经扫清了欧洲的财政管理,在以前的世界历史中,未曾有过此次的普遍。五年之内,欧洲大陆几乎每一种租税制度,都经过现代化的工作,支配于根本的变迁。德意志,遭遇赔偿支付的外力胁迫,在一九二四年,由道斯委员会将他的财政事项,加以考察与严重的批评,很迅速地采用各种的租税改革,足以获得大家款项,而其获得且用公平和可靠的方法。如果说德国制度是完全的现代化或是完全的无缺点,也未免主张太过,因为还没有比较的标准。在财政需要和经济来源上,没有一国可以恰与他国相同,而德意志的地位在许多方面尤为特殊。然而,这是可以说的,他的制度最新,可以适用到现在工业的、农业的、商业的和政治的德国生活的各方面,极国内外专门家之能事,其有效的程度盖莫过于此。

法兰西亦于德国相同,经过一番财政的改革。对于法国,并没有什么赔款支付的要求,也未曾遇到整个的货币低落,因而也用不着或给不到外边的帮助。但是为应紧急的国库需要和不足的租税收入,一种专门家的委员会,在一九二六年的财政恐慌中,为了租税的改革提出一个紧急的建议,于是法国的租税制度,为的是在现状之下收入税款,遂经过一番改革。在那一年,法国和国家公司相联合,对于新的财政紧急和状况得到承认。

在局外的专家监视之下,欧洲到处施行了完全的财政改革。奥地利和匈牙利,一在一九二二年,一在一九二四年,几乎全遇到了整个的预算与金融的混乱。但是在国联财政委员会所预备的计划之下,举行一种国际的放款,于是两个国家都得到帮助。在每一个改革之中,其主要的基础之一,即是完全的"预算改革",同时沿着十足的现代路线修正租税的制度。先将两国的经济来源与活动详加考察,然后予以种种不同的建议。一九二六年两国在名义上关于财政上的改革业已完成。就在那个时候,那两个国家竟出现了收支平衡的预算,而且他们的租税制度也表现了方才所说的特质:贩卖税与所得税,完全是战后的新型。

意大利在一九二二年法西斯党掌政以后,也觉到了按着财政和社会的理论改革其租税制度。其余较小的国家,大部分也仿效主要的商业国家采用各种改革,表现出共同的趋势。美与英亦曾改革,但是他们并未遭遇特殊的兴革或改造运动,或者因为他们在经济上或在政治上都未经过破裂的原故,而且两国在战时与战后，都能够免去严重的货币的困难。

对于现代的财政方法，其清晰的观察，还有一层帮助，就在这些年，只要把方法找到，便把他发表，给我们种种的记录。凡关于重要的产业国家所有事项的消息都叫他和社会接近，就在这个时候，一般公众也就渐渐地在这些事情里，受了很好的教训，而且完全晓得这些事情的根本重要！道斯报告曾有公家印成法文与英文，以便广泛的分配与阅读。赔款之总管理人所发表的报告都用国际通用的文字印行，结果在文明的世界里，由重要的日报和周报详加分析。法国专家计划没有像那样的对外出版，但是他的内容，也曾达到各大国的印刷机的机叶之内。

关于奥、匈两国的财政状况之报告，由国际联盟及该二国的财政当局同时印行，按着准备、试行、每月、最终各段落，各有详细之报告，而且通用三四国的语言。或者可以说，这样完全的、公平的、客观的一个国家的财政历史，在从前是未曾见过的。在比较的小的运行里，这里所叙述的就是一个轮周的终点，同时也就是另一个轮周的起头。

租税是支出的一种作用。只有那最没有思想的公民，或者被巧言的猎官者所蛊惑，才以为租税在他本身是一个目的，或是以为租税就是一种现象，仅凭一个居官的政客就可以任意支配。收入这件事情——租税组成其大部分——仅是一个国家支出的某种尺度的结果，简略地说，是因为国家往前走，所以才去支付，并不是预先去赊账。战后租税所以达到如此高潮的讨论，如果不连带的分析战后的高额支出，是不会有结果的。

高额租税的永久性，其原因即在大宗支出的永久性。国家政府仍然是天天支出比一九一三年多出许多的费用，打算希望他们能够撙节只有很小的可能。一切社会，无论大的小的，他的支出趋势比较人口增加还要快。而且还有一个趋势，即是大战时期，因为种种活动和突发的事件，在以后的和平时代依然是舍弃不掉。

经费增加的趋势在瓦格纳教授的"国家活动增进律"里边，解释得很好：

"各国与各时代的广泛的比较可以叫你看得出：在进步的民族里边——我们仅就着这些民族讲——一种规律的增加，实现于中央政府与地方政府的活动之内。这种增进，一方扩大其范围，同时加重其程度；中央与地方政府继续不断地担起新的职责，同时对于新旧职责，更有效率更加完全地把它作出来。在这种情形之下，人民的经济需求可以由中央及地方政府满足之，满足到增进不已的范围，满足到更形满足的状态。这种事实之明显的证明，可自统计求得之，他叫你看得出中央政府和地方政治单位的增加不已的需要。"❶

下表可以表示大战当时和战后主要国家经费的增加。除德国在停战以后的数年间，因为通货购买力的抵减，支出的金额只管加增，要替他特别核算。可是在一九二四年以后，这种要素，我们在逐年变迁之概略的测验中可以不管。这表可以提出两种意义：战后支出之最低额，以一九二四或一九二五年为顶点，同时在那个时期以后，经费又开始增加，循着瓦格纳教授所讲过的趋势。

一九一四年至一九二六年欧美各国经费增加表❷

会计年度	北美合众国 百万美元	大不列颠 百万英镑	意大利 百万里拉	法兰西 百万法朗	德意志 百万马克
一九一四	735	197	2688	10065	—
一九一五	761	560	5395	20889	9600
一九一六	742	1559	10625	36848	26700
一九一七	2086	2198	17595	44661	28800
一九一八	13792	2696	25299	56649	53300
一九一九	18952	2579	32452	54213	45500
一九二零	6142	1666	23093	58143	—
一九二一	4891	1195	36229	52023	11266
一九二二	3618	1079	35459	49719	11963
一九二三	3648	812	21832	42635	9965
一九二四	3404	789	19715	36911	13513
一九二五	2931	796	19887	33990	6708
一九二六	3518	826	18820	37338	7184

近年来经费增加，大体说来，可归于三种原因：大战进行中所借款项的利息支出、国家活动的扩充与物价之腾贵。各表中其化成一九一三年金元之单位价值者，则最后所说之要素自然消灭。

因举债所生之各种用费，其增加现代国家之支出，较之国家职责之扩张尤

---

❶ 瓦格纳（Adolph Wagner）《经济学原理》第六编第三章，一八九三年第三版（Adolph Wagner, *Grundlegung der Politischen Ökonomie*, 1893）。

❷ 德国一九一四年至一九一九年按通行马克算，一九二一年至一九二四年按金马克算，一九二五年至一九二六年按新马克算。意国一九二一年之支出中，第一次算入国家买卖小麦及其他食料品所生之损失。

为重要。波戈特教授在他的概算中,因世界大战而使各政府负担之直接总费用当在两千亿金元左右,因此他告诉我们,一般的负债,组成支出之大部分;同时他给我们解说,因大战所发生之债款,其借款的手续是如何的逐步改良。在现在这个时代,悬而未清的负债数额,最可以直接反映出战争和战争的准备。❶

欧美各国战后债务之负担其额甚巨,一九二七年预算中的概算数,有如下表:

一九二七年欧美各国战后债务负担表❷

国别	预算支出总额中债务支出百分率
大不列颠	47.5
法兰西	39.7
比利时	37.7
北美合众国	37.5
意大利	29.1
德意志(赔款与公债)	22.9
奥地利(一九二六年)	12.9

按照此表所列,各国之负担似乎甚高,不仅在他们本身,即与德、奥两国债务负担相对照,愈见其然。然而,要记住,中欧各国因为通货低落,无形中消灭解除了大部分的内债,此种过程,结果就是极高度的课税或是资本的没收。所以前列百分率中虽未反映出此种担负,在事实上,那些国家,则已负担之矣。

下表可以表示合众国自世界大战停止以后支出的情形,同时指示出租税之高额收获和巨大的政府盈余。

一九二零年至一九二七年每会计年度
经常收入与自经常收入所支出的经费数目表❸❹

会计年度	总经常收入额	对经收经费支出额	盈余额
一九二零	6,694,565,388	6,482,090,191	212,475,197

---

❶ E. L. Bogart, *War Costs and Their Financing*,1921, pp.1,8,51.

❷ 国联在一九二七年发表之一九二二至一九二六年各国财政备忘录,日内瓦印行(League of Nations, *World Economic Survey*, 1927)。

❸ 以美国财政部每日报告作根据,无所修正。

❹ 一九二七年六月三十日终止之会计年度《财政部报告书》第二十页。

大战后各国国家财政的新趋势

续 表

会计年度	总经常收入额	对经收经费支出额	盈余额
一九二一	5,624,932,960	5,538,209,189	86,723,771
一九二二	4,109,104,150	3,795,302,499	313,801,651
一九二三	4,007,135,480	3,697,478,020	309,657,460
一九二四	4,012,044,701	3,506,677,715	505,366,986
一九二五	3,780,148,684	3,529,643,446	250,505,238
一九二六	3,962,755,690	3,584,987,873	377,767,817
一九二七	4,129,394,441	3,493,584,519	635,809,922

自前表观之,从一九二二年起一直到一九二七年,美国中央政府的支出,虽然不断地强使节约,在实际上是维持未改。而其不可免的结论就是:经费的数目,恐即如是继续不改或者还要增加。

按照支出的分配将美国经费之增加加以分析,新近曾由财政部实行。结果供给我们一个值得钦感的机会,可以很精确地判定在这个国家里经费所以增加的原因。此表曾揭示于一九二六年财政部之年报中,兹转揭如下:

按每一人口,经费之支出分配表❶❷

核成一九二四年至一九二六年之物价平准

按照一九二四年至一九二六年金元购买力计算

年度	1915	1917	1919	1921	1922	1923	1924	1925	1926
普通政费	0.65	0.62	1.07	1.12	0.99	0.97	0.96	0.91	0.88
内地保安	0.34	0.28	0.32	0.49	0.42	0.47	0.45	0.65	0.64
发展管理	0.76	0.76	1.64	1.12	0.97	0.97	0.95	0.95	0.95
公营事业	1.71	1.42	23.51	8.78	1.86	13.18	2.00	2.56	0.37
地方政府	0.39	0.37	0.34	0.41	0.39	0.38	0.39	0.47	0.49
涉外事项	0.07	0.07	0.09	0.08	0.09	0.13	0.12	0.13	0.13
普通行政支出	3.92	3.52	26.97	12.00	4.72	6.10	4.87	5.67	5.46
军事支出	6.28	10.71	119.80	16.80	14.36	12.27	10.89	10.17	10.20
信用公债	0.33	0.32	6.29	13.34	18.79	15.41	18.34	14.24	14.79
临时借款	—	11.46	39.63	2.76	0.15	0.32	0.09	V	V
信托基金	0.22	0.30	0.69	0.51	0,83	0.69	0.78	1.57	1.91
偿损各费	0.22	0.30	0.69	0.51	0.83	1.46	1.43	1.65	1.85
经费总计	10.95	26.57	193.63	45.96	39.50	35.61	35.40	33.30	34.21

由上表观之,在美国,所以使中央政府之费用极度增加的原因,其分量最

---

❶ 一九二六年六月三十日终止之会计年度《财政部报告书》第三十二页。

❷ 记有 V 记号者,不到美金半分。

重的并不在通常政府之行政费,而在最重要的公债费与次要的军事费。

　　财政部长梅伦君(Mellon)注释将来减政的可能性时,曾经说过:行政费曾经用过每一个可能的方法使之减少,已经达到减无可减的限度,而军事支出虽然也减过一点,可是自一九二六年起,又起首加增!梅部长又切实地指出来,他的将来"大部分要靠着我们外交关系的性质和国家对于战事准备的态度,就是说,要靠着政策,而不靠着节省的考究!"关于一切支出中的最大项目——公债支出,梅部长又说,"只要是约占每年支出五分之二的巨额固定的公债支出在那里存在着,打算从总支出中办到巨额的缩减,实不可能"。

　　然而研究到最后,如果合众国的普通政策能够继续地施行着,公债的大部分总要付清,因而债务的各种支出亦将随之减少。至于仍然存在的一种趋势,即在平时,经费依然要继长增高,其重要原因据财政部之主张,可归于下列五项:

　　第一、一般物价平准的腾贵;

　　第二、增加不已的人口率;

　　第三、军事费之增加,与因过去战争所生费用的债累;

　　第四、因为人口逐渐的密集,所需要的政府的活动因而扩大其范围,又因每年增殖的国富使此种扩张增加其可能性;

　　第五、在一个进步的国家里,一般的生活标准继长增高,其相伴而起之政府的活动与效能,自然要继续提高其标准。

剩余的物与冻馁的人*

（一九三零年九月二十九日）

> 去年曾刊《财富与生命》的巨著，前月曾写《合理化与失业问题》的评论，望重英伦、来华未果的霍布孙（J. A. Hobson）最近在八月二十九日出版的《新向导周刊》（*The New Leader*）发表一文，题曰《剩余的物与冻馁的人》（*Surplus Goods and Starveling Men*），极力说明"消费不足"（under-consumption）的重要性，对于英国的失业问题，更作深一层的分析与考察，爰译大意，寄之国人，藉窥此世界的经济学者之思想与主张的一斑。
>
> 民国十九年八月三十一日，敬伯识于伦敦

我们的经济制度，完全应用他的劳力、土地与资本所产生出来的一切货物，竟以无力购买、无力使用之故，因而形成的"消费不足"，已经不是悬想的理论，而是明确的、一般承认的一种事实。一个人如果叫他说明消费不足为什么发生，市场的扩张为什么不能与生产能力的进展一致进行，于是那样的理论，便揽入这个世界来了，许多的人们对于生产机器的十足应用所能产生的一切货物想着使用，但是他们没有买它的金钱，打算作到"有效的需要"，则欲望的背后，总要仗着钱先生去撑腰。

钱不够么？

然则恼人的事是因为钱不够呢？还是因为过量的钱落到了那些人的手里，而那些人已经是满足了他们的欲望（甚至于他们的奢侈欲望），并且把他们的余款都存起来了呢？现在还要说，打算买那些已经生产的或是能够生产的一切东西而没有足用的钱，在这句话的本身，简直就是荒谬。从农、矿以及取得

---

* 此译文发表于天津《大公报》。——编者注

食料及天然原料的其他事业看起，接着再看制造、运输与贸易，将消费的物品、新的器具和机械、工厂和其他生财的货物都弄到完成的地步，如果我们看了这样的生产过程，总可以看出来，在每一个阶段，金钱一物是按照工资、薪水、利息、租金、红利分配到从事于生产过程的各种人。在制造面包、鞋子、家具、房屋、机械、工厂等等的各阶段中所付出的数目，因而形成各色人等的零星所得，如果你把它加起来，可以看到，这同样的总数将要而且一定足以购买产出来的享用货物和生财货物。所以，没有那些钱买制出来的货的那种意见，毕竟是不合理。但是这样的说明，需要一种限制，因为这些生产的经过有些须经长的时间。人们从各样支付所得的收入，关于花用的方法很容易发生错误，很正确地预测嗜好的变迁和其他生活标准的改变并不见得可能。进步的技术，在某种产业里边很可以增加某种货物的产量，但是因为消费者购买的数量大抵相同，价钱贱了，也不过多买一点，省下的钱还要用它多买别的东西，所以那些多量的出品纵令减价，也不见得都能售得出。

错误的限界

这些生产的技术和消费的变迁，在经济制度的运行中总要惹起些个消耗和阻滞，这样错误的限界，靠着更为精致的预测自然可以减少，而不能完全消灭。对于几种失业问题，仍然是一个常态的原因，但是这种误算，几乎是一种持续地进行，对于普遍的市况疲滞与广泛的和深锢的失业问题，不能拿它去解释。

因为在生产的进行中，所支付的各项所得，足以去买制出的一切货物；又因为货币的唯一用处，就是用以换取物品和换得劳力。所以这样许多剩余的卖不了的麦子、棉花、羊毛及其他重要商品居然在那里存在着，工业生产的这一部分和那一部分居然都受着限制，可以用诸生产的资本和劳力，居然是弃置不用或是用而不足！这类的事究竟是怎样才发生出来？尤其显著的是用具和基础工业如钢铁、机械制造、造船和其他工业，直接从事于制造生财货物的，它们所用的资本和劳力，想不到也在那里发懒。

市场的这样可惊异的无能力，竟不能和生产的增进一致进行，求其解释，则足用的金钱，虽然按着所得去分配，用以购买制造出来的一切物品，其售得的货价也足以抵补生产的费用，因而维持整个的制度得到充分的运转，然而货币所得的分配，其不平的程度竟是如此之甚，于是防止了制度之允当的运行。

所得中较大的比例数，或按股息而支付，或按租金与红利而分配，或暂储为公积以谋阔股东的将来福祉，都含着一种企图，加速率地增加储蓄和投资，而不尽用诸目前实际的新的进步的装修和机械，这是经济学家全都承认的一件事。所得之不平的分配，换句话讲，便是富的少数和贫的多数的存在，较之分配较均的场合，它要促起"可以去存"的一般所得，成为更大的比例。

由此看来，事实的这种样子，必要引到过量的储蓄，必要引到一种企图，去产生资本，去运用资本。而这种运用又已过量，过量的程度还可以拿定期发作的积滞停塞和失业去证明，这都是打算拼着力量去运用自然产生——如果我们这样去想，为什么就该是不合理呢？

工业的形态

转眼再瞧工业的形态，工业所作的事，一部分是制造消费品，预备着买卖和消费；一部分制造备用品和各种材料，预备着对于业经消耗和用过的去补充；一部分则制造更多更好的机件和更多更好的材料与动力，使用、维持和储存，这即是工业制造的主要形式。对比三种目的，工业致力的比例，自然因生产方法之改变而有不同。在原始工业时代，几无储存之余裕；而在现代，则游刃有余。但是无论何时，储存与使用之间，总该有一个正当的比例。

如果所得的分配是这样的不平，以致引起储蓄太过的企图，势必发生下述之结果，指望着对于新的生财品（真实的储蓄）有大宗的需要，则大部分的资本和劳力，势必从事于新机械、新原料一类的制造，为那向往中的金钱储蓄而去投资。储蓄在它的第一义，只是一种支出的节省。一个人存起钱来，他不过暂时把那笔款放在一旁，他希望着，只要投资的机会一来，当时就要用它以购买新的生财品和生产力，同时即多用工人以多制财富。所以我们是常常的被人警告，以为"储蓄"和"消费"所用的劳力是一样的多，又因为储蓄是要用诸增加财富与将来的消费，更应该是有利益的。

如果金钱储蓄能够采取投资的形式，用以购买新的生财货品，使用多数工人从事于更大的生产，则方才的说法，"储蓄"本是可以作到的。但是，我的主张如果不错，所得之不当的分配如果煽起一种企图，应用过量的储蓄（包含公积金）去买机械和生财品从事于过度的制造，以致于制出的货，不能而且根本作不到照着制造的那么快把他卖出去，则过度储蓄的企图，终究毁坏了他的目的。

如果称此为悬想的解释，我要答覆，惟有这个才与事实相合，当那被供给的物品不能很痛快地售出去，跟着发生一般物价的低落，而且商况不振，资本和劳力都找不到出路，到此时节，那些存下钱的人们，必不肯立刻投资而存之于银行，于是凑成信用的基础，因而促起交易所里那样大的赌博交易，如纽约、如伦敦，最近都曾摆出证据，叫我们瞧。

无用的俭啬

存下的钱，所以不去投资以推进更大的生产，是因为整个的企业世界，都承认了这样再去生产的资本，已经没有需要，就是说，制出货来搬到市场，已经赚不回钱来了。我并没有说，这些储蓄永远不去投资或用诸生利的方面，我只是说，滞不投资与久不使用，就是生产能力的长期间的消耗。

失业问题，虽然工人受苦最甚，实不限于劳动问题，同时便是生产动力、资本、劳工、企业、天然富源，一切形式之消耗与停滞的问题，此事要归咎于工业资源之调整的不当和应用的误谬。更求其因，则所得分配之失平，遂使生产的能力，继续不已的，用诸新生财品者太多，而用诸消费品者太少。

结果则此经济制度，时而兴奋、时而停滞，往复不已地往前走，果能加以适宜的调整，分配之际以较大之份予劳工，以较小之份予资本，则此经济制度才可以充分地规律地永远进行。纵令人类的努力与计算不免有误，其消耗亦轻，总额的生产，总可以比现在大的很，储蓄依然是不会少，或者同现在一般多，甚至比现在的数量还要来得大，只是较大的所得总数，其比例应比现在小。然而这样的事情，除非将生产的程序和所得的分配，在某种聪明的觉悟的连合的统制之下提挈起来，是不容易作成功的。

这样改革的分配制度，如果像英国的例子，在一国领域以内，靠着政府的行动，究能达到多远？或者，是不是还需要国际间的工业规定，则又是需要严肃考虑的另一问题，已经属于本篇短论的范围以外了。

一九三一年

世界的财政与经济*
——以后的步骤如何

（一九三一年一月十一日）

> 引言——此文载于伦敦出版之《旷观周报》（*The Spectator*）圣诞节专号。原著者萨尔特（Sir. Arther Salter）曾充国际联盟中经济与财政之分部总裁，所著《联合海运管理》一书，在国际关系之研究中，具有最高之权威。今写此文，论述国联之主要成绩与工作，颇足供吾人之参考。世人对于国联，有过于信赖者，有过于轻视者。萨氏此文，颇重事实，特为移译，以告国人。
>
> 民国十九年十二月十五日识于伦敦

世界今日，正挨受着从来所未曾遇到的一个最厉害最普遍的经济疲滞！所以利害的缘故，因为在一个工业恐慌的顶点，大体上又因为特殊的缘故，加上一个农业的恐慌。这样普遍的经济疲滞，很明显的，是发生于世界的要素。所以无论是何种的救济方法，只要是可能的，都需要国际间的行动。于是特别的注意，渐渐引到这一类的行为，也有已经作过的，也有正在企图的。

战后国际行动的机关，除特别会议之外，在这世界里已经有了三种组织。其中赔款委员会业经解散；国际清算银行，方经设立。国际联盟中，仅经济的和财政的组织，在大战后的头十年间，已经作了很重要的活动，依然是一个为将来而努力的机关。所以我们将要叙述的大部分，要转到这种组织的工作。

国联之财政的工作，今年已经达到了一个很确定的阶段。整整十年之间，他在这方面所作的主要事项，是在帮助欧洲，用指导和示例的方法恢复他的财政与货币。一九二零年促成布鲁塞尔的财政会议，结果得到一个很有权威的议决书，提出最适于实施的各种方策。经过了奥地利、匈牙利、希腊和保加利亚的

---

* 此译文发表于天津《大公报》。——编者注

实际的工作，他表示了：他所主张的原则纵在很困难的例子里边，是怎样的可以应用成功。特别是在奥地利，那是一件开山的工作，当时所给的表示发生很大的影响，无论是用独立的行动恢复一国的财政，或是一九二四年道斯委员会所作成与五年后又经修改的赔款计划，盖无不受其影响。在希腊和保加利亚的两个例子里边，曾先之以或助之以难民安置的计划。这些工作之外，如果再算上对于被蹂躏的牺牲者所发明的财政的助理计划，则吾人对于过去十年间国联工作的主要部分，业已大体包括。这种阶段，很明显的已成过去，除了一些正在清理的事项，所有曾经担起的这方面的工作业已完成，而在过去两年间，尚未将新的财政改造计划拿到手里。差不多所有欧洲的国家，已经恢复了金本位制度，自今以往所担起的财政改造——除了一二可有的例外，已不复有何等必要，将来的工作，就大部分讲，将属于欧洲以外，即或属于欧洲本身，也要属于另一种性质，或属于具有世界性质的一般问题。

　　这种工作，是什么呢？

　　第一步，财政委员会现在正研究着著名的"金的问题"。今日主要的通货，把世界的大部分和金子连锁在一起。所以就事实上看，仅有这一种交换的媒介或通货，而其价值如按货物计算，都要靠金。如果黄金的供给，证实了不足以适应人口之增加，生产与贸易与物价的一般平准，假若没有救济的措置，势必一步一步地趋于跌落，同时日见跌落的世界物价，一定引起贸易的损失和失业的问题。国联于此曾发表一种报告，明白表示，除开现在世界的市况凋敝的原因以外——那种原因与黄金要素之正确关系，现在是一个很起争论的问题——这种危险，对于比较近的将来是赤裸而实在的，但是救治的办法，一部分经中央银行之手，一部分或靠着各国政府，都是很可能的，财政委员会正继续着他的研究。各国中央银行的合作，只要一天是必需的，则新成立的国际清算银行，已经在那里预备着，作一个达此目的新的工具。

　　一种重要而新颖的工作区域，对于单独国家的特殊利益的问题，今日也正在开始。以前各国要求国联帮他的时节，他不仅作成计划，而且负起实施的责任，同时特许发行一种债券，在"国联监督之下"而为之通融。但是现在有许多问题，一个国家所需要的仅是指导，并不要国联怎样负起继续的责任，例如保加利亚政府最近关于他的合作制度及合作与该国银行制度之关系，曾要求国联的指导，国联派遣的专家现在正从事于考查，预备能够供给一些指导的材料。这些同样的对于专家指导的要求而不需要国联在执行的工作,将来可以普及于很广的范围,这是可以预想得到的。

一个极紧要的需要,可以特别地讲一讲。所有欧洲的大部分农业信用的利率,高得太厉害了,如果以为任何的国际行动,就可以叫信用低廉,在保加利亚那样的国家,也可以像丹麦一样,那仅是一个幻想。农业生产的方法不同,政治稳定的程度不同,尚有其他原因,对于放款人的放款条件一定发生影响。但是有价值的指导,关于抵押债券的形式与一个国家的立法怎样才能够吸取外资,这是可以办到的,

讲到此处,我们知道:国联已经作过的工作,或属于一般的世界问题,或属于欧洲的单独国家。但是同样的作法,一定可以一样地拿出去,帮助其他各洲属于国联的任何分子。

现在我们从财政政策[1]转移到经济政策。我们来到这个范围,因为很明显的理由,进步是很难的。此处国联工作的宪章,便是一九二七年大规模的世界经济会议的报告。所提出的计划之主要部分,便是:国际贸易之障碍,不管是关税,或是关税以外的东西,都应该减除。我们都知道:世界的政策,尚未能追随着那些建议。

但是我们还未曾见着事实的终局。这样的一种政策,应这由五十几个政府选出来的有资格的专家一致去主张。我们可以拿事实来证明,惟有这种作法,才能够适应现代的产业与经济的需要。许多部分的利益,许多眼前的打算,妨碍了单独的国家去采用。但是从长期间看一看,近代大规模的组织所需要的大市场,其迫切的要求总要表示出来。一个新的努力正在开始。可是有一件事要承认:像我们现在正受着苦难的一个世界经济衰落的时期,自由政策是不相宜的。他的第一个结果,要发生一个恐惧的防御的形式,结果表现出来:对于贸易,不仅不能减除反而增加障碍。所以我们假若不能赶快的想法子,改变政策的形式,我们便不能认为已尽了最后的努力。

但是关税的抵减,并不是世界政策所指示的唯一目标。此外尚有重商政策的其他形式,对于和善的国际关系,比照其实际的经济结果,较之关税损害尤多。其中例如乱用管理上的实际手段,以期得到遮饰的保护效果;又如国家用种种形式,对出口货物支付补助金,乃其最重要者。一种关税,认为是一种方

---

[1] 英文中此处所用的"财政"字样,系取广义,包含国家财政与市场金融。——译者注

策，用以保护国内产业抵抗外国输入，至少也要认明其目的，表示其正确的范围。假若专为防止兽类中传染病之散布因而课税的一种规定，偏要用诸整个不同的目的，防止健康的牲畜和国产竞争，则因方法之妄用所惹起的国际间的激怒，是非常之大。因此，某种关税，最大的限度只是保护国内市场，其弊犹小；倘用出口补助金的制度，予本国出口商以一种利益，使在世界的中立市场战胜他国，则所以刺激他国者实甚。所以很大的着重之点，盼望国联去作的，便是对于牲畜入口的规定，仅作到适宜的医学目的，且对于出口货的国家补助金，设法制裁。

国联对于"贸易循环"问题之科学的研究，同时也正在着手。这是一件很复杂的问题，在世界能够得到一种必需的知识足以使他支配经济的归趋以前，无疑问的，要经过一个很长的期间，但是一个很广泛的探讨研究，许多国家业已着手去作。在每一个地方，现时虽不免有地域的偏见，渐渐可以联成一起，将来总有一天，证明其价值之伟大。

最后还要注重一件事。在日内瓦，世界有一个机关，他能奖励，他能整理，而在一定的范围中，他能调和，他能指导国家的行动；但是他所能作的，不能再比这个多。他将帮助世界，得到世界所希望的东西；但是某种政策，如果不为世界或不为组织世界的有力国家所承认，他也不能强迫着他去采用。

一九三二年

政治的根本问题*

（一九三二年六月六日）

人的习性，总是忽视切近，而好骛玄远，不知从切近里找出根本的问题来。"政治"的研究，便是一个例子。中山先生说："政就是众人的事，治就是管理；管理众人的事，便是政治"。研究政治的人，或者以为这几句话，说得太简单了，总要找些更玄奥的解释才行。实则研学之士，应该问：涵义之有无，不必计措辞之深浅。很浅显的语句里，时常可以找出很根本的问题。

"管理众人的事，便是政治"，对于这句话，我们要认识、要分析、要追求，追求出下列的六个问题：（一）谁是"众人"？（二）谁"管"？（三）谁叫他"管"？（四）管什么"事"？（五）怎样"管"法？（六）"管"到什么样子？我们拿这六个问题，可以认识人世所有的一切政治。有了事实和经验的认识，一切理论方有根据。以上六个问题所包括的研究材料太广泛了，在这篇短文里，不容我们依次详述，只能提出最根本的第一点，为社会上注意政治问题的人提供一些参考的资料。

研究第一问题，谁是众人？就是这"人"的认识，已令吾人发生古今异趣，因地不同之感。在封建政治之下，奴隶就不是人。在地主政治之下，农奴就不是人。在初期资本政治之下，工业的劳动者就不是人。以后劳动运动渐次抬头，政治解放日起有功，劳动者在法律的名义之下是人，但是在经济的享用之下，依然不及人的水平。在普选的规定之中是人，但是在社会的竞赛之中，仍然不够人的资格。拉斯基曾说道："十九世纪所发展的政治解放，其结果很发达了对于社会的和经济的平等的普遍要求。……将一个社会，分成狄斯累利（Disraell）所称之富与贫的两个国度（the two nations of rich and poor），怎样也不能平稳地维持下去，盖已为世人所共察"[1]。这种"对于社会的和经济的平等的普遍要求"，所

---

* 此文发表于天津《大公报》。——编者注

[1] H.J.Laski., "The Prospects of Constitutional Government," *The Political Quarterly*, July 1930.

反映出来的事实,便是:在这类的社会组织和经济制度里边,对于人的认识便不一律,因而对于人的待遇便有不同。古谚所说的"窃钩者诛,窃国者侯",所说的"只许州官放火,不许百姓点灯",便是说:同样的行为,因为人的认识不同,便可以发生极端离奇、极端背驰的不同等的待遇。

中山先生为什么提倡革命?便是因为,政治的压迫者、经济的压迫者和帝国主义的压迫者,不许被压迫者当人!不许被压迫者享人的生活,不许被压迫者享人的权利。少数的压迫者,施行"人"的垄断,多数的被压迫者,自然要求"人"的公享。在吾国革命运动中,所谓"众人",当然,而且确然,是指着在帝国主义者侵略的铁蹄底下的"众人"!管理这些人的事,方是中国革命所要求的"政治"。

翻过来讲,如果不能办理这些"众人的事",如果不能适应这些"众人"的要求,如果不能和这些"众人"站在同一的立场,如果不能和这些"众人"向着三种压迫势力交织而成的敌人作殊死的决斗,则其政治,无疑的,迟早必为这样的"众人"所摧毁。

对于"众人"的问题,如果不能解释清楚,则一切"专政"与"宪政"的讨论似属辞费。革命只是被压迫者对压迫者的解放运动。专政,应该是被解放的"众人"的专政,才是革命的目的。宪政,也应该是被解放的"众人"的宪政,才是革命的理想。如果离开"众人"的专政,那不是专政,那是"专制"!如果不顾"众人"的宪政,那不是宪政,那是"分赃"。如果不把中国革命的"众人"认识清楚,则专政与宪政,是一样的弄不好,是一样的卒归于失败。

施行宪政的英国,大概是资格最老、成绩最好的了。但是我们翻开一九三一年新版的《费边社社会主义论文集》,萧伯纳所写的新序,便以为英国的宪政政府,自己并不能真正管理,而只"束手听命于不任职、不负责、实际很秘密的私人的产业家和金融家的独裁"。(……helplessly taking their orders, as ours do, from unofficial, irresponsible, and practically secret dictatorships of private industrialists and financiers.——G. Bernard Shaw)

所以我们不要仅仅震眩于宪政之名。据老萧的认识,便以为英国宪政的面幕,蒙着专政的狰容,这又是何等滑稽的事。在这样的宪政之下,是不是可以很和平地改进了经济制度和社会组织?颇属疑问。拉斯基曾问过:"一种阶级,从前曾享有国家中有效特权的实际独占,能够很和平地静待着自己的消灭么?一种阶级,为造成平等之故,叫他贡献出那些特权,他能够甘心愿意么?……在这些变态之下，我们还能够盼望宪政的继续，这是容易的事情么？"

名义上的宪政，实际并不"办理众人的事"。众人欲起而自办，则多年"寡头"的统制，又横阻于前，到此时节，便是有宪政的路子，都有些走不通。倘无其他救济的方法，最后必走入革命之一途。拉斯基是最爱护宪政的人，他还要说这样话："人们所以准备着冒险以求急激的变革者，源于一个意念：以为他们所视为正当的改革，如果靠着现社会已经有了机构，以期达到目的，是不容易成功的。他们这样想，也许是错误。他们所希望的变革，在事实上也许得不到。多少忍耐一下，也许免去革命的需要。但是，一般人们如果普遍的确信：国家的基础是不公正的，国内和平所恃以为基础的普遍心理状态的一致是缺乏的，到此时节，将如亚里士多德所见，比较的一点小事，很可以焚毁一行列车"。(But, when men are widely convinced that the foundations of the state are unjust, that unity of popular temper which is the basis of internal peace is absent; and, as Aristotle saw, a relatively trivial event may be enough to fire the train .——H.J.Laski)

从此我们可以再进一步的追求。宪政制度，无论它怎样不足以代表"众人"，毕竟还有一个公平竞赛代为执政的轨道可走，走通走不通，那是另一个问题。至于专政制度，如果不建筑在"众人"的基础而流于"寡头"的独裁，则执政的更替，仅有内战和革命的两条路。专政的实质，不能"由"众人，而能"为"众人，还可以作得通，既不由众，又不为众，只由，而且只为！极少数的私人，则在政治制度的实质言之，已返于君主或贵族专制的路子，更不足语于党政得失之林。"比较的一点小事"，都"可以焚毁一行列车"。然则如贾谊所说："厝火于积薪之下"，结果惟有燎原而已！

再进一步的认识。名副其实的专政，也要做到"有限制的宪政"。在一定的范围以内，要完全运用宪政的技术——严守规律与公平竞赛。要完全采取宪政的态度——主张政见与容忍政敌。更要积极地培植宪政的基础——厉行普及教育与养成健全舆论。果能做到这样，则专政适成为宪政的始基。如果不能，如果专政的作用，不仅是外向的，而且是向内的，势必将专政的单位，分裂为若干碎片。如是则不待外摧，而已自归于内毁。不待"众人"的进攻，而"寡头"已无存立的可能。

"管理众人的事，便是政治"，中山先生说的很明白，对于这句话的翻面，也可以看的很明白：管理"非众人"的事，便是政乱。从前冉有从季氏的家里出来，孔子问他："何晏也？"他说"有政"。孔子当时（当然要注意时代）便很严厉地驳斥他："其事也！"私人的事，怎能说"政"？政是公的！"政是众人的事！"政治之是否进化，在根本上，就看对于"众人"的解释，广狭如何。解决了这个根本问题，其余的政治问题的研究，才有了根据。

民国二十一年六月三日

经济改造与政治改造*

（一九三二年六月二十五日）

当年孙中山先生倡导革命运动，有一个一贯的主张，便是："用革命的方法改造政治，用和平的方法改造经济"。一般人对于这种主张，大抵认为是并列的，或对立的，而且从根本上就认为是两桩事。至于政治与经济，何以用两种不同的方法去改造？则又分离解释，不见有何等连贯的说明。

我们根据事实的要求，以解释理论的主张，认为这绝不是两桩事，而是一桩事的两段。不是并列的或对立的，而是连贯下来的。直捷地讲，便是：能够用革命的方法改造了政治之后，才能够用和平的方法改造经济！翻过来讲：如果不能用革命的方法改造政治，则对于经济的改造，无论所用的方法是革命的，抑是和平的，一切走不通！

对于经济改造，许多人很费心血，研究种种方案和计划，当然是需要的。但是我们要问：谁去改造？自然要问到：执行经济政策的政府！这个政府，如果不是用革命方法改造出来的政府，依然是原来施行政治剥削的政府，试问她能不能执行经济的改造？纵令因为一时的革命行动，将施行剥削的政府推翻了，成立了一个新政府，而这个新政府，并未曾用革命的方法，改造政治，而且把旧政治的残余，渐次地又容纳进来，这样组成的政府，试问她能不能执行经济的改造？革命方法的改造，固然是压根儿就提不到，和平方法的改造，试问又几时才行得通？

革命，只是被剥削者对于剥削者的解放运动。政治革命的目的，至少要把原来执行剥削的统治阶级肃清了，成立一个绝对不施剥削的新政府。有了这样的政府，用和平的方法改造经济，固好。用革命的方法，也不是没有斟酌之余地。一时成功固好，一时不能成功，则十年薪胆，甘苦与共，政府与民众，也是始终站在一条线上！

---

* 此文发表于天津《大公报》。——编者注

不用革命的方法改造政治，而用和平的方法改造经济，能行不能行？请看中山先生怎样说，"现在英美各国的资本家，专制到万分，总是设法反对解决社会问题的进行，保守他们自己的权利。现在资本家保守权利的情形，好像从前专制皇帝要保守他们的皇位一样。专制皇帝因为要保守他们的皇位，恐怕反对党来动摇，便用很专制的威权，极残忍的手段来打消他们的反对党。现在资本家要保守自己的私利，也是用种种专制的方法，来反对社会党，横行无道！"（民生主义第二讲）。

英美的政治，表面都是宪政，但只是资本家的宪政，政府的大权都在资本家的手里。"资本家专制到了极点，一般人民都不能忍受，社会党想为人民解除这种专制的痛苦，去解决社会问题，无论是采用和平的办法，或者是激烈的办法，都被资本家反对（同上第二讲）。用和平的办法，都被掌握政权的资本家所反对，结果只有走不通。所以说：不能用革命的方法改造政治，必不能用和平的方法改造经济！以次再就生产和分配两方面，举出几件最近事实的证明。

生产的理想，一要多，二要快，三要好。大量生产的结果，解决了多的问题；机器生产的结果，解决了快的问题；合理化生产的结果，解决了好的问题。三种目的达到了之后，是不是解决了经济问题？

一九三一年九月四日德国的报纸《德意志公报》登载《一千二百万吨小麦的世界积存》一文，曾经证明："中国与印度，百万饥民正在奄奄待毙之际，而美国的小麦，却在汽油之下，付之一炬"。世界出产咖啡最多之巴西，截至去年九月止，已将一百万袋——五九，八七五，二零零公斤——的咖啡，尽行销毁。在另一家的德国新闻《法兰克福报》曾经登载：为销毁咖啡的原故，特造一条铁路直达海岸，以便迳投入海。但是海潮，总是把投下的咖啡冲到岸旁，渐次腐朽的结果，致使海岸的空气，异常恶浊。于是将咖啡堆积成山，注以火油，使之焚化。不过这种办法，终属费事，故又订制特种机器，将生咖啡碾成细粉，以供肥料之用。去年八月十三日的《维也纳工人报》登载："捷克斯拉夫有一个地方，曾将八万公斤的胡瓜，掺上煤油和石灰，完全焚毁。为什么？为的是维持现不为怪的胡瓜的高价"。这些事并不奇怪，多少年以前，法国种葡萄的老园主，便要求过政府，制定法律，禁止新葡萄的种植。荷兰人曾将亚洲领地出产的香料加以焚毁，将马来出产的丁香树，连根除去。为什么？仅为的是：减少出产的丰腴，以提高交换的价值。中山先生说过："在私人资本制度之下，种种生产的方法,都是向着一个目标来进行。这种目标,是什么呢? 就是赚钱"。……"那些资本家宁可任本地的饥民饿死,也要把粮食运到别处去卖"(民生主义第三讲)。如果政治的基础,建筑在这些资本家之上,试问是不是可以拿政治的力量来制裁那些资本家呢? 不仅不能制裁,恐怕还要支配政府,制定法律,保障他独占的利益! 如是则生产虽多,于整个民生,能有什么益处?

于此必想到分配问题。但是公平的分配方法,"在私人资本制度之下",在私人资本制度支配的政治之下,是不是能够施行? 平均分配要靠政府,但是这个政府,如果不是用革命方法改造了的政府,是不是能够执行公平的经济分配?

既往的历史,现在的事实,很明白地告诉我们:纵令能够施行一点,也是很有限。而且到必要的时节,就是很有限的公平分配,也要用"非常"的手段,将它低减,将它取消!

欧美各国,对于分配问题,时常运用租税的方法,向富人征收累进的所得税和遗产税,以减少资本的集中。同时运用:普及教育、社会卫生、失业保险、老废补助各种制度,增加社会的支出,以救济工人的贫困。此等方法,在一定条件之下,而且在一定限度以内,也可以实现些许功效。但是在原则上讲,这已经陷入根本的矛盾。彼等对于资本主义,既攻击其罪恶,而又承认其存在;既承认其存在,而又斩伐其枝条。结果将如萧伯纳所说:"这种政策,有它的真正口号:贼偷了去的,你再从贼的手偷回来,在这里,破产威胁的成分,比黄金时代的期许,总要多。"

既然打算吸取它,不仅要承认其存在,而且要助成其安定,岂不与社会主义最初的目的相反! 一旦达到一定的限界,不是遭逢资本家的反对,便是得此失彼,使劳动者的痛苦,终无由解除。柯尔曾说过:"因为这种做法的基点,并不在产生社会主义的制度,以为进步的社会政策之资源,而只吮吸那些资本家。用了各样方法之后,劳动者并未曾将它吸干,但是已经达到了这一点——倘再加课新税,而对于企业与投资,在旁的方面,仍能不发生相反的结果,已经是非常的困难,结果势必加重失业问题且加增其成本。"

看了以上萧、柯二氏的解释,足可以证明,仅运用平均分配的方法,在既往工业发展的时代,在殖民地任其宰割的时代,取其残余,以缓工怒,还可以做到一点。一旦经济凋敝,贸易衰颓,收益既大减于前,而土人暴动,领地独立,且震撼其帝国主义的根本,于此仍按数十年来分配上挹彼注此的老办法,不仅要招致资本家的反对与破坏，且必如萧伯纳所说：招致"破产的威胁"。社会主义者于此，将企图资本主义的安定，改进其组织，以增加财富的生产呢？抑将一度牺牲经济的财富，以获得较高的正义和平等呢？此真英国式"近代社会主义的两难"，不待凯恩斯之揭橥，事实则早已经存在也。

前提不解决，根本不解决，则增加生产，徒供投海之资，公平分配，终有碰壁之日。倘不用革命方法，将政治上的剥削关系，根本清除，则一切经济改造，纵有成功，亦只为剥削阶级谋利益。然则清除此政治上剥削关系的革命方法，将由政府自身断然地去施行呢？抑由社会的力量督促着政府去实行呢？还是等着证实了自决与督促之卒归于泡影，必待革命的社会意志与力量形成时才去实行呢？——在既往的历史上，早已经有了极显明的先例，人们纵然闭着眼睛不去看，也要有新的历史，一页一页的摆在眼前。

民国二十一年六月二十二日

一九三三年

罗马衰亡之财政的原因*

（一九三三年三月二十七日）

国难严重至此，一方须有应急的处置，同时须有根本的觉悟！泄沓麻木固不可，张脉偾兴又能有多大的用处？要在澈悟深思，震志迈往，勿使将来再追悔今日！幸而时间容许，犹可回旋，则今日之沮丧栖皇，岂非自误？不幸民族已朽，国运将终，吾人亦须于余烬中爆星火，于落潮里溅浪花，方不失炎黄民族的本色！

"秦人不知自哀，而后人哀之"，罗马不知自哀，而吉本之徒哀之。吾人倘能"以古为鉴"，而不俟后人之哀，则"两军相对，哀者胜矣"。

两年前，不佞曾草《财政观之中华古国》一文，登之民国十九年六月十四日之《大公报》。文中主旨，即在叙述罗马衰亡时期之财政状况，以为吾国今日之殷鉴。"……收税之吏，百端勒索，驱其良民，多数为奴，因四海之困穷，遂致促罗马之文明，使卒归于凋绝"。不佞读勒茨（H. L. Lutz）之《财政学》，每至此处，辄不禁其瞿然心惊，为吾国之前途惧！顷阅美国经济学者斯格德·尼林（Scott Nearing）所著之《帝国残照》（The Twilight of Empire, 1930）论及罗马之衰亡，于财政的原因，更多所发挥。古人云："以古为鉴，可知兴替"，吾人丁兹国难，倘再讳疾忌医，不知警惕，试问将于何处找出路？

吾人非谓罗马衰亡之原因，仅此一端。但财政之黑暗与紊乱，为其灭亡之主因，则为从来学者所公认。希尔曼（T. G. Shearman）在所著《自然租税论》（Natural Taxation）第一章第三节，曾经明示："恶税足以摧毁社会"。租税或财政的本身，不过一种工具，原无善恶可言。必有使之恶者，而后税成恶税，政成暴政。然则谁使之恶？

在资本主义发达之社会，其流弊为生产剥削。在前期资本主义社会，其末

---

* 此文发表于《国闻周报》杂志第十卷第十二期。——编者注

路为财政剥削。生产剥削,虽剥削而尚能生产。在内可以造成开发富源的企业家,在外可以造成拓地万里的帝国主义者,虽不免于招人恨,然而总不至于受人怜!至于财政剥削则不然。在此种社会,诚如尼林所称:"一个社会,区分为敛贡与纳贡的两个分野"。劳苦民众,节衣缩食,辛苦力作,所生产之些许余资,皆按租税或派纳的形式,以流入国之中央,以供永久不可少的三种支出:

第一"为维持寄生阶级直接与间接的费用"(the cost-direct and indirect-of maintaining parasite classes),此种分子存在于社会的各方面,"一端为惰富,而他端为惰贫,介乎其间,则为一群报密者、投机者、耍把戏者、赌博者、教唆者、卖身者、行窃者与献媚者"❶。不仅尼林有惰贫的解释,波格达诺夫在《经济科学大纲》中,已有"无产的寄生者"(proletarian parasites)的指摘。

"国家财富愈集中,则惰富阶级愈富有。自表面观之,以为国家财富,流入公库。而自里面观之,乃流入统治者的私人存折。此种寄生分子,不仅不能生产,而其个人的消费,则远超过于一般群众之上。土地为其所有,产业为其所有,他人工作,而彼享之,此时所谓法律与程序,不过对于惰富,为使其不劳而获之不断的流入,为一种保障而已。"❷

"此种惰富,深知依他人劳力而生活之易而且舒,则其创造的能力,必渐趋于萎缩,因之社会之经济活动,必愈加停滞。此时经济活动之主要目的,仅为其个人或一家,靠着稳当的收入,以保证其安静而闲散的生活。"❸

"一国财富,既集中于少数惰富之手,不得不驱农民,集中都市,形成惰贫的大群。既无固定之职业,而且贫无立锥(They could no longer find a place on the land),麇集于充满泥尘的陋巷。昼夜辛劳,难获一饱。生殖则肩踵相接,死病则项背相望。不然则投入军队,流为盗匪。无论如何,彼须得食"!(But in any case they had to be fed)

"都市的财富愈积累,则投机窃骗的大群愈膨胀。置腐体于国之中心,则饥鹰饿鸦,将自八表飞来,以享此盛馔"。(The carcass lay at the centre of the imperial power, vultures locked from every point of the compass to enjoy the feast)

第二"为转移大部分的岁入,用诸不生产的建筑之兴造与维持"(The di-

---

❶ Mikhail Rostovtzev, *The Economic and Social History of the Roman Empire*, 1926. p. 85.
❷ Mikhail Rostovtzev, *The Economic and Social History of the Roman Empire*, 1926. p. 85.
❸ 尼氏引 Rostovtzev 所著《罗马帝国社会经济史》原语。

version of large portions of the imperial income to the construction and maintenance of unproductive buildings）。从前奥古士都大帝曾经自负：初到罗马，仅一砖城，及其去也，乃留一大理石之城。大抵此类时代，国家收入之大部分，用诸发展生产者极少，而用诸享乐观瞻铺张扬厉各方面者乃甚多！同时因为都市化的结果，民生无论如何憔悴，而都会之最新式的铺道建屋，则不可不讲。"周道如砥，其直如矢，君子所履，小人所视"。于是"都会愈豪华，愈伟大，愈增加，则其吸吮国家之富源亦愈甚，而生产分子所应负担之租税亦愈重。鞭笞之响，日以峭厉，垂外之背，载负愈增！"（The whips of the task-masters must crack more sharply; the burdens on the bent backs must increase）

实则陵墓、寺院、官署、坊表之兴筑与文化机关之建设，在国家岁出中，曷尝不可占一重要的地位。但岁出之分配，须视用途之缓急，以为后先之标准。前方抗敌急于星火之非常战费，苦无所出，乃以二十万元之巨款，重修白马寺！（见二月十七日天津《大公报》）。"前方将士，正喋血苦战，后方政府，倘能节省一文滥费，即可增加一分抗日力量"。不此之务，乃以借款辅助文化馆之建设，增加最高机关之人数与预算（见三月二日北平《世界日报》）！不知亦念及罗马之往事否？

第三"为军事组织与官僚机构的费用"（The costs of the military organization and of the bureaucratic machine）。"维持军队，乃国家的重要工作。所谓国家，即系一极大的军事机关"。此种事实，Breasted 在 *Ancient Times* 第 157 页业已断言。实则时无古今，国家的最大支出，均为军费，仅其作用有区别耳。

在罗马一类的国家，战争的全部责任，大抵由农民负担。不仅须流血捐躯，且须担负此等战争所课与的租税与费用的全部。不仅此也，"因农民及手工业生产方法之崩坏，千百万人俱从生产过程中脱节，辗转流为大批盗匪与募兵军队。两者相差甚微。由一个形式转移为另一形式，极属容易。募兵军队，纯恃诛求其势力下地域以为生活。此种地域愈广，则收入愈多。其当前的结果，即各割据军阀之间，为扩大其所支配掠夺之地域，而起不断的战争"❶。如此辗转相寻，互为因果，则一国的军事费，惟有与日俱增。

与军事费支出性质略等者，即对于庞大的官僚组织所支出的人事费。"此种官僚制度，既无民主的力量以为之监督，极易走入腐化的途程，于是种种黑暗，缘

---

❶ 瓦尔加编：《世界经济年报》第三辑。

之而起，贿赂与非法收入，遂成为当时公认的常道！最初系设官以治事，以后复设官以治官，而官官相护，朋比为奸，纵有良法，莫由实行"，徒增国家的支出与民众的负担，不至破产不止❶。

收税之吏，百端勒索，贪污之举，罄竹难书！"苟可以掠夺国库与纳税人者，无所不用其极，虽政府亦无如之何"❷。"人民虽努力输将，而财政则永是亏短，国库则永是空虚，输将公款者，竟不及衣食于公款者之多！"❸，于是"富者愈富而有权，贫者愈贫而无助，政府至此，纵令有心为善，对此庞大的机构，亦已失却整个统制的机能。"❹。

吾人犹忆民国二十年七月五日《大公报》载：行政院以粤事发生后，现任官吏有大事抛卖公债，至市价愈落者。特令各部会、各省市公署严厉禁止。又最近一月十日《世界日报》《北平晨报》登载：南京于九日传秦皇岛失陷。据探息，系财政部高级职员，欲垄断公债，至造此谣言！吾人目击此事，辄不禁忆起杉穆尔·狄耳（Samuel Dill）之言："吾人见官僚阶级，狼狈为奸，以掠夺国库与纳税人，辄惊其顽梗的贪婪与作恶之勇敢，而不复哀怜政府之无能！"

以上三种财政剥削，仅举其荦荦大者，其他相因而生之一切剥削，无不以劳苦之农工为敌。重税之负担，不断的内战，重利的盘剥，外货的竞争，于是农业经济的毁灭，乃加速度的向前进展。"大凡一种社会制度，如能存在，如能发展，须有社会精力的剩余存储（surplus store of energy）以增加社会劳动的生产力。反之，此种精力，如已消失，或有之而消耗于非生产的方面，则此等社会，迟早必归于毁灭。""此时再有更凶猛的外部势力，逼其侵略，则此社会的毁灭，遂告完成！"

嗟乎！古罗马之所以衰，所以亡，所以卒归于毁灭，其经过已如此矣！施宾格勒（Oswald Spengler）在《西土的没落》（*Der Untergang des Abendlandes*）中所主张的：任何民族，莫不有其由青春而成熟而老衰的一定过程，似将同样的复演于吾国之今日。即仅由财政方面观之，许多世界公认之学者，所以解释罗

---

❶ Mikhail Rostovtzev, *The Economic and Social History of the Roman Empire*, 1926. pp.459-460.

❷ Samuel Dill, *Roman Society*.

❸ Louis, *Ancient Rome*.

❹ S. Dill, *Roman Society*.

马灭亡之原因者,不知以何因缘,竟成为吾国今日之逼似的写照!罗马如彼,吾国如何?言念及此,不寒而栗!

但当吾人感到"中国不亡,是无天理"之时,同时即另有一种"吾民何辜,与之同尽"的无名的悲愤。民族生命是永久的,如何能亡?"南北朝可以变而为唐,后五代可以变而为宋",民族怎能老衰?施宾格勒所称:自青春而成熟而老衰,与其说是民族,无宁说是社会的习惯与制度!南北朝之社会习惯不扫荡,如何能变而为唐?!后五代之社会习惯不扫荡,如何能变而为宋?!以今例昔,则现在流行的社会习惯与制度,如不予以彻底的扫荡与变革,则中华民族,如何能有再生之机?!然则今日之暴风疾雨所以撼吾庐毁吾居者,未尝不可视为:尽丧所有,重造新局的助力!此种机运,自然之力实启之,要视吾人能否彻悟、深思、震志、迈往,以赴之而已!

民国二十二年三月十五日于北平

国家岁出理论分析*

（一九三三年五月九日）

谁能懂得"文王之囿，方七十里，民犹以为小；寡人之囿，方五十里，民犹以为大"的原故，谁就能把握着岁出的根本理论。岁出的本身，有什么大小可言？就看政府怎样用法。用的结果，为公，大到什么数量都可以，惟恐其不大。反之，为私，而且绝对的为私，"杀其麋鹿，如杀人之罪"，则其终极，无疑地，必遭遇人民的否认和反抗。《周书·无逸》，早已揭破："……其无淫于观于逸于游于田，以万民唯正之供"！在我们很早的国史上，居然有这样很可宝贵的财政原则，乃不为今人所遵守，如之何其能应付空前的国难，以登于自救之途！

不仅岁出，凡与财政有关的一切理论，无不为当时的环境所反映。一百三十年前法国经济学者塞逸（J.B.Say）曾主张过："所有财政计划中的最好的，便是少费；同时，一切租税中的最良的，便是少取"（The very best of all plans of finance is to spend little and the best of all taxes is that which is least in amount）。百年前英国财政改革论者帕奈尔（Sir H.Parnell）也主张过："超过了维持社会秩序与抵抗外来侵略绝对要求的必需以外，则分文的支出，都是浪费，都是对于公众之不正当而压迫的诛求"（Every particle of expenditure beyond what necessity absolutely requires for the preservation of social order and for protection against foreign attack is waste and unjust and oppressive imposition）。这些主张，如果还要适用于今日的英国，自然要引起达尔顿（Hugh Dalton）的激烈的反对❶。但是我们要明了：这些学说所以发生的原因。西欧各国当法国革命之后，专制政体初被推翻，民主力量尚未稳定。鉴于既往之政暴君残，不能不限制政府的行动，因而不能不限制经费的范围。对于岁出的态度，乃基于对于政府的认识，盖

---

* 此文发表于《国闻周报》杂志第十卷第十九期。——编者注

❶ Hugh Dalton, *Principles of Public Finance*, 5th.edition, 1929, pp.9, 189.

以为亚当士（H.C.Adams）所早经指出❶。其后西方各国，因民治之发展，同时因管理的进步，于是国家的职务日益扩张。"仅一世纪之间，国家一物，已由当警察的国家，发展而为当看护，当医生，当制药家，当慈善家，当引导人，当哲学家，从摇篮以至坟墓都能当朋友的国家"（In a century the state has developed from the state as policeman to the state as nurse, doctor, chemist, benefactor, guide, philosopher and friend from cradle to grave）❷。国家所能做的、所应作的职务，既如此之多，自然需要多额的经费，于是十九世纪以后的国家岁出，大抵都见显著的膨胀。布洛克（C.J.Bullock）解释的很清楚："各国与各时代广泛的比较，可以看出：在进步的民族里（我们仅拿这些民族来讲），有一种规律的增加，实现于中央政府与地方政府的活动范围之内。这种增加，一方面扩大其范围，同时加强其程度：中央与地方政府继续不断地担起新的职务，同时对于新旧职务，更采取有效而完备的方法去施行。在这种情形之下，人民的经济要求，可由中央和地方政府满足之。满足到增进不已的范围，满足到更加圆满的状态。这种事实之明显的证明，可自统计求得之。它叫你看得出：中央政府与地方团体日进不已的需要"❸。这便是财政学上很有名的"国家活动的增进率"（law of the increase of state activities）。但是我们不要忘了：此种增进的背后，有一个极大的推动力，便是社会运动的进展。远识的政治家，如德国的俾斯麦（Bismarck）、英国的自由党人，都能制于机先地实行社会政策与社会立法，藉着直接税的累进征收与社会事业（social services）的广泛支出，以和缓社会分配的不平。这种政策的结果，自然增加国家的支出。

更进一步的观察，此种作法，并非全是牺牲有产，以为无产，而是基于岁出理论的新的发现。人生福利，仅靠着个人支出，不见得即能得到，有时需靠国家的集体支出（collective expenditure）。罗布森（W.A.Robson）曾说过："因为伦敦多烟雾，一个富豪临死的时节，他的两肺要和其他任何同城的居民，一样的变成黑"❹。这便是说，无论如何有钱，只要他还须住在伦敦，总逃不了这种烟雾的笼罩。公共卫生的设施，非由国家采取集体支出的形式不为功。岂止

---

❶ H.C.Adams, *Science of Finance*, 1898, p.53.
❷ Sir. Josiah Stamp, *Current Problems in Government and Finance*, 1924, p.31.
❸ C.J.Bullock, *Selected Readings in Public Finance*, 3rd.edition, p.32.
❹ W.A.Robson, *The Relation of Wealth to Walfare*, 1924, p.39.

公共卫生，在我们眼前，更有一个极适切的例子。一个富翁，凭他个人的资力，可以逃到租界或外国去久住。但是不为亡国奴的安全和保障，惟有靠着国家的集体支出，方有实现的可能！

不仅社会主义者的罗布逊如此主张，一九二七年英国官方发表的科尔文（Colwyn）报告书，对于集体支出也有同样的建议。该报告书以为："此等支出所需要的租税征收，纵令可以证明是有碍生产，但为增进一般福利起见，依然可以认为正当。为许多社会的目的，则贤明的集体支出较之任何私人的开支，是很清楚的更为经济"❶。

然而站在有产方面的保守党，总觉得拿出极高的所得税去作种种社会事业的支出，于他们自己不合算，于是借口于世界经济的凋敝，嚣嚣然，提出削减岁出的口号："我们最大的要求，便是经济！"（Our great need is economy）这种口号，如果真能适用于军费与国债的支出，我们将要一百二十分的拥护它！谁知他们所打算削减的，乃不在军费与国债，而在有关公共卫生与一般教育的社会支出！这种观念，在一九二二年达尔顿写他的第一版的《财政学》时，已经很严厉地驳斥过："在假的经济与真的经济之间，应该划出极清晰的界限。不问所得的结果而竭力少费，那是假的经济。只要是必要的便支出，以期产生可以得到的最良效果，才是真的经济。简单的讲，我们要认清：少花（spending little）与善用（spending wisely）不同"❷。

"只要是必要的便支出"，也不是漫无限制。据达氏的意见，以为"一切方面的支出自有其边际的社会利益；新增收入的一切方法，亦足以惹起边际的社会不利；公共支出所能推展的最大限度，应该使二者相等而适得其平"❸。此种理论，不仅可以适用于资本主义社会，一样的可以适用于社会主义社会。在社会生产的国家里，这种收支的衡量，更为必要。布哈林（N. Bukharin）在一九二二年讨论无产国家的预算时，早已经说过："总生产品中，多少部分可以毫不吝惜地去消费，多少部分应该保留着以供扩张生产之用，要用极度的审虑很正确的计算出来"❹。此时所谓预算，已经不是一个"政府经济"的预算，而是整

---

❶ Colwyn, *Report of the Committee on National Debt and Taxation*, 1927, p.104.

❷ Hugh Dalton, *Principles of Public Finance*, 1st edition, 1922, p.9.

❸ Hugh Dalton, *Principles of Public Finance*, 1st edition, 1922, p.194.

❹ N.Bukharin and E.Preobrazhensky, *The A B C of Communism*, The Budget of the Proletarian State, 1919, pp.231~232.

个的"社会经济"的预算,其支出之巨,将使旧社会的财政学者惊为河汉无际。据本年三月五日北平《世界日报》所载:"苏联本年度财政支出预算,业经通过公布,其项目为三十六项,其总额为三五,零一零,九二零,零零零金卢布",可以说是"世界最大"的支出预算。

自上述分析观之,我们可以重复地说:岁出的本身,原无大小可言,只看政府怎样用法。然则我国的岁出如何?从下表可以看出下列支出在岁出总额中所占的百分率❶。

年度	军事费用(%)	债务赔款(%)	合计(%)
民国十七年度(1928)	48.3	36.8	85.1
民国十八年度(1929)	46.5	37.1	83.6
民国十九年度(1930)	43.7	40.6	84.3
民国二十年度(1931)	44.4	39.4	83.8

便以为太不合理。实则不合理的真正所在,并不在军费支出之巨,而在军费支出之毫无效果!不仅毫无效果,而且生出极大的流弊!如此巨额的军费,如果真能花到每一个军士的身上、真能花到每一个军士的锻炼、培养、武装、动员、治疗、抚恤的题目上!以军费名者,真能费之于军,而不复整套的、重复的、三倍四倍的重新取之于民!我们敢十二分地相信:对外早已打退了敌人,对内早已恢复了秩序!国人所要求于政府者,莫不曰:"撙节支出。"但是我们要知道:一国的国民,对于政府的岁出,在积极方面,如果不能监督它必支所当支;则在消极方面,一定不能防止它浪费所不当费!通观各国的先例,对于"岁出的统制"(control over public expenditure)本有三种办法:❷

一、立法统制([arliamentary control)

二、行政统制(executive control)

三、纠责统制(accountability)

我国今日,所谓立法统制与纠责统制,均在若有若无之间,而所谓唯一应有的行政统制,又以种种因缘,在事实上不能作到。于是国家岁出的各方面,名义上无不为"军费"所牺牲;实则所谓"军"费,却又被牺牲于另一种深刻的原因——唯一应有的"行政统制"之不能统制!立法统制,即付阙如;纠责统制,复归无效;唯一应有的行政统制,其结果又如此。于是国家岁出的运用,几

---

❶ 见《国闻周报》十卷四期《十九年二十年财政报告》最后一段"收支之趋势"。

❷ R.H.Hawtry, "Finance," *Encyclopaedia Britannica*, 14th.Edition, 1929.

乎无原则可言，而惟视"经费捕捉斗争"的势力之消长，以定经费的趋向❶。捕捉的结果，惟有大力者，能攫得其"狮子份"，而所谓"实业开发费"、"教育文化费"之类，自然沦为卑不足数的极小分数。这还不算。财政学上对于租税的负担，有所谓"转嫁"——由纳税人转嫁其租税负担于消费者——同时对于经费的归着，亦有所谓"转娶"。"经费捕捉"的结果，如能以"军费"的名义，而费之于军，犹可以练成强兵，犹可以抗御外侮，犹可以维持治安，犹可以实现经费支出的最低要求。但是一经"转娶"，则数千万、数万万"军费"支出之后，所谓军士者，尚须枵腹、跣足、徒手、露宿，以赴前敌！美国财政学者蒲徕恩（C.C.Plehn）新近曾为租税下一很扼要的定义。他说："租税是一种强制的分担，取自私有财产或所得，以为公共的目的。"❷最主要的公共目的有三：一是公安（social safety），一是公道（social justice），一是公益（social welfare, material and immaterial）。国家所以制定岁出入，便是一种化私以为公的办法。但是国家岁出，一经"转娶"，则其必至的结果，不仅不能化私以为公，浸假而蚀公以成私——以为公的空名，作成为私的实在。事实而至于此，则其不可避免的现象，必如玛斯特曼（Masterman）所说："私人生活已陷于沉湎荒淫的浪费，惟独对于任何公用，却随之以苛酷的检查"（The dull and drab extravagance of private living is accompanied by a severe scrutiny of any kind of public expenditure）❸。我国今日，在岁出所表现的情景，是否有异于此？

然则我国财政，其最迫切的问题，已不在岁出之大小，而在支出的用途！不在如何撙节，而在综核名实！不在诋毁贪污，而在如何使贪污不致出现。本来贪污之根本消灭，必待私有财产制度根本消灭而后可。然而在未曾根本消灭以前，对于贪污，不能不有应急的办法，为社会保留一点元气！其前途的趋势，可分两方面观察：

第一在行政本身。任何政治组织，如能存在得住，必其本身先有自己统制的机能。所费于军者几何？必使表现于军实！所费于政者几何？必使表现于政绩！不能表现的，应该怎样？表现不到的，应该怎样？不仅有一定的办法，而且一定能够将办法做出来。概括地讲，这便是"行政统制"。政治组织必先能统

---

❶ 大畑文七：《社会的财政学》，东京丁酉社出版，第431页。

❷ *Soviet Policy in Public Finance*, Editor's Preface by C.C.Plehn, 1931, p.139.

❸ Hugh Dalton, *Principles of Public Finance*, 5th.edition, 1929, p.189.

制自身，其余方有可言。我们试看一九二六年的法国：法国彼时，承久战之后，元气大伤，法郎则日益跌落，预算则岁感不足；掌度支者，日以借款起债，弥缝其间，几有岌岌不可终日之势。于是法国政府于一九二六年五月末，成立专家委员会，协议改革的办法。次月即提出报告，首先主张："国家支出要竭力撙节。……以前因弥补新支出之故，曾经直接间接向法兰西银行通融各项借款，应立即停止"。其次主张："确实保证财政部的善良管理，解除其流动公债的大部负担，以恢复其常态功能"（The assurance of the good working of the exchequer and its restoration to its normal function by relieving it of the burden of a large part of the floating debt）。此外建议之点甚多，约言之，不外四点：第一为预算的均衡，第二为国库的救济，第三为流动公债的削减，第四为通货的安定❶。此次法国的财政改革，不难于建议，而难于实行。报告书提出之后，竟被采纳于一九二六年八月之财政法案，以为经济复兴之基础，很可以作我们的借镜。一个政府，如果不能作到财政方面的"自我统制"，那便是自己证明已无存立的可能。

第二在社会自动。现在举国纷言制宪，以为国难之点缀！实则制宪与财政监督的历史前例，少有人能注意及之。现今立宪国之常例，为人民参与财政立法。"然人民能获此权利，良非易事，其因是而流血者，史不绝书。终则血凝而为宪法之文，揭载岁出入当由法律规定之原则"❷。此种财政监督，以英国的历史为最早，盖自一二一五年代，英王约翰签定大宪章，已树财政监督之基础。此种特权，迭经以后王朝的侵犯，形成议会与皇室斗争的焦点，卒酿成一六四二年以至一六四九年的内战与一六八八年的革命。至威廉第三签押于权利请愿书（The Bill of Rights），始确定人民代表对于课税与制定岁出的"预算特权"（The Budget Prerogative or The Right to Control the Purse）。以后同样的斗争，又出现于美、法二国，卒酿成空前的革命。一七八九年以后，议会的财政监督，始普及于欧洲各国。关于此点，斯托姆（Rene Stourm）解释得最清楚："……预算特权的保障，恰如保障其他政治监督权一样，只有在猛烈的斗争以后。承认这种公式：'对于公共收支的统制权，须归于国民的代表。'总得经过最可怖的革命的试验，始能在宪法上找到永久的地位"（…the securing of this right just as securing of any degree of political control comes only after violent struggle, accep-

---

❶ A.Comstock, *Taxation in the Modern State*, 1929, p.18.
❷ 小川乡太郎：《租税总论》，萨孟武译，商务印书馆一九二六年版，第三八一页。

tance of the formula that: "The right of control over public revenues and expenditures rests with the representatives of the nation" had to undergo the test of the most terrible revolution before it found a permanent place in our constitutions）❶。

　　看了这些彰明昭著的历史往迹，我们不禁想到中国的前途——政府方面，总要等着人民的督促与制裁，才施行财政的改革吗？同时，在社会方面，只是坐着抱怨"纳税太多，养兵太多，养官太多"，就算是出路吗？政府要实行它份内的职务，否则就是自绝生命。社会要表现它应有的力量，否则就是坐待沦亡。哈格里夫斯（E.L.Hargreaves）研究公债的结果，曾谓："国民不可不消灭公债，否则公债将消灭国民"❷。我则以为：中国今日，民众不可不消灭贪污；否则贪污将消灭民众！

民国二十二年五月九日于北平

---

❶ Rene Stourm, *The Budget: A Translation*, 1917, p.9.

❷ E.L.Hargreaves, *The National Debt*, 1930, p.75.

河北省遭难区域的财政问题[*]
——全国应负救济责任

（一九三三年六月五日、六日）

仅仅几天的功夫，无论是当局、是群众，竟表现了空前的心理转变与行为矛盾。大家试想想：几天前的旅行社和东西车站，那是何等的紧张，真有鸷鸟下击稍纵即逝之概。曾几何时，而雍容暇逸的气氛，依然弥漫于巨魔利爪笼罩下的古城！如果今日的暇逸是对的，以前何以那样张皇？如果以前的紧张是对的，为什么今日就该这样松散？"君子有远谋，小人从迩"，不揣谫陋，且提出迫在目前的难区财政问题。

国难的影响，自然及于全国。但是受难程度的现阶段，当以华北尤其以河北为最甚。河北难区，可分为三种：第一已陷，因进行交涉而可望收回。第二方乱，因交涉需时而正当涂炭。第三未陷，因毗近战区而大军云集。河北，不仅是河北人的河北，而是全中国的河北。在河北省境作战，并非仅为河北民众，而是为中国的全民众。所以河北民众所受的战事损失，并非仅为河北而牺牲，而是为全国而牺牲。河北民众所要求的生存出路，不仅要使本省闻之，而且要使全国闻之。无论是本省当局或全国当局，以及代表中央的华北当局，要即时注意：河北难区（一）过去所已加的财政负担、（二）此次所遭遇的财政损失、与（三）将来所急需的财政救济。

（一）河北地方财政，自裁厘后，收入全赖田赋及各项杂税维持。统计全年收入除国税外约在一千七百万元左右。而民国二十一年度全年预算即需二千七百万元。除收入扣抵外，尚不敷一千万元。省库如此不足，每月尚须解交北平五十万元（参阅本年一月十三日《大公报》）——这是财政负担的第一种。然而正税之外尚有附加，明取之外尚有陋规。河北各县以自治经费或教育费等项名目，于法定田赋外，附加征收，名目繁多有达二十余项者。致粮银一元，附加

---

[*] 此文发表于天津《大公报》。——编者注

多至四五元，少亦二三元（参阅去年八月二十五日《大公报》）。以致"农民负担日重，土地价格日落，甚至视田地为重累，舍而之他，相率逃亡"❶。其未曾逃亡之农民，因此而愈增负荷——这是财政负担的第二种。此外如关税、盐税、统税、烟酒、印花之类，征收于河北省，虽不归河北省库，却取之于河北居民。"从背上披着的最后一缕，从口中吞入的最后一嚼，都能课之以税而不闻重税之怨嗟。其课税之法，系以日用百货为对象，税额即消散于货价之中。一般人民只知抱怨物价的高涨与时光的艰苦，而不知如此时艰，乃重税所造成"[十八世纪末年英相兼财长威廉·皮特（William Pitt）原语]。吾人大抵皆知：消费税是具有转嫁作用的，由纳税人转嫁其租税负担于消费者，而吾国今日的国家税制即建筑于消费税系统之上。财政当局看见津海关税的增收与长芦盐税的报解，自不免欣然色喜。但是彼等是否也注意到：河北内地居民"恶食无盐则肿"的现象？至若统税中所包含的麦粉、棉花、火柴、水泥等特税，无一不是课自一般人民生活所必需的菽粟水火——这是财政负担的第三种。此外如贪官的剥削，蠹吏的勒索，土劣的敲诈，驻军的诛求，即在平时已有汲汲不可终日之势。

（二）河北财政，平时已如此拮据。乃自本年一月榆关失守以来，抗日战事大半在河北境内。原有的驻军不算，应援的军队续来，战费的支应日增，战争的破坏日甚。尝观吾国今日战事的两大中心——江西与河北——所支持的军队，可称伯仲。但是江西驻军的军费，最大部分取自国家收入。而河北的抗日军费，除人民自动捐输外，最大部分乃取给于地方。据四月二十日北平《世界日报》登载河北当局在北平军分会之报告，"河北各县连年灾祲频仍，而近日对军需之负担，竟逾二千万元以上"。又同日《大公报》载："自热河军兴，沿长城及滦东各县，以数县之力，供给数十万大军。由去年十二月起至今年三月半止，全省计征发大车逾一万四五千辆，骡马四千余匹，多未发还，民夫征募亦达六万之数，田园荒芜，供应俱穷"！虽说河北所收国税，亦用之于抗日战争，但于此河北所收两项税款外，中央为抗日之故，所补助者几何？吾人苦无确实材料足资了解。只闻军分会当局由平电财政部，请延长补助华北军费期限，并请将本月份七万元，提前拨给（参阅四月二十日北平《世界日报》）。据此，则抗日战事正在吃紧之际，而中央补助乃有终止之虞！不然，何以电请延长补助期限？四月已到月底，而区区七万之数，犹不能及早拨汇，必待电请提前。然则

---

❶ 去年八月下旬河北省财政厅通令各县原语。

不提前，又该怎样？"按接济抗日军事，应举国通力合作。今以数县当全国之任，自难得情理之平"！（河北当局呈军分会语见四月二十日《大公报》）嗣闻军分会已决定转呈国府军委会，请将抗日供应由各省平均担负，但是结果如何？至今未晓。如此重大事件，政府乃不迅予解决，其何以昭示民众？以今日垂死的河北民众，不待中央立时救济，当待何人？此犹就财政上的直接损失而言。至于派生的损失，如田亩荒芜则田赋无所出，工商破坏则正杂各税无所取，军费之支出倍增而常态的收入顿减，试问将何以给之？大军之云集如彼，民众之疲敝如此，以此而临强敌，接伪国，纵令暂时休战，又能维持几时？

（三）五月三十日《北平晨报》登载：中央正筹华北战区善后，以救济贫苦灾黎为第一义，俟与财部商妥，由财部先拨五万元为急赈费。战后急赈，自属要政，但停战已逾旬日，始向财部商筹，不知商妥，更待何日？同日报纸即载：国府六月份偿还内债本息总数为九百六十九万余元，所支付于抗日战区的贫苦灾黎的急赈费，仅及支付于坐吃利息者的二百分之一，尚待与财部商妥！试问当局，知难区灾黎作何状？不死于敌，则死于匪，幸而逃死，家室已荡，于是流亡转徙于兵马仓皇之中，仍是茫无归宿。不仅衣食不继，而豪雨浸淫，露宿无遮，有生如此，岂非待尽？政府如放急赈，应效披发缨冠之义，早一日，是一日。否则解决愈缓，创痛愈深，隐患潜滋，伊谁之咎？况急赈仅属治标，当局于立拨巨款救济灾黎之外，应亟早定整个的计划，尽先施行。综其大者，约有四端：

△第一为平均军费负担。现代军制，不应有省防，而不能无国防，此后河北，已成边防，则驻防于河北之军队，自不免较他省为多。但此多数军队既因国防之目的而留驻于河北，所需军费，即不能独归河北民众负担！热河未失之前，尚有种种借口，今日既归中央直辖，即应有通盘计划。究竟河北共应驻军若干？每军需饷若干？河北所能负担者若干？应由国库支付若干？政府应有明白数字昭示于众，勿再整套地尽课之于河北人民。此乃政府以巩固国防之目的所定之国家支出，非地方所得而私，慎勿再言"补助"！

△第二为调整国地收入。从前地方收入，厘金本属大宗。自民国二十年元旦裁厘计划施行，国家乃得增加关税收入。是地方之所失乃中央之所得。地方试行营业税，在尚无成绩以前，中央应从关税增收项下，酌补地方若干。或按"总额补助"，或按"事项补助"即为推行国家监督起见，亦应仿效英国之补助

金（grants-in-aid）制度。况以河北兵燹之余，当国防之重，元气亏耗，亟待复兴，自应仿照战后法国"蹂躏区"（devastated area）与平时英国"贫瘠区"（necessitous area）之例，由政府特予补助。不仅为地方培植命脉，且为全国巩固边陲，不仅系中央对地方之责任，且系对全国之责任！

△第三为救济被难农村。现在复兴农村的口号，高唱入云，诚有见于农村经济，乃吾国社会一切之基础。惟念河北农村，其破产的程度，于一般的原因之外，尚有其特殊的原因。在抗日战争的炮火之下，耕地成为焦土，村丁流为难民，农畜以曳军资，农具以供炊爨。即在战区以外各县，不为大军所集，亦为师旅所经，给养资助，什九取给于农村。其甚者，则践踏田禾，延误耘籽，将农民仅有的生命线，都吹入无何有之乡。政府如有诚意复兴农村，必不使河北各县，长此凋敝！已陷待收到县份，应如何使难民得归？方乱待援的县份，应如何使居民安堵？未陷已疲的县份，应如何使农民喘息？余如车辆之发还、牲畜之补充、居室之修复、伤残之抚恤，均须上层当政有整个的计划，下层当政有切实的作法，上下相促，方可收效。否则，岁凶不知省，民亡无所归，溺甚余微呼，堂高泛空响，则其后患有不堪言者矣！

△第四为厉行行政节约。吾常谓县收入的大部分如能即用诸县支出，则河北十余县失陷之后，收支俱去，至少在省财政上，不致大受影响。无如过去政治只知注意上层，县地方收入，什九解入省库。十几县失陷之后，收入顿少，而庞大的省支出，丝毫不能减少，新增且无已时。不止此也，省政府之上，有华北政委会。政委会之上，始为中央政府。如此机关重叠，人才充斥，一饮一啄，不取之于民，将何从而取之？人民未见救济之功，已增负担之重，未登衽席之安，已感陷溺之深。垂仆之背，只觉层层而上，高可凌空，一朝急极而仆，则一切上层建筑，皆不免随之委地！是以今日之事，由县以至于省，由各省以至中央，人民对之提出的最大要求，只是节约！第一要求行政经费的节约，第二要求行政机关的节约——（自然包括军事行政）。今日政府，对于任何方面的行政，不问将来有何效能，总是成立偌大机关，摆布偌大局面，试问不榨取、不剥削，还有什么办法？我们看：英国当大战之后，先成立一九二一年的经费削减委员会，挥动"格迭斯的斧头"（Geddes's axe），将国家岁出大加削减，而后英国预算始得均衡。又如一九二六年法国当财政最困难的时候，其财政整理案的第一条，便是"国家支出的断然紧缩"！英、法富强，且须如此，吾国经此大难，奈

何尚不觉悟？

　　以上四端，仅其荦荦大者，实为当今不可再缓之图。法国学者勒拉波列（Paul Leroy-Beaulieu）在所著《财政学》[1]第五版的序文中，曾谓："财政一项，如为政府所忽略、所轻视，则财政本身必有可惊怖的形态，向政府复仇"。国人万勿以为战事一停，便可从容暇逸，倘对于此后之政治与财政，不能急起直追，根本改革，纵令一时休战，又能维持几时？不幸而难区的财政，陷入毁灭的深渊，则不待敌人之来，而吾之政治组织，业已载胥及溺——贻祸之烈，何忍深言！

民国二十二年六月二日于北平

---

[1] Pierre Paul Leroy-Beaulieu, *Traité da la Science des Finances*, 1877.

五千万美金棉麦借款问题[*]

（一九三三年六月二十六日）

当一八二八年代，海涅（Heine）旅居伦敦，有一天在理发店里刮脸，就是那位理发师，同他谈到美国公债问题。后来海涅写出他的印象，里边便有这类的句子："一切祸害中的最大的便是债……英国全土，已经变成一个很大的监狱踏车，在这里，不分昼夜，人们都要不断的工作，为的是供养他们的债主……负债不仅要毁灭个人，且要毁灭全民族。今日在这民族的悲剧中，公债即隐操运命之柄。英国亦难逃此数。彼之政治当局，眼看着这个怪物的袭来"[❶]。我们今天讨论到棉麦借款问题，也不过如百年前伦敦的理发匠，但是我们的政治当局，却与百年前的英国执政不同，棉麦借款一成，看他们那样交口称赞，并未曾把公债看成"怪物"！

关于此次五千万美金棉麦借款，我们不过从报纸上得到一些片断的消息。在政府未将借款全文及办理经过正式公布以前，雅不愿有所论列，遽下断语。但是因为这个问题，关系太大，凡属国民，都不应该忽略！同时我们觉着：今日的社会，纵然是充满矛盾，也不该过于离奇。抗日战事正在吃紧的时候，应该是怎样的盼款；然而两亿元的外债，却成于停战协定签字之后，"复兴农村"的口号，叫的正响，应该如何挽救"谷贱伤农"的颓势；然而九十万包的美棉与一千二百万斛的美麦，却将如潮水般，冲入远东农业国的市场！美国的棉花麦子，因为生产过剩，久矣夫当作放火投海的资料，然而一转移间，却要善价而沽，还要课取年息五厘的厚利！没落的资本主义经济，虽金元王国的优势，都感觉着救济的棘手；然而凭我们"油尽灯残榨取垂毙"的中国民众，却能如实业部长所说"于恢复世界繁荣，关系尤巨"！如此离奇，如此矛盾，真令一般民众，大惑不解。究竟此次五千万美金棉麦大借款，为什么发生？

---

[*] 此文发表于《国闻周报》杂志第十卷第二十五期。——编者注

[❶] H.Dalton, *The Capital Levy Explained*, pp.23-24.

一、起因

近五六年来的国家财政，大体上始终未脱离"战时财政"（war finance），因而在实质上，天天在"变态财政"之下讨生活而不自觉。以经常收入应付经常支出，尚嫌不足，再加以继续不已的非常军事支出，势必于非常收入中找出路。我们看去年发表的财政报告，在过去数年中，支出总额，仰仗于举债收入者，最高曾达百分之三十以上，几乎占总额三分之一。

年度	支出总额（单位元）	举债总额（单位元）	百分率
一九二八年度	434,000,000	80,000,000	18.4%
一九二九年度	539,000,000	101,000,000	18.7%
一九三零年度	714,000,000	217,000,000	30.4%
一九三一年度	683,000,000	130,000,000	19.0%

事实是摆的很清楚，"在任何大规模的战争里，举债总要占一个重要的角色"[1]。

但自去年"一二·八"上海金融市场破坏以后，国家收入奇绌，政府对于旧债的还本付息，都感觉着没办法。这才有去年二月延期减息的新整理案的实行。实行的结果，固然是延长了期限，减轻了利息，统一了担保，使政府渡过这一次的财政难关。因而财政当局在财政报告里边，居然自诩"此次整理计划，颇与近来英、法两国整债计划相似"。但是我们财政当局，不要忘了：变更公债契约与公债"借换"（conversion）根本不同。举行借换，要有一定的前提要件，稍习财政者皆知之，而变更公债契约，则等于一部的"破弃"（repudiation），债票持有人眼看着政府要破产，与其本息无着，何如承认延期减息的新办法。这不是普通所谓"借换"，这是变更债约，以政府的强求，使债权人不得不承认。"强制的力量，从门口进来，公家的信用，便从窗口飞走"[2]。如此整理，焉得与英、法整债近例，相提并论。果然在新计划实行后，内债便无从发行。

收支不敷，何国蔑有？但是收支适合的办法，不见得专靠借债。或则整理收入，或则撙节支出，或则对于公共职位与管理，施行有效率的改组，实不获已，始以举债为最后之一着。我们政府对于增加收入，也曾努过力。但是对于

---

[1] Mallet and George, *British Budget*, 3rd series, p.525.

[2] H.L.Lutz, *Public Finance*, 2nd ed., p.612.

贪污中饱，不能从根本上施行整个的有效的解决，只知增加税率，结果自不免如财政报告所称："走私漏税之风，近且变本加厉"。为防缉之故，海关当局不得不添造巡舰，增加员丁，收税费用，当然随之加重。加以四省失陷之后，东北关盐，非复我有。他处所增，不抵东北所失，故增税一途，收效甚微。

其次再看减费。节省经费本有两种办法：第一，削减经费的数额；第二，改善行政的组织，尤以后者为最关重要。拉丁成语有之："节省的习惯本身，便是一种收入"（The habit of economy is a revenue in itself）。吾国财政，本以军费支出为大宗，在岁出总额中，最高曾达百分之四十八以上。政府亦尝有逐期减支军费计划，但在今日的政治基础之上，如何能够实行？民国二十一年度国家总概算，岁入总数仅六亿二千万元。岁出总数，各机关原列概算，达十二亿四千余万元之巨额，超过岁入总数之一倍。其中军费一类，已超过岁入总数。经主计处第一次核减为七亿八千余万元。复因收支不敷，又参照国难期间减成发放军政各费之事实，再行减成核算后，已与岁入总数相差不远。惟民国二十一年度因"剿匪军费"关系，遂使军务费自百分之三十二点二三增至百分之四十七以上，约增一亿元。是军费一项，不但不能减少，反而加多。此外债务支出，因减息之故，虽较上年为少，然以今日行政机关之重叠，行政人员之充斥，减费一项，实难收显著之功效。

增税有限，减费无多，而发行内债，又因变更债约之故，不得不在四年以内，暂行休息。财政状况如此，应该是如何的困难。所以财政当局在财政报告上，尽管说："吾国年来，不举一债，而能收支相抵"，而在实际上，则靠着短期借款与银行透支一类的收入，以弥缝一时，同时即竭力进行对外借款。

本来在民国二十年长江水灾之际，政府曾向美国贷购麦四十五万吨，价款总额美金九百二十余万元，周息四厘，自民国二十三年年底以至民国二十五年年底分三期偿还。此次借麦，名为赈灾，政府已得通融之便。有此先例，于是去年下半年遂有续借美麦四十五万吨之议。由财政部美顾问与美国财政改造公司驻沪代表会商，金额约合华币五千万元。此消息一传出，当时曾惹起很热烈的讨论。上海市长并于一月五日通电反对。上海市食粮委员会特呈行政院，请停止进行。汉口商会亦电请政府打消此项成议。西南政委会及湘主席均有电表示反对。此事所以卒归停顿，愚以为国内反对的原因尚属次要，停顿主因当在美国方面。

但是今年的形势,与去年大不相同。第一,没落的胡佛下野,而新兴的罗斯福上台,对于美国的银行恐慌,即予以应时的解决,因而树立罗斯福的权威。第二,自罗氏对世界的和平申请书发出之后,美国的外交政策,表示一种划时代的转变,对于远东的投资,自然要积极进行。第三,此种投资,并非拿出现款,不过以美国多年待焚的棉麦,倾销远东,而以放款的形式行之。第四,日本压迫中国,适已告一段落,此时成立放款,既不虞债务者之立时塌台,又予日本以过问中国的暗示。第五,银的问题有解决的希望,银价自有提高的可能,因而增加中国的购买力,一切关税、消费税,可望增收,则将来的还债不难。第六,美国的卖主与美国政府搭伙,中国的买主与中国政府搭伙,统制的,以倾销美货于远东,自非他国所能竞争,所以美国代表道威斯建议:此次经济会议,不但应请中国参加,并应请参加筹备,其鸷鸟搏击之情,业已灼然立见。吾国之需要借债,如饥如渴,美国之攫夺市场,争先恐后,加以环境的凑泊,于是此五千万美金的棉麦借款,遂告成功。然则其内容如何?

二、内容

此次棉麦借款之内容,就报纸所载的片断消息,可归纳为七项:第一、当事人,一方为中国政府,他方为美国联邦财政改造公司。第二、总额,为美金五千万元,约合华币二亿元以上。第三、实质,以总额五分之四购买棉花,五分之一购买小麦及面粉。棉花约购九十万包,小麦约购一千二百万斛。第四、利息,年息五厘。第五、担保,指定以若干种统税为担保,如卷烟、麦粉、棉纱、火柴等皆在内。查民国二十一年此项税收共达美金二千二百万元(民国二十年度统税共收入八千八百万元)。第六、偿还期限,三年。货物自栈房起运时即从借款内偿付货价百分之十。其后于九十日内再付百分之十五。余额于三年内分偿。第七、附件。合同中有一条,载明运往中国之棉麦及面粉,均须由美船运载。

根据上列消息,对于此次借款,所得的印象,可归纳为十点。第一、此次借款开举债形式的特例。从前之参战借款,其中一部分,虽用以购买军火,总可从外国债主,得到大部分的现金,以供应用,不似此次借款总额,举用以购买外货。又如欧战期间,英、法各国,亦曾在美国举债,即用以购买食粮。但是借款购料,全出于借主之自动的需要,与美国今日对我,非棉麦不借者不同。即如前年贷购赈麦，似可为此次借款的前驱，但前年购麦，系先有赈灾的前提，此次举债，则纯按借款而签字，此征诸中央社上海十二日电所传中央银行行长所称"美京签订，仅系借贷形式，如何支配，尚未决定"等语，可以证明。中国名虽借款，事实上须俟运到国内，转售厂商，方能享受举债的实惠，实开举债形式的特例。第二、集借款关系人之大观。如许大宗棉麦，由美国最初之生产者，以达于吾国最后之消费者，其经过层次，乃指不胜屈。约言之，从棉麦生产者算起，中经收集者，经纪人，联邦财政改造公司（代表美联邦政府），美金融业者，美运输业者，以运至中国。然后经由中政府主管各部会，中央银行，其他有关之金融业者，以分配于各处之纱厂与面粉厂，而后中政府始能得到借款现金之利用！第三、表现很滑稽的"统制经济"。此次交易，表面上为美国的统制售出与我国的统制购入。但是美国于统制售出之外，还要藉投资的形式，剥取厚利。吾国于统制购入之余，却不顾本国的农产，愈难推销。人之统制，获益如彼，我之统制，吃亏如此！统制，统制，安用此"统制经济"焉！第四、以农业国而仰仗大宗农产品的输入。已往的事实，曷尝不如此。但是已往如此，乃是亟应矫正的危机，而不是应该助长的正轨！政府过去，不能推销国产，防止输入，已属有亏职守。今之助桀为虐，以侵夺国产的销路，则中国今日之生产者，真成无告之人矣！第五、以非工业国而采用工业国的经济政策。一八四六年英相罗伯特·弼尔（Robert Peel）所以废止谷物条例以奖励谷物之输入者，乃因彼时英国，正是旭日方升的工业国家，利于廉价食料的输入，而本国有限的耕地，远不足以供给之，始有彼时的经济政策。今吾国之工业，卑不足数，所赖以稍补历年巨额之入超者，实赖此奄奄一息之农产物，今并此而摧残之，不知油尽灯残之后，更将如何？第六、在美国，系产主与政府搭伙，以实行倾销；第七、在吾国，系厂主与政府搭伙，以实行趸买。吾国对于倾销货品，方设倾销税以限制之，何以独厚于棉麦，而必以政府之力，为之销行？第八、在美国政府，系用对外投资的形式，解决生产过剩；第九、在吾国政府，系以买卖居间的资格，获得实际借款。在彼则名为放款，实系卖货；在我则举债为主，购货为从；商品与货币之转换的微妙，一至于此，真有观止之叹！第十、没落的资本经济与破产的农村社会作密切的提携。道威斯有言："此次经济会议，币制问题为重要议题之一。中国为世界最大用银国，且以土地广袤，人口繁庶，中国经济之安定，实无疑的，必于世界经济之繁荣，有伟大贡献"。不仅美国的资本家，有此炯眼，英格兰银行总裁芒泰古·诺曼在一九三一年十二月十四日出版的《金融新闻》(Financial News)《银问题特刊》，早已经说过："行使银本位仍然存留的唯一大邦，只有中国……中国是最大的，或者就是唯一最大的，未开发的国家，留待英国工业的发展，"(…it is the greatest, perhaps the only great, undeveloped country left for the expansion of British industry)我们看：帝国主义者的发言人，对于中国，是如何的处心积虑，是如何的虎视眈眈，唯恐我们发展，唯恐我们不作他们的尾闾，不惜用种种甘饵以诱陷之，此次棉麦借款，便是帝国主义者榨取中国的最大枷锁之一！

以上十点，都是事实的反映。事实摆在那里，言论摆在那里，叫人们去认识。认识了事实的内容，则其可以发生的影响，已不俟烦言而解。

三、影响

此次借款所发生的影响，应分美国与中国两方面去观察。中国方面更应分有利与有害两方面去观察。先看美国方面。第一是政治上的成功，有华盛顿六月五日合众社电讯，可以证明。据称"五千万借款公布后，美国棉业界均表欢迎，坚信此为二年来解决过剩出产问题之最切实的办法"！从前胡佛费了许多力气，竟不敌罗斯福之一纸借据，当然是罗氏政治上的胜利。第二是经济上的成功。这些准备焚烧投海的棉麦，居然找到这样一个本利兼收的出路，其为成功，当不俟言。一方减少美国的过剩商品，提高一般物价，使资本家可以多获利润；他方可以开拓海外销路，侵入远东市场，加强美帝国主义者的力量。第三是金融上的成功。此次交易，除货物起栈即行偿付货价百分之十以外，大部分均系期卖。但是美国售主需款，随时可向美银行界贴现，使美国囤积的存款，可得利用之途。其远东方面的美国银行，不免参加此次借款之经手事项，增加许多生意。第四是运输业及有关各业的成功。美货对外滞销，则美国的运输业者，生意必少，空舱太多，赔累不堪。一旦有大宗货品，运输远东，而且有合同上的保障，"均须由美船运载"，为消沉的海运，辟一出路。同时保险等业，连带受益，自不待言。由此观之，在美国方面，完全有利，完全成功，中央社纽约六月九日路透电曾谓："美国舆论，对中国借款事，以至热烈赞许"，如此成功，当然赞许，当然要热烈赞许！

反观吾国方面，利害殊不易言。先看有利的方面，第一，财政的难关冲过；第二，政治的现局稳定；第三，社会有关各方，"交易而退，各得其所"。实业部当局在京发表谈话，所谓"此项借款，双方均有重大利益"，自有所见而云然，不过要认清站在什么立场而已。又据六月十日北平《世界日报》登载上海华商纱布交易所理事谈话，曾谓："在政府赊购此项原料，欠款须待三年后偿清，而商人等付款，最多两三个月。在政府则可立得巨款，虽售价已折八折，较之发行公债，究属合算"。此真一语道破。

至于有害的方面，则当局绝口不谈。此可分财政的与经济的两方面观察。关于财政的为经费与租税；关于经济的为生产与分配。先看财政，第一个影响为促成政府滥费。财政上的通例，从来是得的容易，花着方便，况在吾国，既无人民代表的统制，又无独立审计的监督，促成滥费，更属方便。从前英国最有名的财政家格莱斯顿，平生最反对公债，以为公债可以诱至浪费（lead to extravagance），鼓励战争（encourage resort to war），可称远识！第二个影响为加重租税负担。财政当局以为，棉麦大宗入口，早已成为事实，与其商人零买，何如政府趸批？但是自由零买与政府趸购，所发生的影响，绝不相同。前者的关系，为此仅国际间通常买卖行为。假使政府能发展交通免除苛税，商人何乐而不买本国贱价的棉麦？至于此次棉麦借款则不然。纵令购入的棉麦数量，与既往零散输入的数量相等，所发生的影响，亦与前者，大不相同。

简言之，棉麦由美国的产主，经由美政府与中政府，以达与中国厂主之手。价款先由中国厂主，交与中政府，而中政府并不立时交与美政府以转付产主，而是以借款的主旨，不交与美政府，而充自己的政费。其经费的归宿，按照以往的经验，大抵仅及于一般社会的上层；到期还债，主要的乃取给于社会下层负担最多的租税！借款条文分明规定以若干种统税为担保，统税中之麦粉、棉纱、火柴、卷烟之类，概属人生所必需。中政府以此租税收入，支付对美负债，则他种支出仰仗于此类收入者，因借款之容易滥费，必至无着。此后财政，非靠以债还债，必将加重租税之负担！

其次再看经济上的影响。以生产言之，一方高唱复兴农村，同时赊购大宗棉麦，此乃绝大的矛盾现象。微论政府得款，未必有许多余裕，放在社会下层；纵令做到一点，然以去年之丰收，方苦无法销纳；今其销路，更为九十万袋的美棉与一千二百万斛的美麦所侵夺，试问农民还有什么生路？中国内地所产棉麦，因交通之不便，捐税之苛杂，战争之破坏，其待焚霉毁的现象，适与美国，东西辉映。然而美国产主,方欢欣于中国的戋购,而吾国农民,已惊骇于美货之袭来(参阅六月十三日《大公报》载沪市农会电实业部原文)!以此而奖励生产,复兴农村,岂非南辕北辙?再就分配言之,本来公债的影响,可以延长且加重不平等的分配（to perpetuate and aggravate unequal distribution）,国内如是,国际亦然。恰在百年以前,英国的柯伯特（W. Cobbett）在一八三三年七月六日出版的《政治纪事》（Political Register）曾经说过:"一个民族,借了钱,把他浪费了去,而其子孙,则从摇篮的时代,已经注定他们的命运,终身工作如奴隶,以清付借款的利息——这简直是世界上未之前闻的不公正的行为"[1];再早的哈格里夫斯（E.L.Hargreaves）也说过:"等到财富的种种来源,都押给债权人,则债权人对于这个国家的权威,可以至高无上"[2];而且拿破仑第一也说过:"国债是不道德的,而且是破坏的;漠漠之中已经摧毁国家的基础,使现世永为后人所诅咒"（National debt is immoral and destructive; silently undermining the basis of the state, it delivers the present generation to the execration of posterity）[3],此次借款,以横的言之,加重美国之富,加重中国之穷;以竖的言之,引起现代的浪费,加重子孙的负担。流弊之多,不遑卒数!

四、结论

社会上发现某桩事体,都有它必然促成的原因,当局如此办理,亦自有其不得已的理由。但是"政治家不仅是现代的受托人,而且是将来的受托人。个人皆有死,而个人凑成的社会,则永远生存。所以政治家应该牺牲眼前的小利,以为将来较大的社会利益"[4],因此之故,纵令举债,可以得到暂时的利益,而负责的政治家,总是不轻于举办。不过社会的福利,是不能专靠政治家的。无论是中央财政或是地方财政,在现在社会制度之下,所最需要的,诚如巴什帖布所说,"还是人民的智识与活动。纳税的民众,要时时注意当政者的行为。如果民众对于切身的财政,先自漠不关心,则一切财政上不幸的结果,至少一部分,在民众方面,亦不能辞其责。所以财政的最高标准,唯有健全公民的勤敏的监督,才

---

[1] William Cobbett, *Rural Rides*, 1830, p.23.
[2] E.L.Hargreaves, *The National Debt*, 1930, p.75.
[3] L.V.Birck, *Public Debt*, 1926, p.iii.
[4] H.Dalton, *Public Finance*, 1929, p.12.

可以得到"❶。

民国二十二年六月十五日于北平

---

❶ C.F.Bastable, *Public Finance*, 1903, p.769.

怎样救济战区？*

（一九三三年七月八日、九日）

三十年来的中国政治，无论是外交、是内政，凡是当局认为不想办、不好办而又不能不办的事，总是拿一个"宕"字诀来对付。远的如晚清九年立宪之类，且不必讲，只看最近的"救济战区"。停战至今，屈指已逾四旬，天天嚷着救济，试问款从何来？吾人只见六月十九日行政院长通令全国省市政府，催其"迅筹巨款，汇交华北战区救济委员会收存备用"。这种泛泛的、诉诸哀悯的乞赈通电，可用之于社会慈善，而不能即算作政治办法。此电发表，已逾兼旬，除鲁、沪极少数省市尚有丝微表示外，试问又有什么反响？再看六月二十一日各报所载南京专电，谓"中央有人邀请梅、程、尚、荀四人，来京演戏，赈华北战区，已得复电赞同"。这种享乐的妙法，真是异想天开，居然想到"救济战区"最庄严最响亮的题目上！又六月二十八日北平《世界日报》登载：河北省政府于二十七日接奉行政院电令，拨给华北战区救济费五百万元，内计现款一百万元，公债票四百万元，由长芦盐斤附加捐作担保，抵借现款，惟尚无拨付确期。（据今晨七月六日《北平晨报》所载，一百万元赈款，已由中央汇交北平政整会）救济战区本定两千万元，现在第一批之五百万元，中央仅拨现款一百万元，除四百万元，仍须以河北所征税款作担保。事实所昭示，所谓"救济战区"，大部分依然如时贤所称"羊毛出在羊身上，由冀省自行设法，自行担负"。中国的事，真是匪夷所思，两千万元救济战区的担子，一宕，再宕，却要宕在战区的本身！我想政府"救济战区"，总不是这样的救法！

救济战区具有三种重大的意义，至今似仍为当局所忽视。第一种意义，关于时间；第二种意义，关于区域；第三种意义，关于作法。第一，救济之关于时间者，应该认清救济事业的时间性，认清急赈与农赈是应该分办的两桩事！农赈尚须俟停战地收回，而急赈则自停战之始，就应该做，而且能够做。不佞于

---

* 此文发表于天津《大公报》。——编者注

怎样救济战区？

一月前——六月二日——提出河北难区财政问题时，即谓："政府如放急赈，应效披发缨冠之义，早一日，是一日。否则解决愈缓，创痛愈深，隐患潜滋，伊谁之咎"？盖时间性一过，可以发生三种很坏的结果：其一，待救不至，非转死沟壑，即北走胡南走越耳，"腹饥不得食，肤寒不得衣，虽慈母不能保其子，政府安能有其人民"？其二，急赈倘不即办，则以今日的中国，随时可以发生比"救济战区"更迫切的问题，前几天濒于溃决的长江水势，便是一个例子。试问大水灾一闹，谁还顾到"救济战区"？其三，时间一过，则农村崩溃中的一般民众，已与战区余生，同降入更低的生活水平。一般都有救济的必要，政府即可无特予救济的必要。事实而至于此，则任何特殊问题，都可不必解决，自有继续发生的普遍恶化，以取消其特殊性，如而是推宕不已。其最后的结论，除了特殊人物有世外桃源的别墅可资休养外，一般民众，惟有坠入普遍而永劫的深渊！

第二，救济之关于区域者，应该认清：战区二字不可仅限于已陷待收的十九县。不佞于六月二日提出河北难区财政问题时，即标明"难区"，以为应包括三种区域："其一已陷，因进行交涉而可望收回；其二方乱，因交涉需时而正当涂炭；其三未陷，因毗连战区而大军屯集"。如果政府所谓战区，仅限于待收的十九县，则"战区"一日不能收回，即"救济"一日不能着手。吾人须知：渴望急赈的难民，大部分早已离开难区，逃入停战线以内。政府果有诚意，施行救济，当时即可举办，不必俟十九县收回而后可，此其一。已陷的十九县，并非悉有伪军，日军既撤而未驻伪军的县份，政府可以从速接收，尽先救济，不必俟十九县全数收复，方去举办，此其二。且河北难区应救济者，绝不限于十九县而止。其停战线以内的未陷县份，因大军屯集支应战事之故，其需要救济，更为迫切。

吾人须知：由延庆斜趋芦台之停战线，便是此后我们中华民国极东北的国防线！就现在讲，惟有此线以内，中国才有驻兵设防之权！政府对于现在的国防线，应该如何巩固？如何安辑？如何充实？如何使此国防线不再沦于敌人之手——此乃关系此后数年以至数十年民族生存的大问题，必不许政府之长此漠视。政府纵然漠视，但是——可虑的很——总要有人不漠视！我们政府，应该趁此时节，令停战线以内的地方秩序，比线以外的强。令线以内的人民生活，比线以外的好。令人民兴归与之感而不发偕亡之叹，这才是收复失地的根本义！从前羊祜欲取东吴，本拥有想动即动的充分武力，但是羊叔子还要以德怀之，以威信招徕之。而况我们今日，压根儿就不配谈什么武力收复，倘再不从停战线以内的县份根本救济与彻底治理入手，试问凭什么能使失地的民众，一定愿意来归？我们不要尽指望不可必得或得而不实的收复，而忽略了当前应作且可以作到的要政！我们应该以眼前可作的为第一步，而以将来可收的为第二步。眼前都不能作，而谓将来能作，其谁信之？线内都不能作，而谓线外能作，其谁听之？不佞以为"农赈办法"第三项所载："战区之救济工作，应先自沿长城之县份办起，逐渐向内推进"，这在十九县未全收复以前，简直无从实现。不佞以为应将视点转换，改为：农赈工作，应先自沿停战线以内县份办起，逐渐向外推进！国人不要忘了，这是我们现在的国防线，我们先要将线以内把得牢，治得好，一切方有可言。农赈救济仅此一端，不从此处做起，一切都是空话！

　　第三，救济之关于作法者，应该认清"救济"二字不可仅限于急赈与农赈。应该从全盘与根本着想。一月以前，不佞曾于急赈外，提出四项问题：第一，平均军费负担；第二，调整国地收入；第三，救济被难农村；第四，厉行行政节约——这是救济难区最低限度的要求，其中尤以第一项为最重要。不佞以为今日河北难区如果作到：七分整军三分整政，纵令政府不赈分文，民众早已彻野欢呼，泥首以谢！整政之要有二，一为省官，二为省事，此乃疮痍之后恢复元气的根本作法，此处且不细陈，先言整军。整军之要有四。第一为整军纪。大概当局也晓得：军纪败坏的结果，老百姓是怎样的遭殃。闻于上者，什不得一，壅于下者乃到处皆是。夫使民众受刻骨的压榨与蹂躏，而犹不敢轻于上闻，其怨毒的壅积，应该是如何的可危！当局而不从此处着眼，不从此处下手，则虽以肉糜放赈，民众其下咽乎？第二为整军区。河北在作战时期，屯驻多数部队，犹有可说。今则明言停战矣，焉用此如许军队乎？吾人不愿侈言裁兵，但是河北一省，为国防之故，究应驻军若干？多余部队，究应移驻何地？政府应速有整个计划，以期其逐步推行。今也停战之经过已久，而大军之屯聚如故，上无道揆，下无法守，相与苟安旦夕耳，国防之谓何？第三为整军额。大战之后，首应举行者即为简略军实。因战事而伤亡，应如何奖恤？因战事而损失，应如何核实？花名与实额，士兵与枪械，经此长期战斗，当然发生变动。究竟战后的实额与确数如何，当局要知个清楚。第四为整军费。现在河北所驻之一切部队，无论在名义上在实质上，均已成为国军，根本泯却地方的色彩。同时河北所收各

怎样救济战区？

项国税（如关税、盐税、统税、烟酒、印花之类），亦已完全成为国家的收入，不复顾虑地方的截留。以河北所收的国税养河北所驻的国军，无论在原则上，在事实上，都应该适合，而不虞不足。纵有不足，亦应将军队分调他处，或另拨国税支补，根本不能取诸地方，以维持国税养国军之原则。民国十六年财政部长古应芬氏所提之国地支出标准案，于地方支出之第四项，尚列有省防费。至民国十七年宋子文提出之划分国地支出新标准案，即将省防费一项，自地方支出中删除。将海陆军及航空费，统列于国家支出项下。本来省防二字，根本不通，省而须防，则国已非国！过去时代，中央尚有所藉口，今则河北所驻军队，名义与实质，均已成为国军，谁复得而私之？！则中政会通过之民国二十二年度总概算案，所指摘之"河北省地方预算年列之协饷八百四十万元"，当然在取消禁止之列！当局须知河北驻军之得以完全收为国军，乃由失陷东北四省之重大损失而来，纵令河北所收国税，不足抵支国军军费，中央亦须设法由核实裁减中找出路，或以他项国税，匀支提补。而况河北所收国税，据七月四日北平《世界日报》登载监察院委员发表的报告，仅仅"长芦盐运使署每月解交北平财委会二百万元，河北财政特派员公署每月解交财委会约二百余万元，两项合计，每月已在四百万元以上，而北宁、平绥两路协饷及中央补助，尚不在内"。即以此数，供应河北所驻国军，已不算少，为什么还要扰及地方？英财政学者巴士帖布有言："最足以判断统一的标识，就看以往各个独立的部分之间，是否成立了公军"❶。政府注意！不要再叫河北民众，于负担如许国税之外，仍须负担军费！此于国法为不通，于国防为不应，于人民负担为不公，于国家统一为不容！中央对于政令不到的省份可以斥其截留国税，私有军队；则对于政令已行的省份，再不能责其既纳国税，另担军费！倘对于跋扈的省份而卑辞厚币，对于服从的省份而加紧压榨，试问将何以服河北之人心？将何以服天下之人心？宋末刘梦吉先生有诗云：

当时一失榆关路，便觉燕云非我土！

当局果欲"救济战区"，巩固国防，应先从此处做起，予天下以共见！

民国二十二年七月六日于北平

---

❶ C.F.Bastable, *Public Finance*, 1603，p.122.

英国地方财政制度*

（一九三三年七月二十四日）

通观现代组织进步的国家，其地方制度及其与中央政府之关系，可归纳为三大形式❶；第一，如德、法，如比、奥，以至欧陆的多数国家，其地方管理，大抵由中央政府，任命官吏。这些官吏，支领定额的俸给，但须具备高等的职业素养与特殊的技术训练。其管理地方事务，须受上级官署的严密督察，而且完全隶属于管辖官厅。在这种制度里边，固然也有代表地方民意的各级议会，按着种种的形势去组织。有时亦颇可表现地方人民的赞否权。程度的深浅，纵有不同，也可以做到地方的监督。但是这些地方议会的功能与权力，受到很大的限制。同时对于日常事务的管理，所能置喙的范围，都要经过中央行政机关的制裁和许可。中央与地方间的此种关系，可称之为"官治制度"（bureaucratic system）。第二，和第一种恰恰相反的，便是美国所施行的地方制度。美国的城市，从广义上度，都是自治团体，一点也不受各州或联邦政府所支配。即对于各州的立法机关，至多亦不过与各州政府，占在同一的地位，在这样的国度里，自然没有"管理的等级政治"（administrative hierarchy）的存在。同时在教育、卫生、以及交通各方面，亦无所谓全国一致的系统。一方面固有其长，同时不免其短，此种制度，可称之为"地方自治的无政府制"（the anarchy of local autonomy）。第三，与前两种俱不相同的，便是英国制。英国的地方单位，自最下层的教区（parish）以至于村区（rural district）与市区（urban district），再高如市（city）与州（county）俱属自治团体。自一六六零年以至一八三五年代，其对于中央所处之地位，几与美国略同。以后渐次觉察：地方政府的账簿，总以树立外部检查（external audit）为宜。同时地方政府当局，打算有所动用或经营，有时亦以得到外部许可（external approval）为得计。当时即已认识：一个城市的

---

* 此文发表于《国闻周报》杂志第十卷第二十九期。——编者注

❶ S.Webb, *Grants in Aid*, 1920, pp.4-6.

政府，不仅对于该城市的居民，利害攸关，所有道路的修治，桥梁的建造，传染病的预防，公共卫生的设备，公民教育的普及等项，其影响都可及于全国。约翰·米尔（John S.Mill）曾指出一件事令人注意，便是：中央行政官署，因为地位的关系，比较地方团体，可以得到较广泛的经验与较丰富的知识。但是这种主张的本意，不是要采用官治，其目的只在得到国家的监督与检查。为整个的社会利益起见，所需要的国家管理与国家统治，须作到适当的程度，不使妨碍地方自治的发展，不使失掉地方创制的方便，不使丧失试办新政的地方自由。英国于此，因经验之积累，获得一特殊的方法，即所谓对于地方财政的"协款制度"（grant in aid）。地方团体，既自国库领到协款，因而中央政府渐次得到监督、检查、批评、统制各种权利。本来，地方居民自己选出的议会代表，按照地方的情形，以管理地方事业，在英国地方制度中，宁属可宝贵之点。惟地方资源，肥瘠不同，对于贫苦之区，为免除其地方政费的过重负担，自然需要中央的补助。且地方单位的区域，广狭不同。边荒僻窄之区，很盼望经验充宏之中央，予以种种之赞助和消息。更有地方当局，或因疏忽，或因淡漠，对于地方事务之管理，不能作到"国民最低限度"（national minimum）的要求，为社会全体利益起见，亦须由中央政府树之风声，以促其振奋。最后，则一切地方机关的账目，总要在完全的、独立的检查制度之下，才能作到理想的公开。英国地方制度，能够在地方自治与国家监督之间，用"协款"的方法以联合二者的利益，是为其特色所在。

英国为地方自治的发祥地，关于地方行政，无国家官吏，全然由地方团体机关掌管，此为欧陆各国所不及。但因施行协款制度之故，地方行政，亦受中央政府的监督，其监督官厅，最初为地方行政部（local government board），欧战时改为卫生部（ministry of health）。其地方团体组织，乃适应实际上的必要而自然发达，其间并无整然的系统，所以在英格兰、苏格兰、爱尔兰，均有多少的差异。州有州会（county council）区有区会（district council），最下层之教区，亦有"Parish Meeting"为其机关。这些地方机关所负担的职务，大约分为下列四类❶：

第一类，此类中之职务，其大部分，均以自己的收入执行之，不仰赖于地方税与国家补助。

---

❶ G.W.B.Macleod, *Local Taxation in England and Wales Ency.Brit.* 1929.

一、自来水供给。二、煤气供给。三、电气供给。四、电车轻便铁路与公共汽车。五、海口船坞堤岸运河与码头。六、杂项商营事业。七、私用衢路建筑与他种建筑有益于私人者。

第二类、此类中之职务，由地方机关执行时，均由中央政府助以大宗协款。

一、初级教育。二、医院疗养院及制药所等。三、产妇保护与育婴。四、海口防疫。五、关于心神欠缺的设备。六、住居建造。七、道路与桥梁。八、警察与警察派出所。九、选民注册。十、小宅地所有。

第三类 此类中之职务，大部分俱由地方税支应。

一、贫民救济。二、癫狂病院设备。三、卫生医官健康检查员与卫生访视员。四、下水设备。五、垃圾设备。六、传染病院。七、公共浴场。八、公园与空场。九、其他卫生设备。十、司法管理。十一、电灯。十二、消防。十三、公共图书馆与博物馆。十四、陆地抽水与巩固堤防。十五、其他小规模事务。

第四类 杂项职务，未分配于上述各类者。

至于实际支出的数目，以英格兰及威尔士为例，在一九一三至一九一四年度，其支出总额，除从举债所支出的资本工作不计外，共计一亿四千八百二十六万镑，至一九二六至一九二七年度，增为四亿零二百二十一万九千镑。至因生利事业所发生的公债支出，在一九一三至一九一四年度为二千一百一十四万九千镑，至一九二六至一九二七年度，增为一亿一千七百三十八万九千镑。两项合计，则支出总额，在一九一三至一九一四年度为一亿六千九百四十万九千镑，至一九二六至一九二七年度增为五亿一千九百五十八万八千镑。

英国地方收入的主要来源，第一当属地方税（local rates）。地方税之征收，先由英国议会，将全国划分为若干征收区（rating areas），每一征收区，执行其应作的职务，当然需要种种经费。所需经费，除由公营企业所得的收入，中央补助以及规费等之收入可以支应者外，均由征收区，征收定额的地方税以填补之。"为地方公共目的所课之地方税"（local rates for public local purposes）已成英国通用之专用语，包括地方团体所征收的一切租税。但有两种例外，第一为抽水税（land-drainage rates）与非常税算在一起，在地方税总额中，不及千分之五。第二为用水税（water rates）仅对用水家征收。在一九二八年，英格兰与威尔士所有征收区的数目，共计为一千八百零四个，其中包括二十九个"metropolitan boroughs"，如伦敦市与西寺之类；八十三个"county boroughs"，如伯明罕、利物浦、曼澈斯特之类，二百五十五个"municipal boroughs"，七百八十三个市区，六百五十四个村区。每一征收区，都有他的公会，以为课税机关，由国家赋予绝对的课税权限。所征之税，不仅足以供本区以内专靠地方税的一切开支，遇有与他区联合执行职务时，其费用亦取给于此。

英国的地方税，系课之于人，而不是课之于物。但是课之于人的时候，也是因为这个人，在这课税区，占有土地与建物；或对于土地与建物，享有收租权；或在区内，享有渔猎权。对于这些人，有一个简短的称谓，便是"纳税人"（the rate-payers）。对于这些土地与建物，也有一个简短的称谓，便是"课税的世产"（rateable heriditament），或简称为"世产"。

地方课税当局，所征收的课税总额，欲使其公平分配于各纳税人，常由国会课以一种义务，使其按期制备说明书，即所谓"评价表"（valuation list），将课税区以内的每一个世产，均用简便的字样，列入表内，同时课税的价值，与占有者的姓名，均依次记入。

每一个占有人，都要协助课税机关，于算定课税价值的时候，供给以种种必需的材料。这是占有人的义务，有不履行者，得科以某种罚金。于是课税机关，根据这些材料，与自己的地方知识和经验，遇有必要，再以专家的意见为之补充，因而决定每一个世产的课税价值。课税机关计入评价表之后，可以由另一个机关修正，此种机关，即评价委员会（assessment committee）。委员会在某种条件之下，应听取任何个人与团体的申诉。倘不得直，在某种条件之下，并得上诉于地方法院及高等法院。有时争议不甚严重，亦可进行和解。在数个课税区之间，为促进评价的一致起见，得由州立评价委员会，召集会议，或用其他方法执行之。

对于课税目的的评价制度，大体已如上述，自一九二九年四月一日起，除伦敦外，适用于英格兰与威尔士之全部。至于伦敦所用的制度，大体相同，仅不完全一致耳。下列之表，是将课税的世产，分类表示，并根据课税机关的估计，将每一种对于地方税总额的百分率，表而出之，以资比较：

农业地	2.4
矿山与石山	2.0
钢铁厂、喷汽炉、熔炼厂	1.0
造船厂或修船厂	0.3
制造厂、化学工厂、洗染工厂及分别估价的工厂	7.8

续表

农业地	2.4
酿酒厂与蒸馏厂	0.3
运河用地、运河拖船路及蓄水池以外的储水地	0.4
铁道—包括车站及铁道附属物	3.9
海口、船坞、堤岸、码头—除去上述储水用地	0.6
煤气事业	1.4
电气事业	1.4
自来水事业	1.5
电车事业	0.5
公墓及其他之掩埋事业	0.2
地沟	0.2
仓库	2.2
特许营业所—售卖酒类所用	2.6
收租土地与收租建物	0.7
土地—如林场、公园、围场不包括于他项者	0.5
住房、店铺、机关及其他课税财产不包括于各项者	70.1
总计	100.0

英国的地方税制度，乃数百年发达的结果。其中因革变迁，所以促成的原因甚多，或因地方的习惯，或因管理的经验，或因方法的调整，或因利害的冲突，或因两造的调解，一切动力，最后俱表现于国会所制定的一般法规与地方法规之中。惟英国地方税的变迁虽多，而税种甚少[1]，与欧洲大陆各国不同。欧陆各国之地方税制，或于国税附加，或由地方特征，或施行地方所得税，或施行地方消费税，种类既繁，名称亦夥，是与英国有别。

英国地方收入的第二种来源，便是中央政府对于地方的协款。此种制度，起源于一八三三至一八三五年代。其目的原为减轻地方税的负担，但交付地方团体之际，大抵指定开支的用途，并令中央主管机关，行使其监督权。彼时对于补助金，并未规划一定的系统，因事设制，颇觉凌杂。以后至一八八八年代，制定地方政府条例，始将旧制一扫而清，另由国会择定数项国税，划归地方使用，以代替过去的协款制度。此等划拨的税款，均集中于地方税项目（the local taxation account），然后分配于各地方团体。实行之始，划拨款项的收数，确比以前的协款为多。乃经时不久，因国家财政的困难，此种划拨的款项（the assigned revenues）亦随之萎缩，不得不以他项补充，于是对于地方，又付以定额的年款，因

---

[1] E.Cannan, *History of Local Rates in England*, 1912, p.2.and J.W.Grice, *National and Local Finance*, 1910, p.281.

事设制，杂然并陈，如与地方税作一比较，更为显著。下表的第一栏为中央政府对地方的协款金额（单位千镑，下同），第二栏为地方税，第三栏为二者合计，第四栏为协款所占的百分率。

	协款金额（单位千镑）	地方税	合计	百分率
1867至1868年	878	16,504	17,382	5.1%
1885至1886年	3,659	26,143	29,802	12.3%
1905至1906年	19,870	58,256	78,126	25.4%
1925至1926年	84,684	148,598	223,282	36.3%

中央补助金，所以如此增加，亦自有其原因。第一，便是中央欲令地方执行新的职务，如教育计划与建屋计划之类，因而以协款助成之。第二，中央欲对地方施行严格监督，使地方管理的程度提高，故以协款为取得监督的条件。第三，因一八九六年及一九二三年的农税法以及最近一九二九年的地方政府条例（Local Government Act, 1929），为减轻及免除农业土地的地方税，故以中央协款抵补之。第四，因近来地方间交通的发展，以及他种职务，当初以为应归地方者，现在则渐与全国有关，此等经费，应由中央协款支付。第五、有关全国的经费，如以地方税充之，则租税的归宿，仅限于很小的范围，自不如由中央负担，使普及于全国，方合租税公平（equity）的原则。

英国地方收入第三种来源，便是公共企业，其活动的范围颇广，惟大部分均属于社会事业，不以赢利为前提。据英人 D.Knoop 在所著《市营事业的原理与方法》中的调查，公营事业的形式，在英格兰与威尔士，计有十九种之多。惟经营较广者，亦只有水道、煤气、电气、电车、市场、浴场、工人住宅、公墓与港口九种。其发展的经过，有获利者，亦有亏短者。据一九二五至一九二六年度发表的地方财政报告（local taxation returns）英格兰与威尔士各大城市所经营的公共企业，有获得盈余，藉以减轻地方税者，有发生亏短须由地方税弥补者。兹将该年度收支盈亏以及纯负债额，表示于下，以资佐证：

英格兰及威尔士各大城市公营事业收支盈亏简明表（单位千镑）

类别	总收入	总支出	盈余	亏短	纯地方债
自来水	7,102	7,348	66	305	59,746
煤气	12,202	12,069	124	3	13,938
电气	15,795	15,316	538		44,647

续 表

类别	总收入	总支出	盈余	亏短	纯地方债
汽车电车	17,394	17,250	332	244	18,450
公墓	457	445	7	2	1,085
市场	1,155	884	245	7	2,146
运河	437	578	2	147	931
港口等	1,558	1,707	7	129	12,638
杂项	533	529	6	11	329
合计	56,634	56,125	1,326	848	153,909

第二栏之总收入，包括准备金移来之数。第三栏总支出，包括地方债支付本利及转入准备金额。至第四、第五两栏所以在同一项中即盈亏互见者，系因各大城市中有经营获利者，有经营亏损者，前者为盈之合而后者为亏之合。各种公营企业中，以电气、煤气、市场三种营业，获利独丰。而自来水、港湾、公墓等事业，则多有亏短。至于电车与公营汽车，则因各大城市之繁荣程度，互有盈亏。自来水事业，以其关系公共利益最大，故其经营方针，不认为公营业而认为公营造物。

公营企业，固应注意于"商业的基础"（commercial basis）以免不计盈亏，滥费公币的流弊。但此种原则，系就经营的方法而言，而公营企业的目的，固不为牟利也！惟若经营得宜，岁有盈余，则一切地方支出，即可以企业收入为主要来源，不必再依赖地方税与中央补助。即令依赖中央补助，亦以中央经办之公营企业，为补助之来源，方是地方收入的理想方式。

英国的地方收入，除上述三种外，尚有一种政务收入，如规费、手续费之类，在收入总额中，约占十分之一。中央协款约占五分之一，公营企业约占四分之一，三项合计，约占二分之一以上。而地方税收入，则不及二分之一。

以上四种收入，以之支应地方支出，尚有不足时，即须采用发行地方债的方法。惟吾人需要注意：此种不足，并非意外的不足，乃系经费本身可以预测的不足！大规模的营造与长期间的建设，需费特巨，决非经常收入所能应付。英发行地方债，其主要目的，为：建设学校、安设地沟、开辟公园、建筑运动场及娱乐场、购置空地、营造房屋、施行城市计划（city planning）、修筑道路桥梁、安设自来水管以及其他公营企业如煤气、电气、电车、港湾之类。惟地方团体对于举债，并无完全的自由，无论地方公债的金额、条件以及偿还方法，均须遵照国会的立法。其最早的法律，为一八七五年制定的《公共卫生法》（Public Health Act）。地方团体欲援用此项法律，仍须得到政府的许可。现在主管此类事件，普通均属之卫生部。至因修筑轻便铁路及电车铁轨，则属之交通部。借款之条件有四：

一、借款的目的，多少须具有永久事业的性质。

二、除有特别例外的规定，借款金额，须受限制。

三、偿还期限，须在一般法令范围内，由卫生部规定之。

四、地方债之还本付息，须以地方税及企业收入为担保。

偿还期限，普通为三十年，远者六十年。在特殊之事业，有延至八十年者。发行地方债的方法有七，第一、由公营事业委员会（Public Works Commissioners）经办。此机关自一八七五年设立，为政府各部之一。地方团体自此机关借款，条件较一般市场为优。第二、用发行股票的形式，在州公会与市区公会常采用之，金额须在五万镑以上。第三、抵押借款。第四、在发行股票之前，运用票据贴现的方法。第五、发行债票。第六、预储建设基金，积之若干年，本利相生，到一定年限即以之兴办某种大规模之事业。第七、发行特殊建屋债券（special housing bond）。至偿还地方债，亦有三种方法：第一、每年由收入之内，拨出一部，偿还公债本息。第二、用年金偿还的方法，本利联合，每年拨付相等数目。第三、用减债基金的方法（the sinking fund method）按期拨出定额款项，连同每年所生利息，积至一定期间，以备到期清偿。

英国因地方自治发达的结果，支出的方面既广，数额亦多，仅恃地方税等类之收入，仍感不足，于是发行巨额之地方债，以备应用。但是地方财政之是否健全，不应仅注意于收支之数量，而当注意于收支举债所发生的社会的影响！果能于社会大多数的群众有益，则多取不为虐，多支不为滥，多借不为病！兹引英国政治学者范诺（H. Finer）之言❶，以资佐证："这样巨大的地方债，并非由浪费而起，乃系地方当局，因遵行法规所定的职务，或为社会的利益，欲有所建树，而经常收入不足以给之，始有举债的必要。资本是必要的，资产是必需的，这些资本与资产，具有永久的利益，传之再世，都可享用而有余。是以因此举债，最称公平，以后尽可由地方纳税人，宽其期限，陆续清付，利益为数代享有，债务自应由数代负担"。范氏此言，深愿国人持与吾国之国债及地方债相比较！人何以如彼？我何以如此？两相对照，自然可以找出许多急待解决

---

❶ H. Finer, Local Authorities' Finance, *Encyclopaedia of the Labour Movement*, Volume II, pp.204-214.

的问题。吾民今日所受剥削的痛苦,盖以表现于地方财政者为最多!既数他珍,感愤交集!

如何解决华北财政问题[*]

（一九三三年八月三十、三十一日）

身负全国财政重责的最高当局，新从海外归国，许多国家大问题，都要等着他来解决；只就财政来看，所谓棉麦借款问题、国联技术合作问题、水灾救济问题、华中用兵军费问题以及某省某省所谓建设等问题，经理万端，都非一言可了；而情势迫近，又须提前处办；实际着手，动延时日，于此百忙之中，不知能否即时顾到远在幽燕而关系民族前途的华北财政问题？

古人有言："隔岸观火"，以喻不关切。本来是隔着岸，其间有浩淼的江流与汹涌的河水，感不到灼肤燃眉，所以只有观。而况这个火，业已潜隐其凶焰，渐渐地令隔岸的人，看也看不到，于是大家便以为无问题。纵令在下意识，偶尔惊感到还有问题，无奈中国的问题太多了，一个跟着一个，一个重似一个，"虱子多了不痒"，真成问题的，也不感觉其为问题；盖已深入痼疾的程途，以待整个的崩溃！

北宁沿线驻兵，何以异于当日的南满？滦东伪匪杂糅，实有过于当年的吉边，燕云茫漠，塞外雄奇，随时可被巨魔的利爪攫取以去。寄托其间的中华民族，尚自食息周旋，甚且纵横攘夺，何异鱼游釜底？宋刘静修有句云："当时一失榆关路，便觉燕云非我土！"在人，早将整个华北，视为化内；在我——悲痛的很——竟以化外视之！

自然，华北的政治当局、华北的军事当局以及河北的省政当局，最近在庐、宁，在北平所发表的谈话，也曾提到华北财政的紧迫；但是紧迫的详委如何？解决的方案如何？迟至今日，尚未予吾民以共见。庞大的北平政整会与军委分会，都是中央的机关；庞大的华北驻军，都是国家的军队；所需要的经费，都属于"国家支出"，自应由国库开支。中央如尚有统一的决心，必不许千损百失渐次收归中央的机关与军队，经中央之手，再挂上地方的色彩。吾人须知：私

---

[*] 此文发表于天津《大公报》。——编者注

有地方财赋以养私军，与榨取一方脂膏以养国军，其失相等。此由统一政权上着眼，华北方面的"国家支出"应完全由中央负担者一。

民国十六年与民国十七年两年，中央曾两度规定中央收支与地方收支的划分标准。嗣即明令各省，切实遵行。自是以还，除中央政令不能实际达到的省份外，所有各省经收的国税（如关、盐、统、烟酒、印花等类），均已划归中央，地方不得截留；同时对于军事费，则完全划为"国家支出"，不使地方负担。河北在张氏负责时代，曾令省库协助军饷每年八百四十万元，此在本年六月中政会通过民国二十二年度总概算案时，业已明白指摘其不当。华北民众所应纳的"国家收入"，既完全归中央享有，则华北方面所应支的国军军饷，应绝对归国家负担。令由下犯，中央责之，"法之不行，自上犯之"，此由贯彻政令上着眼，华北方面的军事费应绝对由中央负担者二。

再看华北之地方收入。如察省县幅稀少，收入奇绌，须完全待中央之补助者无论矣。即如河北，收入锐减，实极可惊。第一，战区田赋曾由中央明令豁免，豁免诚是矣。但是豁免之后，固有之省支出，如何补充？明令乃无明文！恃空言以搪塞民众，无协款以惠及地方，最后若不转弯变形，仍从华北民众身上找油水，试问如何取给？第二，本年河北招包牙杂各税，即在非战区，已感极端之困难，甚至有招包十余次，尚无人承包者。最后乃损之又损，始有多少县份，勉强包出。吾人应忆：从前之包商，大抵富拟显宦，每遇包期，辄不惜辇金说项，竞相争取。今乃避之若浼，应者寥寥，此种象征，盖已充分表现工商之普遍衰颓与农村之极度凋敝。一方因购买力弱而冻馁堪虞，一方因货品滞销而物价惨落。包商何等聪黠，目击民众之无可压榨，即压榨亦油水有限，谁肯照旧额承包者。此种事实，自然影响到税收的锐减。第三，从前厘金未废，本属地方大宗收入。自裁厘实行后，中央固因此而增收关税，而地方新办的营业税则收数寥寥，远不敌裁厘所失。考营业税之性质，本属收益税系统，而确定营业税之收益，非新式簿记普遍采用，会计检查成为法定，与财政管理达于健实，不能行之有功。所以最近平、津两市，关于直接征收与商会代办两问题，闹得乌烟瘴气，结果仍是莫衷一是。市且如此，县将如何？此犹技术管理问题；至营业税之根本困难，仍在营业本身！假使无业可营或营而赔本，还有什么力量纳营业税？所以通县等五县，请求豁免于前（见七月二十五日《大公报》），财政厅亦承认"各县商业萧条，欲期增收，在理本非易事"于后（见八月二十七日《大公报》），似此不能者不能，减收者减收，此后河北营业税收入，恐犹不逮上年度查定九十余万元之数。收入虽如此奇绌，而地方特别开支，如接收滦东，增添警卫等等，势且有加无已。华北作战，为全国而牺牲，华北财政，亦应通全国而协助。此由休戚与共上着眼，华北地方短收增支的财政困难应尽量由中央协助者三。

救济华北战区，中央原定两千万，截至最近，除实际拨到现款一百万之外，所谓四百万以河北盐斤附加作抵之救济公债，尚不知何日观成；本来救济方案中所列急赈一项，至今已完全失掉意义。战区民众，该死的早已死了，等不到政府迟至三四个月的急赈了。不该死的，亦已辗转流徙，找到可有的生路。此时尚办急赈，不知所急何事？所赈何人？而且自朱李关于捐款辩驳的文电，交布于报章以后，令人对于慈善式的急赈，感觉莫大的疑虑。夫以社会公认之慈善家，办理赈务，仍不免于飞短流长，其余更何能问？政府倘欲救济战区，除根本大计应通盘筹划外，亟应集中于工赈与农赈，尤以农赈为重。中央即不为救济战区，亦早有复兴农村之计划，华北以两重的意义，要求中央遵守约言，筹拨的款，仿照赣、皖，举办农赈，当非不情之请！当局亦尝知"争民"之重要矣，然则战区民众，将如何从帝国主义者抟噬的手里"夺回"，以"扶植其农村自卫自养之能力"，当属目前要政之一。此种费用，名为救济，实即建设；名为华北，实关国防。假使河北民众的财政负担与生计状况果为热河之续，则走胡走越，谁实边圉？此由巩固国防上着眼，华北农赈专款应尽量由中央统筹者四。

英国政府对于地方的"协款制度"，颇注意于"贫瘠区"的补助；法国政府对于战后的"蹂躏区"曾拨巨款，作大规模的复兴救济。即在吾国，据财政部统计，民国二十一年度自去年七月至本年六月底止，中央补助各省市协款，以粤省为最多，整年补助费达八百万元，补助苏省府，亦达一百三十九万元（见七月十一日《北平晨报》）。百粤，通商枢纽，江浙，财富要区，犹蒙中央如此补助；今华北如此被祸，如此贫瘠，应受补助，自属天经地义！又查国府于民国二十年十一月为救济鄂皖潦灾，曾令由财政部通饬全国各海关，征收救灾附加税（见民国二十一年七月二十八日《大公报》）。鄂皖水灾限于一隅，中央犹令全国海关征收附加，以资救济，奈何不为抗日之华北设法？而况棉麦借款，总额有两亿元之多，中央若为救济华北，主张拨付若干，当较任何方面之请求为光明正大。国计艰难，方法尽有，往事昭垂，匪可湮没，而谓救济华北，独无办法，当非负天下之重者所忍言！此由施政公允上着想，华北农赈建设应设法由中央调拨者五。

　　以上五端，皆非悬想，乃当前事实所反映的必至理论，以当局之明，当已早见及此。据八月二十一日《北平晨报》所载：财政当局回国后，"即将召集财政会议，筹商全国财政，并讨论冀、察两省财政补救办法"。吾人甚盼；勿再侈谈于会议，而忽略于执行，中央今日有华北为屏蔽，有华北供取给，悉索敝赋，人民已尽输将之能事，倘必杀鹅以求金卵，鹅固无幸，卵又何存？一朝华北不保，则如许军队，如许官吏，又将奔流就食于江河以南，试问将何以待之？华北今日的遭遇，乃过去漠视四省的结果，倘再漠视华北，则他日之果，又将如何？今之当政，纵无百年大计，亦当有数年之谋，谁又不知其难？惟难能为可贵！华北财政如何解决？全国民众，均将拭目俟之。

民国二十二年八月二十九日于北平

财政政策的根本义

（一九三三年九月一日）

无论那一个时代，无论那一个国家，都要有它的财政政策。譬如一家，富有富的过法，穷有穷的过法；有了钱，不见得都有办法；穷于财，未必即穷于计划。一个国家，考量现实的环境，根据一贯的方针，拟定度岁的办法，是即所谓财政政策。政策因国而不同，因时而不同。适于甲者，未必适于乙；适于今岁者，未必适于来年。但是办法纵有不同，都要根据一定的财政方针。兹所欲陈者，即根据英财政学家达尔顿（Hugh Dalton）所著《财政学原理》第五版（一九二九年印行，至一九三二年已出至第七版）所主张的"最大社会利益原则，"以明财政政策的根本义。

公共团体的财政，与私人的财政不同。概括的讲，私人的收入，判定其可能的支出；而公共团体的支出，则判定其必需的收入。换言之，私人应该量入为出，而公家则量出为入（While an individual adjusts expenditure to income, a public authority adjusts income to expenditure）。对于这种广泛的说明，还有几个条件。

在某种限度以内，私人也应该量出为入。如果他是结过婚的，特别是对于他的亲戚或家属，负有养赡的义务，则其个人的必要支出势必增长。打算支应此等要求，必需牺牲闲暇，努力工作，以期增加收入。反之，如果他的儿童已能自给，则其必需的支出当然减少。因而可以减少工作，多得闲暇。同样的，公共团体在某种限度以内，亦须量入为出。如果社会萧条，收入锐减，即应立行撙节。但遇良时，收入激增，则以往所认为开支太大的计划，亦可举行。

私人收支的调整，在一年之内，不一定总要适合。谚有之："地球绕日所用的时期，并不是一定不可侵犯"，所谓一年，不过对于某几种目的，认作一种方便的计算期间，对于此外目的，不一定都是如此。如果一个人的支出，超过了

---

* 此文发表于《平明》杂志第二卷第十七期。——编者注

他的收入，其超过的额数，可用以前的储蓄或出售财产以抵补之。不然，亦可举债或赊欠以资应付。反之，他的收入如果超过支出，则其剩余之数，可备作将来的支出与投资。

同样的，公共团体的收支调整，在一年之内，也不必一定适合。假令收入超过支出，当然发生盈余，可备将来之用。但若支浮于收，则公共团体亦与私人相同，可以提用积存，可以出售财产，或是发行公债。于此发生一点之不同。一个公共团体，可以举行内债，亦可以举行外债。可以借自自己的人民，也可以借自非自己的人民。不然则增发国钞，亦可使收支适合。若在个人，则不能举行内债。最大限度，亦仅能于相与往来之两银行间，借此还彼。至于增发国钞，乃国家享有之特权，尤非私人所得尝试。

在几本经济著作里边曾经说过：一个人将他的开支，分配到各种事物之间，使支出各方面的边际效用均能相等，因而全体支出的总合效用，便可达到最高度。此种作用，只有货币经济，才有实行的可能。同时即本此理由，预测在社会主义的集体里边，货币的使用仍然可以存在。在实际上，许多个人未必即能平衡各方面的边际效用，使之非常正确。但是除了最无知识的人根本就没有什么计划外，只要有一种支出计划，总要趋近这种平均。

一个公共团体，除了法律的意义，并不是一个人，自然不能照个人的样子，计算各种支出的边际效用。但是一个政治家执行财政政策时，所应根据的一般原则，则与个人所行原无二致。公共经费的一切形式，对于社会的边际效用，应该是平等的，同时即按此种标准，将一定岁出的总额，分配于各种目的之间。

于此有应注意者，即政治家当计算任何形式的岁出所具有的边际效用时，应该守定公共福利或社会利益的客观标准（an objective standard of public welfare or social advantage）。若在个人，则追随效用的主观标准与价格的客观标准二者之间的结合。

拿什么判定岁出的总额？其理论的答案亦颇显明。岁出的各方面，应该扩充到这一点：如再增加支出，则社会所得到的利益，适与增税或增加其他收入，社会所感受的不利相抵消。此种标准，可以判定岁出与岁入双方的理想总额。至于岁入总额，分配于各种租税与其他收入之间，其理想的标准，亦应视各种租税与收入对于社会的边际不利（disadvantage or disutility）是否均衡以为断。

公共团体对于边际效用和边际不利如何才能均衡的复杂问题，不一定能作到完善的解决。在实际上,决定这些财政问题,要看政府各部之间,或各部与财政部之间,其争持的力量如何,同时再看有力方面,如选民、如政团、如新闻舆论的要求与监督如何,自然要形成种种不同的结果。且在实际上,无论公家或私人,并非时常要求从头至尾将整个的支出计划重行安排。有几种支出,因为契约的关系,或是准契约的保证,为免除严重的动乱,不能立时变更,而需要它继续不断。此种情形,在公共团体尤为显著。

公共团体,对于它的收支,打算施行详密的变更,就一般讲,是比个人来得容易,尤以增加收入和支出的时候为然。此中理由殊为明显。公共团体,有社会全体的财富供其取求,遇必要时,且可举行外债。此外犹有他种理由。在理论的研究中时常有人提到:个人向前工作,总是达到生产或报偿的边际效用抵不上工作的边际牺牲的时候,便要停止。但是此种理论,亦仅在经营独立的工作之人为然,如顽童之捡落实、艺人之写园景或新闻记者之描印像。但是许多人的工作,常与他人共同行动,或基于集合的协定,或根于议会的立法,工作多少,纵令人各有志,总要与一般的规定相符合。若夫公共团体,常能免去此种不便,独立安排自己的财政计划,不必计他国之如何,其中惟军事费,可称例外而已。

按照纯粹的理论来讲,所谓边际效用的均衡,有时亦适用于现在支出与将来支出之间,因而决定其对于将来之准备。但是有许多人,把将来看得很轻。在普通人眼里,对于将来可以测定的满足或不满足,总不如现在来得亲切,而且一个人的生命,在事实上究属无常。一个人的后裔,至某点止,亦觉无关。所以有许多人,对于将来的准备总是有限。但在国家则不然!社会比较任何个人,都活得长。而且政治家,应该把自己看作将来的保管人(The staetsman should regard himself as trustee for the future),不能与私人相比,把将来看得那样轻!且将来的情形,本可依理推测。在政治家,不能效个人之只顾此生,对于将来应该预作充分的准备!于此有应注意者一事,常为此种主张的障碍。即一般人,每引古语:"我应该为后人作得这样多,后人为我作了什么?"政治家对于这种浅见,应该拿远大的眼光排除之。

达尔顿氏所主张的"最大社会利益原则"(the principle of maximum social advantage)有两种意义:一属于空间,着眼于社会的各方面;一属于时间,着眼于现在及将来。本此原则所形成的财政政策,绝不致囿于一隅,绝不致囿于现在。不能以全社会供一地的牺牲,亦不能以将来供现在的消耗。不仅为全社会的受托人,且为后代的受托人。如此作去,当然困难,但是,古谚亦有之:"难能可贵";西谚亦有之:"It is not the easy things but the difficult things are beautiful."(所谓美,并不属于容易的事,而属于困难的事!)

贪污的剥削与民族的前途[*]

（一九三三年九月十一日）

现代德国历史学家施宾格勒（Oswald Spengler）在他所著的《西土的没落》（*Der Untergang des Abendlandes*）一书中，曾主张：任何民族都有他的青春时期，亦无不有其从青春，渐进于成熟，转入老衰，以至于死的境地；圆周完了，无可幸逃。这种主张，映入我们中国人的眼中，特别具有一种刺激的力量。我们目击中国今日的遭遇，无论是谁，只要他还有感觉，都不免发生这些疑问：中华民族老像现在的样子，岂不有灭亡的危险？经过这样严重的国难，都看不出民族复兴的朕兆，将来又能有什么希望？这样一个有历史的民族，怎么就会落到今日的田地？如此堕落下去，如何会有翻身的可能？——这些问题，天天缠绕在我们的头上，分量是一天重似一天，在每一个人的下意识中，总不免有"坐以待亡"的潜感。我欲仁，斯仁至，老是这样推演下去，只此心理状态，已足亡国而有余。

但是，当我们感觉到："中国不亡，是无天理"的时候，同时即有一种"吾民何辜，与之同尽"的无名的悲愤！民族的生命是永久的，如何能亡？南北朝可以变而为唐，五代可以变而为宋，民族怎能老衰？中华民族今日所遭逢的境遇，只是有病！病的外因，是列强的侵略；病的内因，是社会的制度；而外感又生于内亏！变革此亏蚀内力的社会制度，应该是中华民族的根本出路！

中华民族惟有在这种社会制度里，才会有病。我们看：一代一代的婴儿，除先天缺乏外，都可以养成壮健明敏的好国民。但是生下来，便叫他吃草根树皮，住尘衢暗窖，则不仅青春立变为老衰，而且不免于夭亡。所以每一个社会，如能存在，如能发展，须有社会精力之剩余的存储，以增加社会劳动的生产力。反之，此种精力，如已消失，或有之而消耗于非生产的方面，则此等社会，迟早必归于毁灭。

---

[*] 此文发表于《国闻周报》杂志第十卷第三十六期。——编者注

"For the development of every society it is necessary to have a surplus store of energy, which might be used for extending production, for improving technique, and generally for increasing the productivity of social labour. Those societies which do not possess such a surplus of energy, and which employ it unproductively are doomed to a slow but sure destruction." ❶

社会精力之剩余的存储，为什么消失？根本即因剥削制度的存在。此种剥削关系，无论在古代的奴隶社会，中古的封建社会，或在近代的资本社会，只要剥削到无可恢复的境地，则其社会制度，势不可免的，必要表现停顿、衰颓、紊乱、崩溃、继续演映的各种现象。吾国经济的命脉，尚未脱离农业的基础，于是全国人口百分之八十以上的农业劳动者，遂成为被剥削的主力。平日输将，已竭绵薄，一遇战争，更要肩起军事负担的全部。他们不仅要流血，而且要牺牲他仅有的财产，离弃他仅有的庐舍，丧失他仅有的生产工具，以供战争的吞噬。同时上层阶级，不仅有钱，而且有权，竟能免除战事的一切负担。于是苛重的租税，不断的战争，高利的资本，大地主的吞并，一切都连起来以胁迫小农。而农民的毁灭，乃加速度以进行。最后，则农民的土地，不仅因负债而丧失，且常自动抛弃，相率逃亡，因为土地之所得，怎样也抵不上权威交迫的各种负担。

"The peasantry bore the whole of the burdens of war, not only in the sense that they had to shed their blood, but also in that they had to bear almost the whole of the taxation and expenditure entailed by these wars. The upper class the large slave-owners were able to avoid these burdens because, together with their wealth, they possessed political power……"

"Thus everything combined against the small peasant: the burdens and heavy taxation and constant war, the power of usurer's capital, and the force of competition of large slave-owning agriculture with its higher technique. The ruination of the peasantry proceeded rapidly. The small farmer lost his land for debts, and frequently voluntarily abandoned it owing to the impossibility of making it pay." ❷

农业破产，农民逃亡，被剥削阶级，困苦已达极点。同时在剥削者方面，也便形成极相反的对照。一国的财富与收入，表面皆流入公库，实则转入统治者私人的存折。其散在各地的富有之家，亦渐集中于都市。邸宅相望，珍馐万钱，奇玩盈庭，罗绮炫目。一般均以狂妄的消费相夸，而莫肯相下。只要有钱在手，则

---

❶ Alexander Bogdanoff, *A Short Course of Economic Science*, 1925, pp. 130-131.
❷ Alexander Bogdanoff, *A Short Course of Economic Science*, 1925, pp. 134-135.

举世奇珍，俱可罗列堂前。因为这些奢侈品的需求，致令财富之主要部分，都转入不生产的途径。

"Wealth and income flowed into the public treasury of the imperial city and into the private pocketbooks of the rulers. Wealthy people from other parts of the empire gravitated toward the imperial city. Extravagant homes were built. Costly food and clothing were consumed. Luxuries were in great demand. An extravagant standard of conspicuous consumption was maintained. Rare commodities from the whole world filled the homes of the rich, and the demands for luxuries diverted a considerable portion of wealth into these unproductive channels." ❶

"朱门酒肉臭，路有冻死骨"；但是被剥削阶级，不见得都是很驯服的等着饿死。迫于切体的饥寒，诱于都市的豪华，感于"君子之德——风"，长出许多"小人之德——草"。大盗窃国，小盗窃钩，于是赌博、投机、绑票、绺窃之流，遂充满于都会，形成波格达诺夫所称的"无产的寄生者"（proletarian parasites）与斯格德·尼林所称的"惰贫"（the idle poor）。都市愈大，寄生愈多，则生产者被剥削的程度亦愈甚。

"The hordes of speculators, thieves, sycophants increased with the growth of imperial wealth. The carcass lay at the centre of imperial power. Vultures flocked from every point of the compass to enjoy the feast."

"The grander, the larger, and the more numerous the urban centre within the imperial nucleus, the heavier the drain on imperial resources, the greater the load which the producing classes must carry, the whips of the task masters must crack more sharply; the burdens on bent backs must increase." ❷

上层阶级，打算达到统治的目的，不得不仰赖庞大的官僚组织。此种官僚大系，既无民主的力量，以为之监督，很容易走入腐化的途程。于是种种黑暗缘之而起。贿赂与非法收入遂成为当时公认的常道。最初系设官以治事，以后复设官以治官，而官官相护，朋比为奸，纵有良法，莫能执行，徒增国家的支出与民众的负担，不至破产不止。

"Being supreme and omnipotent, and not subject to any control exercised in one way or another by those who were the life blood of the state, the bureaucracy gradually became utterly corrupt and dishonest and at the same time comparatively inefficient, in spite of the high professional training of its members. Bribes and il-

---

❶ Scott Nearing, *The Twilight of Empire*, 1930, p.83.

❷ Scott Nearing, *The Twilight of Empire*, 1930, p.87.

licit gains were the order of the day, and it was idle to seek to pit an end to them by means of a vast system of espionage and of mutual control exercised by officials over each other.Every addition to the army of officials, every addition to the host of supervisors, served to increase the number of those who lived on bribery and corruption." ❶

作官，本来是服务（to render civil service），浸假而变为职业，至是乃成为营业。"三年清知府，十万雪花银"，位尊金多，则逐官者众，于是官僚组织，不得不庞大，不得不重叠。然而位置有时而穷，权势有时而消，则不得不滥用其权威，加重其榨取，以期做官目的之短期实现。种种赋课，曷尝不假国家之名义以行？但是民力已尽，农工已残，以为国库，而国库常空；国库所以永感不足，即因宦囊早庆充实的原故。

"An enormous army of bureaucrats of all kinds, infinitely subdivided, exercised their often intolerable exactions and their vexatious authority from one extremity to the other of the known world, their essential function being to bring into Rome resources which never appeared sufficient, to squeeze agriculture, industry and commerce for the benefit of the treasury which seemed to be always empty." ❷

在这种社会组织里边，自然造成贪污的风气；惟适者，能生存，于是贪污为常态而廉洁为变态。社会的各方面，引诱着人去贪污，催促着人去贪污。贪污则可以肥体肤，骄妻妾，援族党，结权门；不贪污可以饔飧不继，亲交疏远，甚而至于妻室下堂，子女诟谇。清廉不获国家的保障，贪污可避法律的制裁，以此相演，则除少数特立独行之士，茶苦自甘，以与污浊之社会相抗斗外，至于社会一般，安得不直接间接，共同卷入这贪污的大环？

事实而至于此，则社会上能剥削者日多，而能生产者日少，所谓"社会的精力"不仅无剩余存储之可能，必且日益即于枯浅，终至油尽灯残，无可剥削！于是更深一层，以儿童的精力为抵押，以将来的苦工为息壤，辗转腾挪，以供当前的无穷消耗。是不仅剥削现在，而且剥削未来，不仅亏蚀现力，而且杜绝生机；一代贪似一代，一代弱似一代，如此下去，也许走到民族的死亡。

但是，此种反复的榨取和深入的剥削，总要诱致异族的侵凌，激起民众的反抗，古时的埃及与罗马，均曾有过这些经验。不意相隔数千载的吾国今日，所

---

❶ M. I. Rostovtzev, *Economic and Social History of the Roman Empire*, 1926, pp. 459-460.

❷ Paul-Louis, *Ancient Rome at Work*, 1927, pp. 230-231.

表现的社会特征，竟与古时罗马诸国相同！吾国因地理环境的关系，曾将原始的生产方法，维持至数千年之久。中间仅靠着政教的隆污，略改社会表层的风习，而对于建筑在生产方法上面的社会制度，根本并没有变更。这样的社会制度，早已过了生长健旺的阶段，时至今日确乎是老了，衰了，眼看着便要崩溃了。亲亲流为营私，礼让流为虚伪，和平流为无勇气，中庸流为无是非！今日这样的社会制度，还不应该崩溃么？南北朝的社会风习不崩溃，如何能变而为唐？后五代的社会风习不崩溃，如何能变而为宋？以今例昔，则今日的社会制度不崩溃，中华民族如何会有再生的可能？所以我们对于今日中国社会制度的崩溃，只能认为是社会发展的必然，而无所用其留恋与惋惜。吾民于此，当抱极勇敢的希望，以促成新社会制度的创造，才是中华民族的复兴之基！

民国二十二年八月十二日于北平

亟待解决的华北农村救济问题*

（一九三三年十月十二日）

一阵秋雨，几阵秋风，令人惊感寒意已深，预兆严冬的来袭。稍能"客观"的有衣分子，都能感到：就在不远的周遭，至少有一两千万"无衣无褐"之人，正在打寒战！肚里有了吃，或是地里播下种，纵令冷一点，还可以平稳地熬过去，以待明年的春耕；但是政府亲口许下的农赈专款，经过三四个月的时光，依然在从容商讨之中；转瞬严冬到来，何处是贫农的生路？政府自忖，果真是心有余而力不足，最好不要拿轻诺许人，免致失信。如果已经许了，而且由两千万，减到五百万，其中四百万，还要发公债，是已表示有心去做，就不该老是拖延。能办即办，足以收民心。不能办便干脆不办，也可以树国信。不此之图，而乃迁延推宕，旷日持久，则江水未至，而绀沫已枯，必有坐收渔人之利者！

据十月五日报载，华北政治当局，抵平谈话，声称："……四百万因须发行公债，行前曾拟定条例呈请中央通过，以备再交银行界办理。然未悉立法院始终未予通过。其后始知对公债性质及基金上尚有纠纷。经向孙院长将性质及纠纷由来说明后，孙院长已明了，大约下星期立法院开会，可将条例通过"云云。吾人门外，诚不识所谓纠纷，果作何解？基金果有纠纷，何以率尔提供？院方认有纠纷，何不从速驳诘？一方则"始终未予通过"，他方则"其后始知"，如此有时间性的救急事项，顾乃如此从容，毕竟未曾切感华北农村救济的重要。

第一，从时间观察，救济华北农村，不仅有其经久性，且有其临时性。考吾国农村的衰颓，自帝国主义势力侵入之初，即已开始。但在初期，输入制品，输出原料，尚可勉抵入超，使农耕得以继续。洎入后期，不仅外国的工业品要以中国为市场，外国的农产品，也要以中国为尾闾。挟其大量廉价的生产，凭借朝发夕至的利器，中国的通商口岸，遂成外棉洋米盘踞之场，而本国的农产品，反瞠乎其后！此际纵无战事的破坏与压榨，中国农村亦将急转直下，奔入崩溃之

---

* 此文发表于天津《大公报》。——编者注

途；况如华北，经此大战，一般农村焉得不濒于毁灭？此种临时性，已如骤风急雨，自长城方面袭来，倘不急谋救济，随时可以席卷华北。

第二，从空间观察，救济华北农村，不仅有其一般性，且具有特殊性。查农村复兴委员会，本为全国而设，一般农村，均有救济的必要。但是事有缓急，情有轻重，政府统筹全国，应先其急者重者，方足以表示大公。故不佞于八月三十日发表之《如何解决华北财政问题》一文中，即主张应由政府自动地划拨一部棉麦借款，以充华北农赈之用。诚以华北作战，为全国而牺牲，华北救济，亦应通全国而协助，行政院长，早已通电主张，明明认其有特殊性，并且急于一切。

第三，从动向观察，救济华北农村，不仅系对内的而且是对外的。皖、赣农赈，成绩不坏，但其意义，亦仅对内而止。惟有华北，于对内安定人民生活之外，且有对外巩固国防的作用。吾国的军事国防，今日已不足言，但尚有经济国防，可以努力。诚使三四千万的农民，具有"自卫自养的能力"，不啻平添一道具有活力的长城。伪军不足以诱惑，流匪不足以裹胁，为华北固边圉之守，即为全国弭北顾之忧，此是何等的重要！

第四，从实质观察，华北农村救济问题也便是华北政治、财政、经济、社会的核心问题。倘对于濒于毁灭的农村，都不能做到些微的救济，试问：政治于何处找凭借？财政由何处找税源？经济从何处找命脉？社会从何处找基础？卑之无甚高论的今日政治，纵不为民众谋，奈何不为自身谋？眼看着肤寒腹饥，朝不保夕，汹汹欲溃的数千万农民，支撑在社会的底层，而于其上，乃踞坐偌大的政治组织与军事组织！此真贾谊所谓"盾火积薪之下，而寝处其上"，及今不图，早晚要看到华北政治、财政、经济、社会的整个的解纽。

第五，从世界的比较观察，则中国经济，始终要以农业生产为基本命脉。现代各工业国，当产业革命以后，亦曾有农村衰颓、农民离村、农业凋敝的景象。但在他们，农村衰颓，有新兴的工业都市；农民离村，有能容纳的新起工厂；农业凋敝，有补偿的海外贸易；此皆发展的必然，不比吾国的经过。然而这些工业国，还要努力于农业的奖励，汲汲于食料的自给。反观吾国，新式工业，在层层束缚的帝国主义的侵略之下，固无从发展，而农业生产，同时复有汲汲不可终日之势。再不图谋救济，何处是中国经济的基础？

第六，从经济的组织观察，农村救济，尤其以"农赈办法"，实关系吾国经济组织的前途，其重要足以判定中国的生命。查"复兴农村"的口号，政府唱之，社会知之，一若复兴二字，不是不可做到的理想。鄙见则以为不然。研究问题，要批到本根，不可浮光掠影，虚自文饰，以为治了表皮，便可解决内里。中国农村崩溃，有其外在与内在的两大原因，此处不暇详陈。仅就农业本身观察，则原始的、散漫的、迟重的、个人本位的农业组织，放在今日内外环境之中，必然的、不可避免的总要经过衰颓、崩溃的过程，而临到毁灭的境地！这样的农业组织，还能够"复兴"么？已经决了的口子，水还回来么？不仅无回复的必要，且无回复的可能，中国农业，倘不走集体化与工业化的路子，不会找到它的新生命。据政府通过的农赈办法大纲及以后所订的细则，华北农赈，要从农民的互助社做起，然后办理信用合作与生产合作，此实集体化工作的起头，此实中国农业新生命的胚胎！政府将如何培植此新胚胎，以创造中国经济的新生命，实属当前不容再缓之图。

华北局面，谁不知是千头万绪？当局处境，谁不知有许多苦衷？从不远的汤山所发出的隆隆之声，都可以隐约地冲到故都的古堡，如此倥偬，谁又顾到华北农村的救济？然而政府的功用，是要它照彻问题的底里，统筹政务的全局，区区四百万农赈专款，实已到无可再缓的境地！华北数千万从事稼穑的贫苦民众，早已引领俟之。

民国二十二年十月十日于北平

民族意识中的农本思想*

（一九三三年十一月十日）

田园的佳梦，在我们中国，差不多整做了四千年。许多经世家、政治家、学者、诗人以至大多数的民众，几乎尽数笼罩在这种梦影之下。有时实现，有时打破，因而在历史上也便描出许多治乱的波纹。直到而今，所有外患的侵陵，与内政的不修，举不足以震撼民生之根柢。独此田园佳梦，一经击碎，而吾民始皇皇然有不可终日之忧。此真稀有的厄运，致命的创痕，民族之是否再生，要看农村之有无出路以为断。

日本《外交时报》记者半泽玉城，曾谓世界上有三个"脱线国"：一是美利坚，一是俄罗斯，一个便是中国。所谓脱线，便是脱离国际的圈线之谓。美之豪富，俄之广漠，傲世不恭，独往独来，无论在政治上，在经济上，离开国际的圈线，依然可以自存。别人只有借助于他们的地方，而他们则可以不管别人，动不动就任性逞行，令人奈何不得。我们中国呢？深山大泽，动起龙蛇，古木参天，盘根错节。纵令贪饕之徒，恣意侵略，而侏儒的利刃，终不敌错节的盘旋，结果仍是挥汗垂涎，侧目而视。须知今日的强国，所恃以维持其生命的食料与原料者，在西则仰之于美，在欧则仰之于俄，在东则仰之于我。我们离开这些"善邻"，倒许可以过安静的日月，而那些以工商立国的列强，如果离开这些脱线国，虽然不致于"生尘""断炊"，恐怕也要"并日而食"。

经济思想上，尽管有重商重农之分；德国经济学者李斯特，尽管把经济的发达，分成牧畜时代、农业时代与工商时代的阶段；十九世纪以至二十世纪，尽管有打破锁国施行工商立国的主张，然而"农本"之为天经地义，终无待于凡人之揭橥，愈经世变，而愈证明其牢不可破。我们只看工商立国的目的，还不是因为本国的面积太狭窄了，仅靠着农业实在养活不了过多的人口，这才迫不得已的以工商立国，靠着奇技淫巧造出一些玩艺儿，输到外国换取生活的资

---

* 此文发表于《合作讯》杂志第一百期特刊。——编者注

料。这还是很客气的交易行为。那些野蛮一点的"文明国家",则又很不客气的带着大炮与兵船,硬向海外的弱小民族,夺取生活的食品。我们都知道:所谓帝国主义,大抵根据于膨胀政策,而膨胀政策,确以人口问题为核心。人口二字,若给他一个切近的解释,则有人必有口,有口必要吃。吃的问题不解决,则帝国主义之外,不知又发生多少问题?农本之关系世界前途,又是何等的重要!

大概一个国家,如果地域广漠,而且土壤肥沃,势有必至,总要趋重于农业的发展。自从神农后稷,提倡稼穑,不仅一般民众,趋于南亩,许多的学者诗人,也都作田园的佳梦。《诗经》一书,所以传诵,其最大价值之一,便是田园的描写。我们只看《豳风》七月之诗,写尽季节的递嬗,写尽田园的风景,写尽品物的丰饶,以至于鸟歌、虫鸣、农勤、女思,无一不跃跃纸上。此真生活之表现!诗之真,正以其生活之真也。此外若《小雅》之楚茨、信南山、甫田、大田,《周颂》之载芟、良耜等诗,无一不充满农本之思想。盖人间之活动,惟有农业最近于自然,最益于健康,而且最几于净化。西洋学者对于都市之膨胀,曾提倡归田(back to land),提倡返自然(back to nature),这不仅是西方学者的主张,同时也便是东方哲人的理想。

古代的政治哲学,有一个最高的标准,便是"国君死社稷"。晏子解释的最好:"君民者,岂以陵民,社稷是主。臣君者,岂为其口实,社稷是养。故君为社稷死,则死之;为社稷亡,则亡之",什么是社?社便是土;什么是稷?稷便是谷。国君最大的天职,便是守土,便是养谷。有土不能守,有谷不能养,国君应该一死,以谢天下之民,我们看!这是几千年以前的政治哲学!

孟子的政治主张,当时很带些革命者的色彩。然而他的建设计划,开宗明义第一条,便是"不违农时"。对于他的纲领的解释,只是"五亩之宅,树之以桑……百亩之田,勿夺其时",只要在上者不妨碍、不干涉、不蹂躏、不破坏!所要求的,只是"不违"!这简直与西洋的 Physiocrats 主张重农,同时即主张自由放任者,不谋而合。然而孟子却要比他们早到千年以上!

"一夫不耕,或受之饥。一女不织,或受之寒。生之有时,而用之无度,则物力必屈。"我们看了贾谊的《论积贮疏》,也许要联想到今日生产的情形!"寒之于衣,不待轻暖。饥之于食,不待甘旨。饥寒至身,不顾廉耻。人情一日不再食则饥,终岁不制衣则寒,腹饥不得食,肤寒不得衣,虽慈母不能保其子,君安能有其民?"我们看了晁错《论贵粟疏》,也许要联想到今日社会的状况!

与孟子同时，以农家见称的许行，曾主张"贤者与民并耕而食"，同时即反对统治者之"厉民而以自养"。大凡一种学说，都是时代的反映。离开时代，而谈学说，根本就失掉了意义。我们看看战国是如何的时代？"庖有肥肉，厩有肥马，民有饥色，野有饿莩！""狗彘食人食，而不知检。途有饿莩，而不知发！"当时的统治阶级，不仅厉民以自养，而且厉民以养狗彘！许行本愤世嫉俗之热诚，发为矫枉过正之主张，实在是时代的反响。盖当社会败坏之极，非有"以自苦为极"的辩证法的实行者实地去作，必无以挽颓风而救末流，况且这也不是单纯的理想。

《唐书》载"郭子仪在河中，以军食常乏，乃自耕百亩，将校以是为差。于是士卒皆不劝而耕。野无旷土，军有余粮"。郭汾阳所以为吾国历史上的名将，不仅以其收复两京，不仅以其单骑见虏，即此一端，已足垂范百世。我们看，今日的军人，有谁能够作到郭汾阳的躬耕自给，野无旷土？不仅不能，反而作到攘夺践踏，无田不旷！

国家之乱，不自今日始。然而前几年的战乱，仅仅影响到交通与都会、商业与金融，尚有农村为之保存元气，比至近年，则战区扩大，战期持久，渐渐吞没各地的农村。其不受波及者，则苛敛重征，动辄超过生产力以上。于是人民所恃以为生活、全国经济所恃以为基础的农业，根本破产，又安怪转死沟壑与散走四方成为普遍的现象！当政于此，再不立施救济，则"忍饥与赊死等耳"，相率而走入农民暴动之一途！

事实而至于此，则萁豆相煎，也许引到民族的毁灭，其为可悲，宁待申言？然而客观的事实演到某种程度，必有某种现象随之发生，有非人力所能左右者。差不多三亿左右的中国农民，应该怎样计划其工作的继续，保障其生活的安定，乃中国自救的根本问题！此问题不解决，一切无从着手。

后记：此文最初草于民国十六年，时正留学江户，当时即感于吾国农村问题的严重。日月忽忽，于今六载，国事蜩螗，迄无宁日，而农村的衰颓与崩溃，与日俱深，至劳当政者之属意，而有今年的"农村复兴委员会"之设！恶因早种，今实承之，江河已溃，方言补苴，直令人有日暮途遥之憾！抚视前文，无限怅惘，略加删节，公诸社会，藉以就政于识者。

民国二十二年十一月六日敬伯附识

又是一次二重的战时财政？*

（一九三三年十一月二十七日）

每一次政变，无论是那一方，在主张上，在政见上，莫不振振有词，诚所谓"公说公有理，婆说婆有理"，没理的，只是老百姓！民众曷尝没理？但以今日民众的知识和力量，有理也讲不清，讲理也没人听，事实上等于无理可讲，而惟有——在垂仆的脊背上，准备着，负荷那些因战事而需索的财政负担！

自从民国十五年北伐，屈指至今，已近八年，一般民众，那一年不是在"战时财政"之下讨生活？以欧战时英美之富，其被支配于"战时财政"者，不过四五年，吾国如此贫乏，竟远过之！在人认为非常，我则视为寻常；在人惊为变态，我则习为常态。天天在病苦侵寻中讨生活，而犹不得不照常做工，社会精力之剩余的存储，安得不日即于戕贼与亏耗？此实中国财政与经济濒于破产的根本原因，当局竟漠然置之，视为故常，甚且转相欺饰；岂料铁般事实，终不可掩。

事实犹不止此。中国民众，不仅年年在战时财政之下讨生活，而且在"二重的战时财政"之下讨生活！自编遣会议失败以来，此种状态，即经继续演映，至今日而未已。罗掘俱穷的中国财政，一面须供应剿共，同时即供应讨逆；一面要用于安内，同时又用以攘外。政府的二重诛求，民众的二重负担，几乎继续不断地，支应了这些年，枯竭至此，更那能再来一个"二重战时财政"的胁迫？求治自需代价；但是既往"讨逆"的经验如何？大抵过时不久，仍将所谓罪魁，登诸庙堂，所谓元凶，宠以封疆，等而次之，亦均縻以厚禄，资遣出洋，扈从所需，依旧来自民间的血汗！然则当初之横眉怒目，剑拔弩张，誓不两立，果何为者？战胜的果实，不过如此，则诺曼·安劫尔（Norman Angell）所称"一大幻想"（A Great Illusion）是不是可以适用于既往一切的"讨逆"？当局脑里一

---

* 此文发表于天津《大公报》。——编者注

又是一次二重的战时财政？

幻不打紧，成千成万的生命与财产，均随炮火以俱飞；而农村的整个摧毁，社会的普遍崩溃，无不与幻俱来！今日所食之果，何莫非既往幻想所赐？既往如此，将来如何？孑余灾黎，又在颤抖了，颤抖在将次来袭的"二重战时财政"的暴风雨之前！

堂高帘远的上层，是顾不到这些的。呼吁无灵的下民，是管不了那些的。上层一定要怎样办，民众也只有受！这是不进步、不争气的民众应得的报酬，怨不上别人的。但是上层的统治者，要把利害看清楚点。抬轿子的如果实不能胜而陷入永劫的深渊，被抬的自不免要一同地滚下去！今日任何政治主张，对于现在的老百姓，都有些风马牛不相及。惟有与民众站在同一的立场，为民众解除其财政的剥削者，必为民之所归！纵不能尽为解除，而能减轻其财政负担，较其他方面为多者，必为众之所助！纵不能骤为减轻，而能以赋课所得，用诸民众的享受与需求者，必为众之所拥护！纵不能即令民众享受，而能与民众同甘苦，不以多数输将供少数享乐者，必为众之所讴歌！刮骨及髓，岂不得髓？此后无髓！重一步，速之死，轻一步，即拯之生，所谓"速于置邮而传驿"者，此即其时。

外国亦有"战时财政"（war-finance），但其内容与我迥异。欧美税制的特色，首推累进制度的急激的采用，据多数学者的分析，很显然的，是战时财政的结果。在一九一四年以前，世人对于累进制度，尚抱疑问。彼时英国所得税的最高税率，为百分之八，美国为百分之七，德国亦为百分之八，倘在彼时而超过此率，将为舆论所不许。当时谁也想不到：不到几年的功夫，美国所得税的税率，可以高到百分之七十七！这样地，使有产者负担战时财政的大部分，在吾国能不能？

其次又有一特殊的课税方法，即"溢额收益税"（excess profits duty），此税在英国施行于一九一五年，系对于任何营业的溢额收益而赋课者。所谓溢额，系以战前之收益为标准算出溢额，而课以百分之五十的新税。至一九一六年，提高为百分之六十，一九一七年提高为百分之八十。据英国的经验，战时与战后，六年之中，共收十二亿镑！当时因物价的腾贵，商人所获意外利得，非常之高。对于这些战时牟利者（profiteer）的意外收入（windfall）应课以高额的租税，方能消弭社会的不平。这样地，使富有者负担战时财政的大部分，在吾国能行否？

美国的溢额收益税，开始于一九一六年，系对军火制造业的收益，课以百分之十二点五的税率。此种收益，系自战事而来，故又称为"战事收益税"（War Profit Taxes）。中国古谚所谓"矢人惟恐不伤人"，人世的战争愈进行，人类的痛苦愈普遍，则此种事业的收益愈发展。故美财政学者蒲徕恩（C.C.Plehn）称之为"靠世界受罪的买卖"（trading on the world misery）。此种课税继续增长，关于溢额收益税的税率，曾到过百分之六十五。战事收益税的税率，曾到过百分之八十。至一九二一年，始行停征。这样地，叫那些"惟恐不伤人"的制造家和贩卖家，负担战时财政的大部分，在吾国能办到否？

英国的财政学者斯丹浦（J.Stamp）于一九三二年出版其《英国战时租税制度》（Taxation During The War）在第二百十三页里边，曾有这样的描写："经过了四年大战的震动与兴张，不列颠的税制，竟能屹然不动，较任何国家为优……，同时从财政管理的观点去看，尤非他国所能及"。财政管理的是否健全，平时还没有什么不了，一到战时，立刻遇到顶厉害的试金石。这样地，以健全的财政管理制度，应付战时财政的震荡，能求之于吾国否？

一为之甚，而况"二重的战时财政"！社会经济的崩溃与财政管理的碰壁，相逼而来，前途尚可问乎？中国此时，再不结束这"战时财政"的局面，再不另想军事以外的根本办法，总要有极冷酷的事实，摆在不远的前程，叫大家亲身感到：上层庞大的载负与气息仅属的疲癃，同陷入永劫的深渊！

民国二十二年十一月二十五日

一九三四年

现阶段的中国财政*

（一九三四年一月八日）

在财政上，公债政策原是应付收支适合的非常手段。不遇不得已的消极事变和积极建设，是不能轻易采用的。纵遇非常事变如战争之类，所以应付之者，究竟是举债？还是增税？仍然有许多不同的主张和政策，不见得非靠公债不可❶。然而，不幸得很，自从民国成立以来，公债与中国财政，便结成不解之缘，无论是北京政府或是南京政府，无论是革命的政府或是不革命的政府，几无不以公债政策为国家财政的中心。不仅应付战时财政，要靠公债；便是支应常态财政，几乎也非公债不可。实在的讲，一年一小战，三年一大战，老是在战时财政之下讨生活，而且在"二重战时财政"之下讨生活❷，便不会有常态财政。公债政策所以始终与中国财政为缘，宁属事实造定之不可避免的命运。政治一日不上轨道，内战一日不能结束，此后之公债政策，不知又翻出什么新花样！不要说我们中国，便在先进英美各国，其因举债所生的费用，较之国家职务的扩充，尤足以增加现代国家的岁出。"在现在这种时代，只看这悬而未清的公债数额，可以最直接地，反映战争和战争的准备"（In modern times the volume of outstanding debt reflects most directly war and preparation for war）❸。不过人家的为战与备战，完全对外，我则不幸而为对内耳！

现阶段的中国政治，对于财政的要求，永远是迫切的，不容有从容展布的余地。"时局所要求于财政者，就要有收入，而且要敛得快，筹得多"（The one necessity of the situation was revenue, and to obtain it speedily and in large

---

* 此文刊载于《国闻周报》杂志第十一卷第三期。——编者注

❶ E. R. A. Seligman, *Essays in Taxation*, 1925, pp.679-782; Joseph Stamp, *Taxation during the War*, 1932.

❷ 参阅十一月二十七日《大公报》第三版拙著《又是一次二重的战时财政？》。

❸ A. Comstock, *Taxation in the Modern State*, 1929, p.8.

amount……）❶，仅恃暴敛横征，已有缓不济急之势。于是公债政策，遂成为中国财政的重心，至于增税的办法，仅成提供担保与还本付息的手段。侍婢（handmaid）是服侍夫人的，今日则"婢作夫人"。公债是补充租税收入的不足的，今日的租税，则成为公债的扶柱❷。所以现阶段的中国财政，早已脱离常态财政的运用原则，形成一种特殊的"财政类型"。

公债，固然是应付非常，但是发行公债，亦自有其常道。无论在形式方面，在方法方面，在实质方面，都要有一定的常规可走，而不能于非常手段中，再开非常方便之门！但是一个政府，所发的公债额数和次数，如果太多了，而仍不足以结束非常的时局，仍不足以回复常态的财政，则其结果，不得不出于两途。第一，是要猛醒、彻悟、沈思、深考——老是靠着非常财政，是不是终能解决非常的时局？老是运用公债政策，是否终能避免财政的破产？考虑的结果，而能幡然改图，自然要造出另一个局面。无如事实的推演，总不容易走第一途，而要转入第二途，便是——在将次崩溃的财政机构之上，更行增筑公债的高塔，形式在所不择，可以采用迹近彩票的有奖公债；方法在所不择，可以按着对折，拿到银行去抵押；实质在所不择，可以凭将来子孙两亿元以上的偿债负担，缔结掉现极难的棉麦借款。事事而至于此，盖已走入公债政策的穷途。

事实是永远流转的。不能进一步的转好，便要深一步的转恶。公债政策的前途，不仅伏礁，简直就要碰壁，于是始有最近"试行税制"的开始。据财界人称："财部此次增加之关税与统税，系采一种试行税制，试办六个月，如认为完善，则正式呈请立法院追认。否则随时修正"云云❸。统税之增加税率者，计有火柴、水泥、卷烟三种，于十二月五日起实行。其属于关税项下洋米、麦粉进口税，则定于十二月十六日起实行征收❹。吾人对于此次试行税制，可从三方面观察：

第一，在政治方面，财部增税，例须提交立法院审核通过，始能施行。此次所以避免立法手续，无非支应非常局面的紧急需要。因欲避免违法的责难，始创一"试行税制"的新名词，藉资躲闪。实则吾国之立法院，与现代国家的立

---

❶ David. A. Wells, *Cobden Club Essays*, 1871-1872, p.475.
❷ Eden and Cedar Paul, *Translation of Capital*, 1928, pp.836-839.
❸ 参阅十二月五日《大公报》第三版。
❹ 参阅十二月十五日《大公报》第三版。

法机关,已不可同日而语。彼由民选而我由上委,彼对选民负责,而我则赵孟能贱。是以西洋的立法机关,对于行政方面的增税法案,可以否决,实行财政上的"议会统制"(parliamentary control);而吾国之立法院,只能对于条文、程序、及立法技术各方面,略加修正,不容有根本的变更。此征诸本年六月十四日立法院财政经济两委员会开联席会议,审查五千万美金棉麦借款一案时,所称"中政会既认可准予成立,事实上已不容变更",因而照案通过的经验,可以概见。虽然,表面的监督,终胜于无监督。并此而回避之,取消之,则将来一有增税,皆可借口"试行",即刻实施;以为收入,诚得之矣!奈何不为民众稍留余地?

第二,在社会方面,此次增征之三种统税,均将发生不良的影响。水泥为住居建筑与工程建设所必需。从前每桶征税零点六元,新率增为一点二元,增加百分之百。如此增税,果能如财部负责人所想,稍抑贩卖者的厚利乎?抑将加重使用者的负担以增高公私建设的成本乎?当不俟烦言而解。再看火柴。有电灯可点,有煤火可烧,有电气可用的都市生活,所费火柴,当较乡村生活为少。即在都市,一般劳苦群众,不仅点不起电灯,且常不点油灯,夜间有所寻觅,惟恃火柴取光。火柴的税率一增,是不是造成西洋租税史中所称之"对于光的课税"(tax on the light)?然而财部负责人却要讲:"火柴亦为消耗品……亦应加以限制"❶,诚所谓:"但照绮罗筵,不照流亡屋"?至于卷烟,只能说一半属于奢侈品。许多苦力所视为唯一娱情的低级纸烟,焉得以奢侈品目之?即对高级卷烟,增加税率,能否即如财部负责人所称,发生限制作用?仍属疑问。盖租税的转嫁作用,未有如我国之甚者。高级卷烟的商人,可以转嫁其租税负担于高级消费人。而高级的卷烟消费人,不见得就是最后的租税负担人!彼又何必因增税而节制消费?倘能节制,则关税统税的增率,不止一次,何以民国二十二年一月至九月实业部调查之洋烟输入统计,竟达八百一十万四千九百二十六关金元之巨?是可知:增税尽管增税,消耗尽管消耗,自有最后之租税负担人可以转嫁,而无妨挥霍者之当前快意!然则奢侈品增税之结果,不仅不能限制浪费,反而加重贪污的要求,加紧压榨的速度,天下滑稽的悲剧,宁有逾于此者?

第三,在财政方面,财部所以敢于作俑,创此"试行税制",自有其事实的

---

❶ 参阅十二月八日《大公报》第四版。

必要。按照一般经验，举债总比增税，来得方便，来得爽快。应付战时财政，没有不愿借助于公债政策者。唯其如此，所以南京政府五年之间的内债发行额，竟达十亿元以上。今日的非常局面，如能仍用公债政策来应付，必不采取迂回迟滞的增税办法，可以断言。然则公债政策，何以不能再往前走？其原因有三：自政府言之，举债必有抵押，如果抵押充足，借多少都可以，毫无问题。但如吾国今日，所有关、盐、统税，烟酒、印花，那一样未充借款的担保？担保有定，而税收无常，经济凋敝如此，谁肯再答应：以不确实的收入，充新公债的抵押？此其一。自银行言之，投资政府公债利益自然优厚，但是投资政策，最忌置众卵于一篮（Don't put many eggs in one basket），一朝篮坠卵碎，两手皆空。过去政府所发公债已如此之多，再以新债令银行承销，银行虽苦肚胀，安敢再投政府？此其二。再自债市言之，无论什么行市，供给太多，自要落价。胁以战事，跌落更泅。数日前的债票行市，可以概见。即如华北战区库券，为数不过四百万，财政部即以"迩来公债行市不佳，恐战区救济库券，不易销售"，特电华北战区救济委员会，嘱向平津银行界接洽。即以该项库券四百万，抵押现款二百万元应用。俟将来公债行市转好，再行销售❶。债市既然如此，纵令政府勉强发行，银行勉强承办，必不免极大的折扣牺牲，则政府实收，自然有限，此其三。有此三因，已足以说明公债政策的碰壁。债路不通，战机相迫，则"试行税制"的作俑，当非偶然。

然则公债政策，将不复采用乎？政府将专恃增税，应付战时财政乎？从前有名的，反对以募债应战，所谓"格莱斯顿的财政"（Gladstonian finance）将见之吾国乎？殊不尽然。吾人须知：今日财政的机构，实以公债为枢轴。一时纵因担保不充，暂休发行，但是增税以后，谁能保证不是发行新债的张本？事实果至于此，则不仅增加现在民众的负担，且复以现代的税责为支柱，增加来世的债累！如此辗转相寻，灯残油尽，试问又将如何？英哲学家休谟（David Hume）曾谓"国民不可不消减公债，否则公债将消灭国民"❷，于今思之，殊非危言耸听。今日的国民，固无力以制裁政府。或增税，或举债，岂不完全是政府的自由？但是政府不要忘了一八九一年法国财政学者勒拉波列（Paul Leroy Beaulieu）的警语："财政一事，如为政府所忽略，所轻视，则财政自身，必有

---

❶ 参阅十二月八日《大公报》第三版。

❷ 参阅《国闻周报》第十卷第二十五期拙著《五千万美金棉麦借款问题》。

可惊怖的形态,向政府复仇"。

民国二十二年十二月十五日

中国的内债（书评）*

（一九三四年二月二十九日）

> 千家驹著　北平社会调查所印行
> 全书六加九十二页附录十八页　一九三三年四月出版　定价五角

这是半年以前就该偿却的文字愿。中间因为职务的关系，偶然搁置，不觉稽迟至今。有时念及，深疚不能当时即了。今天（一月十二日）看到中政会通过财政部长提议之一亿元关税库券的消息，重将此事想起，再不能不写一些——这不仅是对著者的责任，而且是对社会的责任。

大凡一个人，脑中所久已萦回，喉头所久欲倾吐的话，忽然看到：有人用更致密的思路，更正确方法，将它写出来，总不免要点头，要击节——为社会而击节，居然有人，肯下一点功夫，搔到社会的病痛！不佞初读千先生之《中国的内债》，即有此感，随时间之经过，而愈觉其然。

国人之研究公债，而有切实之著作者，从前有晏才杰《公债论》，徐沧水《内国公债史》，现在有贾士毅《国债与金融》及最近出版之《民国续财政史》第四册，王宗培《中国之内国公债》。贾著以原始材料胜；王著以金融数理（financial mathematics）胜。一曾服官财部，一则服务银行，皆有其环境的便利，以促成其擅长的优点，有非他人所能比者。千先生服务社会调查所，有统计工具供运用，以社会写照为职志，所著之书，在事实与数字方面，较之王贾，未遑多让。然其书之所以可称，又不仅恃材料，而益之以观点。而其观点的基准，颇能由客观的现实，剖析归纳而来；尚非仅凭主观，意为推断。该书论到发行公债给予中国金融财政的影响时，曾分为三方面（第六十一页至第八十七页）：第一为公债腐蚀中国金融资本正常的发展，第二为公债造成资本的膨胀，第三为公债发

---

* 此文刊载于《国闻周报》杂志第十一卷第六期。——编者注

行之紊乱财政。凡此诸点，均有很详明的统计数字与事实，足资证明；使吾人了然于：内债与财政，内债与生产，内债与金融，各方面相互间的必然的连锁，因而多少可以推知中国政治经济的前途。此种认识，乃社会上每一个公民所不可缺者。千君之著，能于此处着笔，供给社会以了解中国内债的键钥，其有功学术，当不在小。

惟不佞对于此书，尚有若干"望蜀"之感，甚愿著者与社会，注意及之。

第一，此书既名为《中国的内债》，即应将自有内债以来，以至现在，无论为北京政府所发，为南京政府所发之一切内债，无所轩轾地，俱施以详尽的说明与批判，方属名副其实。著者于"序言"中，声称："内容之所以详于南京政府之债券，而略于北京政府者，乃因前者发行的公债，与我们日常的经济生活关系，实在更要密切些"，当已注意此点，所说自有理由。但是我们如果很客观地，需要一本整个的中国内债的说明，自觉不无遗憾，此其一。而且著者在书中第七页也曾说过："辛亥革命的胜利，虽然推翻了满清政府，但是满清中央财政的困难，却依然当作全部遗产，而被民国政府所承袭过来的"。对于这一点，如果我们还能认识"经济动态"研究的必要，是万不能忽略的！民国政府之承袭满清政府，是不错的。接着，我们要问：国民政府是不是也承袭民国政府？关于内债之负担、之运用、之发行、之偿还，一切现象以及现象所形成的制度，在民国政府与国民政府之间，是不是也有一个递演的连锁？形成所谓制度的继承？盖"历史一物，常自重复"（history often repeats itself），如果客观条件，大体相同，就可以表现相同的现象。纵令方式有改变，程度有轻重，而其中心的支配作用，总可以显示很相同的象征。社会惰性，每能渗透，欲知此后，且看从前，若是，则北京政府发行内债的经过，反有特详的必要，此其二。中国内债的研究，其主要目的，无非很客观地，描出历史的经验，供给社会以鉴往知来之资，则惟有北京政府一段所发的内债，方足以供给一个整段的资料，以备整段的估价，不若南京政府时代，因事象的续演与材料的不齐，尚难遽下完全的判断也。

第二，此书名为《中国的内债》，对于内债的实质，应该有明了的界说。公债的实质，可以说有广、狭二义。吾国社会所称"公债"，普通多属狭义，其意以为政府用公债票（public bond）发行的，才称为公债。其不用债券形式，如银行借款（bank loans）、如银行的短期垫款（short-term advances）以及银行透支（overdrawn on current a/c.）普通皆不以公债称之，是为公债之狭义的解释。至于广义的公债，则与上述相反，凡是政府所欠之债，无论有无债票形式，均应包括于"公债"的范围。我们看看许多英美学者，有不用"公债"（public debts）的名称，而特用"公共信用"（public credit）、"公共负债"（public indebtedness）、"政府借债"（state borrowing or governmental borrowing）或"借债财政"（finance by borrowing）者。本来政府财政的收支，如果不相抵（deficit）或是不相值（hiatus），总要有"收支适合"的办法，不能说：未用债票的部分，就不算政府的负债！所以讨论中国内债的时节，对于实质，应采广义，方足以概括内债的全体。千先生于讨论北京政府内债的时节，即采广义。而于讨论南京政府内债的时节，则又局限于狭义。著者对于此点，在"序言"里，也曾声明，以为南京政府于"正式发行债券外，政府向银行抵借之短期借款、垫款、透支等等……到现在还完全是一个秘密"，因而"也无从叙述"，这当然可成为理由。但是我们要知道：不以债券表示的政府负债，较之以债券表示的政府负债，无论从什么观点去看，都是非常的重要，而不容研究者之轻轻放过。我们应该用可能的方法，就可得的材料，试作可有的批判。我们看：财政部发表之民国十八年度财政报告书，在收入之部的第二项，特别标明为"债券借款收入"。其中复分为三小项：㈠为公债及库券；㈡为借款，其借入总额曾达一亿元以上，减去归还额尚欠五百余万元；㈢为银行透支，所列年终结欠曾达八百九十余万元，减去上年年终结欠三百六十余万元，犹增加透支五百余万元。再看民国十九年度的财政报告，借款总额曾达一亿八千五百余万元；民国二十年度的借款总额，曾达一亿零八百余万元——这都是在"财政报告"中所明白列出者。我们当然知道：就是这些列出的数目，不知尚费几许斟酌而不得不报告者。此外但有回旋余地，必且保留于部内，而不必发表于部外。故就材料之完全与确实之点观之，无宁暂为保留不加分析之为得。但就这些业由官方发表之部分，先作初步的分析与比较，则对于中国内债的运用，必有更深入的了解，藉为前途推测之资。著者因未着重此点，故于书尾写到："今后发行公债是否可能的检讨"时（第八十二页以下），对于宋前部长所称："本年二月至今（指民国二十一年二月至年底），政府未举一债，收支完全相抵"数语，仅从"欲举债而债无可举"之点，加以解释，而未从"不发债券亦不妨碍举债"之点，作进一步的分析，遂觉民国二十一年之宋财长，真若有魔术在手！我们看：民国二十二年十月成立一亿元关税库券时，宋前部长于提案原文中，即曾藉口华北抗日，说明银行对于政府"暂时借垫"之数，曾达五千万元以上；为充上项垫款之抵押品，乃发行一亿关库券，全数交与银行，不向市面流通。是可知，政府于发行债券外，仍有许多方式，向银行举债，以济政府之穷；盖不俟民国二十二年十月，始为世所闻知；吾人翻到以前数年度的财政报告，都有踪迹可寻。降至最近，仅隔三个月的功夫，复有民国二十三年一月第二次一亿元短期关税库券的出现！"萧规曹随"之孔部长，藉口"地方事变"，于提案的理由中，又曝露了：政府历年挪用中央银行之款项，为数将及一亿元之事实！千著出版于距今九个月以前，持此以评千先生，不免有"事后聪明"（wise after the event）之讥。但是关于此点，千著序言中固已指出："今日政府欠各银行之短期借款，决非少数，殆可断言"，如能引申此义，参以历年财政报告中所露示之消息，加以分解，必能有更充分之结论昭示吾人。同时亦可与《中国的内债》出版后，公债政策的演化相衔接，岂不更觉完善？

以上仅就一二稍大之节目，略贡拙见，此外尚有应加讨论者数事，未能一一缕述。通观全书，以民众的立场为经，以事实与数字的分析为纬，用最经济的笔法，推阐内债的涵义与归趋，以及与各方面之关联，颇能发前人所未发，为中国财政研究中，添一有价值的业绩。虽于前述二点，不能予吾人以满意，要无妨于本书之独特的存在，余如分析内债的影响时，鄙见所及，以为若施分析的功夫，无妨再往深处走（drink deep, or taste not the Pierian spring）。所有财政的、政治的、经济的、社会的各方面，皆有分开解释的必要。其中及于经济的影响，又可分为及于生产的、及于分配的、及于金融的各方面。及于金融之中，又可分为：与内国银行的关系、与外国银行的关系。外国银行而与内国公债发生关系，一见似属不经，但是我们要看：历年以来如许巨额的入超，外国债权者，倘不尽数办货辇金以归，必有大部分之游资，由外国银行以拆息或同业放款等形式，通过中国的银行，以投资于中国的内债！内债的承销者，名义上为中国的银行，然而款子的来源，必有许多属于外国银行的金融资本！帝国主义者的金融资本所以支配中国的金融因而支配中国的政治者，此实其主要关键；吾人纵不能获取充分资料以资证明，但是银行界所发表的各种报告与表册中，必能供给许多消息，足供研究者之窥测。若是，则财政的浪费，既与入超后的游资有关；而历年入超的可惊，亦不免受财政浪费的影响！贸易的入超与内债的膨胀，结成如此微妙曲折的关联，吾国尚有翻身之余地乎！？此层之重要，著者于第七十四页中,亦曾注意及之。

民国二十三年一月十二日

军事负担与中国农村*

(一九三四年三月三日)

蓟门来悲风,易水生寒波。云物何改色,游子唱燕歌。
燕歌在何处,盘郁西山阿。武阳燕下都,岁晚独经过。
青丘遥相连,风雨堕嵯峨。七十齐郡邑,百二秦山河。
学术有管乐,道义无丘轲。蚩蚩鱼肉民,谁与休干戈。
往事已如此,后来复如何。割地更石郎,曲终哀思多。

——元·刘因:《燕歌行》

从政府的观点,为军事目的所支出的经费,谓之军事费。从民众的观点,为军事目的所提供的生命财产,谓之军事负担。军事费之与军事负担,有时是一件事,有时是很不相同的两件事,要看各国的政治制度和一国的发展程度,而有不同。在政治已上轨道的国家,人民的军事负担,即等于政府预算所列的军事费。有时因意外事故,不免追加,也要有追加预算;预算以外,政府绝对没有权力,另给人民增加一分一厘的军事负担。即因紧急作战,征及一草一木,都要依法给价,决不闻"予取予求,莫汝疵瑕"。在所谓现代国家,军事费之与军事负担,不应该是两件事,早已成为天经地义。

返观吾国则何如?人民遭遇的内战,太多了!年年在"战时财政"之下讨生活,谁也不复措意:什么是军事的经常费与非常费;谁也不复详计:金钱输纳而外,还有多少种不以金钱输纳的军事负担。本来现阶段的中国民众,只有贫困、愚钝、散漫、无力,才是他们的本色;在这原始农业正当崩溃,帝国统制犹自挣扎的当口,中国民众,不会有资力、有组织,不会行使人权与表现意志。对于无尽无休的内战,简直无从制裁。刘静修先生所谓"蚩蚩鱼肉民,谁

---

* 此文发表于天津《益世报·农村周刊》第一期。——编者注

与休干戈!"不仅从前如此,现在还是如此。于是摆在民众前面的,只有一条冷酷如铁的命运,便是"我为鱼肉"!西谚所称"阔人快意,苦人掏包[❶]"已不足以形容,因为掏包之外,有时还要很恭顺的捧出他最后一滴的汗与血!所以现阶段中国军事负担,究有多少?在民众自身早已没功夫去想;而且知道,想也没用;倒不如胡里胡涂地,一个字儿——挨,榨干了完事!国民的志气,沮丧若此,国民的意趣,销沉若此,如果不是暴风雨的前夕,便不能不想到:它是预兆着明日的陆沉!

英国学者赛可斯(Joseph Sykes)去年出了一本《英国岁出论》(*British Public Expenditure, 1921-1931*),在第三百七十一页里,曾说过:"从一九二一年至一九三一年,在这期间,仅国防费一项,即占去国家总岁出的八分之一以上"。以典型的英帝国,在全体岁出中,花去八分之一,以供国防,彼邦学者,犹觉其多。试观吾国。仅按预算所列,则民国二十年度为二亿九千六百余万元,民国二十一年度为三亿三千五百余万元,民国二十二年度为四亿一千九百余万元。三年中军务费在岁出总额所占的成数,由百分之三十三增至百分之四十二,再增至百分之五十。至于实支数目,又与预算所列不同。我们看前年十二月宋前财长向三中全会报告:民国二十年度的军务费,实支三亿零三百余万元,占岁出总额的百分之四十四,较之同年度的预算数超过百分之十一!以此相例,则民国二十一、民国二十二两年度军务费的实支额,决不止于百分之四十二与百分之五十,已可概见。吾国的国防,虽不知在那里,但是军事费的百分率,却已四倍于英,吞没总岁出的半数以上。

上列比率,虽觉惊人,但是民众的军事负担,则决不止此,据最粗浅的观察,其种数可以有十二项之多!第一,为前段所述,列入预决算的军务费。第二,为以军事目的而支出,其数目可与军务费大体相侔的债务费。第三,为未列预算的军事特别费与机密费。第四,为以军事作用,对于某几省所支付的补助费。第五,为省地方政府对于驻在国军所支付的军事协款。第六,为各县政府对于国军作战的紧急需要所支出的军事垫款。第七,为尚在割据的省分,单独支出的地方军费。第八,为各县、各村所摊承的军事派款。第九,为各县、各村以军事目的所提供的粮秣车骡。第十,为各县、各村以军事目的所支应的夫役征发。第十一,为各县、各村以备作战场之故所破毁的房物耕具。第十二,为

---

❶ The poors pays the piper for rich men, *Tuue*.

各地人民以适当战线之故所牺牲的肢体生命。这十二项，够了，不忍再推求了！摊几元派款，是钱；抓一辆大车也是钱。失掉一匹骡子是钱，伤掉一名壮丁更是钱。这些一一列入预算的或不列入预算的，由国家支出的或由地方支出的，以金钱缴纳的或以金钱以外的什物牲畜劳力生命缴纳的一切军事负担，如果都按着金钱的现值，合计起来，则天文数字所排成的狰狞面孔，又该是如何的可骇！

这样比预算所列四亿元的军务费不知多上多少倍的军事负担，究竟落到谁的肩上呢？欲答此问，我们要晓得两件事。第一，真能负担租税的，惟有从事经济行为中的生产者，而现阶段中国最大的生产者，当属农民。第二，消费税的转嫁作用，在中国与在外国不同，"正常的转嫁"而外，还有特别发展的"渗透的转嫁"。掩盖在消费品价格之下，使租税的负担，转落到消费者的肩上时，是为"正常的转嫁"。透过消费者的阶段：掩盖在服务价格之下，而更取偿于公库与被治的人们时，是为"渗透的转嫁"。中国的农民，一方为经济上的弱者，同时即为政治上的弱者。直接课自农民的，固然要由农民负担，不是课诸农民的，经过渗透的功夫，最后也要归农民负担！"惟有弱者与无防御者，才第一个去纳税"（Taxes first paid only by the weak and defenceless），盖在一八八八年代已为伊立教授所喝破❶。

军事负担的巨浪，向农村冲来；但是支出军费的大宗享受，却向都会和外国流去！于此发生十二段的结果。第一，为军费负担之故，农村一天一天的枯竭，都会一天一天的阔绰，租界银行的存款一天一天的加增。第二，农村提供了最大份的军事负担：同时即以农村作广大的战场，以农村的精英摧毁农村的机构。第三，农作的机会愈少，农民的失业愈多，于是为中国的募兵制度建立下取之不尽的庞大的基础。第四，自生产过程中脱节的农民，未能尽容于军队以迫于饥寒之故，形成与军队对立的匪的大群。第五，不投军，不归匪，也要增加苦工苦力的悲哀，促成游惰窃骗的泛滥，使军警林立的都会，也不免感到不断的胁威。第六，名养兵，而实不养兵；兵不得养，则流而为匪。第七，匪成，则在另一个系统之下，可以自号为兵。第八，匪不成，仍有希望可以改编为兵。第九，不改编而遣散，则已不能复归于农村，于是又流而为匪或再被招而为兵。第十，内战多，死兵固多；但是农民失业的数目，比兵的死亡还要多；所以内战愈进行，兵尽管死，尽管多。第十一，以农村的壮丁，供兵的补充；以

---

❶ 参考 R.T.Ely, *Taxation in American States and Cities*, pp. 42-45.

农村的耕地，供兵的战场；以农村的收入，供战的消耗；军事愈进行，愈扩大，则丁愈少，地愈荒，人愈枯；以至于耕无人，垦无壤，人无源。第十二，如此相演，则军事底定之时，也许就是农村告终之日！罗马历史家塔西佗所说的"他们弄成沙漠，便叫做和平"❶，届时，也许很清楚的，浮到人们的眼底！

这不过从军事负担的一角，略窥中国农村的前途，其已有的关系与可有的结局已如此，而况加之以他种动力的推荡？军事负担愈增加，则农村愈破坏；农村愈崩溃，则军事愈蔓衍；军事愈进行，则军事负担更不可不增加！如此辗转相寻，怎样也脱不掉这厄运之环！中国的民众，是否认识此环？是否即屈服此环？是否还有力量以击破这厄运之环？其重要可以判定中国的一切！

民国二十三年二月二十日

---

❶ Tacitus, *Agricola*, "Solitudinem faciunt, pacem appellent.""They make a desert and call it peace." p.30.

宪法与预算[*]

（一九三四年三月十六日）

自从辛亥革命以后，所谓"民国"已经生长了（不如说是对付了）二十二年，现在到了民国二十三年的三月，当那纵情践踏的铁蹄稍微勒住的俄顷，大家又来讨论《中华民国宪法》的草案初稿——这不能不说是很痛心的一件事！回忆去年华北战事正紧的时候，政府即已从事于制宪的大业，而且登报征求社会人士的意见与批评。彼时，身处危城，铁鸟盘飞，既不能走，当有所事，乃草《制宪与财政监督》一文，登之五月二十六日本报的第三版。今者，时移势迁，草间偷活，犹闻此公开讨论宪草之讯，辄复引申其硁硁之见，以就正于国人之前。

对于制宪的讨论，不佞以为应有两种不同的观点：第一，着眼于圈以内；第二，着眼于圈以外。所谓理论体系的斟酌，条文内容的商榷，立法技术的考量，均属于圈以内的问题。至于圈以外，其应注意之点有五：一，起草宪法的，是谁？二，根据什么人的意思？三，谁去实际的执行？四，不执行或执行不力，该由谁去监督？五，对于公然违宪的，该由谁去制裁？后之五点，乃制宪的前提，前之二点，乃制宪的本体；如果不将前提种种，找到适当的着落，纵令将条文修饬到无以复加，还不是落一个"中看"？画饼是不能充饥的。今日民众所最需要的，只是——纵不完备，而能叫人民喘口气的几条根本誓约的执行！

今日一般国民生活所最感痛苦的，便是苛捐杂税的桎梏。所最需要的，便是由生至死无孔不入的财政剥削的解除。政府如为人民解除其财政上的痛苦，最扼要的关键，便是"预算统制"的确立。能够确立预算统制的宪法，便是最有权威最有价值的宪法！否则，废纸数页，一文不值！关于财政统制，其力量的源泉有三：第一，为立法统制；第二，为行政统制；第三，为纠责统制。各种统制的实行，集中于共同的目标，便是"预算"。由行政机关编制预算，由立法机关准驳预算，由纠责机关审核预算。再假预算的工具，以统制国家的收支，方

---

[*] 此文发表于天津《大公报》。——编者注

宪法与预算

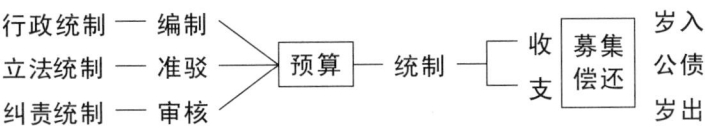

以上立法、行政、纠责三种统制，再归纳之，成为两种：第一为行政的自身统制，第二为行政以外的社会统制。政治的目的，无非是求得一个"平"，怎样才能得到平？最不可少的，便是一个"制"！有了健全的"制"，便有了健全的"平"！这在吾国很古的时代，早已经看出来，不俟横行文字输入以后。春秋时代的晏子曾主张过（见《左传·昭二十年》）："君所谓可，臣有否焉，臣献其否，以成其可。君所谓否，臣有可焉，臣献其可，以去其否。是以政平"。这是中国最可宝贵的政治哲理，并不因子孙的不肖，而抹消其存在。我们看：在初期的、幼稚的、君主专制之下的政治运用中且如此，而况在二十世纪自号现代的今日？今日所以亟亟于制宪，原不外由政治的"平"，得到社会的"安"，则在求平的工作中所最不可少的"统制"，尤其是人民对于预算的统制，是否树立，以薪于西洋宪法所称之"预算特权"，应该是判断此次制宪成败的最重要的标准！

但是宪法中人民的"预算特权"怎样才能树立呢？这便叫我们不忍言了！我们翻开法国财政学者斯托姆所写的《预算论》，在第五页以至第五十页（一九一七年英译本）❶，已经很清楚地告诉我们四个国家的经验。第一是一六四八年与一六八八年的英国革命。第二是美国的独立战争。第三是一八六二年与一八六六年普鲁士关于预算的冲突。第四是一七八九年大革命前后法兰西关于统制荷包的斗争。各国的经验是这样的摆在那里，便是东邦的老学者如小川乡太郎氏，在他所著的《租税总论》❷，也要这样地承认："人民参与租税立法，为现今立宪国之常例。然人民之能获此权利，良非易事，其因是而流血者，不绝于史；终则血凝而为宪法之文，揭载租税当用法律定之之原则"。人民果有此力，虽阻遏之而不能消；人民果无此力，虽呼喝之而不能动。有权威的宪法，毕竟是确认已成的事实的，而不是悬拟未来的想象的，眼看着摆在眼前的客观现实，不

---

❶ Rene Stourm, *The Budget: A Translation*, 1917.

❷ 小川乡太郎：《租税总论》，萨孟武译，商务印书馆 1926 年版。

禁引起吾人无限茫漠的悲哀！

　　行政以外与行政相对立的人民统制，现在是没法于讨论。但是关于财政，行政之自身的统制，应该是今日政府与人民都要注意的大问题！凡是一个政府，没有不想统制人的；但是，打算统制人，其先决条件，便是能统制自己！谚语有之："如臂使指"，自己统制最强的，便具有最强的腕力！政府亦然。关于预算的立法统制与纠责统制，现在很难说。但是"行政统制"一项，政府即为自存起见，也应该能够做得到！一五七七年法儒布丹曾说过："财政，是国家的神经"。美学者亚当士在他所著的《财政学》第一一五至第一一六页，也说过："国库是国家的心脏。货币是政治体的命脉。谁能统制国家的财政，谁便统制了国民的政策。立宪主义，是一种理想，实现此理想的手段，便是预算"。明了这些普遍的真理，则此次宪草中，对于预算，应该有独立详明的规定，方足以供行政统制之用，造人民统制之基。

　　但是此次宪草，关于预算以及关于一般财政的规定，太简略了，太笼统了！（关于一般财政的，日前已有人指出），我们看：民国五年五月一日公布的《中华民国约法》，曾设"会计"专章，包括第八章的第五十条，以至五十八条。民国十二年十月十日公布的《中华民国宪法》，亦定有"会计"专章，包括第十一章的第一百零九条以至百二十三条。再看此次立法院所公布的宪法草案初稿，关于"预算"，仅有些散在的、疏略的、并未怎样着力的寥寥数条，这不能不使人惊讶！如说以前的宪法，公布之后并未发生效力，让它怎样详明，结果还是无用，何必费那些气力！然则起草诸君，对于此次宪草，也要预料着它，和从前一样，也不发生效力么？我想绝不能。那么，一般社会，便不能不盼望起草者参酌既往的经验，审度宪草的机构，关于预算以及关于全般财政，要有更详明、更具体、更显示的修正与补充。即为行政的"自己统制"着想，也是很必要的！

　　在施行宪政的国家，人民对政府"算账"，政府对人民"报账"，早已认为双方应走的轨道，没有什么不好看！若在吾国，抛开"算账"不谈，便是"报账"，也只有宪草一二五之一条，令审计委员会公布其决算报告而止。以视美国宪法，"公款收支之规律的报告与账项，均须随时公表"者，颇有轻重不同之感。英学者巴士帖布有言："公共收支的隐秘，一方掩饰了浪费与不公，同时即遇公正的收支，因为内容不明了的原故，也被认为苛扰…"所以"负责账簿的完全公表与公共意见的间接制裁，乃财政管理所必需"！一个政府，打算得到人民的拥护,最可靠的方法,便是将经手的款项,公开的、系统的、规律的尽量报告于人民,使人民了然于这个政府,虽不是"由人民",总还是"为人民";则在此次宪草之内,对于"财政公开"或"账簿公表",应该有详明有力的规定,亦为行政的"自己统制"所必需!

有人讲:没有民众的制裁,政治是不会上轨道的。钦赐的宪法,是不会发生宪法的效力的。过去制宪,所以永未成功,固然是政府有责;但是,谁叫我们民众老是停滞在原始的农业经济呢?!然而在政府方面,总不该这样想。贤明的政治家,不用等着民众制裁的到来,才去遵守宪政的轨道!

民国二十三年三月十二日

制宪与财政监督*

（一九三四年三月三十日）

> 引言——此文草于民国二十二年五月二十三日，登载于同月二十六日《大公报》第三版。彼时华北战事正亟；身处危城，铁鸟盘飞，既不欲走，当有所事，乃草此文。今宪法草案初稿，又于本月一日公布，尽一月之内，要求社会加以批评。不佞以为对于此次"制宪"的批评，有圈以内与圈以外之分：条文内容的推敲，立法技术的斟酌，犹是圈以内的问题，没有多大用处。所谓圈以外应注意之点，大致有五：第一，制定宪法的，是谁？第二，根据什么人的意思？第三，谁去实际执行？第四，不执行或执行不力，该由谁去监督？第五，对于违反宪法的，有谁去制裁？这些前提，如果找不到适当的着落，纵令将条文，琢磨到无以后加，还不是等于无用？不佞对于制宪，去年是如此想，今年还是如此想，随日月的经过，而愈坚其所信！故复提出于同学之前，不仅为研究财政问题的参考，且为注意制宪问题的一助。
>
> 民国二十三年三月七日
补识于平大法学院

华北局面如此危急，转瞬即有整个沦陷之势。已陷的，创巨痛深，流亡转徙；未陷的，仰天惴惴，朝不保夕。除了少数人走动方便一走了之避世避地自以为安者外，大多数的民众，盖已遭遇战事的最大牺牲，忍受战事的最大痛苦，以待政府之剑及履及，与民同命！于此祸迫眉睫危如累卵之顷，乃闻政府从容谦抑，博访周谘，以从事于制宪的大业，人民于惊佩之余，却不免有"何不食肉糜"之感。宪法，确乎是肉糜，人民真想吃。但是，忍死以待窝头而窝头犹不至，更何有于肉糜？以今日待死的民众，而闻制宪之声，岂止如时贤所见，对之冷淡，其因此而引起的悲哀与感愤，盖已与所受战事的创痛以俱深！

宪法只是政府与人民共同遵守的轨范。画轨范容易，而遵守却难；不遵守

---

* 此文发表于《经济科学》杂志第一卷第一期。——编者注

而有方法使之必守，尤难——盖不仅中国如此。要在人民与政府，能够做到相互的监督，大家都不越轨，自能养成共同遵守的习惯。本来人性就附带着生来的缺点，老是喜欢轶出范围。等到轶出的结果，引起他方的冲突，大家都感受不便，这才承认划定轨范，共同遵守的必要。所以在人民方面，只是诉诸公民的道德，以期其自尊自爱，就现在讲，是办不到的；于是有警察、有法庭，以施行国家的制裁。同时在政府方面，只是诉诸执政的道德，以期其必忠必信，就以往看，是靠不住的；于是有宪法、有代表会，以施行民众的监督。

法律只是追认既成的事实和习惯。没有既成事实作背景的，与其说是法律，不如说是废纸。顶好也不过表示一种愿望，而愿望不见得便能实现。不能实现的法律，徒伤法律的尊严，反不如不有之为愈！我国自辛亥以后，制宪奚止一次？民国元年三月十一日公布的，有中华民国临时约法。民国五年五月一日公布的，有中华民国约法。民国十二年十月十日公布的，有中华民国宪法。最近民国二十年六月一日公布的，有中华民国训政时期约法。这些法律的条文，曷尝不堂皇富赡，应有尽有；然而没有人民监督的事实作基础的宪法，还不是等于具文？能有什么用处！所以有权威的法律，大抵是归纳的，而不是演绎的；是追认事实的，而不是创设事实的。黑格尔在《法律哲学》[1]的序言里曾经指明："宇宙间只要有一种观念发生，总要在现实完成其赋形的过程而达到最终的型态之后"…"暮霭低垂，古刹枭飞"，象征智慧的老枭，等到人们白天的活动终了，才从弥厄瓦的古刹飞出来。所以宪法这桩东西，如能表现权威，惟有在人民监督权已经成为确定的事实之后。

人民对于政府的关系，最原始而最重要的，只是两件事："打官司"和"纳税"。试看我们数千年的国史，无论那一个朝代，如果走到"残害无辜""横征暴敛"的阶段，便非灭亡不可。同时起而代之的新朝，则无不以"省刑罚""薄税敛"为开国第一要政。至于民众方面，说来也很凑巧，其最简单而扼要的政治理想，只是要求"青天"与"清官"——"青天"，不事刑罚上的压迫；"清官"，不事财政上的诛求！一是保障身体权，一是保障财产权，在实行私有财产制度的国家，是不是以这两种要求为制定宪法的最大骨干？"打官司"一事，尚属偶发，不常有。惟有"纳税"，才与人民的日常生活，有切肤利害关系。便是

---

[1] 今译为"法哲学原理"。Georg Wilhelm Fredrich Hegel, *Elements of the Philosophy of Right*, 1921. ——编者注

刑罚上的种种压迫，大部分还不是由财政上的诛求而起！人民对于这种"猛于虎"的诛求，始则隐忍，继则呼吁，呼吁无灵，惟有揭竿，得到暂时的解放。解放之后，似应开辟一新局面；无奈以种种因缘，大抵——革命既起，豪强乘之，发难者为平民，而收获者为新贵！数千载的政治方式，惟有诉诸统治者的道德，始终未能进一步地试行民众的监督。于是循环式的政治"隆污"，便在我们国史上，重复复重复，复演了几千年，直到如今，仍是诉诸统治者的"仁政"，而不见民众监督的开始！

西洋历史的经过，便不如此。无论是一六八八年的英国革命，一七七六年的美国革命，以至一七八九年的法国革命，无不以财政上的诛求为革命的导火线。革命之后，无不以制定宪法为保障民权的重要工具。宪法实质，又无不以监督财政为人民对于政治的重大要求！关于宪法上的财政监督，当然以英国的成绩为最好；但是英国人民所以获此特权，并非钦赐天降，安坐而得，乃经过许多次的奋斗流血而成，"血凝而为宪法之文"，其法乃有无上的权威。盖自一二一五年英王约翰签定《大宪章》之日起，中经一六四二至一六四九年的内战，以至一六八八年的革命，其间议会与皇室，不断地以财政监督为争斗的焦点。至威廉第三，签押于《权利法案》(Bill of Rights in 1689)，于是课税特权始由统治者的个人，完全转移于人民的代表。我们看《权利法案》所载："一切税收，不照国会通过的手续，或逾越国会规定之时期，而藉口特权以供皇室之用者，即为违法"，寥寥数语，决不是悬想的预言，而是事实的追认，每一个字，均凝入人民奋斗的血痕，有此既成事实作背景的宪法，自然发挥法律的权威！

这种财政监督权，最初仅注意于岁入。所谓"任何课税，都要得到人民代表的许可"，所谓"不出代议士，不纳租税"，其主要目的，只求不受统治者的非法诛求，其事属于消极的性质。然而课税以后，如何动用，如无人民代表的监督，统治者仍可任所欲为，毕竟不是合理的办法。于是对于岁出方面，施行同样的监督，政府虽分文的支出，亦须得到人民代表的许可，才能完成立宪国家所称之"预算特权"。

这种监督权的行使，自然要属于人民代表。但是所谓"人民代表"，其古今的意义，又自不同。当一二一五年代，与英王约翰相对抗的，只是些个诸侯贵族，代表很少数的地主利益。其后经十八世纪以至十九世纪的"产业革命"，而工商业勃兴，于是代表新兴企业利益的工商业者，渐次形成议会的主力，与地主相对抗,而有一八四六年《谷物条例》的废止。其后因资本主义的发展,促起劳动运动的抬头,于是议会里边的工人代表,对于财政监督亦有置喙之余地。其表现于岁入方面,则为间接税之渐次废止,直接税之累进增加,重有产之负担以轻平民的消费。其表现于岁出方面,则为制定许多"社会事业"支出,如义务教育,如公众卫生,如老废保险,如失业救济,运用财政的工具,以消灭分配的不平。持此以与《大宪章》所代表的利益相较,奚止隔世之感?然则所谓"人民代表",究竟代表什么人的利益?须以经济基础为判断之标准,不能一概而论!

看了这些历史的前例,可以了然:吾国过去历次制宪所以失败的原因,同时又可以推知此次制宪将来可有的趋势。第一,在我们历史上,以为政治清明,只有诉诸统治者的道德,始终未能认识政治运用上,人民监督的必要。第二,以为政治改革可以从容谈笑安坐而得,始终未能认识政治上"不断奋斗"[1]的要求。第三,总以为凭空画圈,高坐造法,有了完美的条文便可以造成完美的事实,而不知事实与法律的因果关系,适与立法者所见相反。第四,根本忽略法律的经济基础,未能认识吾国最大多数的民众利益。吾国社会的经济基础,本建筑在农业之上;然而全国中最大多数的农民,对于政治,除了历史上"揭竿"的极小段落可以表现昙花一现的影响而外,简直没有发言的余地("the peasants had no voice", 见一八八八年伊立所著《美国各州市的租税制度》第四十四页),自然没有监督政府的可能。在岁入方面,农民所最认为痛苦的苛捐杂税,横征暴敛,有谁为之解除?在岁出方面,农民所要求的农利设施,普及教育,有谁为之主张?不能站在最大多数的农民立场,以施行财政的监督,纵令制成极完美的宪法,又能发生什么效力!过去的失败,可以作将来的殷鉴,则此次制宪,虽不能得到理想的宪法,而能因此引起一般社会对于制宪"前提"的重视和努力,犹不失为一种收获也。

---

[1] "constant striving",见拉斯基《政治典范》首页。

资本主义末期的英国财政*

（一九三四年七月一日）

> 最近英国政治经济方面较重大的事件，当推现财长张伯伦（N. Chamberlain）第三次提出的一九三四至一九三五年度的预算案。此案发表后，各方观察，颇不一致。兹据英京最著权威的《新政治家与国民周刊》（The New Statesman and Nation）第七卷第一六五号所载，在"RICH MAN, POOR MAN"的标题之下，颇能分析入微，使吾人了然于资本制财政，已到图穷匕见之时，虽以英帝国之老资格，犹不得不牺牲其数十年来，推进"直接税制"，扩张"社会支出"，利用财政的手段，以贯彻"国民所得的再分配"的传统政策。结果在一九三四至一九三五年度的预算里边，虽能表示盈余，但是这种盈余，用什么方法得来？向什么地方用去？又须加以批判的解析。兹篇所述，颇得要领，爰为介绍，以饷国人。
>
> 一九三四年六月
> 译者

一九三四至一九三五年度的英国预算，表示着二千九百万镑的盈余，自然引起如何处分的问题。据财长张伯伦的主张，要以二千零五十万镑，减轻所得税纳税人的负担。英国所得税的标准税率，原为每镑五先令，减去六辨士后，为四先令六辨士。在此次新预算中，可以说是特出的规定，此外均属余事。至于失业救济的标准率，固然也回复到一九三一年以前的水准，但是此项用款的大部来源，实取给于失业保险基金，其仰给于财政部之盈余者，只有短期救济费，其数不过三百六十万镑。此外若文官薪俸、教师薪金以及其它公务员之薪工，在一九三一年，曾被削减的，则回复其百分之五十，所得税虽回复到恐慌开始以前的水准，而小额纳税人，反不能沾受此惠。最后，则有汽车可开的人，可以

---

* 此译文发表于《世界论坛》杂志创刊号。——编者注

少纳汽车的马力税,减少原税额百分之二十五,使有钱的车主,省下一笔开支。果然在消息发表的第二天,所有汽车制造厂及汽车零件制造厂的股票,行市便飞涨起来。

张伯伦的预算,所表示的特点,据他自己声称,是企业活动复兴很清楚的表现。实在的讲,在此次预算里面,其因企业较前活动所能增加的盈余,张氏并没有尽量地算进去。所以预算案所列二千九百万镑的盈余,较之实际所能希望之数,确属估计过低。所以我们很要问,张氏提出他的收入预计,为什么这样持重?这里可以有两种解释。第一,一般对于回复减债基金全额的提议,多持反对的态度,所以要另找一条道路,构成巨额的收入盈余,等到年度终了,便可以自动的用诸减债,不仅可以得到同一的效果,且可为来年度的预算案,制造顺利的空气。

第二个解释,便是:张氏预计在本年度里,要预备着应付预算所未列入的追加支出。如果这是实在,那么在张氏的心目中,所要准备的,不见得是偿还对美战债,而是预备着在裁军会议最终失败以后,所要支出的额外军事费。这两种解释,大致都差不多,无论如何,张氏要把预算上的盈余算低些,和上年度的作法一样。

这是不可免的,如果张伯伦把预算上的盈余,照提出的数目多出来,那末,对于一九三一年所削减过的薪工,一定有人要求他,将全额回复,势必难于拒绝。回复半额,已费七百六十万镑,回复全额,岂不更要加倍。但是我们感觉,纵然将所得税减轻,此事仍然可以无疑问地作到。然而张伯伦的打算,总要将那一半的回复,保留到下一年,则在来年度提出预算的时节,便可挡住其它的要求。如果在一九三五年,花言巧语地,将那一半的回复允许了,他便可以宣称:社会上的贫者,又得到了进一步的救济,因而可以抵消有钱的纳税人的新的负担。他这样作,在他以为那些公务员、职教员、警察、军人、海员、航空人员等等,回复了薪水所失的一部分,总比不回复强,总不致于怎样的愤怒。但是他错了!从预算的盈余里,加惠于所得税纳税人与加惠于他方面者,其比率之差,是这样的昭然若揭,还以为不致引起那些为有钱的纳税人的利益而受过牺牲者的愤怒,非错误而何?

至于失业救济费的回复,仿佛是一件可庆幸的事。但是请不要忘了,仅将失业救济的标准率回复了,并不能叫失业者所受的待遇,和一九三一年以前一样。因为接受救济的"生计测验"(means test)的规定,仍然存在,这种规定,乃是一九三一年,借口于金融恐慌的胁迫,为贯彻所谓"紧缩"政策,乃不惜巧立限制,令失业者,得不到国家的救济。所以只是回复了救济费的标准率,决不就是回复了失业者在一九三一年所失掉的待遇。

而且不要忘掉,英国因为恐慌的结果,变成了高度关税的国家,因而将巨额的新负担,都转嫁到间接税纳税人的肩上。结果是重于贫而轻于富,租税的归宿,显然变成了逆进(regressive)。主张和描写直接税纳税人的苦处的,已经是大有人在。谁知还有更狂妄的主张,以为金利跌落的结果,对于那些"坐吃利息的人"(rentier),还要以轻税相补偿——仿佛是五厘的永久利率,便是债票持有人的神圣权利!但是对于家庭的主妇,因为关税增加和入口限制的结果,致使食料及消费品的价格腾贵,因而间接加重租税的负担,究应怎样补救,乃无所闻!这样作去,则自一九三一年以来,租税总额中的大部分,无疑的,都转嫁于贫苦阶级。依照本年度的估计,所得税及溢额税的收入,尚在二亿七千万镑以下,而关税和消费税的收入,已达二亿九千万镑。看到这两个数目,很可以推知:在金融紧急的遮饰之下,由累进税制,转移到逆进税制,已经到了什么程度。

还有两点,不要忽略。政府对于保险基金(insurance fund)所负的债,至少要清偿一部分。预算既有盈余,似不可失此机会。皇家委员会亦曾建议于彼,但是被张伯伦拒绝了。第二,从前因为国难的原故,借口撙节政策,而使"社会事业"的支出,独樱其锋,今日有了盈余,顾乃毫无规定。"社会事业"的支出,较之汽车课税的抵减,要紧迫得多。以出口贸易为理由而减轻汽车课税,在事实上,怎样也难承认。除非张伯伦提高汽车入口的关税,他是阻不住英国人多买外国的汽车的。更谈不到使外国人多买英国车。

张伯伦预算案之应该反对,理由约如上述。这是很强的理由。因为这种预算,无疑地是以贫者为牺牲以谋富者的方便(This is undoubtedly a budget the favours the rich at the expense of the poor)。若谓预算能有盈余,即应赞赏,则盈余之能以发生,原因实别有在。财长估计盈余,能有三千万镑之多,此外可靠之计算,且多于此,较之其它国家,不能不说是慰情之事。但是要知道:国家财政,所以作到这种"健全"的状态,乃系以重价购得——以失业者为牺牲,以全国服务人员为牺牲,甚至以小学的教师和学童以及应受国家资助的社会各部分为牺牲。为得此项盈余，不惜求之逆进的课税法，求之烦苦而琐屑的各种减支。就是这样，还要靠着一般世界的复兴运动。张伯伦所遭逢的机会，总不算坏，对于盈余的分配，自然也煞费苦心，表面看来，亦自有其公平。但是对于建筑在关税基础以上的新税制，如果分析其真实的归宿，则表面的公平，便归消逝。

苏联财政中的预算问题*

（一九三四年八月五日）

> 引言——从财政着眼，苏联的预算和资本主义国家的预算，果有什么区别呢？从经济着眼，这样空前的计划经济的实行，自然需要很复杂的财政计划，这种财政计划，果用什么方法，才能运用得宜呢？因此，资本制预算与社会化预算的比较研究，自然成了注意财政经济问题者的当前要求。最近偶然读到一九三四年出版的《太平洋区域的经济便览》（*Economic Handbook of The Pacific Area*, Edited by Frederick V. Field for the Institute Pacific Relations, N. Y. 1934）在第二百七十六页以后，曾讨论到苏联的预算问题，因摘译之，以供读书界之参考。
>
> 七月二十八日
> 译者

一九一八年七月十日第五次全俄苏维埃大会所通过对苏联宪法，在"国家预算"的标题之下，规定该国的财政政策。

"……要助成两个根本目的：第一个是资本家的肃清，第二个是造成种种条件，使国内一切公民，在财富的生产和分配上，都能保证其平等。欲达此目的，须将一切必须的财源，置于苏维埃权力机关的处分之下，以充苏维埃共和国地方的和国家的种种需要……"

比这还要详明的，更有次列的规定：

"苏联的收入和支出，都包括在国家预算之中。全俄苏维埃大会或全俄中央执行委员会，得以征收租税，确定岁入的来源，以支配于国家和地方各级机关之间"。

至于联邦中的各共和国，各有其独立的预算，经各邦行政委员会和中执会

---

* 此译文发表于《世界论坛》杂志第一卷第六期。——编者注

通过后，俱包括于国家总预算之中。各邦的独立收入，如果来源不足，则支出超过的数目，可以从全国总收入中协济。至于各邦预算之最后的核定，则属于苏联的中央执委会。

从苏联的宪法观察，我们可以看的很清楚，如果把苏联的财政和太平洋沿岸诸国的财政或是战前俄国的财政，仅作皮相的比较，结果必不免于失败。苏联的中央政府主张将全国的经济生活，都集中在它的统制之下，所以在数量上讲，或是在结构上讲，它的国家预算，与资本主义国家的预算相比，都觉大不相同。例如，一九三二年十二月，美国通商部曾发表一种译品，介绍苏联的财政，其中即曾指出下列各点：

"……当人们将苏联的国家预算，和战前俄国或法国的预算相比较，而以为苏联的军事费，占很小的比例时，似乎未曾提到下列的情实：在苏联，实际上一切工业资金的调达，都由政府去作，而列入国家预算之中，因为如此，自然要减轻军事费的相对的比率。反之在此外的世界各国，以及战前的俄国，实际上，工商各业均由私人公司筹划资本，则此类的财政活动，自然不能列入国家预算的收支各方。结果，在这些国家的预算总额中，军事费的相对比率，自然显着很大"。

于此还有一事，苏联供给工业资金，渐次采用公债的方法。若在其它国家，这种功能，主要均经无限公司或股分公司之手。所以公债一项，在国家预算中，不能从岁入栏除外。

此外还有两点，需要加以说明。第一，苏俄政府，为什么先从国家托拉斯征收租税，然后再以财政补助的形式，付还相等的数目呢？其唯一的解释，按照《苏俄》(Soviet Russia)一书著者张伯伦（W. H. Chamberlain）的意见，以为苏联的预算，成为再分配的契机，使国家能够把经费，花在最需要的处所。最重的租税都从最得利的事业征收而来。这种事业，大抵都是制造立时消费的物品。但是苏联政府所最关心的，便是金属、化学以及其它所谓重工业之急速的发展。惟有这些事业，才被认为全国工业化最不可少的始基。

第二点需要说明的，便是预算与"统一的财政计划"(unified financial plan)的关系。苏联当局在《第一次五年计划成绩摘要》(*The Summary of the Fulfilment of the First Five-Year Plan*, 1928-1929 to 1932)之中，曾经指出：

"……国家预算，仅属于统一的财政计划之一部，所谓统一的财政计划者，乃包括一切社会化经济之货币的蓄积（利润、交易及由经济组织所纳赋的数目），人民的资源（租税、公债、股票、储蓄银行的存款），一切资本投资的支出，制造与流通各方面经营资金的增加，以及文化要求与管理所需的各种支出"。

至于从历史的观点，以解释其特色者，则有米勒女士（Margaret S.Miller）在一九三二年四月号的《斯拉夫评论》（*Slavonic Review*）发表《苏俄的财政改革》（Financial Reform in Soviet Russia）一文，其中就有这样的叙述：

"国家预算，成了一条孔道，一国财源，都要经过这孔道，才能发动，以实行经济计划；其作用，亦如信用制度之成为这些富源再分配的枢纽。对于生产和分配的过程，计划统制（planning control）的逐渐扩张，曾经很清楚的，加映在国家预算的形式之上。在这社会化经济实行的初期，私有冲动，在经济生活中，仍然活跃。所以苏维埃的预算也有数点和资本制下预算的形式相同，在国家收入与支出中，其不生产的项目如管理费、国防费之类，亦不能免。但当国家的统制渐次扩张，而包括工业、商业、银行业、交通业最后还要包括农业，则此时所谓预算，势须反映这些广泛功能的担任而成为整个的社会经济的对照表（balance sheet）。这种过程，在一九三一年，即已完成，就在那个时节，所谓单一的财政计划（single financial plan）已经开始提出，以代替通常的预算"。

在事实上，直到今年（一九三四年），这种"每年计划"，尚未提出中央，以求核准，所以米勒女士以统一的财政计划代替国家预算的推测，未免早计。但是她的叙述，总算指示了最后的目标。一九三三年一月二十九日俄国的《经济生活》（*Economic Life*）对此曾有总括的叙述：

"苏俄的政府收入，并不仅反映到中央和地方的预算。在苏俄有组织的计划经济制度里，一切公共组织的一切收入，无例外的……都成为国家总收入的一部。然后按着全国经济总计划以及财政计划，规定其用途。但是国家预算，仍然分别作成，因为打算达到全国的财政总计划，只有这国家预算，才是一个引导的线索"。

美国预算制度与N. R. A.[*]

（一九三四年九月十五日）

> 菲尔德（F. V. Field）主编的《太平洋区域经济便览》（*Economic Hand Book of the Pacific Area*）新近始到中国。本论坛第六期，在《苏联财政中的预算问题》一文中，曾经介绍过。其中珍贵而值得参考的材料，所在多有；太平洋风云正紧，吾人对于此书，实有不时翻检的必要。兹复摘译该书第二九八页以下数段，既以介绍美国之非常预算，兼以促起中国读书界的注意。
>
> ——译者识

经过了多少次不成功的企图，打算改革预算，终于在一九二一年，完成了《国家预算与会计法》（*National Budget and Accounting Act*）。此次立法，使总统负责，每年提出联邦政府的完全预算于国会。根据此法，成立"预算局"（bureau of the budget），在岁计长（director of the budget）的支配之下，直接代表总统，编制预算。此外又有一种规定，总统以预算领袖人员的资格，执行其职务时，其应做的工作，不只限于编制预算，还要对于国会所通过的经费款额，经过预算局，实行严格的监督；而且应该以敏活的手腕，促成政府事业的进步。一九二一年立法之后，同时成立"总会计局"（a general accounting office），在独立的审计长（the comptroller general）之下，法律赋以特权，可以检查一切账目，报告于国会。每当预算编成，送达国会之后，即由国会，成立委员会，负审查之责。此种委员会，可以要求行政官吏，到会说明，使其提出帐目，并可采取他种步骤，助成预算中其它项目的决定。经过这些考虑之后，然后制成《经费分配法案》（*An Appropriation Bill*），提出于立法机关。

一九三二年，美国一位财政学者舒尔茨（J. W. Schultz）在他所著的《美国

---

[*] 此篇译文发表于《世界论坛》杂志第一卷第十二期。——编者注

财政与租税》(American Finance and Taxation)的第九十三页里边曾说过:"美国国会,在实际上曾证实了一种'不幸的倾向',因为它核准了超过总统在预算中所请求的特别支出"。

舒氏的解释,以为"国会方面所以有这种态度,总统和财政部,也要负一部分的责任。因为过去十年间,财政部估计将来的收入,较之实际所收到的,总是失之过低;于是国会方面,便以为:对于支出的分配,纵然超过预算的要求,一定要有充分的收入,足以弥补这超过的支出"。

美国的预算改革运动,还是由各州政府开其端,才引到一九二一年的联邦立法。截至一九三二年终,所有各州政府的支出,都在这样的预算程序之下被监督着。固然在几个州预算之间,还免不了"权宜处置的性质"(makeshift character)。但是也有几个州县,甚至将预算的规定,列入她们的宪法。几州县并将管辖以下的地方政府,用立法的手续,课以一致的预算与会计的要求。联邦政府、州政府与地方政府之间,其财政的效能之相互的联系,渐次看到更大的发展。同时,联邦税制,影响于州及地方者如何?州及地方税制,影响于联邦者如何?也都很加以考虑。联邦政府及州政府的协款制度,与中央所经办的收税办法,其发展的经过,都是很可注意的。

一九二一年的预算法,实行了不到几年,一位著名的预算作家塞利格曼(H. P. Seligman)对于联邦预算,曾批评过:"法律所预想的和实际所编制所提出的预算案,联合了两种特质:其一表示一般的财政报告(a general financial report),又其一,则表示一种财政的工作的进行程序(a financial and work program);双方对照,可以很清楚地,表示二者间的相互关系。从事实的观点看来,现在所提出的预算,对于政府的工作,足以表示最清楚的财政报告"。(参看 M.C.Mills and G.W.Starr, *Readings in Public Finance and Taxation*, New York, 1932.p.776)

塞氏所说,当然指着那些动超千页的完全预算报告。但是我们看到一九三四年一月四日《预算通牒》(*Budget Message*)所显示的文件,不仅足以窥知美国预算的大致内容,而且世界到处都注意着罗斯福总统,究竟用什么方法战胜萧条?藉此亦可供给一种很好的基础,分析整个的复兴计划。

据该报告所发表:

一九三二年至一九三三年度（美国）

实际收入为	2,079,696,741.76元。
实际支出为	3,865,915,458.88元。
非常支出为	1,277,038,167.73元。
一般支出与非常支出合计为	5,142,953,626.61元。
支出总额超过收入总额为	3,063,256,884.85元。

所谓"赤字预算"竟达三十亿金元以上。

一九三三年至一九三四年度的预算估计

收入预计为	3,259,938,756.00元。
支出预计为	3,533,691,767.00元。
非常支出预计为	6,357,486,700.00元。
两项支出合计为	9,891,178,467.00元。
支出超过收入为	6,631,239,711.00元。

所谓"赤字预算"，竟达六十亿金元以上。

一九三四年至一九三五年度预算估计

收入预计为	3,974,665,479.00元。
支出预计为	3,763,276,000.00元。
非常支出预计为	723,286,500.00元。
两项支出合计为	4,486,562,500.00元。
支出超过收入为	511,897,021.00元。

所谓"赤字预算"，在预计上，虽大减少，犹达五亿金元以上。

无论N.R.A.的结果如何，有一件很重要的事体，是值得注意的。所谓"非常支出"（emergency expenditure）在预算中，既渐增加其重要性；对于这种支出的统制，亦由"预算局"严格执行。同时由"总会计局"的审计长，检查其支出的经过。

现代租税制度之构成与
战费负担分配之决定*

（一九三四年九月三十日）

> 东京之日本评论社，本年暑假前后，曾有《新经济全集》之刊行，全书共三十二卷。其中之第二十三卷，为庆应大学教授高木寿一所著之《战时财政论》。高木为日东新锐财政学者之一，其书之内容，虽不免芜杂之观，但对于财政研究，颇能抓住时代之症结。兹特摘译数段，以当介绍，使国内读者，儆然于各方面战云之袭来。
>
> 　　　　　　　　　　　　　　　民国二十三年九月二十四日
> 　　　　　　　　　　　　　　　　　　　　　　　译者识

现代资本主义国家财政中，其经常收入之大部分，属于租税。官业与官有财产收入，较之租税，瞠乎其后。有些国家，有时可从外债赔款，获得多额之收入。至于临时收入，则以公债为主。

据德国统计局之调查，当一九二九年顷，经济恐慌尚未显著之际，资本主义诸国之国家财政收入，其主要之项目，有如下表：

国名	英国	美国	德国	法国	意大利
年度总收入	1929~1930年度 百万镑	1929~1930年度 百万美元	1928~1929年度 百万马克	1929年度 百万法郎	1929~1930年度 百万里拉
	754	4131	11444	56508	19820
（一）租税收入	661	3607	9505	45747	16312
（二）官业官有财产收入	29	124	833	1750	1046

---

* 此译文发表于《世界论坛》杂志第一卷第十四期。——编者注

现代租税制度之构成与战费负担分配之决定

续 表

国名	英国	美国	德国	法国	意大利
（三）公债收入	4	—	342	—	783
（四）战债赔款收入	50	250	—	7734	721

自上表所示观之，国家支应政费之收入，实以租税为大宗。即在战后所行之战费负担分配过程中，所谓债战赔款之收入，非一部抵销，即全部抵消，所依赖者仍然以租税制度为主。

对于现代租税制度之构成，若加以分析，可区别为收得课税、所有课税、支出课税三个体系。

租税系自国民所实行的货币强制征收，各个之租税，表示个别的形态。其所以有此差异者，即因经济的事实之不同，在纳税人民之间，认为税源之租税给付能力，自异其存在；且各人相互间，其能力之大小，又有不同，故于课税之际，不得不有种种之差别。

所谓"收得课税"者，凡具有货币价值的经济财，按营利的方式或非营利的方式而取得之，据此以推定其税源的存在，而赋课之，是为收得课税。例如"所有税"、"收益税"、"相续取得税"、"财产增价税"等类属之。"所有课税"者，以财产所有之事实，表示其税源之存在，对其所有者而课之以税。"一般财产税"、"特别财产税"、"遗产税"等属之。"支出课税"者，无论何人，无论以何等之目的，凡以支出消费为税源，而直接间接课税者皆属之，其以某种支出或消费之事实为目标而课税者，是为直接消费税。其以某种货物消费者负担租税为目的，而课税于货物之生产者、贩卖者或输入者时，是为间接消费税。着眼于某种货物之制造、贩卖、输入之事实，间接地推定其税源之存在，是即此类租税的特色。

现代国家之租税制度中，属于"所有课税"者，比较的少。英美之遗产税，法国相续税之一部及德国之财产税属之。

各国民间，所具有之税源，无非所得及财产。惟通常所课租税，多以所得为税源。惟相续税（或称遗产税），始具有实质的财产税之性质。至于经常财产税，亦由财产收入，支付租税，形成所谓"名目的财产税"。即在相续税或遗产税，虽属于实质的财产税，而租税之负担者，仍为财产所得或企业所得之收得者。

由是观之，各个之租税，既自各人之所得而支付，故租税体系之区别，实可分为下列二种：

a. 所得之形成，收得 ein kommens bildung；

b. 所得之使用，支出 ein kommens verwendung；

此种区分，对于租税负担分配之分析，实为有用的一手段。

德国统计局，对于英、美、法、德之租税，而区别其"所得收得之课税"与"所得使用之课税"时，关于"贩卖税"（umsatzsteuer）究应归属于那一类，曾成为问题。"贩卖税"一称"一般交易税"（turnover tax or general sales tax），除英、美、日本外，所有世界主要各国，均已采用。此种租税，除极少数的例外，对于一切之买卖交易，不问其损益如何，均按其交易金额，依照课税标准，课以划一之税率。对于奢侈品之买卖交易，适用较高之税率。此税与个别的消费税不同，属于一般的消费税。换言之，即应归属于"所得支出"课税之部分。兹就德、英、法、美之租税内容，区分其所属类畴如下：

一九二八年度德、英、法、美之租税（国税及地方税）

	所得收得之课税	百分率	所得支出之课税	百分率
德	8590百万马克	59.7	5806百万马克	40.3
英	588百万金镑	67.3	285百万金镑	32.7
法	23653百万法郎	41.5	33343百万法郎	58.5
美	7445百万美金	76.8	2245百万美金	23.2

英美所称之"直接税"，大抵与"所得收得之课税"相当，所称之"间接税"，大抵与"所得支出之课税"相当。直接税常运用"累进课税主义"，租税负担，重于富而轻于贫；间接税常表现逆进课税作用，租税负担，则重于贫而轻于富。且实行累进课税之租税，常有免税点之设定，结果则同为收得课税，而其负担之分配，颇不相同。兹据英国有名之科尔文《国债与租税调查报告书》❶所载，表示英国租税负担之分配如下：

一九二五至一九二六年度
勤劳所得者纳税对所得之百分率

所得额（镑）	直接税百分率	间接税百分率	合计
100	—	11.9	11.9
150	—	11.6	11.6

---

❶ Report of the Committee on National Debt and Taxation, pp.94-95.

现代租税制度之构成与
战费负担分配之决定

续 表

所得额（镑）	直接税百分率	间接税百分率	合计
200	—	10.6	10.6
500	2.0	4.2	6.2
1000	8.1	2.9	11.0
10000	30.0	1.2	31.2
50000	44.2	0.2	44.4

于此所谓"直接税"，包括所得税、超过所得税、相续税等。所谓"间接税"，包括消费税、关税等。合两种租税之负担而通观之，固足以表示其"累进性"。但若与战费负担之分配相对照，即可得相反之结论。

吾人试观战前战后国家经费比较表，那知战后国家财政之主要的经费，厥为公债费。当战争进行之际，为调达资金起见，不得不仰赖公债。公债之应募者，概为具有租税给付能力之人，应使负担租税。但既应募公债，提供资金于政府，即不负担战费。公债所有者，因公债本利之偿还，可以得到对价。有人以为战后为支付此等经费之故，有产者亦不免遭遇累进的苛重之课税。但课税之结果，不过在有产者间，解决国家之债务关系，对于国家现在之政治设施，可谓毫无贡献。

一九二八年度，英国之累进直接税收入，为三亿六千七百万镑，而公债费即为三亿七千五百万镑（内债费为三亿四千万镑）。富者负担之租税，仅能了却富者应收之债款！于是国家经费之其他部分，不得不仰给于重于贫、轻于富、极端逆进之间接税！英国之有产者，一见之下，似有重课之观。但是此种赋课，不过将从前战时即应支付之租税，延至今日以支付债务费。对于现在之政治费，有产者之实质的负担，较之贫者，毋乃太少！收入百镑者，间接税之负担，约当百分之十二。收入一万镑者，对于间接税之负担，仅得百分之一点二，负担之不公平，孰甚于此？号称维持最累进的租税制度之英国，尚且如此！其他之资本主义国家，更不足观。

课税乃国家活动之一手段。租税制度，离开经费，即不存在。各种之租税，将充当如何之经费？当构成租税制度时，不可不把捉此点。不知目的（经费）之为何，而考虑手段（课税），必不能判断其是否得当。世界战后之租税制度，其一般的性质，假令在外观上，系累进的；若将收入与经费联带观察，则实质上租税负担之分配，乃属逆进的性质。

现代所得税制之综括的检讨[*]

（一九三四年十月十四日）

> 日本京都帝大之财政金融研究会，于本年七月底刊行《各国所得税制论》，由汐见三郎等四人合著，全书三百八十四页，对于世界各国之所得税制度，均有很详赡的叙述。果如布丹所言，"财政为国家之神经"，则所得税一项，实为现代租税制度之骨干。涵义既宏，其书又新，摘为迻译，聊当绍介。
>
> 一九三四年十月四日
> 译者

一、国税中所得税之发达

现代"文明"诸国的租税制度，实以所得税为中枢。对所得税如加以研究，即能批判各该国财政制度发展之程度。现代之所得税，不仅以国税之资格而存在，在美国则有"州所得税"，在德国则有"邦所得税"，在日本则有所谓"户数割"，皆以地方税之资格，获得相当之发展。现在专以国税中之所得税为问题之中心，以窥其在各国税制中发达之踪迹。

据一九三二年度之财政统计，英、美、法、德、意，以及一九三三年度之日本财政统计，互相对照，则日本之所得税收数为一亿三千八百一十万元。英国之普通所得税与附加所得税为三亿二千六百万镑。美国之所得税为十亿九千九百九十八万美金。德国之个人所得税、法人所得税与危机税合计为十八亿九千万马克。法国之不动产所得税、工商业所得税、农业所得税、薪俸所得税、非商业的所得税、资本利息所得税与综合所得税合计为一百零四亿四千七百万

---

[*] 此篇译文发表于《世界论坛》杂志第一卷第十六期。——编者注

法郎。意大利之不动产所得税与所得税合计为三十八亿一千九百万里拉。兹将上列各国税收总额及所得税所占之百分率分列于下，以资比较。

国别	年度	税收总额	所得税百分率
日	一九三三	683.728	20.2%
英	一九三二	752.385	43.3%
美	一九三二	2171.927	50.7%
德	一九三二	7.965	23.6%
法	一九三二	34.732	30.1%
意	一九三二	15.812	24.2%

注：关于税收总额，日本为单位千元。英为单位千镑。美为单位千元美金。德为单位百万马克。法为单位百万法郎。意为单位百万里拉。

同称所得税，有带"收益税"的色彩者。有以特别税或附加税的形式，以一部让与地方者。仅以国税中所得税之收入额，即认为所得税之收入，自属失实。然而所得税之收入，仅就其在国税中之地位观之，少则二成以上，多则五成以上，所占之地位，不为不大。若以多少之顺序言之，则美之百分率最高，英国次之，法、意、德、日又次之。

国税中所得税之采用，各国均始于何时？排比其事实，以见其先后，亦一有兴趣之事。兹据德国学者波辟茨之调查[1]，而加以多少之修正，列表如下：

第一	英国	一七九八年
第二	瑞士	一八四零年
第三	美利坚	一八六二年
第四	意大利	一八六四年
第五	塞尔维亚	一八八四年
第六	南澳大利亚	一八八四年
第七	日本	一八八七年
第八	新西兰	一八九一年
第九	荷兰	一八九三年
第十	塔斯马尼亚	一八九四年
第十一	奥地利	一八九六年
第十二	西班牙	一九零零年
第十三	匈牙利	一九零九年
第十四	法兰西	一九一四年

---

[1] Johannes Popitz, *Einkommensteuer, Handwoerterbuchder Staatswissenschaften*, III Bd.S.437.

续 表

第十五	捷克斯洛伐克	一九一四年
第十六	俄罗斯	一九一六年
第十七	加利西亚	一九一九年
第十八	卢森堡	一九一九年
第十九	比利时	一九一九年
第二十	德意志	一九二零年
第二十一	保加利亚	一九二零年
第二十二	波兰	一九二零年
第二十三	巴西	一九二二年
第二十四	罗马尼亚	一九二二年

以上年表中，有应注意者二事。第一，关于英国所得税之制定，有主张始于一七九八年"triple assessment"（三重课税），有主张始于一七九九年之新所得税法者。本年表采第一说。第二，关于美国之所得税，依波薛茨之主张，最初之所得税，应始于一八六二年七月。但若从严格的解释，实应以一九一三年宪法改正后所制定实施之新所得税法为起点。

二、各国所得税法制定之由来

一切社会制度，固有其共同的事实，但自国税中所得税制观之，基于各国种种之特殊事情，其制定的时期，表现不自然的迟延，即自所得税之内容观之，亦常受特殊之影响。试就美、德、法、英、意、苏各国之往事，以窥察其间之消息。

美国因合并各州而完成建国事业，最初专行州所得税。至于采用联邦所得税（federal income tax）乃一八六二年七月之事。其后改废无常，时行时止。至一九一三年二月，断行宪法之改正，始将所谓"联邦所得税违反宪法"之积年的非难，一扫而空。乃于一九一三年十月制定新所得税法，以至今日。

至于德国，自其发生之历史的事情观之，地方分权之趋势颇强，所谓"直接税归各邦，间接税归帝国"之原则，久被采用。所以所得税之在德国，并不以国税而存在，而实发展于各邦。但自威玛宪法制定以来，打破多年之地方分权，确立中央集权之制度。遂于一九二零年三月经爱次博格（M. Erzberger）改革之结果，将所得税自各邦收回，使归为国家税。国税中所得税之发达，以德国为特迟。

其在法国，外形标准主义的物税，支配人心颇久，如所得税之束缚个人自由的课税，认为违反"人权宣言"，有背法兰西大革命之精神，不为法人所欢迎。所得税法案，提出之次数，曾超过二百，竟无一次采用。最后至一九一四年，世界大战勃发，所得税始实施于法国。

再看号称所得税祖国之英国。自一七九八年开始采用所得税之后，一八零二年废止，一九零三年再采用，其后改废无常，自制定一九零三年税法之后，始踏袭该税法之精神，而成为恒久税，以至于今日。然一九零三年之所得税，因所得税源之不同，将所得分为 A、B、C、D、E 五种，成为以源泉课税主义为主之"分类所得税"（schedule system），与综合所得税，距离甚远。至一九一零年路得·乔治制定"超过所得税"（super tax），后又改名为"附加所得税"（surax），始将从来之分类所得税，合并而成为综合所得税。

此外若意大利之所得税，遵奉生产第一主义而立法；若苏俄之所得税法，则努力实现社会革命之精神。是皆最近税制上之显著的事实，不能不注意及之。

美国财政学家塞利格曼（E. R. A. Seligman）曾说过"所得税之成立，以文化之比较的高度的发展与货币经济之充分的普及，为前提要件[1]"。但是此等条件具备后，不必即成立所得税。如果政治的要件与社会的要件，不能齐备，仍不能成立所得税。美国宪法之规定，妨碍所得税之发达。德国财源分配之政治的原则，延滞国税中所得税之采用。法兰西大革命所建树的自由之精神，使法国所得税法之制定，直延至世界大战勃发以后。即在产业革命经验最早之英国，缚于传统之力，直至一九一零年，犹不得不以分类所得税自足。此等事情，倘加以比较与考察，仅在租税制度方面，亦可见各国特殊事情的影响之大。

三、各国所得税制之机构

各国所得税制，自其构造方面观之，日本与德国为一般所得税中心主义。英、美、法、意为个别所得税中心主义。而英之与美，互有类似之点，苏俄之所得税，则有独特之组织。以下将日、德、英、美、法、意、苏俄之所得税之构造，加以赅括的比较。

日本之所得税，大致为对于第一种法人所得之所得税与第三种对于个人之所得税，此外又有对于公债公司债之所得所课之第二种所得税，而成为特别之课。第一种所得税与第二种所得税，以采用比例税率为原则。第三种所得税，则

---

[1] "Income Tax," *Encyclopaedia of the Social Science*, Vol.7, p.626.

用累进税率，实行综合课税主义。德国所得税，分个人所得税（ein kommensteuer）与公司税（koerperschaftsteuer）两种。自原则上讲，法人所得税，用比例课税。个人所得税，则用累进税率而行综合课税。在细目上，虽有不同；在大体上，日本所得税与德国所得税，实属于同一系统。所不同者，在日本则国税所得税，伴以地方附加税。若在德国，则将国家所收之所得税，分出一部，以予地方。

英国所得税，于其历史上有名的普通所得税（normal tax）之外，另有附加所得税（surtax）。普通所得税，无论课于自然人或法人，将所得分为五大种类（five schedules）而采用税源课税法或直接课税法。所称之"标准税率"（standard rate），由每年之财政法（finance act）决定之，属于比例税率。附加所得税乃对于自然人所得，凡超过二千镑者，即按累进税率课税。普通所得税为个别所得税，而附加所得税，则带有一般所得税之色彩。美国之所得税可分为个人所得税与法人所得税二种。个人所得税更分为普通所得税与附加所得税二种。普通所得税先采用比例税率，可认为个别所得税。附加所得税，对于一万美金以上之大所得，采用强度的超过额累进税率，颇具有一般所得税之性质。法人所得税，虽依比例税率，但与个人所得税相较，其标准颇高。英国之所得税与美国之所得税，其制度之构造，多有类似之点。但关于法人课税之方法，关于税率之规定，均有不同，税制之基调，各有异样之色彩。个别所得税式之普通所得税与一般所得税式之附加所得税，融汇并用，颇足供他国效法。

法国所得税可区别为分类所得税（impots cedulairessur ies revenues）与综合所得税（impot general surIerovenus）。分类所得税自七种租税组成，即，家屋所有所得税、土地所有所得税、农业所得税、给料所得税、非商业的所得税、商工业所得税、资本利息所得税。自然人与法人之间，不设何等之区别。只于二者之间，适用不同之比例税率。至于综合所得税，系以对大所得之自然人课税为目的，采用间接累进之制度。分类所得税属于个别所得税，综合所得税则属于一般所得税。意大利之所得税可区分为不动产所得税、动产所得税与补完所得税三种。不动产所得税更可分为土地不动产税与建筑物不动产税，其来源颇古。惟意大利普通所称之所得税，仅指动产所得税（imposte sui redditidella ricchessa mobile）与补完所得税 impost complement are sui redditi）。"动产所得税"，乃自然人或法人所受之（A）公债利息等之纯资本所得，（B）商工业金融业等之资本勤劳共动所得，（C）自由职业所得与俸给等之勤劳所得，（D）对于公务勤劳所得所行之源泉课税法或直接课税法。控除查定之结果，虽有多少累进的倾向，但自大体上言之，乃系采用比例税率。"补完所得税"，系对于自然人的大所得，课以比较的轻微的累进税。动产所得税，具有个别所得税之性质。补完所得税，则为一种之一般所得税。前者与法国之分类所得税相当，后者与法国之综合所得税相当。

苏俄之所得税，分为对于农村住民之单一农业税与对于都会之所得税二种。苏俄之共产主义，虽因新经济政策与新新经济政策，而加染资本主义的色彩，但其本身，犹能到处表现社会革命的精神。于单一农业税则重课富农，于所得税则区别私人及私的企业，与国家及组合企业，即其适例。

四、各国所得税之展望

自一七九八年，皮特（William Pitt）在英国创设所得税以来，已经过百三十余年之岁月，今世主要诸国，几无不采行所得税。自现行所得税法观之，日本之所得税以及德国之个人所得税、法人所得税，均系采用一般所得税中心主义。但在个别所得税中心主义之英国，自一九一零年采用超过所得税以来，一般所得税之精神，渐次浸入各国之所得税立法。无论在美、法、意任何国家，个别所得税之外，均采用一般所得税。此种事实，乃研究世界各国所得税之构造时所当注意之现象。

各国各有不同之历史，各自不同之社会组织与经济组织中成长而来。各国之财政制度，所以表现这些之不同，宁属当然之事。但因文明之进步，地理的间隔，大为缩减，思想的距离，大见接近。加以国际经济关系，日益密接，各国之财政制度，亦不能不增加共同之分子，宁属不可否认之事实。纵令于租税制度，各国犹自保守其不同的传统，时至今日，亦不得不与世界共呼吸。各国之所得税，虽各保持其特殊性，但其日趋类似之点，无论何人，亦难否认。各国所以次第采用所得税，即与世界共呼吸之一特征。一般所得税，渐次风靡各国，亦足供所得税之世界化的证据。关于各国所得税将来之展望，令人感到各国间相互微妙之影响，一国所得税之改正，即可波及于他国。由是观之，各国所得税制之比较研究，其重要性，实觉与日俱增，注意财政问题者，实有重视之必要。

恐慌激化中之各国税收问题

——摘译自 *World Economic Survey*

（一九三四年十月二十八日）

当这弥漫世界的经济萧条时代，影响到财政方面，有一件最主要的事实，便是：各国对于异常减退的"国民所得"（national incomes），而欲调整其岁出与岁入，感到非常的困难。所谓国民所得，便是一个整个社会所享有的物品和服务的总价值，这在许多国家中，无论在实质上，尤其在名称价值上，均曾经验到显著的减退。因此许多政府的财务处理，不得不遭遇莫大的困难，岁出是很不容易减削的；纵令减一些，也要扰乱经济的平衡。至于政府的收入，其大部分都来自租税，亦大见减少。旧的租税，不仅要受低落的"所得水准"（income levels）的影响；而且在几个国家之中，税率已经到了这一点——倘再增加税率，不但不能使收入增加，还许要减退。新颖而富于伸缩力的税源，是不容易找到的；如果岁出方面，不能缩减，则其不可避免的趋向，惟有增加负债之一途。

经国家之手，所收入的国民所得，在总所得中所占的百分率，究有多少，自然要看关系国的经济状况，而有不同。但是这种百分率，无论在那一个国家，如果同战前的时代相比，均见显著地增加。现在流行的统计，似乎是指示出来，国民所得的五分之一以至四分之一，都要通过政府（包括地方政府）的预算。

国民所得，现在是抵减的很厉害，但是也曾经过很长的时期，其间除了很少很短的中断而外，总是急遽的增加着。例如从一八九零年，以至一九一四年，对于国民所得的估计，无论是在德国，或是在日本，几乎没有一年减少过。至于在别的国家，虽不怎样规律，但其趋势，总是向上的。大战以后，这种趋势，复行恢复，一九二零年至一九二一年的恐慌，亦曾惹起急遽的减少，但是恢复的也很快。除了几个欧洲的国家，因为大战以后的通货膨胀，结果是弄得很贫乏；至于多数国家，战后的生活标准，不仅较前提高，较之战前时代，进步的也很快。欧

---

* 此篇译文发表于《世界论坛》杂志第一卷第十八期。——编者注

战结束以后的一九二零年至一九二一年的恐慌，比较快的被克服了。那次恐慌中，国民所得降得最低的，然属美国，降低了百分之十四以至百分之十五。等到一九二五年，实际上每一个国家，均曾弥补了那次的蹉跌。

在这次经济萧条中，国民所得的跌落，比以前可利害了。据近顷的估计，美国在一九二九年至一九三二年之间，降低了百分之五十三。在相同的期间，德国降低了百分之三十九，英国降低了百分之二十。在一九二八年至一九三一年之间，澳大利亚降低了百分之三十三，新西兰降低了百分之三十三，罗马尼亚降低了百分之三十六，这样降低的趋势，延续到一九三二年，即以罗马尼亚为例，数字即降到百分之五十三。即在一九二九年至一九三一年的较短期间里，挪威也降低了百分之十，意大利也降低了百分之三十三。一九三二年荷兰之维尔德委员会（welder commission）对于该国财政状况的报告，即认为：自一九二九年以后，课税所得（taxable income）降低了百分之三十，已经是中庸乐观的估计。一九二六年至一九三二年，智利之总生产额的价值，从三十二亿 Pesos（智利货币）减到二十二亿以至二十四亿 Pesos，该国的货币，虽曾跌价百分之五十，在总生产的价值上，还降低了百分之三十。

国民所得的巨额的减退，几乎弥漫到每一个国家，于是身负财政重责的那些人，不觉进退两难，岁入是这样的锐减，岁出则仍须照支。关于最近的趋势，固然还没有充分的统计，足资测量，但国民所得中，提供国家之用的百分数，曾经急遽的增加，已经是很清楚的事实。对于这种增加的明显的对照，便是私人消费与工业资本所需资金之来源的缩减。如果政府收入，在萧条开始以前，占国民所得总额的五分之一，而国民所得却自彼时降低百分之四十，此时政府收入如果照常征收，则在国民所得总额中所占的百分率，应该是百分之三十三，结果，则留在私人手里的部分较前当跌落一半。因为消费的标准，很难减低；有是收缩的大部分，都集中到新资本设备的准备方面。在经济萧条的现阶段，财政所受到的压迫，其最有力的成分，便是通货收缩。

此外在准备资本设备的方法中，有一个很重要的变迁，便是，私人投资家打算运用他们的资本，固然很难；同时政府对于资金的需要，却很迫切。在几个国家之间，有一个很清楚的趋向——设法促进政府的资本支出，藉着这种方法，救济长期的失业问题，兼可避免通货收缩的螺旋作用。现在这种支出所需资金，大都来自政府负债，于是在这些情形之下投资的指导与统制，乃由私人的发动,转为政府的发动。

许多国家的财政困难,根本的原因,便是国民所得的降低,而所得降低的总原因,在许多国家之间,又皆出于经济与财政的因素——盖已为世人所公认,物价的惨落,国际贸易的衰退,通货的不安定,过度负债的重担,国际经济的不平衡,一般的讲,可以说是整个萧条的中心元素。但是对于国民所得的降低,各国政府,都用什么方法去对付?则各国之间,很有不同,因之表现于财政者,各国都有特殊的情况。

在平常的时候,公私各界都比较繁荣,则对于财政分析之论理的步骤,应该从"岁出"入手。但是公私支出的来源相等的时节,谨慎的政府,即在繁荣的时代,也要注意"纳税能力"(taxable capacity)之政治的和经济的限制。只要繁荣普遍,收入活跃,稍加谨慎,于事已足。但当繁荣避位而萧条展开,收入急遽减少之时,则对于支出,便不能以通常的谨慎去应付。值此时节,政府也和私人一样,便当量入为出,从收入方面,考虑预算。现在有许多国家,用这种观点,调整其预算程序,颇有过正之感。财政方面最有力量的国家,仍然用增税或借债的方法,维持其"必需"的岁出;但是这些国家,也要对于"必需"一辞,大加修正。若在许多贫穷的国家,甚至改变到这种程度,预料着收入,什么时候可以收到,便将经费的分配,缩短到一个月以内。财政政策之决定的因素,不是必需的开支,而是可得的收入。

近年来公共收入的减少,常被税率增高的事实所掩盖。许多国家,不是采用了新的租税,便是改进了征收的方法。即在观察单独租税的时候,这些变迁也掩蔽了实在的状况。例如世界进口总价值,一九三二年,较之一九二九年,差不多减低了百分之四十,许多国家,降得还要利害,最多曾达百分之八十七。关税收入之减退,自然要受新关税设定和旧关税提高的影响;因而可以推定:自由输入一定不如课税品所关之多。税率表如果没有什么改动,则关税收入的减退,较之实际,定有出入。另一方面,直接税中的所得税,因为平均所得之减低,又因为课税的大部分,累进的等级很低,结果如税收上,应该特别的减少。但是因为税率的提高,累进等级的改定,免税额的降低,扣除额的减少,征收方法的改进等,实际减少的数目,尚不如是之甚。考量了这些因素之后,再看下列二表,当然要更有意义。

一九二九年至一九三二年各国关税收入表
（单位百万各该国的本位币）

国别	1929	1930	1931	1932	1932 对 1929 之百分率
荷兰	72	71	67	83	115%
英国	120	121	136	167	139%
丹麦	102	108	105	84	82%
比利时	1319	1336	1303	1556	118%
瑞士	277	306	315	322	116%
法国	4449	4785	5921	4139	—
德国	1095	1083	1147	1106	101%
奥地利	286	290	267	230	80%
瑞典	154	154	148	138	90%
印度	513	468	—	—	—
加拿大	179	131	104	—	—
意大利	3042	2427	2983	2452	80%
捷克	1387	1195	1289	863	62%
匈牙利	125	97	80	50	40%
波兰	395	258	157	135	34%
澳大利亚	27.5	30.2	18.2	18.6	63%
阿根廷	424	355	313	286	67%
美利坚	603	585	378	328	54%
西班牙	665	580	497	528	81%

几乎在每一个国家的预算里，关税都占很重要的地位，不仅以其收入总数之多，也因为它富于伸缩力。各国的财政总长，每遇财政困难的时节，常常以进口加税，作第一道准备线。当初税率越轻，以后伸缩越大，如荷、英、比、瑞各国，即其显例。反之，在关税税率早已甚高之国，纵令再将税率提高，收入还是缩减，这就表示课税能力的限界，业已达到或超过之故。在这些国家，税率倘再提高，不仅在收入上不会增收，还要减少，至少在现在情况之下，是这样的。

一九二九年至一九三二年所得税收数一览表
（单位百万各该国的本位币）

国别	1929	1930	1931	1932	1933	1932 对 1929 之百分率
澳大利亚	9.8	11.1	13.6	13.5	10.0	138%

续 表

国别	1929	1930	1931	1932	1933	1932 对 1929 之百分率
奥地利						
所得税	182	181	159	135	—	—
公司税	96	79	69	45	—	47%
加拿大	69	71	61	—		
捷克	1431	1161	1061	1020		
丹麦	68	69	89	62		
法兰西	14101	13587	11901	7510	—	62%
德意志						
所得税	3026	2761	2143	1333	—	44%
公司税	559	450	304	106	—	19%
印度	167	160	173	187		
意大利	3995	3754	3296	2935		
日本	200	201	164	131		
荷兰	87	93	9	78	—	90%
新西兰	3.5	4	4.4	3.5		
瑞典	145	151	164	151	134	104%
英吉利						
所得税	237	256	287	251	—	106%
超过税	56	67	76	60	—	108%
美利坚	2331	2410	1860	1057	1100	45%

直接税减少之更强的趋势，不甚容易说明，国际间的比较，亦不容易。但是几个国家的所得税统计表，对于这种减少，可以供给一种概略的指示。国民所得的减退，反映到税收的减退，总是很慢；但如前表所示，已经看得很清楚，一到一九三二至一九三三年度，经济萧条的影响，已经充分的表现出来。所得税的性质与效力，因国不同，所以漫然的比较，也不会有什么收获。但是各国对于收税方法，无不加紧；有许多国家，对于税率和累进等级，无不加高；同时对于免税与扣除，则又无不核减。然而在多数情形之下，税收还是只有跌落。

这些间接税与直接税的主要来源，如是低减，其主要的程度，可从每种税收在税收额中所占百分率，加以观察。兹以一九二七至一九二八年度为标准。以见其国际的比较。

各国主要税源对总税收的百分率

国别	关税	所得与财产税	交通与贸易税	消费税
澳大利亚	53%	26%	—	21%
奥地利	20%	30%	25%	25%
比利时	11%	35%	40%	13%
保加利亚	30%	23%	14%	33%
加拿大	43%	16%	21%	19%
捷克	13%	22%	27%	31%
丹麦	25%	35%	6%	35%
芬兰	57%	23%	11%	9%
法兰西	6%	34%	33%	23%
英吉利	16%	57%	4%	24%
印度	66%	20%	0.4%	15%
意大利	20%	40%	19%	22%
日本	12%	33%	9%	44%
荷兰	11%	45%	9%	35%
挪威	36%	31%	2%	28%
波兰	16%	30%	8%	42%
南非	44%	42%	5%	10%
西班牙	19%	30%	17%	30%
瑞典	25%	27%	11%	37%
瑞士	68%	13%	17%	2%
土耳其	21%	19%	6%	55%
美利坚	18%	67%	1%	14%

这是很明显的,主要税源的收数,既是这样的跌落,于是各国都想尽办法,从他种来源中找收入,同时更计划征税的新法,从间接税源里,所征收的贸易税或消费税,再从直接税的新税源如工资之类,征收新的所得税,自然也可以增加许多收入。同时因为关税增加的结果,一般消费,较求之国内生产,于是对于国内工业的课税趋势,亦渐加重。无如新旧租税,无论怎样增加其税率,而恼人的减收,总是浮现于预算的收入栏中。即以美国为例,税收的惨落,曾经超过百分之四十五。收入之所以如此惨落,完全因为"课税能力"的衰微。

战时租税政策*

（一九三四年十一月四日）

> 战争的不可免，已经是人们不能否认的事实。但是作战最需要的是什么？有人说：只有三件东西：第一是钱，第二是钱，第三还是钱！这样接二连三的"钱"，究竟从什么地方来呢？主要的还不是靠着募债与增税。募债较易而贻祸甚久；增税较难而为害尚轻。当这战云日深的当口，我们看一看《战时租税政策》的经验，不是没有益处的。以下便是日人高木寿一所著《战时财政论》中一段的译文。

世界大战中的各国财政，对于战费的大部分，靠着租税应付的，惟有英国。当时英国各种租税收入所占之重要性，比率如次：

一	所得税	31.4%
二	特别利得税	21.9%
三	遗产税	5.2%
四	关税物产税	22.5%
五	其他经常收入	19.1%

还有更重要的，便是战时各种租税的伸缩性。试以英国为例，究竟是那几种租税，最富于伸缩性？

---

* 此篇译文发表于《世界论坛》杂志第一卷第十九期。——编者注

战时租税政策

英国战时租税之增加率[1][2]

年度	关税货物税	遗产税	特别利得税	所得税	其他收入	经常岁入总额
1913至1914年	100	100	—	100	100	100
1914至1915年	108	104	—	147	98	115
1915至1916年	161	115	—	273	24	170
1916至1917年	169	115	100	436	143	294
1917至1918年	147	118	158	511	214	358
1918至1919年	216	111	205	619	245	449
1919至1920年	377	149	207	760	754	676

应付战时财政，因为作战期间的长短，所采的方式，很有不同。如果作战期间甚短，等不到租税政策发生效果，即不如以公债收入应付战费。在欧战开始的时节，交战各国，以为作战期间，总不会怎样长，于是对于租税的增征，和新税的设立，总不肯即时实行。但是，以后看到战事并非短期可了，于是不得不计划着从租税方面想办法。首先被注意的，便是对于特别战时利益的收得者所课的战时利得税。此种利得，与收得者的努力无关，许多国家，大概都课以高额的税率，其最高税率，曾到百分之八十。

战时因为内债发行的结果，不免造成通货膨胀，财产所有者，总是不劳而获得巨额的收益。对于大财产所得的增加部分而课以重税，至少可以消弭几分战时牺牲的不平等。但是平时所得税制度如不完备，战时利得税必不能很快地发挥其效果。

世界大战当时，对于遗产税，若以战时课税之目的而增税，则在战争期间而有财产继承之事，自不免蒙受较重之租税负担，于是有人认为不公平。但因战时通货膨胀之故，财产价格腾贵；对于财产之不劳偶然的取得者，而课以高税率的遗产税，不为不当。但不能如所得税之富于弹力耳。

一般交易税或贸易税，也是世界大战中或大战后所采用的新税。现在世界主要国家未采此税者，只有英美与日本。课税的范围甚广，当通货膨胀时代，收入亦甚丰。因战时收入的必要，很有人主张采用。

---

[1] 本表根据 Grady, *British War Finance*, P.79.

[2] 关于英国战时租税政策，可参照 Josiah Stamp, *Taxation during the War*; Mallet and George, *British Budgets, 1913-1921*.

一般交易税与货物税、关税，大致相同，总不免促起物价的腾贵，加重消费者的负担。如果课税品，属于人生所必需，更要表现轻于富而重于贫之逆进的色彩。但是战时财政的目的，只求租税收入增加，即不暇考虑租税负担之是否公正。盖资本主义国家之战时租税政策，总是避免直接的战费负担之决定，且不要妨碍个人资本之蓄积。关于租税负担之分配，虽说在战时统制之下，还是尽量委之于市场经济关系。

战争遂行时期之财政政策，究竟是要靠公债呢？还是要靠租税收入呢？这是一直以来屡生争议的问题。但自现实的问题观之，对于急激巨额战费之必要，仅以租税应付之，毕竟不足，在某种程度之内，又须仰赖公债收入。兹据克脑斯之研究（Knauss: Die Deutsche, Englische und Franzoesische Kriegsfinanzierwng），比较大战时期英、法、德三国之财政政策，大体之结论如次：

德国战费，大约推定为一千五百亿马克。战时租税收入，合计为二百一十亿马克，其中含有平时收入一百二十亿马克，须加扣除，因之德国战时财政所需之战费，其中仅有九十亿马克，即百分之六，是靠着租税去应付。其余百分之九十四，则取之公债。

法国战时财政之战费，大约推定为一千三百五十亿法郎。经常收入，应付战费以外之收入，还感不足。所以法兰西的战费，简直未曾依赖过租税。临时收入中，百分之四十三属于四次之战时公债，百分之三十六属于流动公债，百分之二十一属于外债。

再看英国的战时财政。所需战费，大致推定为八十八点零三亿镑。此期间之租税收入为二十七点三三亿镑，如将应归平时经费之部分扣除，实余十七点四三亿镑。所差之七十亿镑以上，即不得不靠临时收入。合起来看，英国战费，大约百分之二十靠着租税，百分之八十靠着公债。

据克脑斯的说明，一九一四年以至一九一八年之英国财政政策，尽量以租税支应战费。英国的战时课税，其社会的条件较为健全，而且建树在平时收入甚多之税制基础之上。直接税负担的程度，增高八倍。因而直接税在经常收入总额所占之份量，从二分之一增到三分之二。至于信用之设定，在英国仅用为辅助手段。而战债之急须偿却，又成为当时政治家之有力的主张。

至于大陆诸国之战时财政政策，所用的方法，即有不同。英国在大战爆发三个月后，即着手增加经常收入。反之在德、法二国，经过两年，对于新税的采用尚自踌躇。是以在此等国家，以后虽曾采用新税，但从新税收得的收入，总得经过好几年，才看出税收的充分。因之此等新税在德国战费中，仅在应付一小部分。至于法兰西，平时的财政预算即不均衡。更自租税制度之内部的组织观之，大陆诸国，亦不能与英国相比。战时利得税在德国，直到以后，才发挥其作用。若在法兰西，当时即归于失败。所以德法战时财政之全负担，几乎全赖国家信用。中央发钞银行，成为通货膨胀政策的傀儡，靠着货币改革之秘密的方法，以弥缝一时，而不敢以公然大胆的租税政策，应付战时财政的需要。

租税原则之动态的检讨*

（一九三四年十二月十七日）

> 如同海里风浪大，舟人需要舵一般，财政越困难，越需要有原则。租税原则的本质，乃是事实的昭示，而不是悬想的预疑。经验积累了，一一摆在历史上，而且摆的太显明，不容人们不认识。除非像"从前罗马的统治者，他们是不懂得租税的健全原则的。所以破坏了财政上最关根本的原则之后，将发生如何的影响，并何以保障其人民，自然也是没有什么措置"（语本美学者拉茨所著《财政学》第八页）。但是罗马文明的衰亡，又曷尝不和这些问题有关？兹仅从史的发展方面，一觇租税原则之动态的演化，以为国人注意于此问题者之参考。
>
> 民国二十三年十二月九日识于北平燕大

一

国家当课税之时，所应依据的一定之规矩准绳，谓之"租税原则"。具体的讲，便是决定租税制度及租税政策时所应根据的诸条件。关于此等原则，无论中外，其历史均甚古。但古时所谓租税原则，大抵限于片段，且多偏于消极。试以吾国为例，有注重培养税源说者，如孔子："百姓足，君孰与不足？百姓不足，君孰与足？"❶

有主张，节无用之费，以裕收入者，如墨子："圣人为政一国，一国可倍也；大之为政天下，天下可倍也。其倍之，非外取地也，因其国家，去其无用之费，足

---

* 此文发表于《国闻周报》杂志第十一卷第五十期。——编者注

❶ 《论语》。

以倍之。"❶

又如荀子："足国之道,节用裕民,而善藏其余……不知节用裕民,则民贫;民贫,则田瘠以秽;田瘠以秽,则出实不半;上虽好取侵夺,犹将寡获也。"❷

此与拉丁古谚所称："节约惯习的本身,便是一种收入"❸,可谓不谋而合。

从前英国很著名的财政学者巴克斯顿,也常称道："真实的节约,胜似一宗巨额的收入"❹

有主张减轻税率以增收入者,如孟子："易其田畴,薄其税敛,民可使富也……食之以时,用之以礼,财不可胜用也。"❺

如荀子："轻田野之税,平关市之征,省商贾之数,罕兴力役,无夺农时,如是则国富矣。"❻

从前英国的租税史家道威尔,便有过同样的见解:

"The revenue might be considerably augmented without increasing the burden of the greaterpart of the people, simply by a distribution of the weight of taxation so as to effect a more equal pressure upon the whole."❼

道威尔所言,亦包括均税的意义。吾国古时主张均税者,如孔子："不患寡,而患不均。"❽

如孟子："欲轻于尧舜之道者,大貉小貉也;欲重于尧舜之道者,大桀小桀也。"❾

亦有从反面主张,反对重税者："畜马乘,不察于鸡豚;伐冰之家,不畜牛羊;百乘之家,不畜聚敛之臣;与其有聚敛之臣,宁有盗臣。"❿

---

❶ 《墨子·节用篇》。

❷ 《荀子·富国篇》。

❸ The habit of economy is a revenue in itself. ——Latin Proverb。

❹ "True economy is better than a great revenue," S. Bunton, *Finance and Politics*, 1883, Vol. 1, p. 3.

❺ 《孟子·尽心上》。

❻ 《荀子·富国篇》。

❼ Stephen Dowell, *History of Taxation and Taxes in England*, 1888, Vol. 11, p. 167.

❽ 《论语》。

❾ 《孟子·告子下》。

❿ 《大学》。

如孟子："我能为君辟土地，充府库……是谓民贼。"❶

甚至有主张不用租税而以官业收入代之者，如管子："以室庑籍，谓之毁成；以六畜籍，谓之止生；以田亩籍，谓之禁耕；以正人籍，谓之离情；以正户籍，位之养赢。"❷

如此之例，不遑枚举。至于西洋，关于课税的原则，发达较迟。至十七世纪，法之服榜（Vauban）始正式提出以"平等"为课税原则。服榜之后，在一七五五年，有德之攸士蒂（Von Justi）主张平等与便利两原则。一七七一年，意之卫立（Verri）主张（一）不可课税于贫人，（二）征税费须最少，（三）租税在法律上需确实，（四）租税不可使财之循环因而中断，（五）租税不可有害于产业之发达。此外尚有多数学者，提出若干不同之主张，但皆不免于片断。其将前人片断散漫之理论，取而组织之润色之，使成一整然的"课税原则"的系统者，当推亚当·斯密之租税四原则。

二

亚当·斯密在其大著《原富》中，提出"租税四原则"（four maxims or canons of taxation）。第一为"平等"之原则——"各国人民，以维持政府之故，应比例各自能力，即比例其在国家保护之下所享有的收入，而纳租税"。第二为"确实"之原则——"各人应纳之租税，须确实而不得任意变更。租税缴纳的形式、方法以及税额，均须使纳税者及其他各个人一律明晓"。第三为"便利"之原则——"每一种租税，当于纳税者所最以为便之时期，以其所最以为便之方法征收之"。第四为"最少征收费"之原则——"各税之征收，须使其归入国库的纯收入额与取自人民的额数之间，其差额能低于最少"。

亚当·斯密所以有租税四原则之主张，诚如小川乡太郎所言："并非发展其个人胸次所蕴郁的学究的空想，实乃时代精神的结晶"。有十八世纪的《民约论》，于是有平等的原则；鉴于当时征收租税时官吏的专横，于是有确实的原则；鉴于专制的赋课时代之苛敛诛求，于是有便利的原则；适用以最少劳费得最大效果之经济主义于征税，于是有最少征收费的原则。当时流行的一般思

---

❶《孟子·告子下》。

❷《管子·国蓄篇》。

想,由亚当·斯密以巧妙的笔表明之;原则的主张,所以反映事实的要求,乃能形成时代的权威。

且不仅当时为然。试以斯密所云,衡诸吾国之今日,殊感意义犹新!斯密以为确定之原则,"如果违反,则纳税人将为税吏所宰割,税吏可以向纳税人任意勒索,或胁迫行贿。课税的不确定,足以奖励税吏之诳骗,而诱起一般向即不洽舆情者之贪污,即不骄横不贪污者,亦必难免效尤"。

斯密论及最少征收费之原则,更加以引伸,以为"人民囊中之所出,往往因下述四事,而远过于国库之所入。第一,因税吏多,税吏的薪俸,即截去税收之大半。不肖者且于正赋之外,巧立名目。第二,因妨碍国民的企业,使人民不敢勇于从事,以维持多数人之生计。国家强民纳税,转足减少甚或绝减某种更易纳税的基金。第三,国民逃税,一经查出,即处以没收及罚金;此种惩治,往往足使若辈不能立足,因而社会亦遂不能收受彼等营业所能发生的利益。一种重税,常足以诱致偷漏。而惩罚偷漏,则随诱引以俱来。凡与一切公正原则相反之税法,始则诱起人民的漏税,及其陷入,又从而刑之,于是立法愈严,犯法愈众。第四,因税吏之搜查频繁,致民间遭受各种无谓的烦扰与欺凌。严格的讲,烦扰虽非金钱的损失,但确等于金钱的损失,因此而谋所以补偿之,亦人情之常。凡兹四事,有一于此,即足使民间纳税之负担,远过于国君所享到的收益"。

上述情形,在行政组织健全之国,早经减少。但在行政组织尚未进步之国,仍不失为整理财政最扼要的问题。美学者塞利格曼,论及"课税精确之重要"时,曾谓:"自亚当·斯密的时代以还,对于确定的要求,已成课税上基本原则之一。斯密原则,借自法国学者,当十八世纪时代,法国税制之不确定,达于极点,于是有志从事于财政改革者,对此现象,莫不大声疾呼,加以反抗,盖亦无足惊异"。

三

亚当·斯密所倡之租税四原则,经过长久之时间,而仍不失为真理。其中尤以确实、便利、最少征收费三原则,直至今日,仍无变更,学者或总称之为"论理的原则"或"租税行政的原则"。惟关于平等之原则,其解释颇有变迁。且于上述四原则外,更有许多学者,讨论到经济的原则与财政的原则。中经法儒西斯蒙第(Sismondi)、德儒赫尔德(Held)、诺伊曼(Neumann)、施泰因(Stein)诸人之辩难补充，至瓦格纳（Adolph Wagner）而集其大成，组成所谓租税九原则：

第一、财政的原则

（一）充分之原则

（二）弹力之原则

第二、国民经济的原则

（一）税源之选择

（二）税种之选择

第三、正义的原则

（一）普遍之原则

（二）平等之原则

第四、税务行政的原则

（一）确实之原则

（二）便利之原则

（三）最少征收费之原则

日本之小川乡太郎，对于课税原则的主张，若汲瓦格纳氏之流，但其构想精密，颇有足称，大体观之如次：

第一、国民经济的原则

第二、社会的原则

（一）实质的正义原则

甲、普遍之原则

乙、平等之原则

（二）形式的正义原则

甲、适法之原则

乙、确实之原则

第三、财政的原则

（一）租税目的的原则

甲、充分之原则

乙、弹力之原则

（二）税务行政的原则

甲、便利的原则

乙、经济的征税之原则

欧美近代之财政学者，如巴什帖布（C. F. Bastable）、亚当士（H. C. Adams）、勒茨（H. L. Lutz）、葛洛夫（Gerloff, Grundsaetze der Besteuerung）诸人所主张之租税原则，较之上述，大同小异。

四

由前所述观之，所谓租税原则，乃一历史的范畴。很显著地，反映历史的思想与政策的指示。大抵在封建国家时代，以收入本位为原则。及一般国民有自由平等之自觉，然后普遍、平等，所谓应能担税之原则，始行出现。换言之，由官房的、征税者本位的原则，渐变而为国民经济的、社会的诸原则。无论如何之专制君主，倘单为私利私欲而征税，结果必不免枯竭税源，因而不能不顾及国民经济的影响，以及社会的批判之影响。在某种程度之内，所谓财政的、国民经济的、以及社会的原则，虽可解释为同时并在；但在初期，所谓课税原则，较之今日所主张者，悬隔殊远。

课税现象，一方为国家对个人的关系，同时即系对全社会之关系，于是租税原则，亦可从——

（一）国家的立场

（二）个人的立场

（三）社会的立场

三个观点以考察之，英国财政学者斯丹浦（Joseph Stamp）即曾如此分析。自国家的立场言之，常置重于征收租税之官房的、狭义的财政之必要。自个人的立场言之，则要求牺牲之仅少与生活的压迫之回避。更自社会的立场言之，则又切盼其与正义合致。仔细审查，则彼此之间，矛盾殊多。

欲解决此等矛盾，须以能适合国家公共之最大利益，为最高原则。自理想的内容言之，自应以国家社会最高之目的所形成的共同需要，为其指导概念。但在实际，于此相互矛盾之诸原则中，究竟何去何从，大抵出于临机的处置，而不必即基于熟筹的政策（More from expedience than from calculated policy.——A. Comstock）。为应付一定之历史的目的，时而着重财政的原则，时而揭橥个人的原则，时而高唱社会的原则。自实际的事情言之，在广泛的抽象的理念的诸原则的范围中，仍以具体的历史的原则，为取舍选择的标准。例如在近代民主主义发展的过程中，所谓租税正义之原则，虽占最高位，但在以经济国家建设为主眼之苏联，则其课税原则，已不复斤斤于租税负担之正义，而置重于社会主

义建设之合目的性。总之,不问如何原则,当其具体化之时,多少要与一定之社会力量相协和,亦属无可否定之事。❶

---

❶ 本文取材,可参考下列各书:

大畑文七:《租税国家论》,东京有斐阁一九三四年版,第一零五至一一一页。

小川乡太郎:《租税总论》,萨孟武译,商务印书馆一九二六年版,第七一至九一页。

薛赍时(G.F. Shirras):《财政学新论》,许炳汉译,商务印书馆一九三四年版,第一一五至一二三页。

C.J.Bullock, *Selected Readings in Public Finance*, 1924, pp.219-222.

Joseph Stamp, *Fundemental Principles of Taxation*, 1921, Chap.II to VI.

A. Comstock, *Taxation in the Modern State*, 1929, p.1.

E. R. A. Seligman , "The Importance of Precision in Assessment," *Essays in Taxation*, 1925, pp.390-398.

一九三五年

世界财政动向鸟瞰*

（一九三五年一月十四日）

在这充满矛盾的世界经济基础之上，不会有和谐的、稳定的财政制度。所谓不和谐与不稳定，有两种不同的动向：一个是沿着下行坡线，加速度地促成旧局面的清算；一个是沿着上行坡线，很艰辛地促成新局面的展开。于此继往开来的经济交流中，再掺上各种不同的政治组织，于是世界各国所表现的财政现象，乃不得不呈纷然错综五花八门之观。治学之士，于此纷繁杂陈的现象中，而欲理出一个整然的系统，使读者了然于现实的真象，以为推测将来之资，着实不是一件容易的事。笔者学识谫陋，研讨未精，担此论题，自知弗胜。然而通观大略，不难撷取其二三特点，藉以窥知其动向中的几个主流。

一、类型的分野

财政制度，不是人意选择的结果，而是社会的经济现实所造成。美学者塞利格曼有言："……不仅租税的实体，便是租税的理论，都要跟着社会的经济基础，而共为变迁。财政的情形，永远是经济关系的成果。有时其直接的影响，可以求之于政治的原因；但是政治变动的由来，还得要求之经济。财政与经济，是分不开的连结着。课税自体，也与社会生活的一切事实相同，仅是一个历史的范畴。"在不同的经济基础之上，自然要形成不同的财政现象，因而表现各异的财政类型。此种类型的划分，可以着眼于时间，亦可着眼于空间。可以作纵的观察，亦可作横的解剖。从类型以见动态的演化，亦可从类型以见静态的错综。不了解每一类型之所以构成，必不足以了解许多类型之所以互异。"不揣其本，而齐其末，方寸之木，可使高于岑楼"，这种例子，在财政问题的研究中，也是有的。

现代世界各国的财政制度，各有其特殊的结构。经济基础之外，有政体组

---

* 此文发表于天津《益世报·财政周刊》第二期。——编者注

织的不同，有收支划分的不同，有会计制度的不同，有科目分类的不同，有整理程序的不同，千差万殊，殊难比较。然而，财政一物，不外经济制度的反映，倘从根本着眼，不难拾取其内蕴的共同特点。综而观之，可得三类：

一、前资本主义类型（pre-capitalistic type）；

二、资本主义类型（cpitalistic type）；

三、社会主义类型（socialistic type）。

前资本主义经济与资本主义经济，在私有财产之点，是相同的；但在生产技术是否机械化之点则相异。至于资本主义经济与社会主义经济，在生产技术机械化之点是相同的；但在私有财产制存废之点，则即迥异。在各种不同的经济基础之上所表现的财政类型，自然各有其特征。

我们研究财政问题，所以要注重财政类型，其原因有三：第一，财政制度，不过是经济现实与政治组织之交互的反映，离开经济，是不能认识财政制度的真象的。任情为之，亦等于不计分母之不同，而妄事分子的加减。第二，财政问题的研讨，要以认识事实为前提。事实摆在当前，即需要人们的如实地去认取，以为批判的根据。第三，事实是永远流转的。我们为分析方便起见，首须截取历史过程的现阶段，以观其横面的组成；然后再观察其已有或可有的动态的发展。有了类型的认识，再作现象的分析。

二、"赤字"的蔓延

现阶段世界各国的财政，只要它的经济基础还是构筑在私有财产和私营企业之上，便有一个通有的现象，即所谓"赤字预算"。"赤字"为日本用语，与英语"unbalance"（不平衡）相当，表示预算上的亏短。这种亏短的由来，无论是收入抵不上支出，或是支出超过了收入，其结果即为预算的不平衡。偶然的不平衡，还没有什么不得了；但若持续到好几年，便足以表示植根甚深的财政危机。自一九二九年以来，赤字财政的骇浪，随着世界恐慌，自殖民地、次殖民地到资本主义诸国；即在经济基础稳固、财政制度健全如不列颠的国家，亦不能免。兹将英国最近数年间岁出入状况，列表❶如次（参照日文《国际经济问题的解说》及英文一九三四年版《政治家年鉴》）：

---

❶ 单位：万镑。一九三三至一九三四年度为预算数。

	岁入	岁出	盈或亏
1928~1929年	83643	81804	盈1839
1929~1930年	81497	82949	亏1452
1930~1931年	85776	88103	亏2327
1931~1932年	85148	85112	盈36
1932~1933年	82703	85931	亏3228
1933~1934年	78231	78231	—

据日本学者阿部贤一氏的说明："一九三一年度的英国决算，为得三十六万镑的盈余，遂使英吉利之大众，忍受二千二百万镑的节约，负担三千六百万镑的增税，结果还要将工党逐出于政权之外，将贵重的赤字填补？"

一九三四年四月十七日英财长张伯伦提出一九三四年至一九三五年度的预算时，所列收入总数为七亿二千七百二十万镑，支出总数为六亿九千八百一十万镑，表示着两千九百万镑的盈余。据英国《新政治家与国民周刊》（The New Statesman and Nation）的解释：英国财政所以作到这种"健全"的状态，系以重价购得——以失业者为牺牲，全国服务人员为牺牲，甚至小学教师和学童以及应受国家赞助的社会各部分为牺牲。为得此项盈余，不惜求诸逆进的课税法，求诸烦苦而琐细的各种减支。更因恐慌的结果，英吉利亦变成高度关税的国家，将巨额的新税负担，都转嫁到间接税纳税人的肩上。结果是重于贫而轻于富，租税的归宿，显然变成了逆进。如此获得的盈余，不过两千九百万镑，却要拿出两千四百万镑，减轻所得税纳税人的负担。这种预算，无疑的是以贫者为牺牲，以谋富者的方便。

其次再看美国。自恐慌的次年度，预算❶即显露赤字，至一九三三至一九三四年度，竟达七十三亿金元之巨。

---

❶ 单位：百万金元。一九三四年至一九三五年度为概算数。一方收入减少，他方则支出增加。若在个人生活，收入锐减之后，生活程度可以降低，厉行支出的节约。但在国家财政，却有不同，为缓和恐慌的影响，反要求救济支出之增大。美国岁出所以增加，即原于此。增加之主要原因，为废兵抚恤、农事局救济资金、邮局不足金、补偿金、农产物收买资金、非常时的政策费等。一九三三至一九三四年度，岁出总计百零五亿六千九百万金元之内，通常支出不过三十亿四千六百万金元，非常时事业费，却达七十五亿二千三百万金元。平时不越四十亿元之美政府的岁出状态，至是遂完全破坏。

世界财政动向鸟瞰

	岁入	岁出	盈或亏
1928~1929年	4033	3848	盈185
1929~1930年	4178	3994	盈184
1930~1931年	3317	4220	亏903
1931~1932年	2122	5007	亏2885
1932~1933年	2239	4030	亏1791
1933~1934年	2949	3790	亏841
同上修正预算	3260	10569	亏7309
1934~1935年	3975	5961	亏1986

法兰西的财政，和其他资本主义国家，略有不同，直到一九一二年度，始终维持收支均衡的状态。但至一九三三年，则完全逆转。该年一月，即入预算年度，而预算迟不成立，只以每月之假预算，弥缝一时。迟至六月，始见预算之成立：岁出为五百零四亿八千六百万法郎，岁入为四百五十六亿四千五百万法郎，亏短之数，约达四十八亿法郎之巨。法国政府虽厉行官吏的减俸，脱税的严重取缔等手段，以期将赤字缩小。但以财政困难之故，内阁之更迭频起，至十二月审议一九三四年度的预算案时，竟遭遇六十亿左右的庞大数字。肖丹内阁成立，虽能渐次树立财政计划，结局，赤字公债发行之要求额，竟达二百亿法郎之巨。兹将历年收支之数，列表❶如下：

	岁入	岁出
1929年	45,430	45,366
1930~1931年	50,465	50,398
1931~1932年	50,643	50,640
1932年	41,100	41,097
1933年	45,645	50,486
1934年	48,281	50,162

德意志的财政，自一九二四年道斯案成立后，一时曾得安定的基础，但自一九二九年恐慌以来，再见危机之展开，每年财政，均感不足。（下表单位百万马克）

	岁入	岁出
1930~1931年	10,585	11,877
1931~1932年	8,567	10,042
1932~1933年	6,327	7,944

---

❶ 单位：百万法郎。

续 表

	岁入	岁出
1933~1934年	5,927	5,927
1934~1935年	6,400	6,400

一九三三年至一九三四年度及一九三四年至一九三五年度，均属预算之数，表面虽若均衡，但其实现的可能性如何，自初即无把握。

意大利之财政，在一九二九年至一九三零年度，尚有一亿七千万里拉的盈余。但自该年度以后，历年均有亏短，其大致如次❶：

1929~1930年	19,838	19,668
1930~1931年	20,387	20,891
1931~1932年	19,324	23,191
1932~1933年	18,157	21,753
1933~1934年	17,713	20,604
1934~1935年	17,662	20,636

再看日本之财政，据阿部勇之计算，岁出总计超过岁入总计，其亏短之数，对于岁出的百分率，在昭和四年度仅为百分之零点五，至五年度则为百分之二十，六年度为百分之四点五，七年度竟达百分之三十八点五❷。

	岁入	岁出	盈或亏
1929~1930年	1,727	1,736	亏9
1930~1931年	1,525	1,557	亏32
1921~1932年	1,410	1,476	亏66
1932~1933年	1,235	2,012	亏777
1933~1934年	2,309	2,309	—
1934~1935年	2,112	2,112	—

上述英、美、法、德、意、日六强国的财政状况，充分表示赤字预算的泛滥与深刻。其余诸国，除少数例外，大抵遭遇同样的运命。据国际联盟的调查，世界各国财政，其未卷入赤字者，真是寥若晨星。赤字激化的趋势，几如传染病一般，业已传播到全世界。英学者达尔顿（Hugh Dalton）有言："不平衡的预算，所以这样的广泛，恰是举世动乱之显灼的表征，不仅限于经济，且及于财政"（Unbalanced budgets on this world-wide scale are gust a vivid symptom of

---

❶ 单位：百万里拉。

❷ 单位：百万日金。一九三三至一九三四年度及一九三四至一九三五年度，均系概算数。

world-wide disorder, both in economics and finance）。然而赤字财政的起因，又将如何解释？

三、岁收的激减

赤字财政的起因，应从岁入与岁出两方面去观察。先言岁入。在现代经济组织中，各国岁入，大抵以租税为主，而租税的来源又以"国民所得"为根据。经政府之手所征收的国民所得究有多少，自然要看关系国的经济状况而有不同。但是这种百分率，无论在那一个国家，如同战前的数目相比，均见显著的增加。现在流行的统计，很能指示出来，国民所得的五分之一以至四分之一，都要通过政府的预算。

自从一九二九年世界经济恐慌开始，许多国家的国民所得，在实质上，尤其在名义价值上，均曾感到显著的减退。据国联的调查，美国在一九二九年至一九三二年之间，降低了百分之五十三；德国降低了百分之三十九；英国降低了百分之二十。在一九二八至三一年之间，澳大利亚降低了百分之三十三；新西兰降低了百分之三十三；罗马尼亚降低了百分之三十六，即在一九二九至一九三一年的短期间里，挪威降低了百分之十；意大利降低了百分之三十三。国民所得的巨额减退，几乎弥漫到每一个国家。至于所得降低的总原因，在许多国家之间，又皆出于经济与财政的因素——物价的惨落、国际贸易的衰退、通货的不安定、购买力的减少、过度负债的重担及国际经济的不平衡，皆是促成国民所得的减退，因而影响到国家的岁收。

因为世界贸易的衰退，影响到各国的关税收入。但关税收入的减退，要受新关税设定和旧关税提高的影响。各国的关税表，如果没有什么改动，则关税收入的减退，较之实际更要加甚。各国财政当局，每遇财政困难的时节，常以入口加税，作为第一道准备线。当初税率越轻，以后伸缩越大，如英、比、荷兰、瑞士，即其显例。反之在关税税率早已甚高之国，纵令再将税率提高，收入还是缩减，这就表示课税能力的限界，业已到达或超过之故。在这些国家，税率倘再提高,不仅在收入上不会增加,还要减少,至少在现在情况之下是这样的。

直接税中的所得税，因为平均所得的减低，又因课税对象的大部分，落在很低的累进等级之上，结果在税收上，应该特别的减少。但是因为税率的提高、累进等级的改定、免税额的减低、扣除额的核减、征收方法的改进等，实际减少之数尚不如是之甚。试以美国为例：

一战岁入减少的状况[1]

	1930年	1931年	1932年
所得税	2,411	1,860	1,058
关税收入	587	378	328
消费税收入	628	569	504
其它	552	510	231
合计	4,178	3,317	2,121

美国所得税收入，自一九三零年至一九三二年，表示百分之五十六点七之减少，关税收入表示百分之四十六点五之减少，消费税表示百分之十九点五之减少。其他收入，亦因胡佛停付战债之故，表示可惊的减退。仅仅两年之间，岁入减少至百分之五十以上，可谓开今世纪美国史上之创例！

再以日本为例，昭和三年以降，以至昭和八年度，各年度租税收入实绩，与前年度相比较，其减收率如下表[2]：

	收入实绩	较前年度减	同减少率
昭和三年	915,909	—	—
昭和四年	893,505	22,404	2.4%
昭和五年	835,041	58,464	6.5%
昭和六年	735,504	99,537	11.9%
昭和七年	708,006	27,498	3.6%
昭和八年	691,815	16,191	2.5%

若以昭和三年度为标准，则昭和八年度之租税收入减收率，实为百分之二十四点三。其间历代政府犹自向增税之途狂奔，努力对于苛敛诛求，始有上述之结果。租税收入之恶化，完全反映恐慌之经济的打击。此种经济的打击，落在国民的头上，便成为淅沥不休的增税之悲雨。

这是很明显的，各国的主要税收既是这样的跌落，于是各国都想尽方法，从他种来源中找收入；同时更计划征收的新法，从间接税源里，征收交易税或消费税。再从直接税的新税源如工资之类，开征新的所得税，自然也可以增加若干的收入。同时因为关税增高的结果，一般消费多求之国内生产，于是对于国

---

[1] 参照《国际经济问题之解说》，单位：百万金元。

[2] 单位：千元日金。

内工业的课税趋势亦渐加重。然而新税旧税,无论怎样增加,而恼人的减收总是浮现到预算的收入栏中。即以美国为例,税收的惨落,竟达百分之五十。随着恐慌的激化,跌落的程度恐难以此为限!

四、军费的膨胀

岁入是这样的锐减,岁出则仍须照支,其中如列强之军费支出,恰与一般经济活动的推移相反,表示显著的增大。综合诸国政府的报告,世界之民族,在一九三零年至一九三一年度,支出一百八十亿乃至二百亿马克之军事费。若与世界之生产价数相比较,军费支出,自一九二九年以来,多到生产额的一倍。现在世界之财货生产价额的百分之五,悉消耗于军事,此额实与全世界之工业机械、需要修缮之建筑物等之全体补填代价相当。再与战前相比较,则农工品生产额,已经降到一九一三年的水准;而军事的支出,则较大战的前一年,增加了三分之二❶!

	军事支出	世界生产额
1913年	64	54
1925年	90	97
1926年	91	92
1927年	100	95
1928年	100	100
1929年	104	104
1930年	107	86
1931年	104	69
1932年	107	56

至于各国之军事费,对于总岁出所占之百分数,参照国联发行之一九三四年《军备年鉴》(*Armaments Year Book 1934*)所载,列表❷如下:

	英吉利	合众国	法兰西	意大利	日本
1928年	14.22	17.52	22.45	24.80	31.70
1929年	15.11	17.67	22.05	23.91	31.90
1930年	13.80	23.71	21.80	24.04	33.00
1931年	13.64	17.67	22.40	25.98	30.40

---

❶ 以一九二八年为基准指数。一九一三年份之军费与一九三二年份之生产,均系概算。

❷ 关于日本之份,参照《经济往来》十一月号阿部贤一著《国防费之膨胀》一文所载。

续　表

	英吉利	合众国	法兰西	意大利	日本
1932年	13.62	16.61	23.00	25.40	37.60
1933年	15.62	17.51	21.36	20.88	39.90
1934年	14.32	15.71	20.73	—	43.70

各国军事费所以如是膨胀，依阿部贤一氏之分析，不外下列四个原因。第一，在现在国际情势之下，武装国防乃自己防御所必需。第二，资本主义国相互间之对立关系及资本主义国与苏联间的对立关系，均是促成军扩。第三，兵器之发达与分量之增加，使军费之膨胀或为不可免。第四，因为临时费之恒久化，遂使军费之增加成为固定性。至于苏联之情形如何？据一九三三年度之概算，总岁出为三百五十八亿七千万卢布，海陆军费为十四亿一千七百万卢布，约当总岁出百分之四。一九三四年度之计划，总岁出为四百七十二亿一千万卢布，陆海军费为十六亿六千五百万卢布，约当总岁出百分之三点六。

统观世界多数国家，生产则日趋萎缩，军费则日趋增大，以激减的收入，应付日增的支出，安得不造成惊人的赤字财政。此时对于军费增加之明显的对照，便是私人消费与产业资本所需资金之来源的缩减。如果政府收入，在萧条开始以前，占国民所得总额的五分之一，而国民所得却自彼时降低百分之四十。此时政府收入如果照常征收，则在国民所得总额中所占的百分率，应该是为百分之三十三，结果则留在私人手里的部分，较前当跌落一半。因为消费的标准很难减低，于是应该收缩的主要部分，都集中到新资本设备的准备方面。本来是经济恐慌引起财政恐慌，现在又以财政恐慌加重经济恐慌。愈陷愈深，有如"恶环"，不至二次大战，不会得到解决。

五、公债的增发

预算有了亏短，如何使之适合，其方法有五。第一，节流；第二，动用基金；第三，变卖公产；第四，增税；第五，借债。关于节流，很有几个国家作到，但所节者，不是军务费与债务费，而是公务人员的薪金与"社会事业"的支出。此种节流，不仅数目有限，且予社会以不良的影响。至于基金，不见得各国都有；公产不见得都能变卖。巨额的财政赤字，仅恃此等办法，不能解决，于是问题遂轮到增税与借债。两法之中，借债较易而增税甚难。借债有人承销，而增税则有人反对。况且赤字的发生，即因国民所得减退的结果，对此减退的所得，再课以较重的租税，如何能够实现增税的目的？所以各国财政当局，对于赤字克服，非不得已，不去增税，一般皆以借债，弥缝一时，于是"赤字公债"的激增，遂成为现阶段各国财政的特色。

兹据国际联盟刊行之《世界经济调查》（World Economic Survey）所载：世界各国，自一九二九年至一九三三年，每年度末所负公债总额，一般均有增加的趋势。试举英、美、法、德、意、日六强国最近数年每年度末所负公债总额如下：

	1929	1930	1931	1932	1933
英吉利（单位：百万镑）	7,621	7,596	7,583	7,648	21,426
合众国（单位：百万金元）	16,391	16,185	16,802	19,487	
法兰西（单位：百万法郎）	468,512	482,179	480,821	459,746	12,247
德意志（单位：百万马克）	8,972	10,375	12,089	12,137	
意大利（单位：百万里拉）	88,942	89,876	93,178	97,268	98,418
日本（单位：百万元）	5,831	5,959	5,956	6,187	6,741

更据最近消息（一九三四年十二月十六日合众社电讯），美国财政部宣布美国公债总额，现达二八，四零零，二零五，六五三元，此为美国有史以来的最高纪录，银行街均认美国公债为最重要之问题。又据最近消息，一九三四年十一月底之日本公债发行总额，为八十六亿四千万元，至年度末，即将突破九十亿元，若再加入明年度新公债八亿三千六百万元，则在明年度末，当达九十八亿元。若更考虑今后提出之追加预算即其他情形，则其结果，势将突破百亿之数（参照一九三四年十二月二十六日东京电通社电讯）。

以上各国，所负公债数额，内容亦有种种之不同。第一，在财政健全的国家，而且有很好的信用，倘欲填补预算的亏短，可以举办长期的借债。近数年来，欲在外国市场举办此种债务已不可能，只有求之于国内。第二，利用国库证券举办短期借款。第三，在财政力量薄弱的国家，惟有向中央银行寻求垫款，尤以从事内争或外战的国家为然。例如秘鲁，在一九三一年，根本对中央银行不负债务；但是到了一九三二年年终，则已增加到钞票流通额的百分之一百八十。又如玻利维亚，在一九二九年，中央与地方政府的负债，仅占钞票流通额的百分之十；至一九三二年年终，竟达百分之一百九十。日本政府对于日本银行的负债，在一九三零年，不过占钞票流通额的百分之十五；至一九三二年年终，也要膨胀到百分之四十五。

无论如何，事实已经证明，打算平衡一国的预算，问题是日趋严重，而且日增困难，因为纳税能力逐渐竭蹶，借债可能逐渐减少之故。情势至此，仍不能平衡预算，此时政府，惟有从中央银行通融垫款。因而中央银行的准备金必为之减少，引起国家货币制度的危机。此时如欲维护银行的准备金，不免有试行不换纸币或限制提取存款等计划。倘欲避免欧战当时及战后所经历的通货膨胀与财政紊乱的危险，所赖于坚毅的银行政策与财政政策者，至为重大。

六、新型的展望

从以上的分析去看，资本主义财政，在它的制度本身早已孕育着内在的矛盾，一天一天地尖锐化起来，迟早要找到一个解决，然后走到一个新的综合。这种财政制度的新综合，不仅正在酝酿着，而且一步一步地实现着，超越了资本主义类型，根据另一种的经济机构，形成另一个系统的财政制度。这种新综合，说它是"社会主义的"或者有人以为尚早，但是一个经济制度的最主要的生产手段与交换方法，如果已经脱离了私有财产的桎梏，纵然在枝节方面仍然显示一些私有和私营的残存，已不足以影响整个经济制度的基础。兹试以苏联为例，以鉴其预算的内容，然后分析其制度的特征。

一九三四年苏联的岁出（单位：百万卢布）

一、政府投资	33,384.3
二、教育	2,668.6
三、卫生	212.8
四、体育	24.8
五、劳工保护	112.4
六、行政与军事费	2,873.2
七、债务费	1,702.0
八、地方补助费	3,697.9
九、其他支出	2,632.7
十、国家准备金	1,571.0
总计	48,879.7

续　表

一、政府投资	33,384.3
第一类　社会化经济的资源	
一、交易税	29,227.7
二、特殊商品基金	6,300.0
三、商品外经营税	225.0
四、集体财产税	300.0
五、国营事业收益税	1,521.0
六、铁路邮政电报	2,921.6
七、内债	445.0
八、银币	10.0
社会化经济收入	40,950.3
第二类　取自人民的资源	
九、放款与储蓄	3,880.0
十、直接税	2,646.0
十一、关税等	1,228.1
总计	48,704.4

　　我们看了苏联的最近预算，可以得到几个认识。第一，在岁出方面，政府投资占了苏联预算中的主要地位。试看一九三四年度的总支出四百八十八亿卢布之中，政府投资竟占到百分之六十八点三；四种社会事业费，占到百分之六点二；行政与军事占到百分之六；债务费占到百分之三点五；地方补助费占到百分之七点六；其他占到百分之八点六。政府投资于公营企业如此之多，在资本主义国家是看不到的。第二，租税制度在"企业国家"（unternehmer staat）里边，本可以不用，但在社会主义建设的初期，因为经济政策的要求，对于某种限度以下的私有和私营，还有暂时保留的必要。这在不摇撼社会化经济制度的根本，同时可以助成经济难关的平稳渡过的条件之下，是可以的，同时便不能不借助于课税方法，抑制私有与私营的滋长。第三，在这种类型下的租税制度，间接税的比率反较直接税为高，此与前资本主义类型相较，外观略同而根本不同；与资本主义类型相较，则实质与形式均有不同。据日本学者汐见三郎之研究，"一九三一年以后，苏联的所得税收入激减，而间接税则收入激增。一九三二年至一九三三年度，所得税与单一农业税之收入，在总税收中仅占百分之三点六。此因苏联所遵行之政治原则，与资本主义国家所遵行者根本不同。故于判断以上两种租税的重要性时，单着眼于收入数目的多寡，无有是处"。考间接税的本身，并无善恶可言，不过在私有制社会，财富的分配极为不均，却要课以同额的消费税，当然是极不合理。但若人民的收入，经过重大的平等化之后，大

家对于消费税同样负担,反合于普遍平等的原则。第四,在这种类型之下,公共企业收入,渐有代替租税收入的潜力。本来在计划经济开始之际,不但不能从企业本身立刻找到丰裕的收益,而且要替它筹划巨额的用费。且不独建设初期为然,纵令计划经济已经有了一段落的成功,实现了公有企业的收益,但是这些收益,仍须保留于社会生产的各部门,以充实、扩展、完成之用。等到社会化生产,一朝奠定了础石,创好了间架,他便要层层而上,形成社会收入的永久的源泉。此时一切社会支出,均可仰给于社会收入,不必再靠租税。则租税所占的比率,必为之日减,早晚也许走到无租税的阶段,亦未可知。第五,苏联的政府财政与企业财政,既已打成一片,所以她的预算制度也与资本制预算不同,藉着预算的形式,实现"统一的财政计划"(unified financial plan),此种计划"包括一切社会化经济之货币的蓄积、人民的资源、一切资本投资的支出、生产与流通各方面的经营资金以及文化要求与管理所需的各种经费"。此时所谓预算,将反映生产与分配的一切过程与计划统制(planning control)的逐渐扩张,而成为"整个社会经济的对照表"。这些特质,如果拿来与资本主义各国的财政相对照,很可以看出:现代世界财政,究竟是朝着什么不同的方向在那里动。这些动向所含的意义,对于世界人类,究竟是祸?是福?在不远的来日,总还有更具体的历史经验来告诉人们。

民国二十四年一月五日于北平

恐慌深化中"租税国家"的危机[*]

（一九三五年一月二十八日）

一

世界的经济恐慌，已经延续到第五年，人类生活的各方面，几无不受其影响。财政，为国家的经济生活之表现，以其单位的庞大与关系的复杂，故其所受经济恐慌的影响，亦较他方面为甚。由经济恐慌的普遍，促成财政恐慌的流行，于是不平衡的预算（亦即日人所称之赤字预算），遂发现于多数国家之间。据国联出版的《世界经济调查》[❶]所载十四个国家的岁计总额，除瑞士一国尚有盈余外，其余十三个国家，均属亏短。又据本年出版英国财政学者达尔顿（Hugh Dalton）等五人所著的《不平衡的预算》(Unbalanced Budgets)一书，所研究的内容，即系十五个国家的财政恐慌（a study of financial crisis in fifteen countries）。财政受经济的影响，同时亦即影响经济，对此厄运之环，欲知其如何打开，须先知其如何发展，东西学者，正在努力的研究着，吾人至少要对其主要部分，试行初步的分析。

现代所谓国家，从其生活与活动之物的基础来说，在原则上，并不是作第一次的生产；乃是第二次的，以权力的方法，参与社会所产生的生产物之分配。由此分配所形成的派生的所得，普通皆以租税称之。租税以外的国家收入，虽有多种，然而"一切收入的来源中，顶重要的，便是租税"（H. L. Lutz 原句）。达尔顿也说过："租税也可以不必需，但在实际上，还不能免"。据一九三二至一九三三年度的德国预算，租税收入占全体收入的百分之九十。同年度的英国预算，占百分之八十九。一九三一至一九三二年度的法国预算，占百分之八十九。同

---

[*] 此文发表于《国闻周报》杂志第十二卷第五期。——编者注

[❶] League of Nations, *World Economic Survey 1932-1933*, p.183.

年度的意大利预算，占百分之八十四。一九三二年度的美国预算，占百分之七十。同年度的日本预算，占百分之六十。由是观之，现代国家的财政，其收入的主要部分，既须仰赖租税，于是有"租税国家"（steuer staat）之称。

"租税国家的危机"（die krise des steuer staat）一语在一九一八年，系德国经济学者熊彼特（Schumpeter）所提出。但在十五年后的今日，其涵义的严重，远过从前。因世界经济恐慌的深化所引起的租税国家的危机，盖已震撼资本主义财政之基础。

二

社会生产的结果，经过分配，形成"国民所得"（national income）；再由国民所得，经主权者之手，强制地，课取其一部分于人民，是为租税。租税赋课的方式，有直接地，课自个人的所得者，如所得税。有以消费为标准，间接地，由支出以测定收入者，如消费税。亦有名义上，以财产或资本为租税客体，藉以推定所得的存在者，如田赋。在课税技术上，尽管有直接与间接之分，名义与实质之别，但是国民所得成为租税来源，已属无可否认之事。

即在公债收入，表面上，虽系公共信用的借贷。然而，借债之后，迟早须还，本息所出，仍赖租税。如谓租税政策的对象，系课自现在的国民所得；则公债政策的对象，即系课自将来的国民所得。租税与国民所得，其关系的密切如是。

由国民所得，以测验"纳税能力"（taxable capacity），因而比较其"租税负担"（tax burden），关系于财政政策者至巨。国民的纳税能力，虽因：国内居民人数，国内财富分配，课税方法，租税用途，纳税人心理等条件，而有大小之差；然而国民所得，对于租税的负担，自有一定的限度（taxable limit）。越此限度，而重课苛征，不仅诱致国民所得的减退，而且要看到"国民资本"（national capital）的减退。

经国家之手，所征收的租税，在国民的所得中，所占的百分率，究有多少？自然要看关系国的经济状况，而有不同。但此百分率，无论在那一个国家，如果同战前数目相比，均见显著的增加。据日本学者大内兵卫氏的计算，一九一三至一九一四年度，英国国民的租税负担，对于推定国民所得所占的成数，为百分之十一点四，至一九二四至一九二五年度，则增为百分之二十二。法国在一九一三年度为百分之十四,至一九二四年度则增为百分之十七。德国在一九一三至一九一四年度为百分之十。意大利在一九二四至一九二五年度为百分之十九点二。美国在一九一三年度为百分之六点六,至一九二四年度增为百分之十点五。日本在一九一三至一九一四年度为百分之十三点七,至一九二三至一九二四年度增为百分之十四点四。由是观之,国民所得的五分之一,以至四分之一,都要通过政府的预算,以供国家的支配。

三

自十九世纪末叶以来,主要各国的国民所得,其发展的趋势,大约可分为三个段落。第一个段落,自一八九零年以至一九一四年。对于国民所得的估计,无论是在德国,或是在日本几乎没有一年减少过。其它诸国,纵不怎样规律,但其趋势,总是向上。第二个段落,自欧战停止之后以至此次大恐慌发生以前。大战以后,国民所得的增加,复行恢复。一九二零年以至一九二一年的恐慌,亦曾惹起急遽的减少,但是回复的也很快。除了几个欧洲国家,因为大战当时和战后的通货膨胀,结果弄得很竭蹶。但在多数国家,战后的生活标准,不仅较前提高,而且进步的也很快。当时国民所得,降得最低的,当属美国,降低了百分之十五。以后至一九二五年,实际上每一个国家,均曾弥补了那次的落退。第三个段落,自一九二九大恐慌发生之年以至今日。在这次长期的经济萧条中,国民所得的跌落,比以前可厉害了!据《世界经济调查》所载,美国在一九二九至一九三二年之间,降低了百分之五十三,德国降低了百分之三十九,英国降低了百分之二十。在一九二八至一九三一年之间,澳大利亚降低了百分之三十三,新西兰降低了百分之三十三,罗马尼亚降低了百分之三十六。这样降低的趋势,延续到一九三二年,以罗马尼亚为例,数字即降低了百分之五十三。即在一九二九至一九三一年的短期间里,挪威也降低了百分之十,意大利降低了百分之三十三。一九三二年荷兰的威尔德(Welder)委员会,对于该国财政状况的报告,即认为自一九二九年以后,课税所得(taxable income)降低了百分之三十,已经是中庸乐观的估计。一九二六至一九三二年,智利总生产额的价值从三十二亿 Pesos(智利货币)减到二十二亿以至二十四亿 Pesos,降低了百分之三十,而该国货币,则又跌价百分之五十。

许多国家的财政困难,根本原因,便是国民所得的减退。而所得减退的总原因，在许多国家之间，又皆出于经济的与财政的诸因素。物价的惨落，国际贸易的衰退，通货的不安定，过度负债的重担，国际经济的不平衡，一般的讲，可以说是整个萧条之中心原素。至于各国政府，对于国民所得的降低，都用什么方法去应付，则各国之间，殊有不同，因之表现于财政者，各有特殊的情况。

四

国民所得之巨额的减退，几乎弥漫到每一个国家，于是身负财政重责的那些人，不觉进退两难。岁入是这样的锐减，岁出则仍须照支。关于最近的趋势，固然还没有充分的统计，足资测量；但自国民所得中，提供国家之用的百分数，曾经急遽的增加，已经是很清楚的事实。对于这种增加之明显的对照，便是私人消费与工业资本所需资金之来源的缩减。如果政府收入，在萧条开始以前，占国民所得总额五分之一，而国民所得却自彼时降低百分之四十，此时租税如果照常征收，则在国民所得总额中所占的百分率，应该是百分之三十三。结果则留在私人手里的部分，较前当跌落一半。因为消费的标准，很难减低，于是应该收缩的主要部分，都集中到新资本设备的准备方面。现代财政所感到的困难，便是在经济萧条的现阶段中，更发挥强有力的紧缩作用。

国民所得的降低及于租税的影响，可分间接税与直接税两方面去观察。先以关税为例，几乎在每一个国家的预算里，关税都占很重要的地位。不仅以其收入总数之多，亦因其富于伸缩力。各国的财政当局，每遇财政困难，辄以入口加税，为第一道准备线。当初税率越轻，以后伸缩愈大，英、比、瑞、荷诸国，即其显例。如以一九二九年为一百，而以一九三二年与之相比，则英国为一三九，比国为一一八，瑞士为一一六，荷兰为一一五。反之在关税税率早已甚高之国，纵令再将税率提高，收入还是缩减，这就表示课税能力的限界，业已达到或超越之故。试以同一期间相比，瑞典降为百分之九十，西班牙为百分之八十一，奥地利与意大利俱为百分之八十，阿根廷为百分之六十七，澳大利亚为百分之六十三，捷克斯拉夫为百分之六十二，美利坚为百分之五十四，匈牙利为百分之四十，波兰为百分之三十四。在这些国家，税率倘再提高，在收入上，不仅不会增收，还要减少，至少在现在情况之下，是这样的。

近年各国收入的减少，常被税率增高的事实所掩盖。许多国家，不是采用新税，便是对于旧税，加紧征收的方法。即在观察单独租税的时节，这些变迁，也掩蔽了实在的状况。例如世界入口总价值，在一九三二年，较之一九二九年，大抵减低了百分之四十，许多国家，降得还要厉害，最多曾达百分之八十七！关税收入的减退，自然要受新关税设定和旧关税提高的影响。税率表如果没有什么改动，则关税收入的减退，较之实际，定有不同。

直接税中的所得税，因为一般所得的降低，又因课税的大部分，落在较低的累进等级，结果在税收上，应该特别的减少。但是这种更强的减少趋势，不甚容易说明，国际间的比较，亦殊不易。而且一般的讲，国民所得的减退，反映到税收的减少，总是很慢。但是几个国家的所得税统计表，对于减少的趋势，已经充分的表现出来。各国对此的应付方法，或则提高税率，或则改定累进等级，或则降低免税额，或则减少扣除额，或则改进征收方法——经过了这些努力之后，各国税收，还是只有跌落！试以美国为例，一九二九年度所得税收入为二十三亿三千一百万金元；至一九三三年度仅得十一亿金元。如以一九二九年为一百，则一九三三年，仅得百分之四十五！

主要税源的收数，既是这样的跌落，于是各国皆想尽方法，从他种富源中找收入。同时更计划征收的新法，从间接税的税源，征收贩卖税（general sales tax or turnover tax）或消费税。再从直接税的新税源如工资之类，征收新的所得税，自然也可以增加若干收入。同时因为关税增高的结果，一般消费，多求之国内生产，于是对于国内产业的课税趋势，亦渐加重。但因国民所得的减退，大众消费力，亦因而减杀，则以大众消费为对象的间接税，亦不得不为之减收。由是观之，所有新旧租税，无论怎样增加其税率，而恼人的减收，总是浮现到预算的收入栏中。即以美国为例，税收的惨落，曾经超过百分之四十五。收入所以如此惨落，完全因为课税能力减退之故。

从前德国财政学者施泰因（Lorenz von Stein）曾主张租税的"再生产说"，以为："国家欲征收所欲征收的租税，必以个人经济能有所得为前提。然而个人经济，欲有所得，则又有其条件。国家征收租税之际，不能专恃最高权力，以威胁之，而当利用其权力，作成租税所从出之经济力的前提要件。……国家若因行政之故而征收租税，必其行政，足以养成国民纳税能力的条件，使租税源源不绝而后可"。此种主张，在资本主义方在发达的时代，固不失为课税的最高原则。但当资本主义发展到现阶段的今日，所谓"租税经济"，已不能掩盖其内在的矛盾。盖在个人主义的资本主义社会，一般生产物，仅为私经济主体而生产。于此而有国家，为其自己的存在，而为经济生活，自私经济主体观之，不外一种寄生的被给养者。此种寄食的生活，如与私经济之利己的活动，不相冲突，尚有可能。倘因课税之故，对于私经济，减少其生产的利益，中止其生产的努力，则私经济必用逋税斗争或脱税之种种方法，以抵抗之。纵使国家强化其租税法，以严其征收，势必需要多数之官吏，结果则收入未见而支出反增。

五

在常态的时节，公私各界，都比较繁荣，则对于财政分析之论理的步骤，应该从岁出入手，所谓量出以制入。但当繁荣避位而萧条展开，收入急遽减少之时，则对于支出，便不能以通常的谨慎去应付。当此时节，政府也与私人相同，应该量入为出，从岁入方面，考量其预算。现在已有若干国家，渐能应用此种观点，调整其预算程序。至于财政方面强有力的国家，虽能运用增税或借债的方法，维持其必需的岁出；但是这些国家，也要对于"必需"一语，大加修正。若在贫困的国家，甚至改变到这种程度，预料着某种收入，何时可以收到，便将经费的分配，排列到某一月份之内。此时财政政策之决定的因素，不是必需的开支，而是可得的收入。

然而各国政府，对于异常减少的国民所得，而欲调整其岁入与岁出，总是感到非常的困难。岁出是不容易减削的，尤其是军务费，不仅不能减少，还要增加。一方有岁出的膨胀，同时有岁入的缩减，则其不可避免的趋向，惟有增加负债的一途。

国家借债，何时蔑有？但因军事支出之无限制的膨胀，与国民所得之无止期的跌落，因而长期的以公债政策弥缝其间，形成公债增发的必然性，与"赤字预算"的固定性，则为前此所稀见。在信用健全的国家，尚可发行长期公债，为政府留回旋之余地。若在信用薄弱的国家，屡发公债，以致市场不能吸收，惟有采用银行借款、短期借垫，以及往来透支等形式，以弥缝一时。即在日本，近数年来即颇有此经验。然而银行放款，终以此法，不甚安全，早晚总要要求政府，调换正式的债券。如是循环，无可再增，达到公债发行的限度时，则所谓"租税国家"者，仍须转回头来，重蹈"增税"之路。

六

至于"租税国家"的前途，究竟如何？大约不外柯尔（G. D. H. Cole）为资本经济所指出的三条路。一个是根据现制而加以广泛的勇猛的改造；一个是彻首彻尾另换一个不同的新制以代旧制；又一个则是一任现制的颓废，不至混乱不止。如果第三条路实现了，则世界的前途，确乎是很暗澹。至于第一条路，则美国正在试验，尚不知最后的结果如何。据今年一月四日罗斯福总统预算通牒（budget message）所显示的文件，则为产业复兴所规定的非常支出，在一九三二至一九三三年度为十二亿七千七百万金元，一九三三至一九三四年度为六十三亿五千七百万金元；一九三四至一九三五年度为七亿二千三百万金元。此种非常支出（emergency expenditure），在罗斯福的意思，便打算藉此以战胜萧条，挽回国民所得的颓势。至于第二条路，则根本废弃"租税国家"的形态，进而为"企业国家"（unternehmer staat），所有租税国家之内在的矛盾，根本消除，形成财政制度的特殊类型，独立于世界的经济恐慌之外。以上两种形态，正在演化推进中，历史总要告诉人类以最后的结论。❶

民国二十三年十二月十一日于北平

---

❶ 本文根据之材料，主要见下列各书：
League of Nations, *World Economic Survey 1932-1933*.
Hugh Dalton and Others, *Unbalanced Budgets*, 1934, Chap I and II.
大畑文七：《租税国家论》，东京有斐阁一九三四年版，各处。
大内兵卫：《财政学大纲》中卷，施复亮译，大江书铺一九三三年版，《租税论》第一章。
Paul Sudenski, "Taxation in the New Social State Ⅰ. Public Finance in the World Crisis," *The Nation*, No.3615, Oct.17, 1934.

租税政策的歧途*

（一九三五年一月二十八日）

> 交易税开征问题，已为各方所注意，有主张施行者，有主张缓征者，观点不同，结论自殊。吾人以一般国民的立场认为此中尚有不可忽视的租税政策的根本问题，懔于国事之日艰，不能不竭其千虑之愚，以备细流土壤之助。
>
> 民国二十四年一月二十五日于北平，作者附识

不只是生与义，更不只是鱼与熊掌，凡是"二者不可得兼"的事情，总要有所取、有所舍——这宗难题，现在又轮到行将开征的交易税。按说吾国今日的财政，可谓山穷水尽，多少年来，老是笼罩在"战时财政"的氛围中，为应付"非常时"的要求，不得不想尽种种筹款的方法，始则借债，继以增税，增税不足，更谋借债。有时增税与借债并行；有时增税为借债先声，于此度支艰窘之余，而有交易税的开征，多少要有"收入目的"存乎其间，盖亦无庸讳言。但据官方声称，征收交易税，"能使投机家少作买空卖空之事，于安定金融市场甚有裨益"，似乎财部此举，尚有制裁投机、保护社会，所谓"非收入的目的"。究竟交易税的开征，为"收入"乎？为"非收入"乎？如果都为，二者是否可以得兼？应有一种分析。

租税的特质有三：其运用属于法律，即所谓"强制分担"；其来源属于经济，即所谓"取自私有财产或所得"；其效能属于政治，即所谓"为公共目的"（参照最近美学者蒲徕恩对于租税的定义）。"公共目的"一称"共同必要"，其古今涵义，颇有不同，从前所称共同必要，仅指公共经费的支办，重者"收入目的"。吾国家既不直接参加生产，则对于生产的成果，当然不能为直接分配的一员。倘

---

* 此文发表于天津《大公报》。——编者注

欲维持国家生存，势须运用公法上的课税特权，从直接分配的各种所得中，课取派生所得的租税，以后随时代的要求知租税为物，不仅可用以获得收入，且须于"收入目的"外，实现"非收入的目的"。

一种租税的设定，如果为的是收入，便要希望课税对象的长期存在，而且希望它逐渐发展。有了日渐发展的税源，才能蔚为源源不绝的税收。但是一个国家的财政政策，于收入目的外，有时需要着眼于非收入的目的。此种目的，无论是保护本国产业，或是维持社会安宁，都要以课税对象的逐渐减少或是完全绝迹为指归。"社会课税"或"经济课税"的完成，也就是该项税收"损之又损以至于无"的一日。这种情形，在保护关税最为显著，为了保护，便不能顾及收入；为了收入，便不能完成保护，租税的二重目的，往往是"互不相容"，盖不仅关税如此！

吾国交易税条例草案，大抵取法于日本，但是日本的取引税，仅限于期货交易，对于现货交易，则不课税。其次，对于有价证券的定期买卖，短期税轻，长期税重，盖如此规定，方能希望其有制裁投机之效。反观吾国草案，对此均付缺如。既无现货与期货之分，亦无近期与远期之别，只要在交易所内买卖有价证券或物品一律课以交易税，自形迹观之，不能不令人想到：此其目的，为收入耳，岂有制裁投机而不加以区别之理。

若夫以收入为目的的交易税，西洋亦颇行之。如欧战后，德、法、意、比、捷克、加拿大诸邦所行的"一般交易税"，目的即为收入，但亦有两个特异之点，可以注意。第一，西洋（英美并未实行）的一般交易税，对于一切交易均行课税，并不限于交易所以内。此种作法，自然也有西洋的经济的与社会的条件。以吾国今日各种交易的凋落，与新式簿记的不发达，纵令有意效法西洋，因为"课税用具"与"征收方法"的关系，亦只能课之于所内，而不能之于所外。但若以课税的普遍衡之，又不能闲执交易所经纪人之口。前者上海经纪人公会呈院部文中，便谓"交易所以内之现货买卖，与交易所以外之现货买卖初无二致，所外既不课税。所内又何独异"。第二，西洋的一般交易税，在租税的转嫁与归宿上，还是归一般消费者或使使用者负担于旧有消费税之外，更加一种变相的消费税，所以美学者塞利格曼在一九二五年所著的《财政学研究》一书中，极力反对。但是那些国家征收一般交易税的时节，还能对于生活必需品及原料品规定减税或免税，藉以减轻一般消费者的负担。反观吾国草案，除证券标金不计外，所有棉花、棉纱、面粉、杂粮、米麦、黄豆、红粮、豆饼、豆油等生活必需品的现货交易，一律课税，以一般必需品的消费，为增加税收的来源，大有审慎考虑的必要！

仅以面粉、棉纱为例，以此为课税来源，在国税系统中，有已征之统税，存待征之交易税；在地方税系统中，有牙税，有营业税，一饮一啄，半丝半缕，从最初的生产者以达最后的消费，不知要经过多少次的课税。财部纵为增加收入之故，无暇顾及民众的负担，亦应知近年因经济萧条之故，交易所的成交额，早已日趋衰落（参照去年十二月十四日本报所登沪经纪人公会呈院部文及近顷各报所登该公会为谓求暂缓征收交易税宣言）。加以开征之后，不免促起外转、避免等手段，难望有若何巨额收入。

依此情势推测，交易税的开征，既不可，且难望——有若何巨额的收入，则不如直捷了当，着眼于"非收入目的"，不必再汲汲于收入，以免两失！本此观点，吾人对于此税之希望如次：第一，在现行经济组织之下，不能无交易所，即不可不有交易税，以期其能制裁投机，稳定物价，保障社会。第二，根据上述原则，现货交易，不应课税，只课期货交易。在期货中，又须有近期、远期之分，近期税轻，远期税重。第三，草案原定税率，虽经财部核减，但国民所要求者，并不是无区别的漫然减低，而是对于课税品的种类与成交期间的远近，各予以适当的规定。第四，对于国债证券之买卖交易，沪经纪人公会根据日本先例，主张免税，此与吾人所见不同。吾国一般企业纵不见发达，但是公债的买卖与投机则极为繁荣！其中致巨富者有之，败身家者有之，根据"应能负担"的原则，国家对于买卖公债的成功者，应课税以示公平；对于买卖公债的侥幸者应课税以示儆戒。"证券免税的问题"，西方学者已有多人讨论，健实如塞利格曼老教授，都在那里很辛辣地指斥证券免税的不当。这是"财政平等"的问题，这是"社会正义"的问题，大家应该注意！

现阶段的中国租税政策，究竟走那条路呢？为社会目的吧，急于星火的开支怎么办？为收入目的吧，行将崩溃的经济怎么办？都顾着吧，是否都能顾得到？总括的讲，今日中国国民所遭逢的境遇，无处不是充满荆棘的歧途，要认清目的，拿出"鳌蛇在手，壮士断腕"的态度以赴之，关于交易税问题，尤其小焉者耳！

危机交迫之中国财政与金融[*]

（一九三五年四月十日）

一、中国经济的"二竖"

关于中国经济的病态，只要我们肯静心地观察一下，便觉古人所说病象上的"二竖子"，浮动在我们眼前——一个是贸易的入超，另一个便是财政的出超。这"二竖"，发展得真厉害，而且有一种趋势，转眼便要跳入中国经济体的肓之上、膏之下，使国手如和缓，都要无如之何。国人对此，将任其自然的发展，使跳入经济体的膏肓呢？还是有方法将这"二竖"抓住呢？这真是值得注意的焦眉问题。

财政属于政府经济，贸易属于社会经济；财政的出超与贸易的入超所活动的范围虽不同，但是所根据的病源，则初无二致。我们的社会经济，是过着封建崩溃期的生产与资本烂漫期的消费，这是一个大矛盾。我们的政府经济，是过着消费税中心时代的收入与帝国主义军备形式的支出，这又是一个大矛盾。就社会经济看，原始农业、手工业与家庭工业，尽管破产；同时尽可乘坐一九三六式的汽车，去看好莱坞出品的歌舞影片。就政府经济看，所得税、遗产税、临时利得税，所谓现代国家的税制，在我们是一无所有；但是什么轰炸机、坦克车之类，所谓现代战争的利器，却能回旋活跃在中国的宇内。我们的公私经济，在生产方法，如果你打算现代化，不仅在生产本身是"成之甚难"，而且有种种魔障，站在你的眼前，拦住你的去路，破坏你的成功，以免填塞帝国主义的市场，破坏资本商品的利市。但是在消费方面呢？却又大大不然，你不想现代化，它还要促着你现代化；如果你意存歆动，它更要推波助澜。在消费方面，你的现代化，便是超过了它，它也情愿。这样畸形的、矛盾的、利害倒置的现代

---

[*] 此文发表于天津《大公报·经济周刊》第一零八期。——编者注

化过程，真把中国害苦了，将我们中国的经济体制，造成今日这样"二竖"跳梁，岌岌不可终朝的险象！

卫文公身遭亡国之痛，负复兴之任，你看他怎样做。他在生产方面，作得那样多，那样积极——"务材、训农、通商、惠工、敬教、劝学、授方、任能。"然而在消费方面呢？他却要"大布之衣，大帛之冠"！消费，宁使它落伍；生产，却要它兼程。如此作去，国安得而不兴？耻焉得而不雪？那是最简单而有把握的道路。摆得清楚极了，清楚到人们都不大注意！反之，而生产落伍，消费兼程，生者甚寡而食者甚众，则"社会精力之剩余存储"必日趋于销蚀；即使不屈服于外力，也要自趋于倾颓。医缓所谓"攻之不可，达之不及，药不至焉"，即指此等境地。

二、金融怎样与财政结合

中国古代财政，不知道有金融。传说中的赧王债台，总不是拿今日金融市场的公债票或库券筑成的。中国岁入来源的发展，大致可分为四个阶段：第一，以原始农业经济为基础，形成田赋中心时代；第二，以旧式工商经济为基础，形成杂税中心时代；第三，以国际贸易为基础，形成关税中心时代；第四，以金融市场为基础，形成公债中心时代。从历史发展的次序去观察，以上四个类型，一个比一个晚，"后来居上"，依次取得每一时代国家岁收的中心地位。往者不具论，自鸦片战役以后，海禁大开，因为国际贸易的突进，关税收入固随之增加；银行制度也跟着进来。日久兹蔓，调剂盈虚，遂于中国经济机构中，添入金融市场一要素。起初，政府财政与金融市场的关系，尚不怎样密切；以后所以结成不解缘者，大约经过三个阶段：第一，在北京政府时代，因为当局采用公债政策的结果，于是大小新式银行，便如雨后春笋，接踵而起；甚至有专为应募政府公债而成立新行者，这是以政治为动力，促成金融市场的兴起时期。第二，在欧战之后，一方面因政府滥发公债之故，债信大跌；同时以资本商品入口减少之故，新式工业抬头；于是金融市场之资金，向之以投资公债为主业者，至是乃转投于新式工业。这是以政治的消极作用与经济的积极作用促成金融市场的正当发展时期。第三，在国民政府成立以后，原来债票持有人的心理，以为这一次的革命还不把北京政府所发的公债都革了去。但是结果恰恰相反，本息照付。于是金融市场之投资，复置信于公债。加以欧战既停，外货涌进，新式工业无甚可为,于是银行资金又转而趋于政府,这是因政治的转变与经济的升沉造成金融市场畸形发展的时期。到第三期,政府与银行,财政与金融,关系愈深,大有相依为命之势。

三、银行投资政府之三个形式

我们提到公债,便联想到债票;实则政府举债,不必即靠债票。其主要形式有三:第一,自然是狭义的公债,以债票行之,期限较长,有长至数十年者。第二为库券,按原则讲,期限不能过一年,以月计。第三,为银行垫款或透支,不用票券,只靠帐簿,随借随还,随用随归,短者以日计。财政健全的国家,以公债供建设之用,期限甚长。即欲填补预算上的亏短,亦可应用长期公债的方式,以期获得较有利的条件。但在财政力量薄弱的国家,则竞向中央银行寻求垫款。此不仅中国为然,凡从事内争或外战的国家,莫不如是。例如秘鲁,在一九三一年对中央银行根本不负债务;但是到了一九三二年的年终,所负债务,即已增到钞票流通额的百分之八十。又如玻利维亚,在一九二九年,政府负债仅占钞票流通额的百分之十,至一九三二年的年终,竟达百分之一百九十。日本政府对于日本银行的负债,在一九三零年不过占钞票流通额的百分之十五,至一九三二年的年终,也膨胀到百分之四十五。况在我国,代理国库的中央银行,始终未曾独立,仅成财政部的附庸。制度上既不能入金库独立的正轨,事实上自不免予取予求的流弊。始则以金融补助国库,继则以财政累及金融;有时金融能助成公债的滥发,有时财政即招致金融的危机。二者之间,仿佛结成了"罪恶之环",不知谁是因,谁是果。始之以交相利者,结果乃交相害,盖至举债形式发展到银行借垫之阶段,其弊乃大为显著。

四、怎样形成中国金融市场

金融资本的充分发展,应该在工业资本发展之后。我们中国,并没有经过工业资本发展的阶段,以什么资格形成金融资本呢?此中来源最多、大半以帝国主义者海外投资之资本,与贸易入超暂存中国之外商资本为主。以这样资本所形成的金融市场,绝不是正常的,而是病态的、畸形的、迟早要发生破绽的。本来中国贸易的入超,不只一年,何以往年便能马马虎虎的过去,而现在则不能？此中亦可分作三个阶段观察：第一，以贸易入超，购运土货；第二，以入超债权，贷放取息；第三，以应收债权，运银西去。在以前两个阶段，贸易虽然入超，我们的金融市场尚能运转自如。（这里自然还有华侨汇款等原因）一旦因为临时原因，海外银价较在中国为高，辇归运用，较在中国为厚，债权本来是人家的，又何必一定留在中国？因多年之贸易入超，造成永久的汇兑逆势。一旦抵销无方，控制乏力，于是白银流出，若决江河。始则影响金融市场，继则牵动国家财政，朝野变色，始皇皇然以白银问题为动色相告之资。

五、政府处理白银问题之三方式

白现银纷纷流出，金融市场的筹码，顿感缺少。于是头一个受到威胁的，为中国的银行、钱庄与工商各业。第二个因公债资金的来源不稳而感到威胁的，当然是政府。于是第一步，在去年十月十四日晚，乃以紧急方式，由政府与银行会商，通电全国海关，开征银出口税。但是这种处置，并未产生若何效果。偷运的不必说，我们是鞭长莫及，照顾不周。即令上税，而运者自运，则以海外银价继长增高，上税之后，仍然有利可图故。于是在新旧年关之间，不得不想第二步的办法，而有海外购银之举。在这里，我们有许多疑问，我们在海外购银，凭什么购？购银的代价，我们拿什么给人家？将用商品购银乎？我们是入超的国家，凭什么对人家从商品得债权？将用金条购银乎？试问我们的中央银行能有多少金条？纵有，又能凭它购得几何？将用证券购银乎？现在无论从香港或从伦敦买银子，同时定个期限，出个证据，附上条件，将来再还它，也可以说是一个办法。但是，如果这样，在实质上，已经是一个国际借款了！然而无论如何，只靠着零星购银，又感觉着不成，于是步入第三个方式，而有"国际对华贷款"的喧嚷。虽说此种声浪，系随"中日经济提携"的呼声而起，而为国际政治间所谓门户开放主义与东亚门罗主义斗争的新形态；但是在我们中国自身，如果没有某种需要，无论对谁，我们都可以谢绝它。我们用不着借款，难道说，非叫我们借款不成？！总因为我们的财政太困窘了，我们的金融太紧急了，乃不惜东一撞、西一撞，什么两亿日金的特种银行，什么两千万金镑的财政援助。这些空中楼阁，何异屠门大嚼，纵令实现，还不是吃亏在我，操纵由人。刀俎之势已成，悬勒之机何在？以云危机，诚哉其为危机也！

六、国际贷款的三种方向

如果国际贷款已经实现,那么,生米作熟了饭,错了也就错了,说也无用。惟其尚未成功,才用着国人来讨论。惟其过了喧嚷的时期,转入沉静的状态,才更值得国人注意!热度是下去了,你敢保不再高起来。病,不怕显露,最怕沉潜。所以我们要趁这较为沉静的时节,看一看,如果实现了,它要走什么方向。依粗浅的观察,不外三种:第一用诸政府财政,第二用诸国际贸易,第三用诸国际汇兑。第一种的可能甚少。不用说现在的外国,已经不肯贷付大宗金额,供给中国政府的经常开支;便是肯,今日的外国,也没有那些方便的现钱借给我国。(但是少数的对于中国政府海外采办的拨付,是可有的)第二种已有棉麦借款的先例。现在美日也颇主张,所谓物资借款,即是在国际贸易上,将货赊给我们,不要我们付现钱,以后再说。并且口头上主张,现在以机械之类供给我们,将来以原料之类偿付它,作成国际贸易的实物交换制。此制的利弊且不讲,但是供给我们的,都能是机械一类么?赊给你鱼翅鲍鱼,你尽管吃;赊给你香水脂粉,你尽管擦;赊给你汽车汽油,你尽管用;没现钱,不要紧,实行物资贷款,你尽管消费。将来真演到这等地步,可真是要命的亲善!如果国际贷款用诸财政,足以奖励政府浪费的话,则用诸贸易,一样足以奖励整个社会的浪费,其流弊较用诸财政,还要广泛、还要厉害。第三,便是用诸金融。如果借款,仅用诸购银,变零购为趸购,虽足挽颓势于一时,但是入超的趋势不改,所借之款须还,早晚还是要跑出去,而且跑的还要甚。于是也有许多人想到,要将此款用诸币制改革与稳定汇兑。这确是很复杂而值得考虑的问题。美国货币学者甘末尔,从前有建议,最近有主张,此中不无斟酌的余地。但是我们要知道,仅靠着币制改革,是决不足挽救中国经济的危机的。我们纵然借得巨款,确立在外正货,实行金汇兑本位制;而我们的贸易入超,并不因是而消灭也。我们的财政出超,并不因是而消灭也。认为方法的一部分则可,专靠它则不可。而况金汇本位的实行,并非咄嗟立办者乎?

七、外债未成时的内债

现代中国财政,有它的三部曲——增税、借内债、借外债,错综演奏,循环无端。所谓国际对华贷款，既在虚无缥缈中，而国内的金融市场，则筹码特少，空虚太甚。如此继续下去，纵令有多少家库藏尚丰，也必不肯放手，资金冻结的结果，和没有资金一样。一方面金融市场的无办法，同时即系财政的无办法。多少年来，财政是仰仗金融市场的挹注的，现在则挹注无从。政府所感到的金融紧迫，恐怕比上海工商业所感到的紧迫，还要甚。于是政府为财政之故而思解脱此厄，比为上海的工商业还要急，结果遂有一亿元金融公债的提出。这不仅归还了大部分的临时借垫，不仅遂行了政府的金融统制，且可持此为保证准备，增发钞票，使银行多流动之资。筹码多了，可以放与工商业，曷尝不可以垫与政府？政府以纸片来，银行以纸片应，政府主张不用通货膨胀政策，但是这种作法，是不是迂回的通货膨胀？如此推演，是不是有落价与停兑的可能？纵不至此，是不是更要抬高现银的价值，越发逐出于流通市场以外？政府为此，为安定金融乎？为迫害金融乎？不知将来事实，将向那一方面证明也！

八、一个最小限度的提议

入超与白银交流，财政与金融交困，这种局面，真有些继续不下。眼看着"二竖"跳跃，逼近膏肓，只要前进一步，便要一切都了。这真是亘古未有的危机！然则将如何？

这问题太大了！全国有脑筋、有力量的人，都在那里想、在那里办。我们要各尽所知，各尽所能，勇猛精进的来解决这问题。最低限度，要从三方面下手：

第一，币制怎么整理？汇兑怎样稳定？这不仅是中国一国的问题，而是世界各国的问题。世界各国既以中国为最大市场，中国的购买力如果太缺乏或是太不稳定，对于各国商务，即发生极大的障碍。所以图谋中国币制的利益，也就是各国商务的利益。这对任何国家都可以公开的谈判，提出严整而具体的币制改革计划，以与各国相磋商，甚至我们要自动的要求他们给以借款的协助。虽说帝国主义者对于被侵略的国家，难得利害一致。但是世界经济连锁的结果，牵一发而动全身；于我们有利益的话，某部分于他们也有利益，这就看弱国外交的运用了。

第二，怎样树立强有力的关税政策？虽说国力所限，莫能自主，但是子产也说过："国不竞亦陵，何国之为？"人说什么，便是什么，虽能苟延残喘于一时，早晚也要烟消火灭地颓下去。而况那些奢侈品、享乐品，尽可用入口禁止。入口限制的办法，检出多少宗太不成话的东西，毅然决然的牺牲了收入政策，加以保护的，或社会的色彩怎见得就行不通？毕竟还是我们自己舍不得那些收入，所以乐得看着那些货品源源而来，以促成关税收入的增进。现在政府只知提议裁撤转口税，核减出口税，而不从入口税下手，自是顾虑岁收之意。然而为区区岁收之故，不惜助长入超，取赏于国内消费者，这真是借刀自杀之尤，从入超所引起的大部危机，皆由关税欲增一念而起。

第三，怎样调整公经济的收入和支出，与私经济的生产和消费。我不信财政的减政，真个的办不到。一个古人曾说过："日食万钱，曾无下箸处。"如此说来，如果少于万钱，岂不将他饿坏了。所以这位先生的见解确是减无可减。但是一日所食，是否需要万钱？于此大有疑问？推而至于整个的社会经济，无不受政府经济的影响。有人领导于上，怎能怪芸芸众生之风靡于下！生产的现代化未可知；故乃极力促进消费的现代化！这样的现代化，大可不必主张！未能达到生产的一定水平，便不许提高消费的水平。同时更重要的，在财政方面，如果没有那么多的收入，便不许有那么多的支出。世界许多国家，在此经济萧条期间，已将量出制入的财政政策，改为量入制出。岂有贫乏如中国，仍能借口量出制入之理？调整社会经济，要由政府来执行；不能消灭财政的出超，怎能消灭贸易的入超？此而不能，一切都无可说。

苏俄现行之所得税制[*]

（一九三五年四月二十九日）

一、引论

现代所得税制，乃资本主义发达的产物。旷观并世各国，所得税收入最丰富的国家，也便是资本主义最成熟的国家。此种税制之存在，不仅以其富于充分与弹力，合乎收入目的所要求的条件；且以其税的体制中，含有累进、分等、区别、免税等机构，对于现社会财富分配的不平，发挥再分配的作用，用以达到租税的社会目的。收入目的为现代国家所需；社会目的更为现代资本主义国家所需要；所得税制之风靡各国，宁属客观的必然。然则在经济体制完全异样的苏俄，也需要所得税否？其需要的内涵，是否与上述各国相同？这些问题，确实值得吾人的注意。资本主义类型的所得税制，早有多人介绍；兹就苏俄现行之所得税制，施以客观的叙述，用备国人参考。

二、苏俄所得税的特征

现行苏俄的所得税制，由三种租税组织而成。一种为"私人及私企业所得税"（einkommensteuer von privatpers onen und privatunternehmungen），一种为"合作及国家企业所得税"（einkommensteuer von staatlichen und genossenschaftlichen unternehmungen），再一种为对于农村住民所课的唯一的、统一的直接国税——即所谓"单一农业税"（einzige landwirtschaftsteuer）。查"私人及私企业所得税"，创始于新经济政策采用以后，系对于新发生的资本家所谓"Nepman"的所得所课之税，其时期为一九二二年十一月。本税自始即根据综合课税主义，对自然人及法人之综合所得，课以累进税率。关于所得人，复类别其所属的社会

---

[*] 此文刊载于《国闻周报》第十二卷第十六期。——编者注

阶级，施以差别课税，是为其特征所在。其后屡经改正，课税范围，因而扩大，以阶级为区别的差别课税，亦随之加严；但其根本组织，尚无多大变化。"合作及国家企业所得税"创始于一九二三年六月，对于合作组织经营、准国营及公私混合经营等企业之纯益，课以百分之八的比例税。嗣于一九二九年，提高税率至百分之二十，至今尚无大变。至于"单一农业税"，自一九二三年五月创设以来，税质与组织，均有显著的变迁。最初系以一农场人口一人的耕作地面积为课税标准；至一九二七年四月，经过根本的改正，系以一农场之收益额为课税标准。算定此项收益，则以认为收入源泉之一单位的平均收益额为基础。此外关于免税点之设定，超过累进税率之适用，以及详细之斟酌规定等，颇著所得税制的特色。其后至一九三一年三月，对于各种共同农场，改为对实收之收益额课税，税率颇为减低。但对于富农的课税，则仍然峻烈。

现行苏俄所得税制，有两大特征：第一，对于所得人，施行严格的阶级差别课税。第二，为奖励社会化经营运动之故，实行课税上种种特典的赋予。此与资本主义类型相较，颇有不同。

苏维埃政府自采用新经济政策之后，对于一切生产事业，百端设法予以企业的刺激，使其生产力向上。但同时对于私的企业活动与私的资本蓄积，则抑制于一定范围以内。各种直接税不仅为获得收入，而且要运用它作为抑制私的资本活动之一手段。所得税及单一农业税，基于此项目的，每有一次改正，即将差别课税的阶级差别加严，将累进税率加高。近来政府的政策，颇致意于非资本主义的共同经营运动。我们看所得税与单一农业税每次改正的踪迹，可以了然。尤其是对于各种共同农场，所予课税上的特典与斟酌，殊为广泛。兹将私人及私企业所得税、合作及国家企业所得税以及单一农业税，分述如次。三所得税的内容除了合作经营及国家经营的企业，以及合作或国家出资数目达到资本总额半数以上的企业而外，凡在苏联境内，据有所得源泉而得收入的一切自然人或法人，不问其国籍住所如何，皆须课以"私人及私企业所得税"。但农村居民的收入，负担单一农业税时，得以免除此税。课税标准，基于综合课税主义，从以人为中心所来的总所得，扣除一切必需的经费，而课其余额。一切所得者，按照其所属的阶级，实行差别的课税，是为本税最著的特征。所得所包括的种类，约举如下：

甲、工资劳动者、国家年金受领者之所得；

乙、文笔生活者、戏剧家、生产合作员等之所得；

丙、工资关系以外之劳动者及不使用劳动者之家庭工业者等之所得；

丁、住宅出赁者之所得；

戊、使用三人劳动者以内之家庭工业者及中间商人等之所得；

己、商工业企业者、教会之所得及利息所得。

以上六种所得，各课以不同之累进税率。从以上的分类法及对于各阶级所课之不同的税率，很可以看出苏维埃政府对于各阶级之社会的地位及任务所表示的认识的差异。

关于课税所得额的算定，亦有种种不同。前记甲种所得，月收不满七十五以至一百卢布（因住居地域而定）者免税。在两个以上之地域获得收入，其总所得额纵超过上述免税点，而在每一地域之所得额仍在免税点以下时，仍得免税。各种所得皆以纳税义务者，对于前年度实收所得之报告为基础，更经税收机关之直接查定，然后决定其所得额。余如负债利息，必要诸费，既纳之国税及地方税，每年以三百卢布为限应付之生命保险费，以所得额百分之二十为限之被雇佣者之待遇改善费等，均由所得额中扣除。又同居之家族中应归纳税义务者抚养之老人子女二人以上，仍有抚养之义务时，则每增一人，即将应纳税率，降低一级。

按照上述条件所决定之所得额，课以超过额累进税率。例如关于甲种所得之规定，月收不满八十五卢布者，课以百分之零点七五。八十五至一百卢布者，则课以百分之零点六四卢布，再加八十五卢布以上之超过额所应课的百分之一点二五。由是渐次累进，对于二百及二百五十卢布之所得，课以二点八八卢布再加二百卢布以上之超过额所应课的百分之三点五。至于乙种所得之免税点为九百至一千二百卢布（因地而异）。其它四种所得之免税点，由五百乃至八百卢布。对于法人所得，适用戊种所得之税率。

至于课税方法，甲种及戊种所得之一部分，实行溯源课税法。其它所得，则行直接课税法。关于所得额之查定及征税，税务机关之权限，较之它国，颇为广泛。并以百分之二十五为限，征收地方附加税。

以上皆关于私人及私企业所得税，以下再就合作及国家企业所得税，加以分析。

苏俄当局对于产业中社会化之部分，所课的各种租税，其中一种即"合作及国家企业所得税"。凡自纯私营企业以至纯国营企业，其间以种种过渡的经营形态所办之合作经营及准国家经营之企业，均课以此种所得税。但合作或国家的出资额，不满资本金半额之企业，以及自各种社会经济的见地不认为合作组织的企业，均课以前述之私人及私企业所得税。此外纯国营企业，其经营方法，按照私企业，而对国库负担利润让渡的义务者，得以免除本税。

课税标准，普通根据上年度的纯益。但在股份公司，按照一定之规定，记载帐薄，即以帐薄所记之纯益为标准。其它企业，从总收入扣除必要的一切经费以及减价消却费，而以余额为课税所得额。以后根据一九三一年八月二十三日之法令，修正为对于三个月间之推定纯益而课税。于是股份公司之会计组织，亦因之变更。对于上述算定之课税所得，一律课以百分之二十的比例税率。若其查定税额，较之私人及私企业所得税中戊种所得，同额所得所应支付之税额，而有超过之时，即按照戊种所得之查定税额，将查定额减低。此外更附加百分之二十五的地方税。本税较之"私人及私企业所得税"中课于大宗所得者，税率颇低；此种事实，即反映政府对于非资本主义的共同经营企业，设法促进之意。

四、单一农业税

自原则上讲，居住于苏联的农村，以农村收入源泉为所得者，均须赋课本税。负担本税者，对此外之直接国税及地方税，一概免除。自课税上观之，可分为下列四类：

（一）共同农场；

（二）共同农场中之非共同化财产；

（三）个别经营农场；

（四）富农。

先自共同农场之课税状态观之。对于共同农场，非如个别经营农场以各收入源泉之平均收益率为基础而算定其所得额，乃根据各农场所备之会计帐薄，查定其每年实收总收益额，因而课之以税。至于税率，则共产农场（kommun）与共同耕作农场（artel）为百分之三。共同耕作合作社（gemeins chaft zur gemeinsamen bebauung des landes）为百分之四。即斟酌共同农场的共同化的程度，施以差别的课税。所属合作员每人年收不满六十卢布之各种共同农场，概行免税。对于共同农场，设有广泛的免税及课税减轻的规定。举其主要者，凡以经营困难之贫农及中农为中心之共同农场，斟酌情形，予以课税的减免。新开拓地方之共同农场从事于家畜饲养、养蜂、及甜菜、棉花等之栽培者，自开拓之年起始，五个年间，予以免税的优遇。此外各地方之特殊农业以促进工业原料生产为目的者，各予以减税或免税的优遇。因此等优遇保护的结果，于是现在单一农业税所赋课者，实际上仅占全共同农场实收所得总额的半数。

对于共同农场之非共同化财产所生之收益，其收入额的查定方法，与后述之个别经营农场收入额算定之情形相同，根据同一之平均收益率而决定之。由此算定之一农场查定收入额，适用下列之超过累进税率。至于课税上之斟酌，与个别经营农场所规定之情形略同。

课税所得额税率百分数

未满50卢布	4%
50以上至100卢布	5%
100以上至150卢布	8%
150以上至200卢布	10%
200以上至300卢布	13%
300以上至400卢布	17%
400以上至500卢布	22%
500以上至600卢布	27%
600卢布以上	30%

再其次则为个别经营农场。对于各联邦存在之收入之每一单位，规定其平均收益率，依此算定各农场之每年收入额，对此课以次列之超过累进税率。此项所得算定基础之耕作地面积，一部分根据播种地面积，一部分根据所有总面积。农业劳动者之工资收入，因其农村居住状态而异。对于农村常住者，以实收所得额百分之十五，都会居住者以百分之十五，季节农业劳动者以百分之二十，为课税所得额。手工业者及家庭工业者之所得，扣除其必要的一切经费。

对一农场人口一人所得额之税率：

课税所得额税率百分数

未满25卢布	4%
25以上至100卢布	7%
100以上至150卢布	10%
150以上至200卢布	15%
200以上至250卢布	20%

续　表

未满25卢布	4%
250以上至300卢布	22%
300以上至400卢布	25%
400以上至600卢布	28%
600卢布以上	30%

对于个别经营农场，而课以单一农业税时，其斟酌规定之主要者，大约如次。一农场人员每一人之收入仅足二十卢布者，不课本税。合作组织之农场而不使用工资劳动者，减轻税额百分之二十五。贫农及中农在特定区域栽培甜菜及饲养牲畜者，自一九三零年以后，免除本税。关于劳动力之地域的及职业的分布，如欲施行调节，则对于从事一定产业之农民，特许免除本税。例如对于兼事采煤之农民，在同一场所，继续居住一年以上者，免税。又移住于新开拓地之农民，免除其一定期间之纳税义务。又对于农村运动中之奋斗牺牲者，欲予以社会的保护，乃对于因斗争而死亡的农民遗族，由本人死亡之日起算，免除其五年间之纳税义务。最后，个别经营农场所生产之农产物，其市场贩卖价格，若比共同农场之同种农产物之价格为高，应将其价格之差额，加算于个别经营农场之课税所得以内。此种规定，即表示以保护共同农场为目的之露骨的租税政策。

最后则为富农（kulak）特自个别经营农场中抽出，而课以特定的税率。其自个人收入来源而算定其平均收益率，虽与一般的及个别的经营农场之情形相同；但对于一农场之所得额，则课以高率的超过累进税。对于富农，在课税上，并无何等优遇的规定。对于每一农场认定其为富农阶级的权能，委之于村苏维埃之手。村苏维埃考虑该地方每一农场的平均所得额而加以认定，然后报告于上级机关。

课税所得额税率百分数

未满500卢布	20%
500以上至700卢布	30%
700以上至1000卢布	40%
1000以上至3000卢布	50%
3000以上至6000卢布	60%
6000卢布以上	70%

五、苏俄所得税的重要性

关于苏俄所得税的重要性，须将所得税及单一农业税的收数，与租税收入总额相比较，方能知其真相。兹将二者之比率列表[1]如下。

年度	全租税收入	所得税收入	百分比	农业税收入	百分比
	1787.3	151.4	8.5	251.7	14.1
1926至1927	2484.9	192.6	7.8	357.9	14.4
1927至1928	3255.7	231.4	7.1	354.2	10.8
1928至1929	3960.0	283.5	7.2	430.1	10.9
1929至1930	5378.0	369.4	6.8	415.0	7.7
1931至1932	10843.0	300.0	2.8	500.0	4.6
1932至1933	16753.6	15.6	0.01	600.0	3.6

由上观之，所得税及单一农业税之收入额及其对于全体租税收入总额所占之百分率，较之其它资本主义国家之情形，殊觉寥落。一九二五至一九二六年度所得税之收入为一亿五千一百四十万卢布；其后渐增，至一九二九至一九三零年度，增到三亿六千九百四十万卢布。但其对总税收之比率数，则自百分之八点五降至百分之六点八！同期间之单一农业税收入，自二亿五千一百七十万卢布增至四亿一千五百万卢布，但其对于总税收的百分比，则自百分之十四点一降至百分之七点七！租税之全收入，所以增加如是之速，其主要原因，即因间接税的增收。一九三一年以后，所得税之收入激减，而间接税的收入反增；结果，则所得税与单一农业税在租税收入中之地位，乃大为低下。一九三二至一九三三年度所得税收入为一千五百六十万卢布，单一农业税收入为六亿卢布，两项收入，在总税收入，仅占百分之三点六一。此因苏联所遵行之政治原则，与资本主义国家所遵奉者，根本不同，故于判断以上两税之重要性时，单着眼于收入额数的多寡，无有是处。

苏联自施行新经济政策以来，其根本方针，即为向资本主义退却一步，以备向社会主义前进两步，自入一九二五年以后之新经济政策阶段，此种趋势，更形显著。然苏联政府对于土地的国有、大工业、铁道及外国贸易的国营，既已

---

[1] 一九三零至一九三一年度之数不明。一九三一年至一九三二年度及一九三二年至一九三三年度之数均为预算。前列三项收入之数，单位皆为百万卢布。

得到确实的保证；且自一九二八年实行产业五年计划以后，国营产业之部分益形扩大；他方于农村社会化经营的部分，努力增加。于是今日苏联之社会经济情势，乃建立在——根据私的资本经营的生产要素与根据国营乃至社会化经营的生产要素两相对立的要素之辩证法的统一之上。在此复杂的社会经济情势之下，所得税与单一农业税，其目的不再为收入，乃对于都会及农村中私的资本的活动，抑制于一定范围以内；同时即促进农业以及各种产业之社会化运动；此种重要的社会经济的任务，乃其主要目的所在。所得税及单一农业税，自制定以来，经过多次的修正，对于商工业企业者、金利生活者、中间商人及富农等之课税，日趋严峻；同时对于工资劳动者、贫农及中农所课之税率，则大为减低；并对社会化运动，从种种方面，扩充其课税上之保护。苏俄的所得税与单一农业税，与资本主义国家所课者，从许多方面观之，均有不同，呈现极鲜明的苏维埃的色彩。

欲明了苏俄所得税与单一农业税的重要性，不仅要着眼于税收的数目，此外若国营乃至社会化经营与私的经营产业之相对的重要性，各阶级间所得的分配关系，都会所得与农村所得的分配状态，以及与经济政策各方面的关连，均须加以对比，始能认识其真相。

六、结论

现代所得税制，自采用以来，所表现的功用，大体可分为三个阶段：第一为收入目的，这是资本主义国家采用所得税制的动机，同时也是所得税在现代税制中所表现的最大特色。第二为消极地用以实现个人所得再分配的社会目的。表现得最清楚的，自然要属英国，保持资本主义，以这种做法为最有效。然而宿学如柯尔（G. D. H. Cole）却已慨乎其言，认为只是"吃私"（squeezeability），并不是持久、根本的办法。第三，积极地，用为杠杆（one of the mightest levers）以实现社会的计划经济建设为目的。在资本主义类型，所得税的功用属于前两种，在社会主义类型，则属于后两种；更进一步，仅属于最后之一种。梭洛伟（G. Solovei）有言："苏联直接税之纳税人，概属于社会化的（国家经营与合作经营）企业；所以直接税的支配原则，只是在社会化领域的本身范围以内，通过预算，以施行资源的再分配"。同是一种不龟手的药，"或

以封，或不免于汧灂　"，吾人鉴于百三十年来所得税制之发展，不禁发生无限之感触！❶

---

❶ 本文材料，主要参考如下：
日本京都帝大教授汐见三郎等四人共著之《各国所得税制论》（一九三四年七月初版）。
Sokolnikov & Associates, *Soviet Policy in Public Finance*, 1931, p.285.
A. A.Santalov and L.Segal, *Soviet Union Year-book*.
日本改造社《经济学全集》第十九卷及第二十卷内载《苏维埃联邦之财政》及《劳农露国之财政政策》。
日本庆应义塾大学《三田学会杂志》一九三三年十月号高木寿一著《苏俄之租税政策》。

经济研究工作计划*

(一九三五年五月)

本院经济研究之实际工作,开始于民国二十四年七月。因全院经费有限,又因他方面研究之既定工作,占用经费较多,在本年度,势不能为经济研究匀出充足之经费,只就预算所定之数,先作初步的准备工作。

开始工作,固须以经费确定为前提,但依吾人经验所见,工作之多寡,亦不必即以经费之丰啬为正比例。与其骛广而荒,反不如行远自迩,登高自卑,先从小处作起之为愈。

吾国今日之经济研究工作,尚未越开创试验之阶段,无论是研究的目标、研究的方法、甚至实行研究的工作人员,都不免有错用误用的地方。由试验知错误,由错误得教训,方有进步可言,但也要出代价。如果摆出很大的规模,开销很多的经费,做这种从错误得教训的工作,未免太不经济,则不如先从小规模做起!倘有所成,得寸得尺;倘生错误,所费有限;有了把握,再图扩充,亦不为晚。

"小处做起"的连带意识,是要"大处着眼"。我们无论开始什么工作,可以不怕小,但是要有远大的目标。本此意识,可将经济研究的工作前途,划分为三个阶段:第一,为个人研究时期。二十四年度实际从事研究者只有一人,即此一人,亦只能以一半时间从事研究,其余一半时间,尚须兼任秘书职务。但既参加一人,即须表现一人的成绩,得到把握,再设法吸收多人,以表现多人的成绩。此时期之工作,一方为个人研究,同时即着手将来扩大的设计工作。第二,为少数人研究时期。经过一年工作之经验,再提出几个特殊研究题目,特约专家,相与合作,彼时经济研究会始能名副其实。其时间为一年或二年。第三,为多数人研究时期。此时期之特质,即在根据过去工作之基础,邀请多数专任研究人员,在整个经济研究计划之下,共同努力,以贡献于学术,贡献于

---

* 此文发表于《国立北平研究院院务汇报》杂志第六卷第三期。——编者注

社会，此为最理想之方式。

将来怎样，暂且不讲，然则现阶段一年中个人研究之计划，将如何？其注意之方面有四：

第一，利用研究者之过去经验。本年度从事研究者之过去工作，属于财政学方面，本院之经济研究，即先从财政着手。本来经济社会中，其单位最大、其影响最广、其支配力最强者，莫过政府。政府的经济经理，即是财政。当此统制经济、战时经济风靡一世之时，对于国家财政、地方财政、以至世界各国之财政均须有充分之了解。此种工作，决非一人所能任；但须有人先做整个的观察与研习、搜集与排定，以为第二步扩大工作的准备。至于本年度之特殊工作，已与河北省政府财政厅商定，共同研究河北财政问题，其详细方案与步骤，另有规定。

第二，注意于现阶段的时间性。本院之经济研究，拟先从事于现阶段的认识与把握，然后再做历史的探讨。例如，关于搜集工作，先从现代经济史料之集合、保管与整理做起，以为部门研究之始基。此种工作，如能系统的、继续的、根据一定目标而确有选择的做上一二年，自能有"取精用宏"、"俯拾即是"之效。此中可分理论与事实两方面，而尤注意于事实。其范围不仅限于本国，且及于外国。只要为经费所许，应尽量从这方面下功夫。第一年度，经费甚少，搜集之时，自须严为选择。但亦可与其他研究机关及学术文化机关取得联络，以收互助之效。

第三，注意于华北的地方性。本院位于华北，其工作范围自不限于华北一方，但对于华北经济之研究，殊有特为注意的必要。关于河北财政，本院已与河北财政厅合作，进行研究工作，其他若华北（尤其是河北）的生产、金融、交通、矿产，既有特殊研究的必要，亦有合作研究的方便，现已拟定种种方式，促其实现。

第四．介绍研究资料与消息于社会。研究工作不是单独的，不是绝缘的，而要与多方面取得联络，所谓"取人为善""与人为善"，尤为学术研究之必要条件。但是欲有所取，应有所与，凡属新书的介绍、消息的报道，如能以极敏速的方式供给社会，纵令己力有限，亦可将消息供给他方，以方法提示他方，引起世人的研究。这种鼓舞唆示的工作，亦为研究者所特应注意。

以上仅是经济研究的大致轮廓，先不要说的太刻画了，免得将来做不到。但是我们要就能力所及、时间所及、财力所及、方便所及，切实做到几桩特殊问题的研究与可能的贡献，便是"千里之行"的"跬步"之始。

财政学方法论商榷*

(一九三五年五月)

> 引言——本年四月四日,中华学艺社在平大法学院开年会,本人曾提出此问题,作为学术讲演之一。当时以时间限制过促,不得详细陈述。兹因法学专刊索稿,乃复重加整理,参以平日授课纲要,成此短篇,非敢漫云创作,聊以示个人读书经验所凝成的独立的意见而已。甚盼海内贤达,不吝指正是幸!
>
> 民国二十三年七月十五日

一

诚如达尔顿所言,财政学的地位,适在经济学与政治学的边界线❶,治政治学,治经济学,所用的方法,当然可以连带的适用到财政学的研究上。即在财政学的著作中,如从前的巴什帖布❷与现在的舒尔茨❸关于方法论方面,均有很详赡的叙述,不俟吾人添足。现在打算提出的,乃根据个人的读书经验,而略加整理,使成一不甚成熟的小小系统,以为个人研学的指针。间亦为同学道之,以供万一的参考。学问的工具是公的,应公诸大家,而况抛砖引玉,可以得到方家的指正与批评,岂不胜于敝帚自珍?惟本篇主旨,亦犹巴什帖布所称,表示一些"置重"(emphasis)的意思。居今日而检讨财政问题,至少应先注意下列三事:

(一)一个态度;

---

* 此文发表于《法学专刊》杂志一九三五年第三、第四合期。

❶ Hugh Dalton, *Principles of Public Finance*, 5th edition, 1929, p. 3.

❷ C. F. Bastable, *Public Finance*, 3rd edition, 1903, pp.11-15.

❸ W. J. Shultz, *American Public Finance and Taxation*, 1932, pp.5-7.

（二）两个方面；

（三）三个观点。

依次分述之。

二

所谓一个态度者，便是客观态度（objectivity or the objective point of view），个人治学，最根本的出发，只是一个"客观态度"！客观二字，系对主观而言，我们并无意菲薄主观，但是我们觉着，中国今日，不仅治学，便是治事，都很需要客观❶！客观态度在吾国古时很有人提倡过，而且实行过。所谓"毋意，毋必，毋固，毋我"，所谓"即物穷理"，都是注重客观的意思。我们为什么要推重客观？因为人类的习性，总是好用主观，豫存成见，一有主观上之为恶，则眼前所见到的一切，都要变更它的本来面目，而距真愈远。而且从主观出发，容易走到个人主义，从客观出发，容易走到社会主义。如果我们还能认识社会主义的必要，便不能不从客观出发，因为各个人的利益加起来，不必即等于社会的利益❷！我们应该记得范仲淹的话："一家哭，何如一路哭？"能说此话的人，便能实行客观，而且实行"极端的客观"（extreme objectivism）❸。因为"一路"所映照的悲苦现象，可以掩盖了而且可以取消了"一家"所映照的悲苦现象。十八世纪末年，能写《人权论》（*Rights of Man*）的英国人裴因（Tom Paine）也说过这类不朽的名句："对着落羽洒眼泪而忘垂死之鸟"（to pity the plumage and forget the dying bird），能说此等话的人，便极能客观。

我们能尊重客观，才能检讨今日的财政问题。从来治财政者，多重视其技术性，而忽略其社会性；认为是政府的财政学，而忘掉是人民的财政学；甚至仅认为是替统治者筹款管钱的技术问题，而忘掉是为大多数民众图谋幸福的根本计划❹！那样的财政，仅是"聚敛"的别名。那样的财政学，仅是暴君的工具。那

---

❶ 参阅《大公报·世界思潮》双周刊分载拙著：《客观浅释》。

❷ N.Bukharin and E.Preobrazhensky, "The Budget of the Proletarian State," *The A B C of Communism*, 1919, p.43.

❸ N.Bukharin and E.Preobrazhensky, "The Budget of the Proletarian State," *The A B C of Communism*, 1919, p.36.

❹ 大畑文七：《社会的财政学》，东京丁酉社出版，第一至二页。

样的财政学家,自然也成了教猱升木的御用学人!美国学者拉茨在所著的《财政学》里边,叙述罗马的财政时[1],对于此点解释的很清楚:"长于组织的奇才,领着他们计划出很精密的租税管理制度,但是此等制度,其计划与运用的目的,与其说是公平分配租税的负担,不如说是收入之有效的聚敛"!实则此种现象,岂止罗马有之?即在二十世纪的今日,曷尝没有!所以我们今日研究财政,应该从客观出发,脱却从来官方的、技术的羁绊,着眼于整个社会,方能达到达尔顿所揭橥的"最大社会利益原则"(the principle of maximum social advantage)[2]。我个人所以注重客观,最初即因读达氏《财政学原理》而起。而且事实告诉我们,最能客观的,其见解最远,其度量最弘,能以天下为己任,而不以私见贯彻为满足。以此治事,能造成伟大的事业家;以此治学,能造成伟大的学问家。我个人虽做不到,但是我很盼望有人做得到!

三

所谓两个方面,便是现状的认取与史实的追寻,二者均从"客观"出发。一属空间而一属时间,一属静态而一属动态,二者虽可分别观察,但须纵横错综。因为第一种需要,所以我们要认识各国财政的现状——认识了英美,还要认识欧陆;认识了西洋,还要认识东洋;认识了资本主义财政,还要认识社会主义财政;认识了外国财政,还要认识本国财政。有了这些客观事实的比较研究,自然可以映出许多原理原则来;而这些原理原则,都不是凭空悬拟,而是建筑在一般的客观现实的基础之上!

这些材料从什么地方得来?自然不能仅靠书本。最重要的来源有四:一是事实的搜集,一是数字的统计,一是机关的报告,一是实地的调查。《英国经济学辞典》主编亨利·海格,对此曾有极透辟的解释:"政治家在财政方面所必需的智慧,从什么地方得来。应来自财政现实的研究,财政史实的教训,财政统计的分析,以及财政立法,财政管理,推而至于各国的宪法与经济现状,均须有充分的考察"[3]。百年前英国社会运动家威廉·柯伯特(William Cobbett)打

---

[1] H. L. Lutz, *Public Finance*, 2nd edition, 1929, pp.5-8.

[2] Hugh Dalton, *Principles of Public Finance*, 5th edition, 1929, pp. 7-15.

[3] Henry Higgs, *Economic Journal*, 1923, p.96.

算对于当时英国的经济与财政，作一番深刻的考察与主张，乃不惜凌犯风尘，到处观览，写成最有价值的《村野挥鞭记》❶（*Rural Rides*），至今仍为研究英国经济财政历史的佳著。吾人今日，纵不能即刻做到实地的考察，亦须从横的现实材料，作一种广泛的搜讨，方不致囿于一隅。

因为第二种需要，所以我们要追索财政事实与财政理论之史的发展。对于任何财政现状，不仅要知其如此，而且要知其何以如此。英国财政专家斯丹浦（Sir J. Stamp）于一九三二年发表其《英国战时租税制度》（*Taxation during the War*），在二百一十三页里边，便有这类的叙述："经过了四年大战的震荡与扩展，而不列颠的租税制度，竟能屹然不动，较任何国家为优……同时从管理的观点去看，尤非他国所及"。英国的财政管理，固然是很健全；但是她今日的健全，也非天生如此，从前也曾经过黑暗紊乱的时代，翻开道威尔所著《英国租税制度史》❷可以叫我们看得很显明。然则英国财政，从紊乱以至健全，走的是什么路线？着手改造，曾遇到何等困难？战胜困难，曾采何等方法？那些方法，是否也可以适用到中国的今日？古谚有之："前事不忘，后事之师"；又说："以古为鉴，可知兴替"；好的前例，可作榜样，坏的前例，可当警戒。人类的智慧，多从经验得来，前人流血绞脑所留下的历史经验，正待我们后人来认取，那末财政之史的发展，当然为研究财政学者所特应注意！理论之史的发展，是为"财政学史"；事实制度之史的发展，是为"财政史"。有了史的了解，才能明了今日之所由来，才能推知将来之所归，古时的聪明人也说过："不知来者，视诸往"！

四

所谓三个观点，即是"财政技术学"、"财政病理学"、"财政机能学"，大体与"解释的"（descriptive）、"批判的"（critical）、"创设的"（constructive）三点相当。第一是正面的观察，第二是反面的观察，第三是综合的观察。三个观点，不必分的很清楚，也不必作的很机械；但是我们研究任何财政制度与财政问题的时候，都要同时顾到，方不致囿于一隅。技术方面，有人看得很重，有人看得很轻。吾人意见，以为仅言技术，固不足以概括财政，但是绝不容我们

---

❶ William Cobbett, *Rural Rides*, 1830.

❷ S. Dowell, *History of Taxation and Taxes in England*, 4 Vols, 1888.

忽视。我们看：英国的财政管理与预算制度，是那样的健全有用，决不会为人类所遗弃，在任何社会组织之下，都要有它的用途。英国经济学者杜勃（Maurice Dobb）说的好，"苏维埃政府的第十年，在柴霍甫和杜思妥夫斯基的老家，讨论起合理化与科学管理的问题来，比在纽约或柏林，还要来的热烈，来的迫切"❶。这便是说：计划经济愈发展，则管理技术愈重要，"关于生产与分配，严格的普遍的会计制度与统制方法，其组织的重要，足以断定一切"❷。

但是仅言技术，毕竟不足，尤以在中国这样的国家，非从财政的病态着眼，不足以窥知中国财政的内容。什么是田赋？什么是关盐？仅从正面的技术去观察，当然不够。我们要看：中国一般的民众生活，从这些政财的运用中，受的是什么病？例如，关税收入激增，在当局常引为得意之笔，在流俗亦惊其理财之能。但是，我们若从另一个方面观察，便觉毛骨悚然，眼看着关税增收，便是农村破产和新旧工业摧毁的冷酷而正确的反映！岂止我们中国？即在租税制度最进步的英国，运用直接税以消弭分配的不平，可以说是进步的了。但是此种作法，在原则上，已经陷入根本的矛盾。彼等对于资本主义，既攻击其罪恶，而又承认其存在；既承认其存在，而又斩伐其枝条。结果将如萧伯纳所说："这种政策，有它的真正口号：贼偷了去的，你再从贼的手偷回来，在这里，破产威胁的成分，较之黄金时代的期许总要多"❸。所以我们研究任何财政制度，不要仅拘囿于正面的结构，而要剖析其反面的病理，有了病理的诊断，才能作方案的主张。

至于财政机能，因经济发展阶段的不同，而异其表现。例如在封建制度将次崩溃的阶段，财政方法——尤其是预算制度——便是维护私有财产反抗专制剥削的一种"荷包权利"（power of the purse）。等到资本主义已到成熟的阶段，则财政制度又成为"国民所得再分配的手段"（redistribution of national income through direct taxation and social services），但当社会主义渐次抬头的阶段，所谓财政——尤其是预算制度——又成为"计划经济之有力的杠杆"（powerful lever of planning economy）❹。间接税或消费税，在资本主义国家，本属恶税。但

---

❶ Maurice Dobb, *Russian Economic Development since the Revolution*, 1928, p.332.

❷ Arther Woodburn, *An Outline of Finance*, 1931, p.11.

❸ G. Bernard Shaw, New Preface to *Fabian Essays in Socialism*, 1931, p.vi.

❹ G. Y. Sokolnikov, *Soviet Policy in Public Finance*, 1931, p.347.

是一到社会主义国家,"因为人民的收入,经过大规模的平等化,于是间接税的置重,便成为绝对的不可免"❶。剑桥教授皮固讨论间接税的影响时,也曾指出,凡间接税在资本制下所表现的弊害,"若在一般民众富力大致相等的社会里,即失掉其重要性"❷。如此之例,不遑枚举。在什么样制度之下,财政可以表现而且应该表现什么样的机能,这是研究财政应该注意的第三点。

仅有解释,而不继之以批判,学术是不会进步的。"所以在现代,打算很科学地认识财政事实,便须在事实的直接认识之外,指出关于那些事实的说明或概念的错误。批判一事,在财政学上,自然也是学问的方法之一"❸。于此,更进一步,只是指摘错误,只是揭示黑暗,那末所谓正确的和光明的,又该在那里呢?当然不能不继之以机能的研究吧!这在批判资本制财政最直质的马克思,对于将来社会的财政,也有所谓建设方面的讨论❹。

五

以上所述:一个态度,两个方面,三个观点,实在只是一桩事,现在为说明方便起见,不能不有先后的次序。此种方法,在我个人经验,不仅可应用于财政问题的检讨,对于其他问题,一样感觉其必要。不过运用的技巧与功夫的深度,非可一蹴而几,要在以方法引导工作,同时即以工作,精炼方法。只要我们能从"客观"出发,自然包括两个方面——空与时的交织;自然包括三个观点——正反与综合的推演。过去财政学的研究,总不免偏于技术,而成为"一定国家生活以内的支配阶级……主张自己的存在权利"❺的一种工具。但是现在,需要将这种学问大众化了,以"极端客观"的态度,探讨财政现实的种种相,已成为迫不容缓的工作。《周书·无逸》有之:"其无淫于观、于逸、于游、

---

❶ Paul Hansel, *Economic Journal*, Dec 1928, p.144.

❷ A. C. Pigou, *A Study in Public Finance*, 1928, p.621.

❸ 大内兵卫:《财政学大纲》,施复亮译,大江书铺一九三三年版,第二十二页(或,原著上卷,第三十二至三十三页)。

❹ 阿部贤一:《财政学史》,邹敬芳译,商务印书馆一九三零年版(或,改造社版阿部贤一著《财政学史》,第一八五至一九一页)第一八七至一九三页。

❺ 阿部贤一:《财政学史》,邹敬芳译,商务印书馆一九三零年版(或,改造社版阿部贤一著《财政学史》,第二零八至二零九页)第二一二页。

于田,以万民惟正之供"!我们似乎还能听到数千载前早已喝破的财政大众化的呼声。

中国社会之癌*
——加速度的二重消费经济

（一九三五年九月二十日、二十一日）

人们在集结着病症的时节，总觉不出自己是在有病。等到身已觉痛，病已有征，而牵于惰性，狃于常习，复不能以时根治。积之既久，机能暗蚀，一旦不可救药，犹茫然不知病之所从来。及至解剖台上，纵令奏刀騞然，腠理毕陈，而所见到的，已经是病的静态，而病的动态，早已茫如捕风，不可得见。

国人谈经济问题者其多，但多注意到生产方面，而少注意到消费方面。政府唱统制经济颇久，但只注意到生产的统制，而忽略了消费的统制。学者分析中国经济的病态者，亦颇有人，但能瞩目到生产与消费的全貌，以蕲达于整个的诊断者，尚不多见。半殖民地的经济形态，生产权的大部分，早非我有。我们政府讲生产统制，请问凭什么力量去统制？但是谈到消费，其权总还在我。忽必烈能摆燕翅席，其奈文天祥不吃何！能为者，薄而不为；反哓哓于事之无可为，末世自欺，概如是已！

生产与消费的关系，可分析为四种形态：其一，生产超过消费。每年的消费量，总不使其超过生产量，永远叫它有剩余、有积蓄，以供扩大再生产之用。生产扩大了，消费自然也跟着扩大，这种社会，总是进步的。其二，生产等于消费。生产之量仅敷消费之量而别无储存。这种社会，可以对付着生存着，很难得到进步。其三，生产不及消费，食之者众而生之者寡，亏空之数，不是拿过去的储蓄来填补，便是寅吃卯粮，预支将来的生产力。这种形态，如果为期甚短，还没什么不了，但已孕育着国民经济的危机。其四，不见生产，只见消费。衰落的生产，生机日蹙，以至于零；同时却伴着飞奔的消费，花样日繁，以至于无极！亏空之巨，举所有过去的储蓄力与将来的生产力，都有不能应付之势，则此社会的运命，不是归于毁灭，便是零卖或趸售其天产与地利，以供没落民族

---
* 此文发表于天津《大公报》。——编者注

挥霍之资；大限一到，半殖民地的招牌摘去了，却代之以纯殖民地的烙印！

我们中国的生产与消费，正表现着什么样的形态呢？大概有眼睛的都会看得清，有脑子的都会想得到吧。

往者我曾指出，"我们的社会经济，是过着封建崩溃期的生产和资本烂熟期的消费，这是一个大矛盾……原始农业、手工业与家庭工业，尽管破产，同时尽可乘坐一九三六式的汽车去瞧好莱坞出品的歌舞影片"❶。这种解释，还只说到问题的一半。我们社会，不只是过着资本烂熟期的消费，而且还过着封建崩溃期的消费。先说吃吧，大餐香槟，在我们国里固然很通行；然而"金樽清酒斗十千，玉盘珍馐值万钱"的现象，又曷尝消灭了呢？再说住吧，抽水马桶，滑莹地板一类的设备，在我国固然很时尚；然而山节藻棁，画阁雕梁的玩艺，又曷尝绝了迹呢？我们日常经过大都市戏园子的门首，每每看到沿着路侧一字长蛇的排上几十辆汽车，以最省时的交通工具，来享受最耗时的封建戏曲，岂不太矛盾了么？我们也曾经过伦敦市西寺桥旁的巴列门，里边六百罗汉正讨论着英帝国以至全世界的大问题，然而门外马路上，并没有排列着像我们北平、哈尔滨门前那么多的汽车呀！谚语有之，"见惯不惊"，只因我们看惯了，才习以为常；但是如果你能冷静地想一想，那该是如何可惊的事情呢？中国戏是那样的浪费时间，假使你"御款段马，乘下泽车"去看它，倒还相称。不然，则利用速度很快的交通工具，寻求费时甚少，费力不多的享乐，而以省下的许多时间去工作，也还相称。今乃乘着最省时间的流线型汽车，去瞧"连演十六刻"的中国戏，岂非集资本侵略与封建残余的大成？中国享乐的老玩艺，与西洋享乐的新玩艺，同时流行于中国社会，而且"唯日不足"以赴之，这是不是加速度的二重消费？资本式的享乐是建筑在工厂劳动的基础上面；封建式的享乐是建筑在原始农业的基础上面。如果我们也有新式工业的生产力，便是多发挥一些资本式的消费，有什么妨碍呢？同样地，假使我们还能维持着原始农业的生产力，便是发挥一些封建的消费，又有什么关系呢？无如中国今日的生产，论旧，有田耕不得，论新，有厂开不得，在这新旧不成的经济基础之上，却要集新旧消费之大成！以极可怜的生产力去应付这飞奔的二重消费，这如何能来得及呢？

弄到这步田地，又该怨谁？特立独行的人，无论古今中外，永远是占少数的。大多数都是在不知不觉中受环境的支配。然则以何种因缘，而造成今日的

---

❶ 参照本报一九三五年四月十日第十一版拙著《危机交迫之中国财政与金融》。

二重消费经济？这原因太复杂，总括地讲，乃基因于中国经济的本质。考过去百年间西力东渐的结果，在东方诸国的政治经济的组织上，造成三种不同的类型。一个是印度型，一个是日本型，再一个便是中国型。所谓印度型，是说西力东渐以后，旧的藩篱尽溃，新的势力太强，无论政治，无论经济，整个地向帝国主义屈服，于是造成印度的亡国。所谓日本型，于西力东渐以后，在政治方面，能够将侵略的魔手，整个地打出去，但是在经济方面，却能将新式生产的方法与组织，尽量地容进来，于是造成日本的维新。所谓中国型，于西力东渐以后，在政治上，仍然保存着形式的领土与主权，没有像印度那样的亡了国，但是政治机构的动力，直接间接，老是觉着有人在那里拨弄。同样地，在经济上，依然残留着原始农业与手工业，为大多数人民的生活所寄托，但是独占的资本家商品，却也沿着海口与内河，渐次侵入中国的内地。因为地理与历史的条件，那些帝国主义者的大群，抓不尽庞大的封建残存的主权，吞不尽辽阔的原始生产的机构，没有把中国造成印度的亡国，但也不容中国造成明治维新。不上不下，不生不死，形成原始农业经济与独占商品经济的杂糅（amikture），这便是所谓半殖民地。

有什么样的经济基础，便要造成什么样的消费形态。以求官为谋生以作官为发财的制度，还残存在那里，你能禁止住人们不干那些食前方丈轮奂是求的勾当么？无关税之壁垒有倾销之自由的外货，炫耀在那里，你能禁止住人们不干那些承风趋时代人推销的勾当么？有心人看到每年香水脂粉进口若干，海参鱼翅进口若干，汽车烟酒进口若干，辄不禁其疾首蹙额。但是这些现象，不过我中国经济机构的反映，一般人们无非被掷于大机构之中。认识环境而能突破环境者，毕竟不多，于是顺流而下，往而不返，滔滔者天下皆是。

加速度的二重消费所发生的影响，大家都能看得到，总括起来，可得四端：第一，加重农村崩溃。上层之消费日甚，对下之诛求必多。于是膺民牧则括脂膏，掌兵符则恣掠取，驱民于匪，更需多兵，辗转相寻，区区单纯再生产，都有不能继续之势。第二，延长贸易入超。如前所述，外货进口可以诱致消费，同时消费加速亦可以奖励进口，彼此互为因果，颇觉纠缠不清。米棉之大宗输入无论矣，微细如小儿的玩具和包货的报纸，都有满目舶来充满堂奥之势！在这小孩子玩的和小杂货铺用的东西里边，都要伸入帝国主义者的魔手，这真是可注意的事。第三，引起官吏贪污。古人说的不假，"俭可养廉"。以不生产的民族，而又不俭，则浪费所需，何自而来？于是贪污乃成为多数人的必要！风俗愈奢靡则贪污愈盛行，虽有严刑，莫之或止，虽有良法，莫由推动，所有兴革建设，大抵为贪污添机会。昔之奢靡，费诸国内，犹可说"楚弓楚得"。而今则削中华之土，以培异国之丘，甚者即以所得中国的金钱，以收买中国的败类，而贪污无国界矣！危机如此，岂可讳言。第四，促成社会解体。管仲早已说过"宴安鸩毒"，真是认识深刻之言。好东西吃着舒服，好房子住着舒服，谁都觉得，而且也是人生应有的享受。但是理想的消费，总要得到三种均衡：一是个人的劳动与享乐的均衡，不许"好吃懒做"。二是空间上个人与全体的均衡，不许"朱门酒肉臭，路有冻死骨"。三是时间上现在与将来的均衡，不许"寅吃卯粮"，预支儿孙后代的精力，以供眼前的享乐。三方面的均衡，有一不备，即足以引起社会全体的不安，造成土崩瓦解的因子。以上四种现象——农村崩溃，贸易入超，贪污盛行，社会解体——莫不以加速度的二重消费为其诱因，横流漫溢，大有每下愈况之势。

　　莫非是民族真已经衰老了么？如果不衰，为什么老的少的都抱着"优哉游哉，聊以卒岁"的心情？如果不老，为什么野炮惊不醒迷梦，铁蹄冲不起沉溺？如果不老，为什么热度只延五分,壮图只成昙花？确乎是老了，不中用了！"亲亲"流为营私，"礼让"流为虚伪，"和平"流为不知耻，"中庸"流为无是非，从前所有的好处，现在都变坏了，坏得要不得了！良能尽失，而惟汲汲顾影，沿着二重消费路线，加速度地以趋于毁灭之渊——这不仅是老，而且是病，病得都成了癌。这个癌！眼看着就要结束中国现行的社会制度。

　　然则吾人将绝对悲观乎？将尽情放浪以待毁灭乎？决不然!！吾人须知，社会的病，是附着于一定的社会制度的，而社会制度，则可以人力变革之。南北朝可以变而为唐，五代可以变而为宋，以过去测将来，怎见得中华民族之终归于死亡？"载胥及溺"由汝，变革社会亦由汝，吾终信汝——中国民族——是有永远的生命的。

　　但是这种期待，不是纵情于二重消费的人们所能实现的。"吃什么，变什么"，物以环境足以变换人的意识，纵令还有一点意识，然而吃人家，穿人家，还好意思说人家坏么？所以我们中国人如果还打算实现将来的新社会，至少要做到下列两个准备工作：第一，便是现行消费的总调查与总批判。我们的衣、食、住、行所用的物质，都是怎么来的？所出的代价，都是怎么去的？所有的享受，都是凭什么换得的？各阶层的消费量与价，都是拿什么百分比率凑成的？如此等等，我们不仅要尽量地调查，而且要尽情地批判。合全国各方之力，以造成社会之普遍的认识。第二，便是以合理消费的实践与没落的二重消费相搏战。我们所谓的合理消费有三个标准，前已说过。就个人言之，如果我们没有那么多的劳作，便不许有那么多的享乐！就社会言之，如果我们没有那么多的生产，便不许有那么多的消费！这事不能等国家统制，我们要从四面八方，作成社会统制，尤其以知识分子所负的责任为重，此其一。如果大多数人们还没有享用，便不许我们个人先享用。古人"寒不衣裘，谓众军皆无裘；雨不张盖，谓众军皆无盖"，甘苦与众人同之，以全体的苦乐为个人的苦乐，这不仅是消费的理想，而且是社会主义建设的精髓，此其二。寅支卯粮，妨碍将来生产力的眼前消费，我们要拿全力与之搏斗，尤以有权力有地位者所负之责任为重！"我躬不阅，遑恤我后"，那完全是要不得的个人主义的没落意识。个人皆有死，而由个人组成的社会，则永远生存。我们要追念，要实现："大布之衣大帛之冠"的卫文公！现在且少糜费一些，为我们子孙多留一些翻身脱颖的余力。时谚曾有言"我们现在没办法，但不能不叫将来有办法"，打算叫将来有办法，现在且向没落的二重消费作殊死战！

一九三六年

租税负担之分配问题[*]

（一九三六年一月十五日）

租税之本质，系一种强制课征，最初仅系国家对人民间之关系。但是国家为物，在原则上是一个整体；而被课税的人民，则因职业的差别与社会的阶层，形成悬隔甚远的多数。所以关于租税问题，仅将国家对人民间之关系规定清楚，尚感不足。人民相互间之相对关系，究应如何解决？仍成问题。国民对于租税的醵出，纵令承认，究应分担几何？大有利害关系。前者乃关于租税之根据的问题，后者乃关于租税之原则的问题；租税原则中之最关根本者，即租税之负担，究应如何配分？

租税之分配，按照一般的想像，应以"正义"为标准。但正义一语，其解释极不确定。盖课税现象，仅系现代经济秩序的一部分；对于一切租税之正义的批判，实与此经济秩序的批判有关。对于经济秩序的正不正之批判，既系相对的，则对于租税之正义问题，似可不要。一般所谓正义，无论以如何之形式表现，其具体的内容，不外由社会的生活关系所制约而成的历史的社会之所产，与其他诸观念相同，仅是一个阶级的"ideologie"。封建的支配社会，有封建的正义。资本家阶级，一度取封建的支配阶级而代之，所谓正义，又随着新兴资本家阶级的必要，而更其内容。继此而兴，必有兴革，宁属事理所应有。

然而吾人今日所欲讨论者，并不是哲学理论的问题，而是实际政策的问题。古代暴君，对于租税之分配毫无准据，随意分配其负担的数量。然其结果，不免诱致反抗，孕育革命，演成人世之惨剧。于是略具眼光的政治家，遂悟赋课租税之际，须有一定之准据，多少须与当时所公认之正义相合，以期维持于永久。此实历史所教训，不必有待于理论。

今世所谓正义，至少须包括：适法、公平、平等、均衡之观念，以此观念，适用于租税的分配，最低亦须要求两个原则：一为"普遍"，一为"平等"。

---

[*] 此文发表于天津法商学院院刊《经济汇刊》创刊号。——编者注

第一　课税之普遍（universality）

普遍云者，不问阶级之为何，亦不问个人经济主体之为何人，一切之人，皆须负担租税。此种原则，自立宪政治发展之后，始渐流行。在今日立宪国家，一切人民在法律之前，均为平等；享有平等的权利，自须负平等的义务。故对于租税的义务，亦须平均负担之，在此原则之前，不承认特权阶级。

普遍原则的适用，有两个注意之点。第一，关于自然人及法人；第二，关于内国人及外国人。法人又有公法人与私法人之分，课税之对象，当为私法人而无须课及公法人。私法人更分营利法人与公益法人，欲适用普遍之原则，均当分别观察，不能一概而论。此外尚有关于租税主体之例外，与关于租税客体之例外。第二项中，又有关于客体之质的例外与量的例外。例如对于新垦地及灾荒地则免其田赋，对于生活最低额则免其所得税皆是。

第二　课税之平等（equality）

平等之原则，简单的讲，即谓租税的负担当平等分配于各人之间。但所谓平等，非谓各人当负担同额之租税。现代富之分配，极不平等，各人所有财产及收入之额，极不相同。各人若负同额的租税，贫者必不胜负担之苦，而富者反不感负担之痛。若是则平等的原则，反成为不平等的负担，适与正义相反！

在今日经济组织之下，国家课税，欲期其平等，当应各人之经济能力使其负担，学者称此为"支付能力之原则"或"应能提供之原则"，亦称"担税力之原则"（principle of contributive capacity）。然则担税力，又将以何为根据而测定之？其必须之条件有二：一为物的要素，属于各人所有之财物；一为人的要素，属于各人主观的欲望。课税之合于担税力者，当结合物的要素及人的要素，而重课其力大者，轻课其力小者。使各人均能得到"最小的牺牲"（least sasrifice）。于此又有五个应注意之点。第一当实行累进课税制（progression），第二当区分勤劳所得与财产所得而重课财产所得（differentiation between earned end unearned income），第三当施行最低生活费之免税（exemption for minimum subsistence），第四当斟酌所得人的个人事情，施行相当的减免（abatements and allowance），第五当避免重复课税（double taxation）。具备以上五个条件，而后现组织下所称之平等，庶几可以做到。

租税的分配，如能适合上述之普遍平等两条件，大体上可谓合于正义。但犹有应注意者二事：第一当有"适法"之原则，用以保障课税的普遍及平等。适用此原则之时，不可许当局任意征收租税，必当经人民之直接或间接之承认，此种手续，即使人民参与租税立法。换句话讲，何种租税可以赋课？如何程度可以赋课？均当用法律明文规定清楚。征收之际，官民双方，均以此为准绳。但欲得如斯结果，必须用官制明定财政官之职务权限，并使财政官从其职务权限而行动。第二当有"确实"之原则。此种原则，最初为亚当·斯密所提倡。其主旨，在要求政府不得任意决定租税，并不得任意课征租税。但欲达此目的，须有其前提，即一切租税，须以法律规定之，并依法律之规定而赋课征收之，故所谓确实原则，须以适法原则为基础。不过在立法之初，即须牢守确实之原则，使租税立法有确实的内容。凡关于租税主体、租税客体、税率、纳税时期、纳税地点以及纳税方法，均须有明确准据之规定。同时政府对于征收官吏，更须有确定的办法，使既经确定的租税法，不致从税吏之手而任意变更。吾人所以反对配赋的征收法者，即从课税主体的立场观之，所课税额纵令确实；但从纳税主体的立场观之，所纳税额，乃极不确实；在配赋的过程中，经过机关，最容易上下其手，酿出种种黑暗事件。

欲贯彻确实的原则，须使法律规定，能理解于一般人民，使不生误解。关于此点，所要求的条件有二：第一，租税法中所规定的文句，当使任何人民，均能理解。第二，一种租税法内各项规定之间，理论上不可发生矛盾。但在实际，此等要求亦有不能充分实现之处，第一、因现代经济制度与社会组织过于复杂。租税立法，对于内容规定，欲使其与现实相应合，自不能不有曲折繁复的规定。因此，对于租税法的理解，惟有税吏及精通税法的学者能之，一般人民，颇有莫测高深之苦。第二、当租税立法之际，常有"遁税斗争"，其后乃由关系各方之让步，而作折衷之规定。因而一种立法之中，各部分间不免发生理论上的矛盾。基此二因，则现代租税立法，不能充分实现确实的原则，宁属不可避免的现象。

现代所要求之租税平等，无论如何努力，结果总不免是相对的，是勉强的。在不平等的经济基础之上，怎能实现平等的租税呢？勉强为之，亦不过补苴罅漏，聊胜于无而已。但是，有总胜于无，做一些补苴的功夫，总比不做的高明一点。于是欧美学者以至从事政治的实际家，多少年来对于"直接税"与"间接税"的比例问题，老是不断的研究，不断的改革。

人们所以反对间接税，便是因为这种课税，先天的带有"逆进的"性质，使负担力大的占便宜而使负担力小的吃亏。所以进步的财政制度，总是把间接税的比率减到最低度，结果还是不免表现阶级间负担的不平等；一九二七年英国发表的很有名的《科尔文国债与租税调查报告书》，在一个很精细的统计表中，充分曝露此中消息。但是那些国家，毕竟还聪明，从很早的时代起便采用直接税；靠着直接税的累进，以抵消间接税的逆进！此种情形，以欧战后为最显著。我们看看当那有名的财政家格莱斯顿（Gladstone）在一八五三年提出第一次预算的时节，对于直接税与间接税，曾比之于"动人的二姝"（two attractive sisters），而欲"保持均衡"（to keep balance），"通款曲于双方"（to pay my addresses to them both），而不愿有所歧视（perfectly impartial）。这便是说：十九世纪中叶的英国，已经将间接税的比率减到税收总额的一半，努力增设直接税。但仍不免被支配于新兴工商业者的利益，而欲保持两税之均衡。等到十九世纪的末叶，英国财政家哈科特（Sir William Harcourt）提出其一八九四年继承税的改革时，便已公然宣称："一个人死后，对于人世财物的支配权，自然的主宰，并没有给他。他所以有权能够处分身后的事务，纯粹是法律的授予；国家可以创设法律，国家便能规定法律的条件与限制，以支配权力的行使"。❶

这便是说：哈科特的财政政策，不仅要增大直接税的成分，还要用直接税的方法，分裂大宗的地产，减少财产分配的不平。这都是曾经实现的事实，而不是徒托空想的学说。

其后因欧战之故，普遍采用的直接税与空前发展的累进制，不必说了；此外为课税平等之故，又有一特殊方法，即"超过利得税"（excess profitduty）。此税在英国，施行于一九一五年，系对于任何营业的溢额收益而赋课者。至于溢额的计算，系以战前的收益为标准算出溢额，而课以百分之五十的新税。其后至一九一六年，提高到百分之六十。一九一七年提高到百分之八十。据英国的经验，战时与战后，六年中共收十二亿镑之多。当时因物价的腾贵，商人所获

---

❶ "Nature gives man no power over his earthly goods beyond the term of his life. What power he possesses to prolong his will after his death——the right of a dead hand to dispose of property——is a pure creation of the law, and the State has the right to prescribe the conditions and the limitations under which power shall be exercised." A.C.Pigou, *A Study in Public Finance*, p.157.

意外利得非常之高，对于这些战时牟利者（profiteer）的意外收入（windfall），自应课以高额的租税，方能稍救社会的不平。

　　美国的超过利得税，开始于一九一六年，系对于军火制造的收益，课以百分之十二点五的税率。此种利得，系自战事而来，故又称为"战事利得税"（war profit taxes）。吾国古谚曾有"矢人惟恐不伤人"之语，人世的战争愈进行，人类的痛苦愈普遍，则此种事业的收益愈发展！美学者蒲徕恩（C.C.Plehn）曾称之为"靠世界受罪的买卖"（trading on the world's misery）。美国对于此类税率，每年均有增加。关于超过利得税的税率，曾到过百分之六十五。战事利得税的税率，曾到过百分之八十。叫那些"惟恐不伤人"的军火制造家和贩卖家（即"人命商人"，merchant of death）负担战时财政的大部分，或者也是课税公平之道。

　　降至最近，对于课税的公平，又有一新的发展，引起吾人注意。大战当时的特殊课税，前已述之，至于备战时期的特殊课税，最近始喧腾于帝国主义国家的各方面。试以日本为例，过去三年间新增加的军事费，约十二三亿圆，满洲事件费七亿三千万圆，时局匡救费六亿圆。此类支出的大部分，均流到与军需及土木工程有关的资本家之手。"作战资材之工业"，既因是而活动，于是一般企业，多少亦随之繁荣，因而造成所谓"军需膨胀景气"，增大企业的利润。对于此等利润，颇有主张课以"临时利得税"者。日本此项运动，对于军需工业的利得究能课税几何？课税之后，对于赤字财政果能补助几何？对于赤字公债扩大的危机果能挽救几何？固然尚有许多批判的余地。但是随着战机胁迫而来的增税的苦雨，不要只是淋到大众的头上，也叫那些临时特别利得的收获者负担若干，或者也是课税公平之道。

　　然而，无论如何，资本制下所谓课税的公平总是虚幻的；从这些特别利得，无论如何课税，结果还不是藉着公共支出的形式，助成这些利得的繁荣与滋长！此中消息，早被库成斯基（Kuczynski）道破了："藉着收入体系的民主化，以掩盖支出体系的金权支配，乃资本主义最精巧的手段之一"❶。也就是大内兵卫教授所称："增税之社会政策的意义，纵令呼得很高，亦只成为现代布尔乔亚最爱好的题目，不会赍来何种之实益"。

---

❶ Kuczynski, *Der Staathaushaltlenre*, S.12.

非常时期经济教学内容商榷[*]

（一九三六年二月二十四日）

中国经济，乃世界经济之一环，自一九二九年世界经济恐慌开始以来，对于经济方面之教育，早应为非常时期教育。无如在我国，基于内在外在之种种原因，竟将经济方面之教育，演成种种畸形，至今日而未能自拔。其特征有三：第一为静态的，不问时间上如何激变，所授经济课程之内容，仍为三年前五年前之抽象的静态的解释，遂觉与此时此日之当前问题，截然两事。第二为舶来的，无论空间上各国之经济机构与我如何不同，但限于文化发展之水准，尚未能以当前自国为对象，建立系统的完整的教学纲领；为应付目前需要起见，遂不得不撷取或趸取东西洋之材料与课本，而本国经济之解析，反退居于从属与偶证的地位。第三为形式的，中国之经济机构与发展阶段，既有其特殊性，经济研究在中国，亦应有其特殊方案与步骤，决不能以外形模拟装璜蹒跚等为教育之能事。设色之统计与金装之报告，以我例彼，不遑多让；然于形似之外，其实质能切合当前迫切需要，正确表现时代意义，赤裸指示前途动向者，恐仍居于少数之地位。是以此后关于经济方面之教育，亟宜打破历来之痼习，赤地新立，筚路蓝缕，为中国之经济学，创造新姿态，亦即为整个教育蔚成新力量。实施之际，其应注意之点，可分两方面叙述之：

第一　关于经济教学一般

一、由当前中国经济机构之认识与批判出发，横的方面，研求其现状之如何组成；纵的方面，研求其动态之如何发展。由前言之，帝国主义之侵略，属于外铄的；农村经济之崩溃，属于内发的。外铄之中，又有直接与间接之分，各国对华之经济侵略，为直接的；世界经济恐慌之蔓延，则为间接的。以中国经

---

* 此文发表于天津《大公报》。——编者注

济机构之分析为主题，而求其内发与外铄，直接与间接，各种因素相互间之交织与交掩，庶于机构的全貌，能得一明确的体认。再从纵的方面言之，由一种形态转为另一形态，由前一阶段走入后一阶段，其中因果关联，须以不断的注意，把握事实，整理材料，检讨内涵，藉以窥知其动态的演变。

二、为把握现实起见，课外工作，应远较课内为多。材料之搜集与整理，理论之归纳与提炼，无论在教者方面，或在学者方面，第一须有充分之时间，第二须有方便之环境。所以上课时间，在可能范围内，应竭力使之减少；同时对于研究室图书馆之设备，则尽量使之增添。图书购置之外，尤应注意杂志与日报之搜集与剪存；更进一步，匀出相当时间，使学生从事于实地踏查，既可接近现实生活，又可取得分析现实之初步资料。

三、在上课之有限时间，为教师者，应注意于提示与启发，以培植学生之自动能力。教师之职务，应对于所任之课程，指导方向，提示纲领，启发观点，供给方法，而无取乎烦琐与注入。于此尤有一义，必教师对于所任之课程，兴味盎然，然后能以盎然之生气，透入教室之氛围，以促起学生对于学术探求之自动。自动探求之结果与其所提出之问题，再由教师予以恳切的批评与解答，必能内外合一，教学相长，不仅促进学术之发展，且能蔚为良好之学风。

第二　关于经济教学各部门

一、改造基本课程的内容。基本科目之上课时间，甚难减少，惟其内容，则大有改造之必要，至少在春季始业之一学期内，对于教学之方法，亦应一新。例如经济学原理，不应以欧美之资本主义型为限，亦不应以苏联之社会主义型为限，对于吾国当前之经济机构，应视为讲授分析之主题，再与其他类型比较研究，从事实的归纳，求得系统的理论。又如经济史，无论属于世界部分或中国部分，今日已非从容考据之时代。吾人现有精力，应集中于近百年来之经济发展，尤以一九一四年欧战发生后与一九二九年世界经济恐慌爆发后以及"九·一八"国难开始后之经济演变，为吾人所特应注意。以此类推，如银行论、货币论之类，均不应以从来之教学法自足，而应不惮烦苦地认取世界与中国货币制度之改革与银行制度之变迁采为教学之主材，使学生了然于当前问题之由来与内容，以为应付事变之准备。

二、充实技术科目的素养。民族解放的斗争中，不仅用脑、用口，尤须用手！非有最现代最有效率的方法、技术与管理，必不足以供斗争的需求。经济课程中，如统计应用、如战时财政、如会计审计、如金融管理，均与非常时国策有关，似应以当前切近之题材，组成教课之内容。技术之养成，须有较长之时间，决非咄嗟所能取给，但亦须以当前生动之事例，加入教材，庶于技术训练之中，仍寓问题鼓舞之意。

  三、增加时事问题的讲习。中国今日，如现阶段华北经济问题、新公债政策问题、银行统制问题、通货膨胀问题等等，随时发生，目不暇接，有非经常课程所能包括，与现有教师所能殚述者，于是有时事问题讲习之必要。应由教学双方共同注意，预为拟定，作成系统，按期实行，以为课堂讲授之辅助。

  此外尤有应注意之一点，教育能事，重在求知，关于非常时经济方面之教育，知己知彼之外，尤须了然于彼之如何知己。以中国人研究中国经济问题，其方便与可能，有时反逊于外国人。即在发表方面，中国人自知之而不能自由发表之；易以外人，则印行无阻，此乃次殖民地文化之特色，无可骇怪！故吾人于外人研究中国经济之资料，尤宜广为搜罗，精为研讨，多为介绍，勤为报道，一人不能尽读，而能介绍于多数人，使有读之知之之机会，亦非常时教育应有之步骤也。

理财要政*
——执法与任贤

（一九三六年三月）

《史记》载："赵奢者，赵之田部吏也。收租税而平原君家不肯出租，奢以法治之，杀平原君用事者九人。平原君怒，将杀奢。奢因说曰：'君于赵为贵公子，今纵君家而不奉公，则法削，法削则国弱，国弱则诸侯加兵，诸侯加兵，是无赵也，君安得有此富乎？以君之贵，奉公如法则上下平，上下平则国强，国强则赵固。而君为贵戚，岂轻于天下耶？'平原君以为贤，言之于王，王用之治国赋，国赋大平，民富而府库实。"

根据这段史实，当时赵国对于课税是有过一些法制的。无论贵族与平民，都要遵照法制规定，如法纳税，否则必须依法治罪。"奢以法治之"，就是说，他敢于触犯赵国的权贵，依法办事，终于说服了平原君，并得到赵王的信任，收到了理财的效果。赵国通过赵奢整顿财政，不仅使"民富而府库实"，还打击了贵族势力，使历史前进了一步，为后代树立了执法如山的好榜样。

以上是以《史记》中的记事，说明了赵奢以一个田部吏敢于执法、守法，表现了执法在理财工作中的重要性。以次再从《唐书》中的史实，说明"任贤"在整理财政中的重要性。

刘晏是唐代中期的杰出理财家。刘晏理财的政绩，开始于整顿漕运。唐初，以东南的粮食，漕运到当时的京都长安，初年不过二十万石，漕运工作，比较简单。自高宗以后，漕运之数，逐年增加，从江淮运米到东都洛阳，然后以车或驮，陆运至陕。因水运风大浪高，舟船经常覆没，一斛得八斗，就算成劳（完成任务）。高宗时，在三门山凿栈道，挽舟民夫行栈道以绳挽舟，水急栈险，挽夫每失足坠死。刘晏以为：江汴河渭，水力不同，各随便宜造运船，教漕卒，江船达扬州，汴船达河阴（在今河南成皋县境），河船达渭口（渭水入黄河处），渭

---

* 此文发表于《国立北平研究院经济研究会丛刊》。——编者注

口达太仓（京城的总粮库）。其间缘水置仓，转相受给。自是，每岁运谷，多至百余万斛，无升斗沉覆者。过去是"斗钱运斗米"，经刘晏管理后，从扬州到长安，每石米只需七百文的运费，由官府出钱。粮食一多，京师米价立时平抑下来。代宗派人慰劳刘晏说："你真是我的萧何啊！"萧何帮助刘邦，在楚汉战争中，徒关中供应粮食和兵源，建立了汉朝，以刘晏比萧何，并非过誉。

刘晏又于扬子（今江苏省仪征县）置十场造船，每艘给钱千缗。或言所用实不及半，虚费太多。刘晏说："不然。论大计者，固不可惜小费，凡事必为久远之虑。今始置船场……若遽与之屑屑计较锱铢，安能久行乎？异日必有患吾所给多而减之者。减半以下犹可也，过此则不能运矣！"其后五十年，有司果减其半；及懿宗咸通中，有司计费以给之，无复羡余，船益脆薄易坏，漕运遂废。

刘晏整顿财政第二件大事，即是改革盐政。唐肃宗宝应元年（公元七六二年），刘晏再次任盐铁使时，着手整顿盐政。代宗永康二年（公元七六六年）唐政府实行财政分区管理。刘晏以户部尚书的职份，出任京畿、河南、淮南、江南、湖南、荆南、山南东道盐铁使，进一步从组织上、制度上对盐务工作，做了重大改进。

刘晏以为官多则民扰，故但于出盐之乡置盐官，收盐户所煮之盐，转卖于商人，任其所之。自余州县，不复置盐官。其江岭间去盐乡远者，转官盐于彼储。如果商运不来，盐价昂贵，则减价以售之，谓之"常平盐"，官获其利而民不乏盐。其始，江淮盐利不过四十万缗，季年乃六百余万缗。由是国用充足而民不困敝。同时，河东所管盐利，不过八十万缗而价则贵于海盐。

刘晏管理盐政所采取的办法，是把原来的官运官销制度，改为"就场专卖制"。亭户所生产的食盐，由盐官统一收购，不许私自卖给商人；盐官所收的盐，就在盐场转卖给盐商，食盐的流通税包括在盐价之中。商人缴纳盐款后，可以自由运销，不受限制。这就是：民制、官收、商运、商销。这样作，官家控制了食盐的货源，掌握了批发环节，大商人就无法兴风作浪。

当时地方节度使也都在食盐方面打主意，盐商车船过境，要层层纳税。刘晏特别请求皇帝下令禁止各地的各种苛扰，以免增加运盐成本。刘晏还采取"以绢代钱"的办法，有意识地把绢对盐的交换价格定得高些，鼓励商人纳绢。这样一来，既推销了食盐，又掌握了必要的军用资料，而省去了转购的麻烦。

刘晏理财，注重培养民力。晏以为户口滋多，则赋税自广，故其理财注重培养民力。他在各道所设的巡院内选拔干练的中员担任"知院官",每旬每月把州县的雨、雪、丰、歉等消息报告给刘晏。丰则贵籴,歉则贱粜,或以谷易杂货供官用,并运到丰处出售。只要每一个地方刚刚出现歉收的情象,知院官的报告马上送来,什么作物要免租多少,什么地区应救助多少,已经都有个了解,不等这些地方的申请,刘晏已经奏报朝廷执行。应民之急,未尝失时,不待其困顿、流亡、饿孽,然后赈之。由是民得安其居业,户口繁息。代宗广德二年(公元七六四年)刘晏刚主办东南漕运时,唐政府所统辖的地区内,只有二百九十三万多户,到代宗大历末年(公元七七九年)增加到三百八十万户。在晏所辖则增,非晏所辖则不增。其初,财赋岁入不过四百万缗,季年乃增至一千二百余万缗。

刘晏在实际工作中一直贯彻了他的财政思想。他既严于责己,而又长于用人。晏常以为:"办集众务,在于得人,故必择通敏、精悍、廉勤之士而用之;至于钩检薄书、出纳钱谷,必委之士类"。晏没之后,掌财赋有声誉者,很多是刘晏当年所选。对于他自己要求很严格,讲求工作效率,办事迅速及时,工作十分勤奋。他前后任职二十年(肃宗上元元年至代宗大历十四年;公元七六零年至公元七七九年)始终过着非常朴素的生活,殁后查出来的全部家财,只是"杂书两车、米麦数石"而已。

王船山在《读通鉴论》卷二十四,对刘晏曾有这样的评价:"察诸道之丰凶,丰则贵籴,凶则贱粜,使自有余息以供国;而又以蠲免救助,济民之馁瘠。其所取盈者,奸商豪民之居赢与墨吏之妄滥而已。仁民也,非以殃民也。榷盐之利,得之奸商,非得之食盐之民也;漕运之羡,得之徒劳之费,非得之于输挽之民也。上不在官,下不在民,晏乃居中而使租庸不加,军食以足"。

我们很同意王船山这样的论断,认为刘晏不仅是唐代二百九十年里很卓越的理财家,即在全部中国古代财政史中也是很少见的。

从金库到火药库*
——军扩财政的蓦进

（一九三六年三月二十二日、二十三日）

翻开这些日子的新闻纸，只要看到各国的预算消息或是财政新闻，几乎毫无例外地都充满着火药气！甲来一个大陆军预算，乙来一个大海军预算，丙来一个大空军预算，一个跟着一个，一个赛着一个，大有铜山西崩，洛钟东应，争先恐后，后来居上的光景。如果说一九三六年是个危机的年头，那么危机的象征，再没有比弥漫世界的军扩预算更清楚的了。世界各国的预算里，包藏着这么多的火药，只要有一天，挨着一些火气，迸上一点火星，登时便要天地玄黄，风云变色！这个机真有点危！

远者不具论，只从"二·二六"的东京政变说起。牺牲了斋藤、渡边不算，还要牺牲了老谋深算、勋业炳然、身系内外众望、已达八十二岁高龄的高桥是清。如果这不是偶然，这便指示着，少壮军人的袭击，实以高桥老翁为中心；不是袭击他个人，而是袭击他所主持的财政政策，与其所结托的财阀势力。原来高桥的财政政策是与军部的主张不相容的。军部主张扩军，而高桥反对增税与增债，军部所提出的军费增加案，始终格于高桥的主张，不得充分实现，于是高桥乃成为"二·二六"东京政变的牺牲。这种理由，说明了前藏相高桥是清的悲剧，同时从反面看，也便解释了新藏相马场瑛一的出台。我们看马场于就职之初，首先声明，不能踏袭前藏相高桥之消极的财政政策，而要从事实行充实国防，断行增税，增发公债及低息政策等积极政策；并且打算在临时议会，力求将其政策与抱负，实现于昭和十一年度预算之中。究竟马场的新财政政策，是否可以行的通，那是另一问题，我们先不必去揣测；但是日本财政的现阶段，立刻就要踏入大规模而且加以速度的军扩之途，则已昭然若揭。

二重桥上的风云方霁，莱茵河畔的暗云又来，德国元首希特勒，复于三月

---
* 此文发表于天津《大公报》。——编者注

七日，宣布了罗迦诺公约的废止。据哈瓦斯瑞士京城十三日电，彼处几位有经验的观察家发表意见，以为希特勒废止罗迦诺公约之事，乃该国财政状况所促成。该国政府因货币贬值势已无可避免，乃草定大规模之财政经济改革计划，同时希特勒即派兵占领莱茵河区域，用以转移人民视线云云。此种解释，固不足概括此次德国废约之一切动机；然而最近德国，因为经济财政之日益困难，始促成这种举动，亦属不可否认的事实。（参看《大公报》去年七月二十六日至三十日所载《重整军备之德国财政》）

在并世各国中，英国总算最稳健的了，总算最利于和平的了，谁又料到三月三日清晨所发表的英国国防计划白皮书，关于海陆空三军增置与改善之处，竟有十六项之多。据哈瓦斯社之估计，需费约二亿三千万镑，其规模之大，为从来英国国防历史所未有。更据伦敦三月十七日路透电，下院于十六日通过一九三六年海军预算案，此案经费，仅就较上年度增加之数言之，已达九百八十八万镑。复据同日路透电，下院于同日又通过庞大的空军预算，总额三千九百万镑，较一九三五年预算，增加一千三百余万镑。路透社对于此数，称之为欧战后提交国会之最大数字。绅士派头十足的不列颠，向来是不动声色的；但是一到一九三六年，也要提出这些惊人的军事预算，大有撩袍甩袖，剑及履及之观。

美与欧亚，远隔重洋，向来不好管闲事，对于国际间的军扩竞赛，尽可不必急于参加。但据华盛顿二月十六日哈瓦斯电，陆军部前向众院提出一九三六年至一九三七年度军事预算案，共为五亿五千八百余万金元，于二月十三日，业经众院表决通过。在承平时代，美国军事预算案当以此为最大云云。又据三月五日《大公报》载，罗斯福总统于三月三日致文国会，建议对赋税法实行重大改革，一方对未分配之公司利润实行课税，同时并施行意外利得税。据此看来，则隔岸观火的山姆大叔，似乎也有些沉不住气了。日德如是，英美如是，法国以及正在作战的意大利，更应如是，军扩预算在一九三六年，已经成了世界的流行症。然则苏联如何？苏联的国防费，向来占着岁出预算的最低额，但是今年一月十六日经过中央执行委员会之决议而以明令宣布的一九三六年度预算案，则已表示极显著的变化。考本年度苏联岁出总额为七百七十八亿卢布，其中用诸国民经济建设费者，计占总额百分之四十七点八，较之去年度尚少百分之六点八。用诸文化事业费者，为百分之八点二，较之去年度，亦只增加百分之点四。惟国防费一项，则由去年度百分之十二点八，增加为本年度百分之十八点九，计增百分之六点一，实际增加六十六亿一千六百万卢布，打破历年纪录的最高额。（参阅三月十五日《申报·每周增刊》第一卷第十期《苏联的新预算》）

走遍了欧、亚、美三大洲，不管你的政治组织怎样不同，不管你的经济机构怎样不同，一谈到财政，便要宠亲不分，不约而同地，一齐走上军扩预算之路。"天下老鸦一般黑"，岂各国预算之间，果真没什么区别么？

最近各国预算，从表面看，本来没什么区别；你也扩军，我也扩军，摩拳擦掌，准备厮杀，彼此之间，能有什么不同？但是一看到目的，便有不同；再看到内容，更有不同——这却不可不加以区别。先言目的，同是战争（指对外战争而言），即有侵略的与非侵略的之分；这种区分，不能专凭主观，而要靠着客观，具体言之，要以一定国家的生产方法为决定的标准。如果某一个国家的生产方法，属于独占的资本生产，以私人的利润获得为归趋，势必要辟市场于海外，求原料于他方，求而不得，遂出于战。此种经济机构，先天的带有侵略性，故以此为基础，所造成的战争，当然也是先天的属于侵略的范畴。反之，在未曾达到资本生产的国家，根本她便没有独力大量输出的资格，更谈不到在海外从事于市场的独占与争夺。经济基础既是如此，纵令卷入战争漩涡，亦只能说是防御的或被胁的，而够不上说是侵略的，这是就着前资本主义生产而言。至于社会主义生产，根本上已经不以私人的利润获得为归趋，社会的生产，就是供社会的消费，不像资本主义生产，眼看着本国以内上千上万的人，没得吃，没得穿，为赚钱起见也得往海外争市场。所以社会主义生产虽然也是现代化的机械大量生产，但在先天上，便不需要侵略；纵令卷入战争漩涡，也不是侵略的，而只是防御的。防御之战，期于避战；侵略之战，期于必战；前者是维护民族的，后者则是毁灭民族的，目的之不同如是。

再从内容去看，各国的军扩预算，其间也有很大的不同。在社会主义国家，军扩的财源，大部分取给于社会化产业，只花一份成本，于事已足。若在资本主义国家，无论是造飞机，是造大炮，是造战船，都要向私家工厂去订货。这些工厂，决不是白给国家效劳，如果不赚钱，谁还开工厂？所以货价之中，不仅包括成本，还要包括利润！军扩预算愈大，工厂赚钱愈多，于是在西洋以造成所谓"人命商人"（merchants of death），在东洋便造成所谓"军需膨胀景气"，蒲徕恩所称"靠着世界受罪的买卖"，孟夫子所谓"矢人惟恐不伤人"，都是指着这档子事。纵令给这些军火制造商和贩卖商，加上一些战事利得税或意外利得税，也不过取回若干分之一，仍无碍于这些商人的巨额收益。日本经济学者猪俣津南雄曾说过：日本的财阀，左手借出巨额资金于政府，以取得利息，右手拿出大批军需品供给国家，以取得利润，在这种情势之下，他们确乎是有利可图了。但是担负这利息和利润的人，又该是社会上那些阶层呢？

财阀们的腰包，已经装得这么满，还要藉口经济萧条，隐身在"健全财政"的旗号之下，反对增税，那就难怪有许多人欲得而甘心。所以高桥老翁的悲剧，应该是行凶者的错呢？还是主持财政政策者的错呢？这个账可就有些难算了。

从出发点就错着，所以走下去的时节，左也不对，右也不对，各方之间，老是龃龉着，矛盾着。于是又有人主张，将军需制造事业收归国有，免得军扩预算的巨额支出，都叫那些人命商人吸了去，这曷尝不是一个聪明的打算。但是谈到实际，军需制造所需要的一切原料，都能够从私营手里收回来由国家去经营么？如果不能，则许多原料或半制品之开采与制造，还是握诸私营之手，仍然要从军扩预算大批地赚去国家的钱。不揣其本，而齐其末，到了，还是走不通的。

所以同是军扩预算，来源与去路的内容，便有很大的不同。

因此又想到我们中国。我们不也是有军事财政么？不也是有军扩预算么？预算里的军事费不也是占到很大的百分数么？在这现代化的口号很为流行的时代，人家可以那样，我们为什么不可以那样？所以在军扩预算的外形上，在军费膨胀的趋势，我们也颇有不甘落伍见贤思齐的样子。但是仔细的一考察，又觉目的不同，内容不同，从金库到火药库所走的路线也不同。

从目的上看，现代的战争可以分为四个类型：第一为帝国主义者之间的战争，第二为社会主义国对资本主义国的战争，第三为殖民地、次殖民地或弱小国家对帝国主义国家的战争,第四为前资本主义国家以内的战争。一、二两种，与我根本无缘，至第三种，虽示偶尔有之，亦只昙花一现。大概吾国所有过度战争，最多的还是属于第四种。我们既未完成资本主义，自然不能树立宪政制度与议会政治,政见上的不同,不能用政治方式解决之,不能在议会之内解决之,于是促成内战的必要。人类的行动与发明，多随需要而生,这是历史演化的必然,令人着急不得。但是人类毕竟是有理性的动物，环顾斯世，就是为人类所痛恶的战争，我们还逗留在第四种，前三种里都没我们的份，这应该是怎样痛心的事。

再从内容上看，关于扩军的财源，我们既不能取给于社会化产业，又不能取给于军需膨胀景气的意外收入，而只乞灵于不健全的公债政策。至于最近，即此穷途末策，都有不能继续运用之势，渐渐落入通货膨胀的深渊。风闻二月一日公布之三亿六千万元复兴公债，既不流通市面，亦不公开出售，专存中（央）、中（国）、交（通）三行准备发行钞票。又闻最近美国向华购银，业已成交，共五千万盎司，计约美金三千二百万元，一大部分均作偿还欠款用，欠款总数不详，但偿还期票，已开至一九四零年（以上二则，参阅三月十六日《北平晨报》）。我们看到这些消息，不禁暗自吃惊，深盼此种传说之不确。但是根据过去之事实，稍作理智的推测，纵无此项传说，也不免替我们国家担心，不知怎样才躲开了恶性通货膨胀的险路。现金准备不动而增发钞票，固然是通货膨胀。纵不增发钞票，而将现银搬走，一样是通货膨胀。倘再急不暇择，铤而走险，一方增发钞票，同时出售现银，岂不促成双料的恶性膨胀？吾人深盼无此事，但不可无此虑。"思患预防，所以免祸"，宁招过虑之讥，无贻噬脐之悔。

最后，从金库到火药库，各国所走的路线，也很不同。在社会主义国家，仅是从一个生产部门，转移到另一个生产部门，绕了个弯，还没绕出公经济或国家经济的范围以内。即在资本主义国家，制造军需的利益，大部分固然跑到人命商人的荷包，由公经济之手，转入私经济之手，总还算楚弓楚得，循环于国境之中，很少跑到国外。至于我国，相形之下，又不免叫人十分痛心！我国所消耗的军用品，大抵不能自造，而须取给于舶来，灿灿白镪，离开我们的金库，跑出国门，不知要走几万里，才送到人家的火药库！以如此换得的军火，作第四类型的战争，还要孕育着二重的通货膨胀，这等危机的险恶，又岂一般所称一九三六之危机所能及其什一？世界上惟有最肯觉悟者，才是最能自救者！感于世界各国军扩财政的蓦进，我们要自觉！自救！

民国二十五年三月二十日

内外交乘之财政管理问题*

（一九三六年四月十七日、十八日）

新事态与旧问题

随着新事态的发生，人们得到了新认识，在社会上浮起新问题，因而形成新的理论与方策，使社会走入一个新方向。但是，发生的事态尽管新，而所引起的问题尽管旧，接二连三的新闻纪事，充塞篇章的公告言论，稍一按之，其中所含之问题，大抵是"昔已有之"，"不自今日始"，于是人们复淡然视之。须知新事态所引起的旧问题，其中总要孕育着新意义，要求人们对于从来的理论与方策，更来一次新估价。假使人们的努力，跟不上发生的事态，而使问题的含义，愈积愈深，对策的实施，愈缓愈难，则其结果，必然很无情地将这个社会，永远抛落在、埋葬在历史车轮所经过的泥辙里！

澄清贪污与华北走私

最近从三月十日起，有两桩同时发生外观不同而含义相同，因而引起多年的旧问题，要求人们重新努力的新事态，便是——官吏贪污的肃清与海关走私的杜绝。这两桩事，看似风马牛不相及，但是稍加透视，便都与"财政管理"（financial administration）有关。贪污之需要澄清，表示着内在的财政管理不健全；走私之盛于华北，表示着外在的财政管理不健全。"财政为国家的神经"，财政管理为国家行政的脉管，无论是内在的贪污与外在的走私，同样地足以破坏财政管理的系统，伤害国家完整的主权，戕贼国家生活的命脉！前一事态，表示封建势力的残存；后一事态，表示帝国主义的压迫——这两个多年苦我民族的竖子，仍然跳动活跃在新的事态之中，而且亘及财政管理内在外在的

---

* 此文发表于天津《大公报》。——编者注

两方面，而且要同时显示于吾人的眼前，真有些和我们民族过不去！

何处是中国财政的出路？

中国财政，许多年来都是在战时财政之下讨生活，打仗就得要钱，而且要很多的钱，决非经常岁入所能应付，于是在岁计上，不得不有亏短，形成一般所称之"赤字"。打仗的勾当，一日不停止，赤字的威胁，一日不解消。财政只是政治的反映，在国策上倘若没有什么根本的改革，财政是不会变样的。

应付战时财政，普通以为有三种办法：一是增税，一是募债，再一个便是通货膨胀。通货膨胀的危险太大，在国策上，决不敢公然采用。至于增税和举债，在今日疲敝已极的经济基础之上，也不会收到如何显著的效果。然则此后的中国财政，便没有路子可走么？还有，便是厉行健全的财政管理。

财政管理不健全，纵令募债有道，增税有方，结果还不是漏罅孔多，归公有限，依样解不了政府的穷。反之，纵令税无可增，债无可举，而能严密财政的组织，健全财政的管理，使课之于民者归之于公，借之于市者用之于政，结果必有库收增溢，庶政改观之效，安见非增税不可？安见非举债不可！所以说，健全的财政管理，是克服"赤字"的根本，有了很好的管理制度，则民负未重而岁收可增，庶政遂行而岁费可减；再进一步，所有新税的推行与官业的扩充，也都靠着健全的财政管理为机构；没有这种机构，种种打算都不免于做梦，都不免于落空！"财政管理"之重要如是！

问题的再燃

先从内部说起。妨碍健全财政管理的树立因而促成政治的腐败者，莫过于贪污的盛行，此点早为全国国民朝野上下所公认。吾人应忆距今三年前，中委居正、覃振等曾提请中央，从速成立惩治贪污专庭，经民国二十二年四月五日中政会之决议通过；其组织原则第三点，并有"凡犯贪污罪情节重大者，得处死刑或无期徒刑"的拟定。四月十二日复由国府训令行政、司法、监察三院，迅速成立此项专庭。以后虽因立法院主张关于惩治贪污一层，新刑法中将加重本刑，不主另设专庭，因而一时搁置；然而分析此次事态已可知：当时政治贪污，已成很严重的问题，因而在中央方面都已感到有"设立专庭"、"处以死刑"的必要，不能说没有很深刻的认识。今忽忽已三年矣！最近民国二十五年三月十日，乃又有行政当局通令所属，列举十项期在必行的澄清贪污的明令。如果三年前的惩治贪污问题得到解决，今日决不需要再来一个肃清的新令。又可知：以前尽有决心，今日故态依然，今日旧事重提，症结依然存在，倘再不从病的本根施行总廓清的运动，必致后之视今，一如今之视昔；愈演愈烈，卒中膏肓。

贪污与政府不两立

"四海困穷"，穷到这般田地，从经济的条件言之，不容再有贪污。政权统制，演到今日形态，从政治的机构言之，更不许再有贪污。有贪污无政府，政府之肃清贪污，最低要与剿匪同科，而顾到三个方面：一是事前与事后的并行，二是制度与官箴的兼顾，三是政府与社会的共动，合全国之力以与贪污相搏斗，或者能打开一条生路。细察过去的失败，大抵徒注意于事后的惩治，而忽略于事前的预防。不要说事后惩治，未必能做到几件，纵令做到，仍然是"野火烧不尽，春风吹又生"，去了一个贪官，来了两个污吏，问题之存在如故；与其铲除贪污，不如使贪污无从滋生，此其一。官箴不能自行树立，而须附丽于严密的、合理的、现代化的行政管理制度。举凡人员之登用、金钱物品之保管与出纳、效率的督课、服务的保障、权责的划分等等，均须划出确切不移之一定路线，使人人有客观标准可走，然后再从上层率领下层，树之风声，为之楷模，必能收勉于为善耻于为恶之效，此其二。健全之国家财政，有赖于健全之社会舆论。政府果有肃清贪污的决心，亟应认清此点，发动整个社会的舆论与力量，"通四明，达四聪"，以为政府之助。政府自身的力量，毕竟有限，要能以民众的耳目为耳目，以社会的力量为力量，集朝野上下之力以赴之，必于贪污的肃清发挥极大的功能，此其三。

贪污在中国，有悠久的根株，有广被的枝蔓，害毒蕴结，几如附骨之疽，决非枝节为之，所可损其毫末。政府与社会，果认为有肃清的必要，决不能以一纸命令，几句空话，便算了事；事实上总要经过长期而艰苦的肉搏；其结果，不是民族消灭贪污，便是贪污消灭民族！

由肃清到杜绝

内在的贪污肃清了，财政管理便能够健全么？最近有一件事告诉我们，不能！这便是华北海关的走私。海关行政，可以说是把封建势力的残存差不多都肃清了。这里不许位置私人，这里不许侵吞公款，这里没有十日明令所列举的那些毛病；但是华北海关却要给你一个大批的走私，眼看着"漏税品横行，公然起卸运入租界，驻站关员无法过问！"❶这，是不是很老很老的帝国主义势力的压迫，更以新的姿态，来破坏我们财政管理的完整？国库恃关税为岁入大宗，公债恃关税为主要担保；我们方苦无流可节，无源可开，无债可募，岂堪再添一个大漏洞，使关税收入，连原状都不能保持，那么中国财政的赤字，岂不更要深化？国家岂不更没办法？在这一点，对外财政管理的力争，便又成为我国当前的紧要问题！

取缔华北走私，据最近十几天的努力，显然尚未收效。但是我们政府要能把握问题的核心。任何国家的国策，在上层负责者的手里，常常是大处落墨，绝不屑偷偷摸摸的找一些小便宜。何国无海关，何关无关税，倘于税率有疑义，则挟其蹴踏之势，持外交以临我，何不逞之有？何必即出于"走私"的下策？是可知：走私的勾当，仅是彼我下层极无聊赖之人之所为，吾人尽可一方将事态提出，作正面交涉，取得彼方当局的谅解，同时即严厉执行健全财政管理所当取的整个步骤。鸡鸣狗盗之相扰，我都无法以制之，事态之甚于此者，何能更提交涉？帝国主义者之压迫，其过不尽在人，起初常因自己之不争气，以致招引更大的侮辱。积之既久，实不能忍，乃呼打倒；徒喊无效，更撄彼怒，又复吞声；何如自初即把握核心，毫不放松，绝其萌蘖，岂不事半功倍？现在日领对取缔走私表赞同（如川越），日商对私运影响表不满（如三井、三菱），如此时机倘再放过，不知将来的交涉，还怎样谈？

树立对内的财政管理，其权在我；树立对外的财政管理，其权亦在我。稍纵，则二者交敝，一方的恶化，足以恶化他方；立断，则二者交益，外在的杜绝，亦可肃清内在。财政管理，乃行政的核心，幸勿轻心掉之！

---

❶ 见三月二十八日《大公报》。

中国金融财政之发展阶段[*]

（一九三六年五月一日、二日）

关于这个题目，可以分六个段落来说明。

一、概论

在概论里所要说明的，便是财政金融的名词之解释和财政金融在我国形成之现象，换句话说，便是名义的分析和实质的分析。

财政金融这四个字在我国看来是两个名词，但在英国常用一个 term，那便是我们习知的 finance 一字，有时加上 adj，但总是不加的时候多。

那么，finance 究竟指财政而言呢？还是指金融而言呢？抑或二者都指呢？这个没有一定，要看当时这个字用在什么地方以及习惯等等来决定。

按 finance 一字包括 public & private finance. public finance 又称 high finance，指财政而言；private finance 又称 low finance，指金融而言。但是所谓 finance capital 乃指金融资本而言，有译为财政资本者，那便错误了。

不论为公经济或为私经济，其本质则同为 money matters，所以两者是二而一、一而二，此所以 finance 包括财政金融二者，而在我国财政则系指公经济，金融系指私经济的，是分开了的。

关于这类材料，诸君可以到百科辞典里去找，日本财政学者大内兵卫曾以德文撰文一篇论述 finance 一字之涵义，解释颇详，可以供诸君参考。美国财政学者 Seligman 认为 finance 一字之字义含糊，所以主张财政学不用 science of finance 而代以 fiscal science. 不过 fiscal 一字，有时常指关税而言的，如 fiscal Policy 便是，这个需要加以注意。

在我国财政金融是分开了的，财政一字的意义，一般人大都明白，可是金

---

[*] 此文系作者的一次学术讲演，由吴晨记录，刊载于《北平新报》。——编者注

融这个名词的涵义,却尚未十分明白的确定。在我个人认为应作如是之解释:即金融不单指货币,也不单指银行,因为银行和货币都不过是财政学的一部分;所谓金融应是货币和银行两个机构结合的动态表现,因之其所包括的内容甚广。

现在我们谈实质的分析。

在我国谈起金融财政来,实有其特殊之意义,因为在西洋各国财政常和工业关联在一起说,可是在我国却是财政和金融关联在一起,这是因为在西洋金融是因了工业发达之结果,即金融是由工业发展而来的,主要在 social economic 范围内活动着,而在我们中国谈起金融来,与其说由工业资本而来,无宁说是由公经济而来,即是由财政而造成金融,因为在中国并没有像西洋那样的工业资本,那里会有那样的金融资本。

因为历史的来源不同,所以发生的作用亦异,在中国金融与财政之关联是远超过了与工业之关联,有了中国近代之财政,才有中国近代之金融,有了这样近代中国之金融才便形成了近代中国这样之财政,这是研究中国金融财政者需要特别注意的。

现在我们进而来谈中国金融财政之发展的阶段。

二、尾随着外国军舰的银行

上面我们曾经说过中国金融是由财政而来的,我们试从历史上来看两者是怎样地结合了的。

中国之有银行,乃自一八四二年鸦片之战,尾随着帝国主义的军舰,轻轻地踏上了中国的大陆,在那时只有着中国旧式的银号和钱庄,因此我们知道,中国银行之发生不是内发的,而是外来的,即是说,有了帝国主义之侵略,才有了所谓银行的发生。

原因是中国自鸦片战争起,历次对外战争都失败,失败之后,即须担负巨额赔款,而当时中国本身无力负此巨额赔款,如是便不得不走向了借外债的一途,但是所谓借外债,并不是向外国政府去借,而是通过了外国政府向外国银行去借。循着这样的道路,由政治而战争,由战争而赔款,由赔款而借款,于是外商银行在我国的势力便随着时光的进展,由进展而雄厚,努力确定了根深蒂固坚牢不可拔的势力,在我国的财政上有着很大的支配力量。

三、官僚银行的抬头

中国的银行发展的第二个阶段,为官僚银行的抬头。

庚子变乱后,中国饱受对外败北之辱,于是由从前一贯的排外,一变而为媚外;同时,各帝国主义的瓜分中国之议,亦因各国利益的直接的冲突,不得不改变策略,即放弃瓜分中国的企图,着重经济的侵略。例如,当时铁道、电信以及其他建设借款;同时,对中国政府单纯的财政借款竭力避免,其中如袁世凯的善后大借款,亦是以盐税作担保。

当时中国政府既不能从外籍银行得到财政上的援助,而政府财政又异常竭蹶,于是在封建浓厚势力下孕育着的官僚资本,适应政府的需要,或用政府的力量与政府有关系的官僚,为财政上的目的,仿照外籍银行的组织,组织本国的银行。现在中国银行前身的大清银行与交通银行,便是在那时候相继成立的。所以那时候,可以说财政是主动的,是促成中国银行的主要动力,银行只不过是其结果。

四、买办资本的兴起

买办资本的兴起,是中国的银行发展的第三个阶段。

这个阶段自欧战开始,其中以一九一七年、一九一八年为最盛。原来各帝国主义为参加欧战,不仅不能对中国作继续从前的投资侵略,并且有将已经投资者收回之势,中国资本自一八四二年以后,经半世纪的培养,到这时候有相当雄厚的势力,所以乘着欧战的机会,买办资本以国际经济势力为基础勃然兴起,就看当时中国国内银行继续设立,与受帝国主义侵略反作用的本国工业的向荣,就可知道。至于从前的官僚资本,一部分随着封建势力的衰颓而消灭,一部分又与买办资本相结合,失掉了它的本来面目。不过在这时候,银行与财政的关系比较疏浅。

五、金融与财政的最后结合

这个阶段自一九二九年开始到现在。

金融与财政的最后结合,其表现事实是:一方以国都南迁临近上海,使政府与金融界发生着有密切的关联；一方以财政困难，既不能得外国银行的借款，于是不得不以内债为依归，形成金融与财政的最后结合，在这个时期又可分为三个小段落来说明：

（一）自民国十七年至民国二十一年为举发公债时期。

（二）民国廿一至民国廿三年为公债与借款双管齐下时期。

（三）民国廿三至现在为统制银行，管理通货时期。

结语

今日时间不充分，所谈者只不过给大家一个提示，至于详细论述，只好待诸异日！

所得税实施问题*

（一九三六年六月二十六日）

目次

I 引言

II 所得税制概观

一、国税中所得税的发达

二、各国所得税法制定的由来

三、各国所得税制的机构

四、各国所得税的展望

III 苏联所得税制现状

一、类型的对立

二、苏联所得税的特征

三、税制内容

四、单一农业税

五、苏联所得税的重要性

IV 中国试行所得税问题

一、试行的沿革

二、最近的筹备

三、实行所得税的几个条件

四、过去试行失败的原因

五、两个很严重的顾虑

六、此次试行的可能如何

七、实施前要注意的几件事

八、结论

---

* 此文发表于《北平研究院经济研究会丛刊》。——编者注

I 引言

所得税和中国的关系，颇与宪法和中国的关系相同，老想把它们连起来，结果老是连不上！从清季以至现在，差不多三十来年的光景，在政治方面，无论是积极地打算与民更始，或是消极地打算排难解纷，我们便能听到"实施宪法"的喧呼，朝野上下忙一阵，结果也公布出很齐整的条文来，只是与实际政治连不上。同样的，在财政方面，无论是积极地打算整顿税制，或是消极地打算填补赤字，我们便能听到"实施所得税"的喧呼，朝野上下忙一阵，结果也能公布出很齐整的条文来，只是与实际财政连不上。身为中国国民，联想到这两种经验，始而觉着滑稽，稍一回味，则又涌起无限的悲哀；西方也是国家，东方也是国家，为什么人家就行得通，我们便行不动！现在我们活到民国二十五年，又看见我们政府旧案重提，一方起草宪法，同时起草所得税，大家讨论的很起劲。现在我们要问：这次讨论的结果，是能够像布鲁司眼中的蜘蛛完成其最后一次的结网呢？还是和从前一样，再来一次幻想消失呢？谅在国人，当无不注意及之。兹就管见所及，试作所得税问题的检讨。

II 所得税制概观

一、国税中所得税的发达

现代"文明"诸国的租税制度，实以所得税为中枢。倘对于所得税，加以扼要的研究，即能批判各该国财政制度发达的程度。现代所得税，不仅以国税的资格而存在，在美国则有"州所得税"，在德国则有"邦所得税"，在日本则有所谓"户数割"，皆以地方税的资格，获得相当的发展。现在专以国税中之所得税为问题之中心，以窥其在各国租税体系中发展之踪迹❶。

据一九三二年度之财政统计，英、美、法、德、意以及一九三三年度之日本财政统计，互相对照，则日本之所得税收数，为一亿三千八百一十万圆。英国之普通所得税与附加所得税为三亿二千六百万镑。美国之所得税为十亿九千九百九十八万美金。德国之个人所得税、法人所得税与危机税合计为十八亿九千万马克。法国之不动产所得税、工商业所得税、农业所得税、薪俸所得税、

---

❶ 参阅汐见三郎：《各国所得税制论》，东京有斐阁一九三四年版。

非商业所得税、资本利息所得税与综合所得税合计为一百零四亿四千七百万法郎。意大利之不动产所得税与所得税合计为三十八亿一千九百万里拉。兹将上列各国税收总额及所得税所占之百分率，分列于下，以资比较：

国别	年度	税收总额	单位	所得税百分率
日	1933	683,728	千圆日金	20.2%
英	1932	752,385	千镑英金	43.3%
美	1932	2,171,927	千元美金	50.7%
德	1932	7,965	百万马克	23.6%
法	1932	34,732	百万法郎	30.1%
意	1932	15,812	百万里拉	24.2%

同称所得税，有带"收益税"的色彩者，有以特别税或附加税的形式，以一部让与地方者；仅以国税中所得税之收入额，即认为所得税之收入，自属失实。然而所得税之收入，仅就其在国税中之地位观之，少则二成以上，多则五成以上，所占地位，不为不大。若以多少之顺序言之，则美之百分率最高，英国次之，法、意、德、日又次之。

国税中所得税之采用，各国均始于何时？排比其事实，以见其先后，亦一有兴趣之事。兹据德国学者波辟茨之调查❶，而加以多少之修正，列表如下：

1.	英国	一七九八年
2.	瑞士	一八四零年
3.	美利坚	一八六二年
4.	意大利	一八六四年
5.	塞尔维亚	一八八四年
6.	南澳大利亚	一八八四年
7.	日本	一八八七年
8.	新西兰	一八九一年
9.	荷兰达	一八九三年
10.	塔斯马尼亚	一八九四年
11.	奥地利	一八九六年
12.	西班牙	一九零零年
13.	匈牙利	一九零九年
14.	法兰西	一九一四年
15.	捷克斯拉夫	一九一四年
16.	俄罗斯	一九一六年

---

❶ Johannes Popitz, *Einkommensteuer, Handwoerterbuch der Staatswissenschaften.* III Bd.S.437.

续 表

17. 加利西亚	一九一九年
18. 卢森堡	一九一九年
19. 比利时	一九一九年
20. 德意志	一九二零年
21. 布加利亚	一九二零年
22. 波兰	一九二零年
23. 巴西	一九二二年
24. 罗马尼亚	一九二二年

以上年表中，有应注意者二事：第一，关于英国所得税的制定，有主张始于一七九八年之"triple assessment"（三部合成捐）者，有主张始于一七九九年之新所得税法者。本年表采第一说。第二，关于美国的所得税，依波辟茨的主张，最初之所得税，应始于一八六二年七月。但若从严格的解释，实应以一九一三年宪法改正后所制定实施之新所得税法为起点。

二、各国所得税法制定的由来

一切社会制度，固有其共同的事实，但自国税中所得税制观之，基于各国种种之特殊事情，其制定的时期，表现不自然的迟延。即自所得税之内容观之，亦常受特殊之影响。试就美、德、法、英、意、苏各国之往事，以窥察此中的消息。

美国因合并各州而完成建国事业，最初专行州所得税。至于采用联邦所得税（federal income tax）乃一八六二年七月之事。其后改废无常，时行时止。至一九一三年二月，断行宪法之改正，始将所谓"联邦所得税违反宪法"之积年的非难一扫而空，于一九一三年十月制定新所得税法，以致今日。

至于德国，自其发生之历史的事情观之，地方分权之趋势颇强，所谓"直接税归各邦，间接税归帝国"之原则，久被采用。是以所得税在德国，并不以国税而存在，而实发展于各邦。但自魏玛宪法设定以来，打破多年之地方分权，确立中央集权之制度。遂于一九二零年三月经爱次伯格（M.Erzberger）改革之结果，将所得税自各邦收回，使归为国家税。国税中所得税之发达，以德国为特迟。

其在法国，外形标准主义的物税，支配人心颇久，如所得税之束缚个人自由的课税，认为违反"人权宣言"，有悖法兰西大革命之精神，不为法人所欢迎。所得税法案提出之次数超过二百，竟无一次采用。最后至一九一四年，世界大战勃发，所得税始实施于法国。

再看号称所得税祖国之英国。自一七九八年开始采用所得税之后，一八零二年废止，一九零三年再采用，其后改废无常，自制定一九零三年税法之后，始踏袭该税法之精神，而成为恒久税，以致于今日。然一九零三年之所得税，因所得税源之不同，将所得分为 A、B、C、D、E 五种成为以源泉课税主义为主之"分类所得税"（schedule system），与"综合所得税"距离尚远。至一九一零年路得·乔治制定"超过所得税"（super tax），后又改名为"附加所得税"（surtax），始将从来之分类所得税，合并而成为综合所得税。

此外若意大利之所得税，遵奉生产第一主义而立法；若苏俄之所得税，则努力实现社会革命之精神。是皆最近税制上之显著的事实，不能不注意及之。

最近美国财政学者塞利格曼（E.R.A.Seligman）曾说过，"所得税之成立，以文化之比较的高度发展与货币经济之充分普及，为前提要件❶"。但是此等条件具备后，不必即成立所得税。如果政治的要件与社会的要件不能齐备，仍不能成立所得税。美国宪法之规定，妨碍所得税之发达。德国财源分配之政治的原则，延滞国税中所得税之采用。法兰西大革命所建树的自由精神，使法国所得税条例之制定，直延至世界大战勃发以后。即在产业革命经验最早之英国，缚于传统之力，直至一九一零年，犹不得不以分类所得税自足。此等事情，倘加以比较与考察，仅在租税制度方面，亦可见各国特殊事情的影响之大。

三、各国所得税制的机构

各国所得税制，自其构造方面观之，日本与德国为一般所得税中心主义，英、美、法、意为个别所得税中心主义。而英之与美，互有类似之点，苏俄之所得税，则有独特之组织。以下将日、德、英、美、法、意、苏俄所得税之构造，加以赅括的比较。

日本所得税，大致为对于第一种法人所得之所得税与第三种对于个人之所得税，此外又有对于公债公司债之所得所课之第二种所得税，而成为特别之课税。第一种所得税与第二种所得税，以采用比例税率为原则。第三种所得税，则用累进税率，实行综合课税主义。德国所得税，分个人所得税（einkommensteuer）与公司税（koerperschaftsteuer）两种。自原则上讲，法人所得税用比例课税，个人所得税则用累进税率而行综合课税。在细目上，虽有不同；在大体上，日本所得税与德国所得税，实属同一系统。所不同者，在日本则国税所得税伴以地方附加税。若在德国，则将国家所收之所得税，分出一部，以

---

❶ Article "Income Tax" in *Encyclopaedia of the Social Sciences*, Vol.7.p.626.

予地方。

英国所得税，于其历史上有名的通常所得税（normal tax）之外，另有附加所得税（surtax）。通常所得税，无论课于自然人或法人，将所得分为五大种类（five schedules）而采用税源课税法或直接课税法。所称之"标准税率"（standard rate），由每年之财政法（finance act）决定之，属于比例税率。附加所得税乃对于自然人所得，凡超过二千镑者，即按累进税率课税。普通所得税为个别所得税，而附件所得税，则带有一般所得税之色彩。美国之所得税可分为个人所得税与法人所得税二种。个人所得税更分为普通所得税与附加所得税二种。普通所得税先采用比例税率，可认为个别所得税。附加所得税，对于一万美金以上之巨额所得，采用强度的超过额累进税率，颇具有一般所得税之性质。法人所得税，虽依比例税率，但与个人所得税相较，其标准颇高。英国之所得税与美国之所得税，其制度之构造，多有类似之点。但关于法人课税之方法，关于税率之规定，均有不同，税制之基调，各有异样之色彩。个别所得税式之普通所得税与一般所得税式之附加所得税，融汇并用，颇足供他国效法。

法国所得税可区别为分类所得税（impots cedulaires sur les revenus）与综合所得税（impot general sur le revenu）。分类所得税自七种租税组成，即：家屋所有所得税、土地所有所得税、农业所得税、薪俸所得税、非商业所得税、商工业所得税、资本利息所得税。自然人与法人之间，不设何等之区别，只于二者之间，适用不同之比例税率。至于综合所得税，系以对大宗所得之自然人课税为目的，采用间接累进之制度。分类所得税属于个别所得税，综合所得税则属于一般所得税。

意大利之所得税可区分为不动产所得税、动产所得税与补充所得税三种。不动产所得税更可分为土地不动产税与建筑物不动产税，其来源颇古。惟意大利普通所称之所得税，仅指动产所得税（imposta sui redditi della ricchezza mobila）与补充所得税（imposta complementare sui redditi）。"动产所得税"乃自然人或法人所受之：（A）公债利息等之纯资本所得，（B）商工业金融业等资本勤劳共动所得，（C）自由职业所得与薪俸等之勤劳所得，（D）对于公务勤劳所得所行之税源课税法或直接课税法。扣除查定之结果，虽有多少累进的倾向，但自大体上言之，乃系采用比例税率。"补充所得税"系对于自然人的大宗所得，课以比较轻微的累进税。动产所得税，具有个别所得税之性质。补充所得税，则为一种之一般所得税。前者与法国之分类所得税相当，后者与法国之综合所得税相当。

苏俄之所得税，分为对于农村住民之单一农业税与对于都会之所得税二种。苏俄之共产主义，虽因新经济政策与新新经济政策，而加染资本主义的色彩，但其本身，犹能到处表现社会革命的精神。于单一农业税则重课富农，于所得税则区别私人及私企业，与国家及集体企业，即其适例。

四、各国所得税的展望

自一千七百九十八年，皮特（William Pitt）在英国创设所得税以来，经过百三十余年的岁月，今世主要诸国，几无不采行所得税。自现行所得税法观之，日本之所得税以及德国之个人所得税、法人所得税，均系采用一般所得税中心主义。但在个别所得税中心主义之英国，自一九一零年采用超过所得税以来，一般所得税之精神，渐次浸入各国之所得税立法。无谓在美、法、意任何国家，个别所得税之外，均采用一般所得税。此种事实，乃研究世界各国所得税之构造时所当注意之现象。

各国各有不同的历史，各自不同的社会组织与经济组织中成长而来。各国财政制度，所以表现如许不同，宁属当然之事。但因文明之进步，地理的间隔大为缩减，思想的距离大见接近，加以国际经济关系，日益密接，各国财政制度，亦不能不增加共同之分子，亦属不可否认的事实。纵令于租税制度，各国犹自保守其不同的传统，时至今日，亦不得不与世界共呼吸。各国之所得税，虽各保持其特殊性，但其日趋类似之点，无论何人，亦难否认。各国所以次第采用所得税，即与世界共呼吸之一特征；一般所得税，渐次风靡各国，亦足供所得税之世界化的证据。关于各国所得税将来之展望，令人感到各国间相互微妙的影响，一国所得税之改正，即可波及于他国。由是观之，各国所得税之比较研究，实有重视之必要。

III 苏联所得税现状

一、类型的对立

现代所得税制，乃资本主义发达的产物。旷观并世各国，所得税收入最丰富的国家，也便是资本主义最成熟的国家。此种税制之存在，不仅以其富于充分与弹力，合乎收入目的所要求的条件；且以其税的体制中，含有累进、分等、区别、免税等机构，对于现社会财富分配的不平，发挥再分配的作用，用以达到赋税的社会目的。收入目的，为现代国家所需要，社会目的，更为现代资本主义国家所需要，所得税制所以风靡世界，宁属客观的必然。然则在经济体制完全异样的苏联，也需要所得税否？其需要的内涵，是否也与资本主义各国相同？这些问题，确乎值得我们注意。资本主义类型的所得税制，前已介绍，兹就苏联现行之所得税制，施以客观的叙述，用备国人参考[1]。

二、苏联所得税的特征

现行苏联的所得税制，由三种租税组织而成：一种为"私人及私企业所得税"（einkommensteuer von privatpersonen und Privatunternehmungen）；一种为"合作及国家企业所得税"（einkommensteuer von staatlichen und genossenschaftlichen unternehmungen）；再一种即为对于农村住民所课的唯一的统一的直接国税——即所谓"单一农业税"（einzige landwirtschaftsteuer）。查"私人及私企业所得税"，创始于新经济政策采用以后，系对新发生的资本家所谓"lepman"的所得所课之税，其时期为一九二二年十一月。本税自始即根据综合课税主义，对于自然人及法人之综合所得，课以累进税率。对于所得者，复类别其所属的社会阶层，而施以差别课税，是为其特征所在。其后屡经改正，课税范围因而扩大，以阶级为区别的差别课税亦随之加严。但其根本组织，尚无很大的变化。"合作及国家企业所得税"创始于一九二三年六月，对于合作组织经营、准国营及公私混合经营等企业之纯益，课以百分之八的比例税率。嗣于一九二九年，提高税率至百分之二十，至今尚无大变。至于"单一农业税"，自一九二三年五月创设以来，税质与组织均有显著的变迁。最初系以一农场人口一人的耕作地面积为课税标准。至一九二七年四月，经过根本的改正，系以一农场之收益额为课税标准，算定此项收益，则以认为收入源泉之一单位的平均收益额为基础。此外关于免税点之设定，超过累进税率之适用，以及详细之斟酌规定等，颇著所得税的色彩。其后至一九三一年三月，对于各种共同农场，改为对实收收益额课税，税率颇为减低，但对于富农之课税，仍然峻烈。

现行苏联所得税制有两大特征：第一，对于所得者，施行严格的阶级差别课税。第二，为奖励社会化经营运动之故，施行课税上种种特典的赋予。此与资本主义国家的所得税相较，很有不同。

---

[1] 参见汐见三郎：《各国所得税制论》，东京有斐阁一九三四年版，第二百三十三页以后。

苏维埃政府,自采用新经济政策以后,对于一切的生产事业,百端设法,与以企业的刺激,使其生产力向上。但同时对于私人企业的活动与私人资本的蓄积,则抑制于一定范围以内。各种直接税,不仅为获得收入,并且运用它作为抑制私人资本活动的一手段。所得税及单一农业税,基于此项目的,每有一次改正,即将差别课税的阶级别加严,将累进税率加高。近来政府的政策,颇致力于非资本主义的共同经营运动,我们看所得税与单一农业税每次改正的踪迹,可以了然。尤其是对于各种共同农场,所予课税上的特典与斟酌,殊为广泛。兹将私人及私企业所得税,合作及国家企业所得税,以及单一农业税的组织,分述如次。

三、税制内容

除了合作经营及国家经营的企业,以及合作或国家出资之数达到资本总额半数以上的企业以外,凡在苏联境内,据有所得源泉而得收入的一切自然人或法人,不问其国籍住所如何,皆须课以"私人及私企业所得税"。但农村居民的收入,负担单一农业税时,得以免除此税。课税标准,基于综合课税主义。从以人为中心所来的总所得,扣除一切必要的经费,而课其残额。一切所得者,按照其所属阶级,施行差别的课税,是为本税最著的特征。各种所得,约举如下:

A 工资劳动者、国家年金受领者之所得。

B 文笔生活者、戏剧家、生产合作员等之所得。

C 工资关系以外之劳动者、不使用劳动者之家庭工业者等之所得。

D 住宅出租者之所得。

E 使用三人以内之劳动者之家庭工业者、中间商人等之所得。

F 商工业企业者、教会之所得及利息所得。

以上六种所得,各课以不同之累进税率。从以上的分类法,及对于各阶级所课之不同的税率,可以看出苏维埃政府对于各阶级之社会的地位及任务,所表示的认识的差异。

关于课税所得额的算定,亦有种种不同。记前 A 种所得,月收不满七十五以至一百卢布(因住居地域而异)者免税。在二个以上的地域获得收入,其总所得额纵超过上述免税点,但在每一地域之所得额仍在免税以下时,亦得免税。各种所得,皆以纳税义务者对于前年度实收所得之报告为基础,更经税务当局之直接查定,然后决定其所得额。余如负债利息以及各项必要经费,既纳之国税及地方税，每年以三百卢布为限之生命保险费，以所得额百分之二十为限之被雇佣者待遇改善费等，均由所得额中扣除。又同居之家族中应归纳税义务者扶养之老人子女二人以上，仍有扶养之义务时，每增一人，即将应纳税率，降低一级。

按照上述条件所决定之所得额，课以超过额累进税率。例如关于 A 种所得之规定，月收入不满八十五卢布者，课以百分之零点七五。八十五至一百卢布，则课以零点六四卢布外加八十五卢布以上之超过所得额所应课之百分之一点二五。由是渐次累进，对于二百至二百五十卢布之所得，课以二点八八卢布外加二百卢布以上之超过所得额所应课之百分之三点五。至于 B 种所得之免税点为九百卢布以至一千二百卢布（因地域而异）。其他四种所得之免税点，由五百卢布乃至八百卢布。对于法人所得，适用 F 种所得之税率。

至于课税方法，A 种所得及 F 种所得之一部分，实行溯源课税法。其他所得，则行直接课税法。关于所得额之查定及征税，税务当局之权限，较他国为广泛，并以百分之二十五为限，得征收地方附加税。

苏联当局对于产业中社会化的部分，所课的各种租税之一，即"合作及国家企业所得税"。凡自纯私营企业以至纯国营企业，其间以种种过渡的经营形态所办之合作经营及准国家经营之企业，均课以此种所得税。但合作或国家的出资额，不满资本金半额之企业，以及自各种社会经济的见地不能认为合作组织的企业，均课以前述之私人及私企业所得税。此外纯国营的企业，其经营方法，按照私企业，而对国库负担利润让渡的义务者，得以免除本税。

课税标准，普通依据前年度的纯益。但在股份公司，按照一定之规定，记载账簿，即以账簿所记之纯益为标准。其他企业，从总收入扣除必要的一切经费以及折旧费，而以残额为课税所得额。以后根据一千九百三十一年八月二十三日之法令，修正为对于三个月间之推定纯益而课税，于是股份公司之会计组织，亦因之变更。对于上述算定之课税所得，一律课以百分之二十的比例税率。若其查定税额，较之私人及私企业所得额中 F 种所得，同额所得所应支付之税额，而有超过之时，即按照 F 种所得之查定税额，将课税额减低。此外更附加百分之二十五的地方税。本税较之私人及私企业，课于大所得者，税率颇低。此种事实，即反映政府对于非资本主义的共同经营企业，设法促进之意。

四、单一农业税

自原则上言之，居住在苏联的农民，以农村为收入源泉的所得者，均须赋课本税。负担本税者，对于此外之直接国税及地方税，一概免除。负担本税者，课税上分为下列四类：

（一）共同农场；

（二）共同农场中之非共同化财产；

（三）个别经营农场；

（四）富农。

先自共同农场之课税状态观之。对于共同农场，非如个别经营农场，以各收入源泉之平均收益率为基础而算定其所得额，乃根据各农场所备之会计账簿，查定其每年总收益的实收额，因而课之以税。至于税率，则共产农场（kommun）与共同耕作农场（artel）为百分之三。共同耕作合作社（gemeinschaft zur gemeinsamen bebauung des landes）为百分之四。即斟酌共同农场的共同化的程度，施行差别的课税。所属合作员每人年收不满六十卢布之各种共同农场，概行免税。对于共同农场，设有广泛的免税及课税减轻的规定，举其主要者，凡以经营困难之贫农及中农为中心之共同农场，斟酌情形，予以课税的减免。新开拓地方之共同农场从事于家畜饲养、养蜂及甜菜、棉花等之栽培者，自开拓之年起，五个年间，予以免税的优遇。此外各地方的特殊农业，以促进工业原料生产为目的者，各予以减免或免税的优遇。因有此等优遇保护的结果，于是现在单一农业税所赋课者，实际上仅占全共同农场实收所得总额之半数。

再看对于共同农场之非共同化财产所生之收益。其收入额之查定，与后述之个别经营农场收入额算定之情形相同，根据同一之平均收益率而决定之。由此算定之一农场查定收入额，适用次列之超过累进税率。至于课税上之斟酌，与个别经营农场所规定之情形略同。

课税所得额	税率
50卢布未满	4%
50卢布以上～100卢布	5%
100卢布以上～150卢布	8%
150卢布以上～200卢布	10%
200卢布以上～300卢布	13%
300卢布以上～400卢布	17%

续 表

课税所得额	税率
400卢布以上～500卢布	22%
500卢布以上～700卢布	27%
700卢布以上	30%

再其次则为个别经营农场。各联邦所有之收入之每一单位，规定其平均收益率，依此算定各农场之每年收入额，对此课以次列之超过累进税率。此项所得算定基础之耕作地面积，一部分根据播种地面积，一部分根据所有总面积，农业劳动者之工资收入，因其农村居住状态而异，对于农村常住者，以实收所得额百分之十五，都会居住者以百分之十五，季节农业劳动者以百分之二十，为课税所得额。手工业者及家庭工业者之所得，扣除其必要的一切经费。

课税所得额	税率
25卢布未满	4%
25卢布以上～100卢布	7%
100卢布以上～150卢布	10%
150卢布以上～200卢布	15%
200卢布以上～250卢布	20%
250卢布以上～300卢布	22%
300卢布以上～400卢布	25%
400卢布以上～600卢布	28%
600卢布以上	30%

（对于一农场人口每一人所得额之税率）

对于个别经营农场，而课以单一农业税时，其斟酌规定之主要者，大约如次。一农场人员每一人之收入仅足二十卢布者，不课本税。合作组织之农场而不使用工资劳动者，减轻税额约百分之二十五。贫农及中农在特定区域栽培甜菜及饲养牲畜者，自一九三零年以后，免除本税。关于劳动力之地域的及职业的分布，如欲施行调节，则对于从事一定产业之农民，特许免除本税。例如对于兼事采煤之农民，凡在同一场所，继续居住一年以上者，免税。又移住于新开拓地之农民，免除其一定期间之纳税义务，又对于农村中奋斗之牺牲者，欲予以社会的保护，乃对于因斗争而死亡的农民遗族，由本人死去之日算起，免除其五个年间之纳税义务。最后，个别经营农场所生产之农产物，其市场贩卖价格，若比共同农场之同种农产物之价格为高，应将其价格之差额，加算于个别经营农场之课税所得之内。此种规定，即表示以保护共同农场为目的之露骨的租税政策。

最后则为富农（kulak），特自个别经营农场中抽出，而课以特定的税率。其自各收入来源而算定其平均收益率，虽与一般的及个别的经营农场之情形相同，但对于一农场之所得额，则课以高率的超过累进税。对于富农，在课税上并无何等优遇的规定。对于每一农场，认定其为富农阶级的权能，委之于村苏维埃之手。村苏维埃考虑该地方每一农场的平均所得额而加以认定，然后报告于上级机关。

课税所得额	税率
500卢布未满	20%
500卢布以上～700卢布	30%
700卢布以上～1000卢布	40%
1000卢布以上～3000卢布	50%
3000卢布以上～6000卢布	60%
6000卢布以上	70%

五、苏联所得税的重要性

关于苏联所得税的重要性，须将所得税及单一农业税之收数，对于租税收入总额做一比较，方能见其真象。兹将二者之比率，列表如下：

年度	税收总数	所得税收入	百分比	农业税收入	百分比
1925~1926	1787	151	8.5	251	14.1
1926~1927	2484	192	7.8	357	14.4
1927~1928	3255	231	7.1	354	10.8
1928~1929	3960	283	7.2	430	10.9
1929~1930	5378	369	6.8	415	7.7
1931~1932	10843	300	2.8	500	4.6
1932~1933	16753	15	0.01	600	3.6

（一九三零年至一九三一年度之数不明。一九三一年至一九三二年度以及一九三二年至一九三三年度之数，均为预算。前列三种收入之数，单位皆为百万卢布。）

由上观之，所得税及单一农业税之收入额及其对于税收总额所占之百分率，较之其他资本主义国家之情形，殊觉寥寥。一九二五年至一九二六年度所得税之收入为一亿五千一百四十万卢布，其后渐增，在一九二九年至一九三零年度，曾到三亿六千九百四十万卢布。但其与总税收入之比率数，则自百分之八点五降为百分之六点八。同期间之单一农业税收入，自二亿五千一百七十万卢布增为四亿一千五百万卢布，但其对于总税收的百分率，则由百分之十四，一降为百分之七点七。税收总数，所以增加如此之速的主要原因，即因间接税的增收。一九三一年以后，所得税收入激减，同时则间接税收入激增。结果，以上两种收入在总税收中之地位，大为降下。一九三二年至一九三三年度，所得税收入为一千五百六十万卢布，农业税收入为六亿卢布，两种合计，在总税收中，仅占百分之三点六一。苏联所遵行之政治原则，与资本主义国家根本不同，故于判断以上两税之重要性时，单着眼于收入额数的多寡，无有是处。

苏联自施行新经济政策以来，其根本方针，即为向资本主义退却一步，以备向社会主义前进两步；自入一九二五年以后之新新经济政策阶段，此种趋势更形显著。然苏维埃政府，对于土地的国有、大工业、铁道及外国贸易的国营，既已得到确实的保证，且自一九二八年以后施行产业五年计划，国营产业之部分，益形扩大。他方于农村社会化经营之农业部分，渐次增加。是以今日苏联之社会经济情势，乃建立在根据私的资本经营的生产要素与根据国营乃至社会化经营的生产要素两相对立的要素之辩证法的统一之上。在此复杂的社会经济情势之内，所得税与单一农业税，其目的并不仅为收入，乃对于都会及农村中私人资本的活动，抑制于一定范围以内，同时即促进农业以及各种产业之社会化运动。此种重要的社会经济的任务，乃其主要目的所在。是以所得税及单一农业税，自制定以后，经过多次的修正，对于商工业企业者、金利生活者、中间商人及富农等之课税，日趋峻烈；同时对于工资劳动者、贫农及中农所课税率，则大为减低；对于社会化运动，从种种方面，扩张其课税上的保护。苏联的所得税与单一农业税，与资本主义国家所课者，从许多方面观之，均有不同，呈现亟鲜明的苏维埃的色彩。

欲明了苏联所得税与单一农业税的重要性，不仅要着眼于税收的数目。此外若国营乃至社会化经营与私营产业之相对的重要性，各阶级间所得的分配关系，都会所得与农村所得的分配状态，以及与经济政策各方面的关联，均须加以对比，始能认识其真象。

IV 中国试行所得税问题

一、试行的沿革

吾国试行所得税的经过，可分为五个段落：

第一次为前清末叶，当时因国用困乏，预算不敷，朝野均主创办所得税，并曾拟定税法，提交资政院，议未决而国体已更。

第二次为民国初元。当民国二年之际，财政部拟有推行所得税提案，并拟定所得税法草案二十八条，于民国三年一月公布。其中可注意之点有四：（一）关于课税范围，规定有二：（甲）在民国内地有住所或一年以上之居所者，依本条例负完纳所得税之义务；（乙）在民国内地虽无住所或一年以上之居所，而有财产或营业或公债、社债之利息等所得者，仅就其所得负纳税之义务。（二）关于税率，分为两种：第一种又分为（甲）法人之所得，课以千分之二十；（乙）除国债外，公债及社债之利息，课以千分之十五。第二种内包括凡不属于第一种之各种所得。第一种系用比例税，第二种则用累进税。累进方法，其免税额为五百元以下，超过五百元至二千元者，按照千分之五课税。凡所得增多，每逾一级，其超过之额，即按五增加，递变其率，如百分之十、百分之十五等是。第三为计算所得额之方法，因类而异。有由各事业年度总收入金额内，减除本年度之支出金、前年度之盈余金、各种公债及保险金、责任准备金等，而以其余额为所得额者，计算法人所得及财产所得等用之。有以利息之金额为所得额者，计算公债、社债之利息等用之。有于一切总额内，减除由已课所得税之法人所分配之利益，公债、社债之利息及经营各种事业所需之经费，与各种公课等，以其余额为所得额者，计算上述第二种所得用之。惟议员岁费、官吏俸给及其他从事各业者之薪给或存款之利息，与由不课所得税之法人所分配之利益等，则以其收入之金额为所得额。第四关于报告方法，凡属第一种第一项法人之所得，由纳税义务者于每事业年度之末，报告主管官署。第一种第二项社债、公债利息之所得，由发行公债之地方团体或发行社债之公司，于给付利息之前，报告于主管官署。其余属第二种者，则由所得者于每年初月预计全年之所得额，报告于主管官署，至二月以后新发生之所得，应随时预计其全年之所得额，报告于主管官署。此为民国三年所得税条例之概要。

第三次为民国四年以至民国十四年。上述所得税条例，虽经订定，其后又以此项条例，课税范围甚广，手续较繁，同时举办，事实上困难甚多。故又拟分为数期，逐渐推行，当经拟定第一期施行细则，规定应纳所得税之种类，为当商、银行商、盐商及由官厅特许或注册之公司行栈，即条例内第一种之法人所得。又议员岁费、官吏俸给、年金给予金及从事各业者之薪给，则系条例中第二种法人以外之各种所得。属于前者之所得，用申报方法，由所得委员调查报告，以期计算详明。属于后者之所得，用课源方法，由主管官署审定通知，以期扣支便利。至从事各业者之薪给，虽属后者，但此项人员，非官吏可比，课源较难，故亦用申报法。按此施行细则，实与各国特别所得税制相似，初拟俟第一期办理就绪，即将课税种类扩张，施行第二期所得税，以渐期于普及。乃逾时未久，复以推行所得税，应由受国家之给予者，先行提倡，乃将第一期施行细则，酌于修正，缩小范围，以受有国家之给与者为限。同时为收数稍增计，税率亦予修正，较前为高。以后至民国八年，复经财部详加讨论，佥以开办新税，税率贵能从轻，遂主撤回修正策，根据原条例办理。并于民国十一年一月，复草拟施行细则公布，即于是月实行征税。当时苏、浙、鲁、鄂各省，亦均认定数目，至此而各省议会又电请缓办。财部准予展缓三个月，旋即实行。北京政府举办所得税之情形，大致如此。

第四次为国民政府初成立时期。民国十八年一月，财政部将民三之所得税条例，重行修正公布，其主要之点亦有四：（一）法人所得改用累进制。据旧条例，法人所得按千分之二十征税，系采用比例课税法，新制改用累进税法。（二）国债所得一律征税。旧条例对国债所得，免予征税，对公债投资，原寓奖励之意；今则巨额国债，多在资本家之手，故改为与其他地方公债及公司债，同按其利息之数，一律征税千分之十五。（三）免税额之提高。原定免税额为五百元，因欲减少征收之费用，及维护低级人民生活之健全，故提高为二千元以下者免税，以谋祛除所得小者纳税之痛苦。（四）改定个人所得之计算法。新制对所得不及六千元者，并得扣除负债利息、人寿保险及扶养家族三项。以上对条例改正数点而外，同时复将所得税施行细则，按照修正条例之要点，分别改订。较以前所订，远为周详。

第五次为所得税过渡办法。民国十六年夏，中央党部以党员抚恤金需款甚殷，遂倡服务人员所得捐之制。其课税范围甚狭，仅以国府以下各机关人员为限。免税额定为五十元以下。其在五十元以上者，征百分之一，百元以上者，征百分之二。此外月薪递增百元，捐率亦递增百分之一。

二、最近的筹备

最近财政部筹备开征所得税，原拟民国二十四年七月一日起实行，嗣因筹备不及，兼以种种困难，故经酌量展缓。二十四年度国家总预算岁入部分内，已列所得税收入为五百万元，预计实行后，年可收入二千万元。其草案中已决定之重要原则如下：

甲、课税范围：财部此次举办之所得税，其中将课营利事业所得、薪给报酬所得；或取其能采用课源法，便于征收，或取其有新式组织，便于钩稽；不须悠久时间之筹备，不须巨大经费之调查，办理得宜，可收速效。至其中尚规定公司、商号、行栈、工厂，其资本在五千元以上，即须纳税。

乙、免税范围：对于免税范围，拟定为下列数种：（一）军官在动员期间所得之俸给，（二）警官遇地方宣布戒严期间所得之俸给，（三）美术或著作之所得，（四）旅费、学费及法定之赡养费，（五）小学教师薪俸所得，（六）不以营利为目的之法人所得，（七）不属于营利事业之一时所得。

丙、税率范围：所定税率，关于营利事业所得之课税，闻系以全年所得合资本额百分之五者为起税点，不满资本实额百分之五者免税。其税率采全额累进制，由千分之十起，至千分之二百止。至基于勤劳所得，闻将以五百元为免税点。自超过五百元之额起课税税率，自千分之十起至千分之二百止。一方对于税率计算，则采用超过累进制。并为奖励储蓄及保障个人之经济安全计，将规定保险金、储蓄金、养老金等，应先扣除，不列入纳税之数。假如有人年得酬金一千元，除去免税额五百元外，另可依法扣除人寿保险金及养老金、储蓄金等实际应课税之所得额不过四百元左右。如以千分之十课税，每年应纳之税当在三、四元之间。

丁、征收方法：我国历届所得税条例之征收方法，大都采自日本制度，参用申告、课源两法，与欧美各国所通行之总额、课源两法用意正同。故此次财部举办所得税，仍参照旧有条例规定。至各类所得计算方法，例应扣除其种种费用，然后就其所得课税，亦详加规定。最近财部，以创办所得税原则，业经中政会通过，行将公布施行，特成立中央直接税筹备处，并先将所得税积极筹备，俾便早日开征。

三、实行所得税的几个条件

关于赋税的性质，蒲徕恩老教授解释的很简单，只是"一种强制分担，取自私有财产或所得，以为公共之目的"。大部分的赋税，尽管在名称上千差万殊，归根结底还不是取自个人的所得——这便是所谓"税源"。有了源源不绝的所得，才有用之不竭的购买力，以供日常消费之需，于是在税制上，便形成所谓消费税。如此说来，盐税、统税一类的消费税未尝不可以称为所得税，所以必须区分者，便因课税方法的不同。其用直接方式课自个人所得者，为所得税；其用间接方式由支出以测定所得者，为消费税；因此有直接税与间接税之分。大抵在课税方法幼稚时代，其课税标准，多采很显露很简单的外形，如人头税则靠人之数，窗税则靠窗之数，灶税则靠灶之数。以后社会发展，技术进步，始由人之数而财产、而支出、而生产额，最后乃以所得为课税的标准。如果课税技术不能发达到以所得为标准，所得税是不会顺利进行的。

所得税之近代的产物，不仅以课税的技术，更在所得的本身。在社会经济尚未发展时代，个人所得不仅种类有限而且数额甚微，仅凭消费税，大致以尽纳税之能事；必欲详查所得，每人而课，必不免收获有限，而所费甚多，殊非政府所愿为。及至社会经济发达，国民所得增加，个人收入除生活消费外，尚有许多剩余。此种"经济的剩余"，既非消费税所能触及，而且蕴蓄着累进的纳税力。不用说在正义上不能轻轻放过，便是在技术上也不感觉若何之困难，英国征收所得税所用之"溯源法"，便是"为长者折枝"之类。但是大量所得的存在，决不能期诸单纯再生产，而要有赖于扩大再生产！质言之，便是要在资本主义发达，生产机械化之后。当欧战之际，英国所得税收入的指数，在一九一三年至一九一四年度为一百，至一九一九年至一九二零年度，则增为七百六十，六载之间，几增八倍！再看美国的例子，更叫我们吃惊。在欧战以前（一九一三年）联邦所得税的收数，仅占该国税收总额的百分之五，及至一九二七年，突增至百分之六十四。查该年度美国所得税收数，为二十二亿二千五百余万金元，比较一九一三年度美国联邦政府的税收总额，多出三倍还要多！英美都是世界上资本主义最发达的国家，所以也是所得税最发达的国家；其他国家，如果未曾发达到英美那样现代化的工业生产，而徒震眩于英美所得税的成功，思藉此以救非常时财政之穷，可以说是等于做梦。

而且还有一层。个人所得中，用不了的经济剩余，固然蕴蓄着累进的纳税力，但是在私有制度之下，谁也不愿白白地将自己的所得拿出来。勃克（Edmund Burke）说得好："课税而能取悦，好像讲爱而能凭理智，是未曾赋予人类的"（To tax and to please, no more than to love and to be wise, is not given to men）。在社会经济未曾发达的时代，个人收入中也颇有巨额所得的存在。位尊与多金相连，不事家人生产，一样可以得收入。但是有钱者常有权，"课税权"（taxing power）如果握于有钱者之手，必不免为勃克的巧喻所支配，绝不会以自己不喜欢的所得税课诸自己之身。不仅此也。"己所不欲，勿施于人"，那是孔夫子有感而发，事实常是对比。自己所不喜欢的税负，不仅勿施于己，迫于"聚敛"的必要，还要以己所不欲的施之于人！于是这税负的重担，滚来滚去，还是落到政治上弱者的肩上。但是在资本主义发达以后，情势便有些改变。工厂促成工人的集结，工团促成工党的发生，国会有工人的代表，议案容工人的主张，到此时节，有钱的有权者，感于政治上制裁力量的高涨，再不能以己所不欲的税负，尽课之于人，多少总要课之于己，于是国家课税才有触及巨额所得的可能。

"所得"是早已存在的，但是近代所得税的发展，要具备三个条件：第一，要有巨额所得的存在，这是经济的条件；第二，要有方法，很清楚很确定地，知道所得的存在，这是行政技术的条件；第三，要有制裁的力量，足以捕捉课取巨额所得的存在，这是社会的条件。这三个条件，都要等着资本主义，而后得到充分的发展，所以说近代的所得税，是资本主义的产物。

由此我们可以知道，中国所以不能实行所得税，如同中国不能实行宪法一般，主要是因为中国没有资本主义的生产。没有相当的经济基础，勉强施行所得税，纵令见诸实行，诚恐利未见而害已多，仿佛东施效颦一般，没有美，只有颦，岂不更显得难看。

四、过去试行失败的原因

据民国十八年甘末尔设计委员会所提出的《税收政策意见书》，也说"中国现在不可采行一般的所得税，其后就特殊部分所得税为进一步之研究，亦不能证明此种有限制之所得税适于采用。本委员会之见解，一部分基于所得之性质，一部分基于中国私人账目之现状，而主要部分则以行政性质为根据。一俟他国视为适于所得税之条件，亦已见于中国，则中国当然可以采行所得税。不过初时仍须为局部的及试验的而已"。分析该委员会的意见，不外三点，第一为经济上的原因，第二为技术上的原因，第三为行政上的原因，均属甚难解决的问题。美国学者康斯脱克（Alzada Comstock）根据一九二七年调查之结果，曾经指出在联邦所得税总额的百分数中，仅纽约一州即占百分之二十七，宾夕法尼亚占百分之九，伊利诺占百分之八，北卡罗莱纳占百分之七，密歇根占百分之七，仅五州所纳之所得税即占总额百分之五十八，于是康氏称所得税为"工业税"（industrial tax），又称之为"都市税"（urban tax）。吾国之新式工业既未发达，少数都市且日趋于萧条，缺少所得的丰富税源，何能期望所得税的丰富收入，此其一。吾国既少新式大规模的工商业，新式簿记自不能普遍使用。国民所得的记载，全恃健全的记账制度及查账制度以保其正确，而后征收所得税之际方能有所凭借。吾国在官厅方面，既无精详之人口调查、职业调查及收入调查，而私人的账簿，又复零星破碎，欺伪隐瞒，则所得税的征收，在技术上必遭遇极大的困难，此其二。更自行政方面言之，所得税既为内容复杂的税制，则在政府方面，即须具有技能丰富忠实可靠强而有力的管理机关，方能胜任愉快。且所得税的征收，尤贵行政权的统一；倘使对内而尾大不掉，对外而主权不完，则所得税制纵令实行，亦必发生不公平而有害的影响。吾国过去征收营业税，即因租界的存在，成为避税者的逋逃薮，一旦避入租界，即可免除巨额的税负；而持重不迁者，却要增加营业的成本，减少竞卖的能力，为渊驱鱼，为害已著。倘再实行所得税，而不于此等问题，未雨绸缪，则其流弊，必致促成资本的飞走，加重工商的萧条。税收有限，税源已飞，既不得鱼，且失其网，反不如不行之为愈，此其三。有此三因，已足障碍中国所得税的实行，而况此外犹有一最有力的社会原因在。

消费税为间接税，多归贫苦阶级负担，所得税为直接税，多归富有阶级负担，富有阶级常属特权阶级，使其负担租税，非有下层社会力量推动政治不为功。英国税制史上最有名的改革，一为一九零七年爱斯葵斯当政时代，确立勤劳所得与财产所得的区分。一为一九一零年路得·乔治当政时代，确立超过所得税之赋课。两氏均为自由党人，均欲得工党的助力以对抗保守党，因而容纳工党所提出的财政改革的要求。即在欧战期间，英美之所得税率所以得到空前的进展，直到战事既平而犹不能回复战前的税率者，何莫非民主政治日见发达消费课税不易实行因而不得不从直接税想办法的原故？吾国一般民众，在政治上毫无发言的余地，而富有阶级又凭恃其位尊多金，凡对于彼等之课税计划，总是运用种种方法必使流产而后已；既往之新盐法与交易税所以昙花一现随即销声匿迹者，莫非此种势力支配期间！于以知：社会上的民众意志，倘不能蔚为力量以制裁政治，则对于富有阶级所课的直接税，必难推行尽利，中国过去所以不能树立所得税，此亦原因之一。

自然以上各种原因，毕竟以经济的原因为最重要。一个社会，如果工业的生产力能作到现代化，必能普及新式簿记制度，造成工人团结，使政府的机构亦随之而大有进步。反之，产业不但不能发达，且日趋于崩溃，则新式技术、立宪政治、社会运动均无从说起,勉强施行所得税,亦难望有若何之成功。

五、两个很严重的顾虑

在现社会制度之上,所得税的施行,本具有两大目的:第一是根据"应能负担"的原则,使全国民的赋税负担,得到进一步的公平;第二是根据累进课税的原则,使不平等的财富分配,得到再分配的矫正。国家课税,岂有不为收入之理?尤以在吾国今日库藏空虚需款浩繁之际,一般人辄将非常时期财政与开征所得税联在一起,亦无足怪。但有一点盼望国人注意,不要叫所得税实行的结果,其影响比消费税还要坏!中国本来还没有形成健实的中间阶层,以为社会化之中坚,一般所谓中产阶级,已经是苦的可怜。倘于施行所得税之际,不能排除以前所述的困难,其结果,必致贫苦阶层的所得,因在免税点以下,为课税所不及;富有阶层的所得,既有租界可资逃避,复有公费等名目以资补充,纵令课及若干,会不足损九牛之一毛;其间无所逃避俯首待割十足尽到所得税纳税人的义务者,当属此中间阶层的群众。国步艰危至此,陨身毁家,亦何所惜?但在国家行法,如果不能预防,不幸产生此种结果,必致中间阶层立增重担,生计已艰,必有不克负荷之势。影响所及,其桀骜不守本分者,必思取青紫跻高位以侪于上层;而大多数之守己奉公者,必且日坠于下层;两边一拉,则中国社会之中间阶层,更难有健全树立之一日,岂不产生更严重的社会影响?所得税之实施,本所以消弭社会之不平;既不能平,又助长之,当非国家制法之愿意。

时人之论中国财政者,常将非常时期财政政策与所得税并举,以为迫于非常时财政的要求,才举办所得税;同时,施行了所得税,便有救济财政困难的功效。这种观点,若出诸中古时代的"聚敛之臣",尚无足责;若夫生于现代而犹具此思想,乃是不可饶恕的重大错误!自德儒瓦格纳（Adolph Wagner）主张:于"纯财政的租税"而外,应有"社会政策的租税"以来,已不仅成为学说,而早成为事实。我们举办所得税,应从社会的观点出发,不惮详密规定,期得税负的公平,而不应从救穷的观点出发,运用降低免税点等规定,以期便利于收入!吾人作此主张,决非故为迂阔。诚以所得税的机构中,如从"社会目的"出发,决不致妨碍税收;免税点纵稍提高,而能从大所得适用累进,未尝不可实现上述之两重目的。反之,于出发之顷,即汲汲于救济财难,诚恐社会目的不免为收入目的所牺牲,只求收入可增,而负担之公平与否,反非所计。再从实际着想,无论那一个国家,初办一种新税,机构的运用未熟,纳税的习惯未深,决不会立竿见影的即有大宗的收入。况以吾国国民所得的贫乏，倘不能逐步期成，而只望杀鸡求卵，必不免戕贼税源，可一不再。所以吾国欲办所得税，亟应宽其税限，详其减免，轻其税率，严其遁脱，使人民心目中，树立一课税公平的新指标，逐渐养成其忠实纳税的良习惯，为国家财政制度建立一现代化的健全机构，方是开征所得税的本旨。否则动机不正确，求效太急切，必使西洋所行之良税制，"逾淮为枳"，增加中国财政制度的新纠纷！

六、此次试行的可能性如何

根据以上的分析，过去吾国屡次试办所得税结果都归于流产。而且行之不善，还要惹出许多的毛病，索兴就不办好了，何必又旧事重提？从前所认为实行时的障碍，并未曾得到解决，有的地方还要变本加厉，不知此次提出，能有什么把握？治学之士，鉴于过去之失败，犹自哓哓主张，岂不枉费精神？是不然！我们分析实行所得税的障碍与流弊，乃是谋定后动思患预防之意，决不应因此而遽采消极的态度，认为万事俱无可为。而况此次重提，在客观环境上，亦有其促成之条件，倘能善为因应，不失良机，所得税在中国亦有实现的可能。所谓促成的条件有三：

第一，一国之财政政策，完成于理性指示者甚少，不是向着抵抗力最小的方面去走，便是有种不可抗的力量，在后边督促着，使它不得不前进。康斯脱克所称"一九一四年以后，各国被迫着变更了它们预算的性质与范围，许多是出于一时的权宜，不见得就出于计算好了的方策"（More from expedience than from calculated policy, the nations were compelled to alter their budgets in nature as well as in scope after 1914.——A.Comstock），便是说明这宗道理。大抵在征税方法上，间接税总比直接税来得容易，而且菽粟水火，柴米油盐，人人都不可少，并不因所得微细而禁绝衣食。近年中央收入，靠关、盐、统为大宗，而三种间接税，在特殊事变以前，皆有突飞猛进之势。先看关税，民国元年收入仅有六千六百万，至民国十二年已突破一亿，民国十八年更突破两亿，民国二十年竟达三亿八千六百万，尤以裁厘、加税、关税自主后增加的程度为最显。次看盐税及统税，其增收之程度亦颇可观。三税合计，平均总要占中央岁入总额百分之八十以上。国家岁出膨胀，这些间接税也随着膨胀；预算不足，更可拿这些间接税作抵押，向银行借款。既有间接税的路子可走，而且走着很容易，何必一定要找实施困难不可必得的直接税？过去所得税所以不能遂行，这也不失为很重要的原因。但是现在的情形可不同了，占收入主位的关税，不仅因为国际贸易衰落，国民购买力缺乏，收入日见减少；更因东北海关的被攫和最近走私的盛行，感受极大的威胁。而且世界大战一旦爆发，国际贸易重遭阻隔，则关税收入，必更一落千丈。同时以关税为担保的公债，亦将无法募集，此时已见其端。间接税的命运，既不似前几年之继长增高，头头是道，而且有"行不得也"的恐慌，迫于客观的情势，吾国政府乃不得不实心诚意，乞灵于直接税。所以这次所得税新草案的提出，其意义确与从前不同，此其一。

第二，西方各国开征所得税的起源，大抵为应付战时财政。英国于一七九八年开征"三部合成捐"（triple assessment）是因为有拿破仑之战。美国于一八六二年采用联邦所得税，是因为有南北之战。法国所得税法案，提出次数不下二百，竟难施行，最后至一九一四年，世界大战爆发，所得税始实施于法国。所得税固然是资本主义的产物，但是有了资本主义，不必即能成立所得税。如果政治的和社会的要件不能齐备，仍不能成立所得税，美国宪法的规定，妨碍所得税的发达。德国财源分配的政治原则，延滞所得税在国税系统中的采用。法兰西大革命所建树的自由精神，使法国所得税的制定，直延至欧战勃发以后。就是说，一遇战争的逼迫，从前所认为困难的障碍，皆不得不设法排除，硬着头皮去干！不仅所得税的树立如是，所得税的发展，也莫不如是。试以美国为例，在一九一四年，世人对于累进课税尚抱疑问。当时美国，根据一九一三年制定的新所得税法，其最高税率为百分之七。德国于一九一三年新制定的所得税率为百分之八。英国所得税的最高税率，亦为百分之八。倘在彼时而超过次数，必为一般观念所不许。当时谁也料不到，不到几年的功夫，美国所得税的最高率可以增到百分之七十七！谁也料不到，那样高的税率，竟能不发生什么逃税与纠纷，得到巨额的财政收获。美国所以得到这种结果，自然有她的条件，不能说人家能够那样，我们也能那样。但是美国所得税率的发展，实以战时财政的要求为最主要的原因，已经是无可否认。以彼例此，在我们中国，不用说将来要有战争的威胁，即在现在，早已在战时财政之下讨生活，日子是越过越紧，紧到不可开交。在当局的财政政策的现阶段，再也不能不找到所得税了，此其二。

第三，实行所得税之际，"强有力的集中管理，乃成为根本的必要"。这种条件，在我们中国，固然还不怎样具备。但是近年以来的政治，也有一个新动向，便是朝着"统制"的路子走，而且还走了几程，近一、二年政治的统制力，确乎比从前进步的多。但是我们要知道：政治的统制，仅是手段，不应以此自足，而应运用此种力量，实现更高尚更切要的目的。现在所得税草案，既经重新提起，很可以把政治的统制力，在所得税的推行上表现一下。这不仅是应该，而且可能。惟有在当前要政的实践，才能树立行政统制的权威。诗有之："不侮鳏寡，不畏强御"；又曰："柔亦不茹，刚亦不吐"。我们要看，政府要能运用初发于铏的统制力，使社会上负税力很强的人，按照能力原则与累进制度，多给国家负担些；不使战时财政的要求，尽落到一般穷苦的阶层上，岂不更增加政府的威信？这是很好的试金石，我们很盼望在试验之后，得以昭示有众，这是金！必如此，统制才算有意义，此其三。

以上三个条件，都有促成中国实行所得税的可能，这是和从前不甚一样的地方。以前行不动，不能就说这次还是行不动。不过客观上虽然有这些促成的情势，还要政府在主观上有坚决的意志，更要社会各方锲而不舍，将民众的意志，影响到国家的财政上，方能促成税制的革新。

七、实施前要注意的几件事

此次所得税的实施，关于技术方面的条文内容，不在此处讨论，我们先要注意几个大前提。第一，要注意所得税的社会性而不可没头于收入性。国家规定政策，总不能像"穷斯滥"的无赖汉，见钱就抓；先要把出发点，放在一个正确的基础之上。英学者兼政治家达尔顿曾说过："我们对于财政学，如果认为是科学的一分科，而不只是'一串骗钱的格律'（a string of catchpenny maxims），那么在它的本根，就应该有一个基本的原则"。今日我国的社会问题太严重了，他国只闹失业，我们乃患无业！即在多数之有业者，也天天在失业的威胁中。我们施行所得税的结果，消极地要它勿再增加社会的不平，积极地还要它消减分配的不均，而"收入目的"应在其次。第二，关于减免区分累进等规定，务求其详，而关于税率的规定，则务求其轻。从贫苦方面想，勿使其苦于负荷；从富有方面想，勿促其亟于遁逃，施行之初，只求不失公平之旨，逐渐养成纳税习惯，还愁没有收入可找。西谚曾称"旧税便是良税"，很能道破习惯的力量。第三，要缓办一般所得税，先从个别所得税作起；择所得税源中便于钩稽而易于征收者，先行试办，一俟办理得宜，再行推广。惟此次草案所拟原则，仅注意于营利事业所得与薪给报酬所得，而未注意于财产所得，谅是以财产所得，钩稽为难，故从缓议。须知所得税的举办，实以财产所得为主要目标。此项税源，若轻予放过，必引起税负的极大不平。银行有大宗存款者、手里有巨额公债者、吃瓦片者、有地皮者，这一类所得的收入者，"北窗高卧"，便可享有巨额的所得，岂可与手足胼胝，日旰宵征者，同日而语！如果对于勤劳所得则网张四面，而对于财产所得则网漏吞舟，岂只不合乎社会目的，且与收入目的不合。财产所得的课税，无论怎样为难，千万不可遗漏。第四，所得税实行之先，须从外交上努力，求得国际的谅解与协助。本来所得税的赋课，时常惹起国际关系；塞利格曼老教授，为此曾于一九二七年夏天，在海牙国际法学院讲过"二重税与国际财政合作"问题（double taxation and international fiscal cooperation）。我国虽僻处远东，但与各国之经济活动联系颇多，加以租界的存在，外力的侵略，如此半殖民地的经济机构，而欲实施所得税，其荫蔽于国际势力，以促成逃税的普遍，宁属应有的事态。政府倘不于此点，未雨绸缪，努力交涉，取得把握，而冒然施行，岂止荫蔽于外力之巨额所得为课税所不及，还要促成"资本的飞走"（flight of capital）。因而所得税的赋课，只落到无所逃避的小额所得人的肩上；关于此点，应由财政部与外交部通力合作，切实计划，先事进行，不要于"关税走私"之外，再来一个"所得税的走私"。第五，近年中国政治，每有兴革，大抵是"急来抱佛脚"，很少能做未雨绸缪的准备。即如举办所得税，只想从这里找收入，试问：所得要有主体，人的关系如何确定？要有客体，数的关系如何确定？要有产生所得的源泉，职业与事业与财产的关系，又将如何确定？生存在二十世纪，并列于现代国家，而现代国家所应有的户口调查、职业调查、财产调查等等，在我俱付缺如，以致西洋经济学者所潜心研究的"国民资本"（national capital）与"国民所得"（national income）在我皆未着手。不知"所得"作何状，漫云开征所得税，自己也觉着有些滑稽。我们看，到最近政府才有"限制姓名权"的提议。法律承认所有权，而所有权的主体，往往避用本名，随便采用什么"堂"什么"记"，以为标识。此种陋习，倘不严行改正，则将来开征所得税或遗产税时，必无法防止隐瞒漏报的流弊。即此姓名之微，究将如何整理，都非咄嗟可以立办。然则开办所得税，岂是毫无准备者所能济事？我们对于过去历次试办所得税之不能成功，很不愿深加责备，独恨过去当国者，太缺乏经国之远猷，因为所得税不能即时举办，便连施行所得税时所需要的条件与工具，也不给它准备一下。致使后之当国者，于旧案重提之际，毫无一些可以省力的凭藉，仍要整套的从头作起，糜费国民之精力，阻碍事业的进步，莫此为甚！所以这次举办所得税，万一不能急切实现，也要远瞩将来，多作一些准备的功夫，"限制姓名权"即其一端，结果必于国家施政的前途，有极大的裨益。第六，要即刻从财务行政起，树立"文官服务制度"（civil service）。美学者勒茨（H. L. Lutz）曾说过："关于所得，打算得到完美的调查，于税制委员会之有效运用外，须有充分的权利，技术的准备，与长于管理的人员"。此类人员，不可再靠推荐与援引，亟须于考试制度中求之；既有相当之学识，再经实际的训练，复不与长官同进退，使得安心任职，必于所得税制的树立，有极速的表现。英国编制预算的准确，久已驰名世界，即以近年经济情况变动之遽，而英国预算总收入的估计额与实收额之间的差数，总没有超过百分之二点五！所以美国预算学家柏克（A. E. Buck）以为收入估计能够有这样的成绩，乃是英国财政官吏与统计家很可以自豪的地方。我们如果盼望财政管理有进步，第一要从人才登用与服务保障入手，海关情形，即其显例。现在放着很现成的考试院，全国各大学每年都要供给许多优秀的大学生，为什么不赶快根据"人尽其才"的遗训，先从财政作起，树立"文官服务"的轨范？如果办到这一着，不仅是所得税能够很得力地去推行，便是对于澄清贪污与增进行政效率，也都可以收治本之效。我们很盼望：因为推行所得税的原故，政府能够特别注意到这一点，为国家树立取人设官的百年大计。那么，便是所得税在初办的时节不能得到很多的税收，其有益于国家政治的前途，已经很不小了！

八、结论

总之，我们施行所得税，不能仅注意于收入一点；再严格地讲，还要绝对抛开"聚敛"的意念，而注意到政治现代化的经国大计！再具体地讲，纵令当局渴望收入，专注收入，刻求收入，但是在中国的今日，能够从所得税收到几何？不用说经济萧条，税源不丰，就是凭现在这套财政管理的机构与人才，也不能得到应有的收获。"欲速则不达"，岂止不达，还要加重社会的不平，引起若干之纠纷，大违举办所得税的初志，那又何苦！聪明的政治家，不汲汲于近功。那不是迂阔，那是算得清、看得明，反正我们的寿命不是今天就完，为什么不可以稍待时日？我们很盼望政府注意到这一点，持毅力以放大眼光；更盼望社会，也注意到这一点，本灼见以督促政府。非常时期财政，早不自今日始，应该另有全盘的政策，不该浅见短计，惟聚敛是求。谁又不知其难？惟难能为可贵！幸各方留意及之！

  民国二十五年六月二十六日稿竟于经济研究会

现代税制类型之检讨*

（一九三六年十月）

一、引言

政府收入的大部分，不能不靠着租税，至少在现在这个时代，是无可否认的。例如德意志的税收占总岁入的百分之八十八（一九三零年至一九三一年度预算）。北美合众国占百分之八十五（一九三一年度决算）。英吉利占百分之八十二（一九三零年至一九三一年度决算）。意大利占百分之七十三（一九二九年至一九三零年度决算）。法兰西占百分之五十五（一九二九年度决算）。日本占百分之四十九点五（一九二九年度决算）。苏联占百分之六十点八（一九三二年国家预算）。吾国二十二年度国家总收入中，租税竟占至百分之九十三点九五❶。所以英学者巴什帖布曾称："租税为现代财政的中心部分"；美学者拉茨亦称"一切收入的来源中，顶重要的便是租税"；社会主义者财政学家达尔顿也说过："租税可以不必需，但是在实际上，还不能免掉"❷。现代的政府财政，其收入的大部分，既须仰赖于租税，于是有"租税国家"（steuer staat）之称。

每一种税，叫做租税；许多种税，凑成一套，叫作租税体系或租税制度，简称税制。税制不是人意选择的结果，而是社会的经济现实所造成。"不仅租税的实体，便是租税的理论，都要跟着社会的经济基础而共为变迁。财政的条件，永远是经济关系的成果。有时其直接的影响，可以求之于政治的原因，但是政治变动的由来，还得要求之经济。财政与经济，是分不开的连接着。课税自体，也

---

* 此文发表于《北平研究院经济研究会丛刊》。——编者注

❶ 参阅《中行月刊》第七卷第三期"中央财政整理问题"。

❷ C.F.Bastable, *Public Finance*, 1903, p.261; H.L.Lutz, *Public Finance*, 1929, p.261; Hugh Dalton, *Principles of Public Finance*, 1929, p.32.

与社会生活的一切事实相同,仅是一个历史的范畴"❶。

不同的经济制度,形成不同的租税制度。在各种不同的租税制度之中,自然表现各异的"类型"(type)。此种类型的区分,可以着眼于时间,亦可着眼于空间。可以作纵的观察,亦可作横的观察。从类型以见动态的演化,亦可从类型以见静态的错综。不了解每一类型之所以构成,必不足以了解许多类型之所以互异。"不揣其本,而齐其末,则方寸之木,可使高于岑楼",这种例子,在财政的研究中,也是有的。

关于税制类型之纵的检讨,所谓"财政形态之历史的发展",已有许多学者去作❷,当俟另篇缕陈。本文既以现代税制为标题,当然属于横面的分析。同在一个时代,在客观现实上,为什么表现这些不同的税制类型?当然要引起学人们的注意。虽说各国税制,各有其独特的机构,势难一一毕述;然通观大致,不难检取其内蕴的特点,以观其异同。综而分之,可得三类:

(一)前资本主义类型;

(二)资本主义类型;

(三)社会主义类型。

前资本主义经济与资本主义经济,在私有财产之点,是相同的;但在生产技术是否机械化(mechanization)之点则相异。至于资本主义经济与社会主义经济,在生产技术机械化之点,是相同的;但在私有财产制(private ownership)存废之点则相异。在不同的经济组织之上,所表现的税制类型,自各有特色,依次分述之。

二、前资本主义类型

今日我国的租税体系以及整个的财政制度,即属于前资本主义类型。海通以还,虽然也添出几个机械工厂;江浙大都市的郊外,在农业的灌溉上,虽然也用过电动机及电力戽斗机;但若依据"大数法则"去观察,总不能冒然地就说:我们中国已经资本主义化。不仅农业的生产技术,依旧保持着数千年传来的原始形态;便是整个经济组织,还是以原始农业为中心。我们只看:农村破产,一旦走到一定的阶段,纵然是富甲天下的东南商店,也不得不跟着倒闭。我

---

❶ E.R.A.Seligman, *Essays in Taxation*, 1925, p.1.

❷ 井藤牛弥:《统制经济财政论》第四章第七十五页以下。

们的生产技术，尽管停滞在原始阶段，而帝国主义者的商品与资本，却如潮水般，冲破中国的藩篱，因而在中国固有的经济机构之上，很有力的，加入外国贸易与金融市场两要素。原始的农业经济与独占的商品资本经济，结成"一种杂糅体"（a mixture），于是在财政上，遂表现一种特殊的租税类型。其横断面所表示的年轮，大体可分为四层：第一，以原始农业生产为基础的土地税，田赋以及一切田赋附加地亩摊派之类属之。第二，以流通经济及消费经济为基础的流通税及消费税，营业税、当税、牙税、盐税、统税、烟酒税、印花税等属之。第三，以外国贸易为基础的关税，海关所经收的进口、出口、通过、附加各税属之。第四，以金融市场为基础的债款收入，债票发行短期借款以及临时透支等收入属之。此中四分之二点五强，属于中央；四分之一点五弱，属之地方。以此"杂糅体"的经济机构为基础，中央与地方，乃分据以为税源，于是形成现阶段中国财政的种种相。

第一，在这种经济机构之上，是很不容易实现工业国家所艳称的所得税和遗产税的。没有机械生产，焉能有大量的出品？焉能有大宗的所得与储蓄？自然不会有巨额的所得税与遗产税。据一九二七年的调查，美国所得税的总额中，仅纽约一州，即占百分之二十七。仅宾夕法尼亚一州，即占百分之九。两州皆系美国的工业区，故学者又称所得税为都市税（urban tax）或工业税（industrial tax[❶]）。吾国的所得税，是否能彻底实行？其关键，即看吾国的工业化能否实现？据民国十八年甘末尔《税收政策意见书》所载，中国现在不能采行所得税的原因，"一部分基于所得的性质，一部分基于中国私人帐目之现状，而主要部分，则以行政性质为根据。一俟他国视为适于所得税之条件，亦已见于中国，则中国当然可以采行所得税"。然则此等条件，何时始见于中国？大概非至摆脱帝国主义者的枷锁不为功。但是摆脱之后，是否还有依赖所得税的必要，又不能无疑问了。

第二，吾国税收既不能靠着直接税系统中的所得税与遗产税，便不能不靠着间接税系统中的消费税，尤以中央税收为然，几乎税收全部，均由间接税所组成[❷]。试由关税数起，如盐税，如统税，如烟酒，如印花，每一样都不出间接税的范围，考东西各国，亦尝有关税的设置。但是关税的目的，决不重为收入，有时须为保护。"收入关税"，着眼于财政，对于进口，但愿其源源不绝，而后税

[❶] A.Comstock, *Taxation in the Modern State*, 1929, pp.76-77.

[❷] 民国二十二年五月三日《大公报·经济周刊》第十期"中央政府近四年来之税制改革"。

收可增。"保护关税"，着眼于经济，对于进口，但愿其裹足不前，而后国产有望。为了收入即不能顾到保护，补了财政即不免妨害经济。关税的二重目的，结果是"互不相容"（mutually exclusive）❶。盖亦"关税自主"之初，始料所不及！至如盐税，则加重贫民负担，统税则课及菽粟水火。明知恶税而竟不能废除，要皆前资本主义经济所不能避免的现象。

第三，原始农业，植根既如此之深，以阻滞其生产；资本商品，推销又如是之猛，以促进其消费。于是生产与消费，距离日远；岁入与岁出，亏空日多。仅恃经常收入的租税，已不足应付经常的支出，于是国家财政，渐次以借债收入为中心。然而借债之后，迟早须还，担保所需，仍赖租税！于是租税的常态作用，所以供经常支出者，至是乃成为公债政策的支柱❷。试观民国二十二年的关税收入，据总税务司报告，"共计三亿三千九百五十二万二千元。除支付海关经费外，殆均为拨付赔款、内外债、基金及而民国二十年美麦借款、民国二十二年美棉麦借款还本付息之用。所余实属无几"❸。事实而至于此，只要有收入可找，不惜假借种种名义，以求税收的多额（fiscal adequacy），其余一切租税原则，皆在所不计。美学者希尔曼所称"歪曲了的租税制度"（crooked taxation）❹，不啻为吾国今日写照。

三、资本主义类型

资本主义类型下的租税制度，虽然仍以私有财产制为基础，但与前资本主义时期相较，已有显著的不同。盖自产业革命之后，工厂制度发生，在资本家方面，造成大宗的所得，同时在劳动者方面，便形成多数的集结。金的巨额与人的大数，俱因产业革命之故而集中、而发展，于是在租税制度上，便表现三种特征：

第一，为直接税之普遍的采用与累进制之空前的发展。查直接税中，最显著的，当推所得税，其历史本极悠久。当初所以设立此税，诚如塞利格曼所说："完

---

❶ William.Beveridge, *Tariffs,The Case Examined*, 1931, p.175.
❷ 《国闻周报》第十一卷第三期，拙著：《中国财政的现阶段》。
❸ 民国二十三年一月十二日《北平晨报》所载。
❹ T.G.Shearman, *Natural Taxation*, 1895, pp.6-38.

全认为是补助国库的非常手段，以后乃逐渐形成岁入的通常形态"❶。这种趋势，表现得最清楚的，便是美国。联邦政府所征收的所得税，在欧战以前，仅占总岁收的百分之五，至一九二七年，竟达百分之六十四❷。此种收数，固属空前，但所以产生此收数的税率，亦颇有骇人听闻之势。在一九一四年，世人对于累进课税（progression）的方法，尚抱疑问。当时英国的最高税率，为百分之八。美国根据一九一三年宪法修正案所定的所得税新税则，其最高税率为百分之七。德国根据一九一三年制定的新所得税税制，其最高税率为百分之八。倘在彼时而超过此率，必为一般观念所不许。当时谁也想不到，不到几年的功夫，美国所得税的最高率，可以增到百分之七十七！谁也想不到，定那样高的税率，竟能不发生什么逃税与纷争，得到巨额的财政收获❸。

现在我们要问：所得税的税收和税率，为什么能够有这样的进展？如果没有资本主义的机械生产，如何会有这样丰富的税源？健全租税的条件，是要具有"伸缩力"（elasticity）。不但增加税率之后，税收可随之而增（responsiveness to rates），即不增加税率，而因税源的扩大，亦可得到自然的增税。这种情势，尤以资本主义发展到帝国主义阶段为然。剩余价值的获得，不仅可求之国内，更可求之国外。不仅可求之殖民地，并可求之半独立国。霍布孙所称："惟有从经济的剩余，才找到绝对的纳税能力"❹，并不是一种理想，而是一种事实。甘末尔所称"适于所得税之条件"，以吾人所见，当以资本制生产是否发达为枢纽。而"私人账目"与"行政性质"两条件，尚在其次。盖资本制生产如能发展，自能促成行政效率的增加与新式簿记的普遍。故吾人认欧美各国所得税之空前的发展，为资本制生产表现于财政的特征之一。

第二，为租税政策的社会化，与国民所得的再分配。从前对于租税的观念，以为"租税不过为收入耳"（taxation for revenue only）。租税这种工具，除获得收入外，不该用他实现其他的目的。此种狭隘的见解，自然有它历史的来源。但在今日，已经有显著的变化。英学者达尔顿氏提出"最大社会利益原则"（the principle of maximum social advantage）时，曾经主张："在今日最文明的社会

---

❶ E.R.A.Seligman, *Essays in Taxation*, 1925, p.6.

❷ A.Comstock, *Taxation in the Modern State*, 1929, pp. 65-66.

❸ A.Comstock, *Taxation in the Modern State*, 1929, p.35.

❹ J.A.Hobson, *Taxation in the New State*, 1919, p.234.

里，都能看到，个人间和家族间，收入的极端不平。同时又有许多特殊的个人和家族，他的收入，随着时间的变动，可以发生极大的变化，尤以社会上较为贫苦的部分为然。这样的不平，这样的变化，怎样才能使之减消，应该藉财政的运用，以满足其要求"❶。实则此种原则，在十九世纪末年，早经德国学者瓦格涅氏极力主张。彼以为现代的产业组织，很自然的促成阶级的悬隔，以致国富的分配，显有不均。一国的财政政策，不仅在吸取充足的收入，尤须转移国富的分配，以增进社会的正义。瓦氏根据此种见解，以为从前所主张的租税原则的普通与平等，均有斟酌的余地。从前所谓普遍，以为一切公民，俱有纳税的义务。实则个人收入，有高低之分；收入的来源，亦有财产所得与勤劳所得之别。对于贵族与特权阶级的免税，是不应该的；倘对于最低生活费（minimum of subsistence）而有免税（exemption）的规定，反合于社会的正义。又如从前所谓平等，以为租税要与收入作比例。实则收入有定期与不定期之分；收入的效用，亦随数量的增加，而有渐减的趋势。非按累进课税，而经济的正义，亦莫由表现。于是瓦氏提出其财政学上很有名的"社会政策的租税理论"（socio-political theory）❷，在资本制生产之下，藉着直接税征收的方法，以和缓国民分配的不平，盖已由理论而进于实际。

但我们要问：就是这样被称为"一切急进的布尔乔亚的得意之笔"的税制改革❸，仅靠着几份理论，便收到实际的效果么？决不然。前边已经说过：在资本制生产之下，一方造成资本的集中，同时造成工人的团结，劳动运动乃有展荣滋长，不可遏止之观。从前英美税制，也是靠着间接税的。他们的统治者利用政治和经济的优势，将租税负担转到弱者的肩上，早已有目共睹。一旦劳动运动抬头，工人代表参政，自然也要运用政治的方法，使有产者分一些租税的担负。美学者亚当士很正确地解释过："现代税制或租税立法，其最显著的特质，便是一种'群的斗争'（a group contest）。在这里，有权力的一方，总要拼命的努力，从现有的和将来的租税负担中，将他们自己解除"❹。这种"逋税斗

---

❶ Hugh Dalton, *Principles of Public Finance*, 1929, pp.11-12.

❷ A.Comstock, *Taxation in the Modern State*, 1929, pp.38-39.

❸ 大内兵卫：《财政学大纲》中卷"租税论"，施复亮译，大江书铺一九三三年版，第五百页；阿部贤一：《日本财政论·租税税篇》，改造社版，第五三九页。

❹ T.S.Adams, "Ieals and Idealism in Taxation," *The American Economic Review*, March 1928.

争"（steuerentlastungs kaempf）[1]在有产者握权时运用过，在劳动者参政时也要一样的运用。我们看一九零零年以后，英国的自由党人求助劳动党以对抗保守党的时候，便不能不容纳劳动党的财政主张，看到直接税之长足的进展[2]。由是观之，一方有大量所得，使直接税制有伸缩发展的可能，同时因工人参政，使剩余价值无整个逋税的余地。所有"免税"、"累进"、"区别课税"（differentiation）、"溢额重课"（super tax or sur-tax）等制度，莫不附丽于此，是为资本制租税制度的第二个特征。

第三，为课税限度的密迩，与有产者纳税人的反攻。如前所述，租税的社会政策，对于分配问题，亦尝运用财政的方法，由有产者征收累进的所得税，以减少资本的集中。同时设定普及教育、社会卫生、老废补助、失业救济等制度，以救济无产者的贫困。此等方法，在一定条件之下，而且在一定限度以内，未尝不可实现少许功效。但是在逻辑上讲，已经陷入根本的矛盾。彼等对于资本主义，既攻击其罪恶，而又承认其存在。既承认其存在，而又斩伐其枝条。结果将如萧伯纳所说："这种政策，有它的真正口号：贼偷了去的，你再从贼的手，偷回来。在这里，破产的威胁，比黄金时代的期许总要多"[3]。对于资本主义，既然打算吸取它，不仅要承认其存在，且要助成其安定，岂不与社会主义最初的目的相反。一旦达到相当的限界，不是遭逢资本家的反对，便是得此失彼，使劳动者的痛苦，终无由解除。柯尔曾说过："这种作法的基点，并不在产生社会主义的制度，以为进步的社会政策的资源，而只吸吮那些资本家（milking the capitalists）。用了各样方法之后，劳动者并未将他们吸干，但是已经达到了这一点——倘再加课新税，在其他方面，对于企业与投资，仍能不发生相反的结果，已经是非常的困难。结果，势必加重失业问题，且增加其救济的费用"[4]。由是观之，仅运用平均分配的办法，在既往产业发达的时代，在殖民地任其宰割的时代，取其馐余，以缓工怒，还可以实现一些功效。一旦经济凋敝，贸易衰颓，收益既大减于前；而土人暴动，领地独立，且震撼其帝国主义的根本。于此仍按

---

[1] 小川乡太郎：《租税总论》，萨孟武译，商务印书馆一九二六年版，第三八三至三八九页。

[2] A.Andreades, Philip Snowden, *The Man and His Financial Policy*, 1930 , pp.43-44.

[3] G.Bernard Shaw, New Preface to *Fabian Essays in Socialism*, 1931.

[4] G.D.H.Cole,"The Old Labour Party and the New," *New Statesman and Nation*, Nov.14, 1931.

社会政策的租税手段，以期挹彼注兹，不仅要招致资本家的反对与破坏，且必如萧伯纳所说，招致破产的威胁。事实而至于此，将企图资本主义的安定，改进其组织，以增加财富的生产呢？抑将牺牲眼前的经济财富，以获得较高的正义呢？此真英国式"近代社会主义的两难"，不待凯恩斯的揭橥[1]，事实早已无可掩饰了。

四、社会主义类型

在现代的租税制度中，超越了资本主义类型，还有什么类型呢？这不能求之于悬想，而当求之于实际。客观的现实，如果已经摆出来，如同苏联那个样子，根据另一个机构，形成另一个系统的租税制度，便不容人们的忽视和曲解。这种新的税制类型，说它是"社会主义的"，或者有人以为尚早。但是一个经济制度的最主要的生产手段与交换方法，如果已经脱离了私有财产的桎梏，纵然在枝节方面，仍然显示着一些私有和私营的残存，已不足以影响整个经济制度的基础。租税本是公家对于人民的"一种强制分担，取自私有财产或所得，以为公共的目的"[2]。如果私有财产制，有了根本的变更，则公共支出，即用社会化的生产所得，足以供应而有余，用不着再用化私为公的租税手段，则租税即可归于无用[3]。但在社会主义经济建设的初期，无论如何，是不能将私有财产尽量清除了的。只要还有一部分私有与私营，仍然还需要租税制度。此时所表现的特征有三：

第一，公共企业收入，渐有取租税收入而代之的潜伏力。这种潜力（potential energy），现在就要拿数字来证明，当然为时尚早，而且过于机械。如果专凭一些数字，则在社会主义建设的初期，岁收方面的租税收入，比率反要涨大。因为计划经济开始之际，不但不能从企业本身立刻找到丰裕的收益；而且要替它筹划巨额的用费。此时租税，便成为不可少的筹款方法之一。这种税制的功用，既非专供统治者的消耗，亦非徒供私有财产与私营企业的保护与推进，而是为社会化生产的建设；与资本主义类型之下所称的租税，根本不同。且不独建设的初期为然。纵令计划经济，已有一段落的成功，实现公有企业的收益。但是这

---

[1] J.M.Keynes, "The Dilemma of Modern Socialism," *The Political Quarterly*, April 1932.

[2] C.C.Plehn, *Sokolnikoff's Soviet Policy in Public Finance*, Editor's Preface.1931.

[3] 阿部贤一：《财政学》上，"苏维埃联邦之财政"，改造社版，第五七九页以下。

些收益,还不能就拿来充作国家的一般经费,而须保留于社会生产的各部门,以供充实扩展完成之用。诚如是,则社会主义的国家,对于租税的需要,仍不可少。等到社会化的生产,一朝奠定了础石,摆好了间架,它便要层层而上,形成社会收入的永久的源泉。此时一切社会支出,均可仰赖社会化经济事业的收入,不必再靠租税,则租税收入所占的比率,必为之日减,早晚也许走到"无税"的阶段,亦未可知。

第二,在社会主义建设的初期,租税制度,一方供给经济建设所必需的费用,同时还要实现一部分的社会目的。前边已经说过:私有财产制的萌蘖,并不是一下子便能清除,有时因为经济政策的要求,对于某种限度以下的私有和私营,还有暂时让步的必要,这在不摇撼社会化经济制度的根本,同时可以助成经济难关的平稳渡过的条件之下,是可以的,而且也是必要的。但是,同时便不能不想方法,抑制私有与私营的滋长,于是又找到课税制度的工具。从这一点看,岂不与资本主义国家所施行的社会政策相同么?其实不然。从前所谓社会政策,以资本制生产为基础,以大宗私人所得的存在为前提。施行累进课税的结果,仅仅作到了一年一度的"剪枝",而资本主义的根干,仍自屹然!至入社会主义阶段,则私有制的根干已不复存,为防萌蘖的复生,于是参用课税的手段。日本财政学者阿布贤一,曾经指明:"苏俄自施行新经济政策以来,常有两种势力相抗争,一种是比较便于有产者勃兴的方针,另一种是与这方针相对立,根据社会主义的思想,对于有产者抬头,加以抑制的方针,这是不能忽略的事情"[1]。阿布氏的观察,大体不错。但是这两个方针,不能相提并论。前者系临时的手段,而后者系永久的方针。由抑制而清除,政策的体系,还是一贯的。

第三,在社会主义类型之下的租税组织,间接税的比率,反较直接税为高。此与前资本主义类型相较,形式略同而根本不同;与资本主义类型相较,则实质与形式,均有不同。在私有财产制度以下,因分配的不均,以致间接税的负担,总是重于贫而轻于富,所以在前资本主义阶段或是在资本主义阶段,凡是间接税,概属恶税,凡是间接税的税率与税额,均有减轻或废除的必要。但是我们要知道,间接税的本身,并没有什么善恶可言。其所以成为恶税者,因为在私

---

[1] 阿布贤一:《财政学》下,改造社版;《财政政策论》,改造社版,第五六七至五六八页;《新财政·财政学》,施复亮译,大江书铺一九三一年版,第三二八页。

有财产制度之下，所得的分配极端不平，收入少的与收入多的，却要负担同额的消费税，这才成其为恶。如果前提变更了，社会上各分子的所得分配，没有什么大不平，则大家负担同额的消费税，反合乎普遍和平等的原则，有何恶税之有？关于此点，美国加利福尼大学的老教授蒲徕恩（C.C.Plehn），便有过错误的观察。他在苏柯尔尼科夫诸人所著的《苏维埃的财政政策》的英译本序言里，便说过这样话："当那共产主义者未曾得到政权的时节，对于间接税，大施攻击，以为它造成了很乖戾的不平。但是一朝当了苏维埃的统制者，便将间接税当作神圣的工具，以指导消费于核准的方向"❶。蒲氏对于这些现象，颇有些看不惯，于是很慨然的说："这在我们眼中，该是怎样的一个颠倒的世界"。蒲氏研究财政有年，对于财政的闻见已多，似不应发生这种议论。但是一个人，遇到一个新的历史范畴，如果还拿出旧范畴所用的观察标准，必不免引到错误的认识。此种现象，早经许多学者说明。俄国的财政学者痕塞尔便说过："在我们的现状之下，人民的收入，经过重大的平等化之后，则间接税的置重，便成为绝对的不可免"❷。剑桥教授皮固，谈到间接税的利弊时，也曾指出：凡是资本主义国家所表现的间接税的弊害，"若在一般人民富力大致相等的社会里，即失掉其严重性"❸。皮固教授又引证苏柯尔尼科夫在一九二二年七月六日在《曼彻斯特卫报》增刊（*Manchester Guardian Supplement*）上所发表的意见，完全与今日苏联所表现的事实相符合。这不能不说是：租税制度在社会主义类型以下的很重要的一个特征。

五、结论

以上将现代租税制度的三大类型，择要叙述，不免多所挂漏❹。但是从这些事实的认识，我们可以得到几个结论如次：第一，财政学的研讨，要以认识事实为前提。事实摆在当前，即需要人们如实的认取，以为批判的根据。第二，事

---

❶ G.Y.Sokolnikov and Associates, *Soviet Policy in Public Finance*, Editor's Preface.

❷ Paul Haensel, Reviewed in *Economic Journal*, December 1928, p.621.

❸ A.C.Pigou, *A Study in Public Finance*, 1928, p.144.

❹ 此文原稿，草于民国二十三年四月四日，提出于中华学艺社年会。以后随日月之经过，深觉此种看法，其有独特的意义，与普遍的提出于社会的必要。故复稍加整理，由本院发表，以期贤达之指正。

实是永远流转的，我们纵然为分析方便起见，不能不截取历史过程的横断面（cross-section），以观察其横面的组成；然而总不要忽视了已有或可有的动态的作用。第三，租税制度不过是经济现实与政治组织之交互的反映。离开经济，是不能认识租税制度的真相的。任情为之，亦不过等于抛开分母而妄事分子的加减。第四，类型的检讨，可以有纵横两个路数。同一国度，因历史的发展，可以分成几个不同的类型。许多国度，因地理的分布，当然也可以分成几个不同的类型。就在现在这个时代，在租税的制度上，为什么表现这些不同的类型？当然为现代治学之士所急欲晓知。目击现状之后，再依次的追溯既往。第五，社会发展的动力，可从两方面去观察：一属内发而一属外铄，在今日世界交通经济之下，外铄尤重于内发。所以治学之士，一方要深彻了解自国传统的特质，同时即要广泛认识八方凑泊的新潮。关于现阶段之综合的分析，不俟在财政研究中，始认为必要。第六，类型的检讨，不仅适用于租税制度的研究；凡以经济制度为基础的任何制度与现象的研究，都不能忽略"类型"的存在。而况学人的职务，重在客观的比较，比拟不"伦"，可以枉费几多努力，增加几多固蔽。

民国二十五年九月三十日

中英信用借款的透视*

（一九三六年十月十八日）

最近中英信用借款的消息，虽经财部当局予以承认，但在借款文件正式公布以前，我们站在国民的立场，只能作一些推论，从一般尚未怎样注视的一角，表示一些忧深思远的管见。

在对日关系正在紧张的当口，在世界货币协定正在促成的当口，在吾国政府正在高唱建设的当口，而有中英信用借款的传呼，自然引着人们推想到中日外交、推想到国际贸易、推想到中国经济建设的题目上，这当然都是应有之笔。但是这些方面的论点，大都以中英信用借款的成立为因，因而论到这个因子投下后在各方面所要发生的影响为何。这种推论无论怎样周到，毕竟还要等着将来的事实来证明，不能叫我们立刻相信，因为民国二十二年的五千万美金棉麦借款已经给过我们很严重的教训。所以现在我们的观点，毋宁把它看作果，而求其所以致此的原因，从成因的分析与检讨中，以期把握此后的动向。

吾人尝以为中国经济的机构中，好多年来，老是跳跃着足以致命的二竖——一个是财政的出超，另一个是贸易的入超，此中利害，早为国人所深悉。但自政府迭次采用限银出口、白银国有、推行法币各种政策以来，无疑地增加了政府应付财政出超与贸易入超的能力，施行的结果，自然也表示一些好况，因而引得许多人为之欣然色喜。但是，有了病设法克治，是一个问题；如何不叫他生病，又是一个问题。如果以补苴罅漏自足，偷安侥幸于一时，则转瞬之间，病态又复亢进，则前之所认为良剂，到此亦无如之何，仅恃现银集中后在外设定的汇兑平准基金，已不足应付持续不已的贸易入超，势不得不更进一步，另寻海外的仙方，乃有在英设定信用借款的必要！这不仅是财政问题，这是中国贸易入超的延长，藉着信用借款的形式，使中国贸易的入超，增加其可能的延续。

如果从这一点去观察，则此次中英信用借款，无论是用诸建设事业，或是

---

* 此文系作者为《北平新报》撰写的时论。——编者注

用诸不生产的支出，好也罢，坏也罢，但是在延长贸易入超这方面，叫我们国民，总觉着不好过，总觉着惴惴危惧。建设的良果未可知，而经济体的病况却已转深一步了。

而且在这一点，吾国今日所施行的货币本位制度，究竟属于那一种？自然人言人殊；但其与英镑本位的联系，早已无可讳言；称它为外汇本位也好，不称它为外汇本位也好，反正有事实摆在那里，这在孙中山先生早已指称的半殖民地的经济机构之上，是否能够起独立的管理本位制度，似可不必故为大言。但是在外汇上，打算与英镑作继续的联系，决不是空口说空话所能济事，而要有其必需的条件：即外汇平准基金。这种基金，是随着国际贷借（international indebtedness）的逆势，而有逐渐减少危险的。我们欠人家的多，人家短我们的少，债权债务相抵之后，而发生负差，在国际间，迟早是要拿出现款来清结的。负差日多，基金日减，汇兑平准，必有不能维持之势。事实倘至于此，纵令我们不惜以本国的币制，联系于他国的本位，必不免发生实力缺乏弗克步趋的现象。则吾国币制，岂不要发生更严重的危机。为预防此种危机的降临，乃以信用借款的方式，辅以外汇平准基金的一部，使与英镑的联系，仍得圆滑进行，此实外汇本位制的延长，自有其客观事实所以促成的原因。

英格兰银行总裁芒泰谷·诺曼（Montagu Norman）在一九二六年早已经说过："行使银本位，仍然存留的唯一大邦，只有中国……，中国是最大的，或者就是唯一最大的未开发的国家，留待英国工业的发展"❶。不错的，半殖民地的中国，为的是留待别的国家的工业的发展，是不必发展自己的工业的！是应该注定了"未开发"的运命的！就是开发的话，也是开发我们的农业技术好了。我们作一个纯供原料的国家，岂不在半殖民地的前途，显示着纯殖民地的希望！？是一个幻想吧。吾人总觉着：我们国家被人侵略的现阶段，很深刻地，显示着两个"M"——一个是"Military"，一个是"monetary"——这两个字，在我们耳旁，似乎唱着同一的调子，无论是文的，是武的；是迂回的，是直接的；是笑脸的，是横眉的；是叫你觉着欢喜的，是叫你觉着害怕的，结果无非是"人为刀俎，我为鱼肉"，加重被侵略被桎梏的枷锁与痛苦！我很盼望这是一个幻想！我很盼望这个幻想的消失！

一九三六年十月十七日

---

❶ 此语在英国曾被认为名流的格言，用过大字刊载在一九三一年十二月十四日出版的金融新闻银问题特刊的封面上。

中国财政的经济基础

（一九三六年十月二十日）

一

这不仅是中国财政的根本问题，而且是研究中国经济者所应注意的问题。关于中国经济的本质，学人讨论已久，争议甚多，雅不愿多赞一词。惟于研讨中国财政之际，依笔者所见，于"财政技术"（fiscal technology）之外，不能不注意于"财政病理"（fiscal pathology），对于今日中国的财政病态，不能不求其所以至此之经济的成因。故特略抒鄙见，以就正于各方的贤达。本来是杜撰的东西，自初就没有打算它是否能够站得住。假令尚有一二点，偶与并世学人的见解相暗合，亦可收嘤鸣求友互相参证之效。任何科学的研讨，总要先有个"假定"（hypothesis）。在没有得到第二个可以相信的假定之前，无妨即从各人所认为可以立脚的假定出发，以从事于研讨。以此见解，特提出"中国财政的经济基础"一课题于国人之前。

美国财政学者塞利格曼老教授（Professor Edwin R. A. Seligman）在他所写的名著《租税论集》（Essays in Taxation）的第一页，便写下这样的句子："不仅租税的实体，便是租税的理论，都要跟着社会的经济基础而共为变迁。财政的状况永远是经济关系的成果。有时其直接的影响，可以求之于政治的原因；但是政治变动的由来，还得要求之经济。财政与经济是分不开的连接着。课税自体，也与社会生活的一切事实相同，仅是一个历史的范畴"。所以我们打算了解近代的中国财政，最根本地，先要了解中国经济的本质。一切财政现象都要受经济条件的支配；离开经济而言财政，不是陷入严重的错误，便是流入无用的悲观。我们常常看到许多人或是许多著作，讨论到中国财政，便要太息咨嗟

---

* 此文发表于《北平研究院经济研究会丛刊》。——编者注

于——中国不能实行所得税,中国不能厉行预决算,中国不能裁减军事费……因而主张——中国应该立刻实行所得税,中国应该严格执行预决算,中国应该极力削减军事费……这些人的主观意念曷尝不好,但是并没有很深刻地注意到客观的事实。或是注意到,徒以格于地位与成见,不肯将事态的真相赤裸裸地表露出来,仅以皮相之论与补苴之策敷衍目前,而不能鼓起勇气,追问到问题的底里。所得税自己决不会实行,而要有实行时所需要的经济条件。军事费自己绝没想着膨胀,而别有促成军费膨胀的经济原因。不种下好的种子,而日盼开花结实;不除掉恶的成因,而但苦其滋蔓难图;结果还不是落一个"幻想消失"!

然则中国经济的本质,究作何状?这个题目太大,向中国的面积那样大;而且说来太长,向中国的历史那样长。尤其是海通以后的中国,横的方面接触太多,与世界相通联,国内所发生的事态,其成因常在海天数万里以外。纵的方面变化又太剧;鸦片战争以后不到百年的历史,其组成的繁密与变化的诡谲,恐怕可以抵得上锁国时代的一千年。吾辈以蕞尔藐躬,丁兹乱世,所凭籍的前人业绩,又是这等的贫乏,而乃轻心独断,以为中国经济的本质便是如此如此,岂不愚而且妄?所以今日学人应有的态度,不必期主张之必传,而要做真理的试探;不要受方式的拘束,而要做大胆的追求(Raise the veil boldly; Face the light)。我们总得要看一看——形成中国财政基础的经济机构究竟是怎样的。

二

世人有言:中国是农业国家,不仅两千年前如此,两千年后的今日还是如此。不仅生产的方法未变,生产的技术和工具也未变。近年江浙一带交通便利的几个地方,在农业的灌溉上,虽然也用过电动机及电力戽斗机一类的机器,但若依据"大数法则"(law of large numbers)去观察,总不能贸然地就说:我们中国的农业已经机械化或资本主义化。所以中国经济的主要部分,就是在今日,还未曾脱离了原始农业经济的生产方式。

中国得天独厚的地方是"地大物博";但是中国对外失败的大原因也是"地大物博"。因为自然的条件太优厚,稍微用一些人力,在"不识不知,顺帝之则"的过程中,便解决了生活问题。有时遇到灾荒,可以"移其民于河东,移其粟于河内",有的是余地,用不着费心思造出那些"奇技淫巧"以战胜天然,而生活自然可以对付过去。西人有言:"必要乃发明之母"(Necessity is the mother of invention），蒸汽机关所以没发明于中国，自有它的客观的必然。不用说自己不发明，便是人家已经发明过的农作机器，都因为农业劳动者的工值太廉，及其他种种条件，用着并不合算。所以吾国农业所用的生产工具如耒耜锄犁之属，两千年前是那么一套，现在还是那么一套，你能寻出多少进步的踪迹？

就用这等很简单的工具，以从事单纯再生产，在每一个朝代的开国之初，都可以走入上行的发展之路。因为丧乱之余，地广人稀；田园久荒，不待施肥；数决之水，已辟新道；略施人力，即有丰年。加以开国之君，眼看着前朝所以失败的原因，而且身起陇亩，知道民间的疾苦，开头总要轻徭薄赋，对于农业的生产者，剥取甚微。当此时节，真是"生之者众，食之者寡，为之者疾，用之者舒"，不仅"千斯仓，万斯厢"，促成农业的发展，而且看到以农业为枢轴的其它各业的繁荣。

但是一到繁荣的阶段，朝野双方都要造成逐日庞大的寄生阶级。先言在朝。我们看历朝国史，在开国之初，皇室的族戚都很简单，臣僚的数量也颇有限，所谓"食于人"的类群，初非甚大。况有战胜的掳获，与归降的献纳，享用未奢，很能供用二三十年，不必定向民间肆意剥取。但是传下几代之后，情形便不同了。皇族的蕃殖，外戚的滋蔓，臣僚的密集，形成一种螺线扩大的不生产集团，颇与霍布士所称的"海怪"（Leviathan）相似。又因承平已久，习于豪奢，寄生阶级的消费主体与消费客体，俱有一日千里之势，势不能不取自民间，结果辗转相寻，最后都要寻到农业生产者的身上，此其一。再言在野。农业繁荣之后，生产品除自用外，羡余甚伙，势必促起大量和远方的交易，而仲介懋迁之需要以生。商业在一定限度以内，当然是有用的而且是有益的。但当商业资本集积到一定限度以上，必然发挥操纵与垄断的权威，使生产主要方式的农业，俱不得不匍匐于此权威之前。此时所谓商业，业已失却通惠的本来职能而成为社会剥削阶级之一种。"用贫求富，农不如工，工不如商，刺绣文不如倚市门"，不劳而获之集团愈扩大，则农业之受剥削也必愈甚，此其二。一方有封建势力的支配，同时有商业资本的掠取，于是土地的所有权，必渐归于少数大地主之手。有田者不耕而耕者不必有田；终岁胼胝之收获，须先拿出"狮子份"（lion's share）以贡献于坐享之地主；此际必无余力从事生产之改良，以增加土地的收获，则地力必且日即于枯竭，此其三。加以庶政失修，河道淤塞，井洫不讲，灌溉无从，非罹水灾，即苦亢旱，于是生产力的萎缩乃愈甚。一方剥削加紧,他方产量日微,则所谓繁荣的顶点,必不免转而下行,入于衰颓的阶段。

人们的觉悟总是来得太慢。纵令一时觉悟了,复为积重难返之势所阻格,眼看着可绝萌蘖的机会飞过去,而令其坐大。同时在另一方面,对于生产者的继续剥削,假使超越一定限度,而仍求之不已,常能引起一种或同时发生数种反抗或暴动。此时朝廷方面,方且称之为叛逆,加之以讨伐,必使消灭或慑服而后已。此种作法,曷尝不收功于一时;但于成功之后,不思改弦更张,而但狃于积习,对于农业的生产者仍继续其封建统治下的财政剥削,则其结果,必然引起更广泛的反抗与暴动,此仆彼起,以与朝廷相周旋,卒致社会的生产力由衰颓而更入于崩溃,以造成"天下大乱"的局面。

大乱之后,互相残杀,前朝绝灭,新朝代兴;在朝的寄生阶级,固随前朝以俱逝,在野的寄生阶级,亦因丧乱而流亡,残杀既多,人心厌乱,桀者乘时,乃告统一。但是中国历史上的革命,大多数只是被压迫的农民的一种反抗。在原始农业经济时代,农民的组织是最散漫的,知识是最不完备的,苦于压迫,始出于"铤而走险"。但是,革命一起,豪强乘之,发难者为农民,而收获者为新贵。社会的生产方式并不因革命而走入一个更高的范畴,仍旧沿着前朝所经验过——生长、繁荣、衰颓、崩溃——四个阶段,循环不已的向前演化。纵令年代有久暂,内容有平变,而通观大略,所谓"大一统"的朝代,其兴亡盛衰,无不被支配于此四个阶段;一个圆周终了,接着又是一个圆周的起头,在生产方法上,始终以原始农业为机轴。吾人于此,姑且假定称之为"农业循环"或"农业周期律"。

郭沫若氏曾谓:"从东周到最近百年,生产方法没有发生过变革;所以社会组织维持旧态至二千余年,历史的改朝换代,不过是奴隶的抗争"。又称:"一部二十四史,成为流血革命的惨史,而封建制度的经济组织和政治组织依然无恙。重要的原因是什么? 一句话归总:是没有蒸汽机关的发现"。❶但依吾人所见,"蒸汽机关不能发现",是结果,不是原因;没有发现蒸汽机关的客观的必要,蒸汽机关自然不会自己跳出来。以内在的条件言之,中国是这样的地大物博,"顺帝之则",便得丰年,便可以活得很舒服,用着什么"蒸汽机关"? 以外在的条件言之,中国的区域与周遭的文化,很自然地令我们形成一个"伟大的孤立",缺乏在海外扩充市场的诱因,自然也不需要利用蒸汽机关以扩大我们

---

❶ 郭沫若:《中国古代社会研究》,现代书局一九三二年第五版,第二十一页。

的生产。关于这一点，似乎拉迭克（Radek）解释得还扼要，他说："……要解释中国不能由手工厂进步到工厂资本主义的原故，决不在中国没有强力的政权与缺乏自然科学，主要的还是因为中国商业资本范围太狭，中国不能有殖民地的扩大"。❶

无论是内在的条件或是外在的条件，都不足以促着我们走上"机械化"（mechanization）的途程，所以两千年来的生产方式，惟有在原始农业生产的形态中打圈子，直至今日，支配着全国农业的仍是数千年来传统的农具。

三

一种经济制度的生成与变化，有时由于内发，有时亦由于外铄。纵由外铄而内发的力量，足以制驭之，则其结果，可以为跃进，为繁荣；反之则为衰颓，为桎梏。在历史上，吾国经济也常和外族相接触；但是接触的结果，同化外力之时多，而受其影响之时少，结果仍无憾于固有的机构。以后到了一八四二年左右，情形便显有不同，在吾国经济机构上，发生一种划时代的质的变化。

考过去百年间，西力东渐的结果，在东方诸国的政治及经济的组织上，造成三种不同的类型：一个是"印度型"，一个是"日本型"，再一个便是"中国型"。所谓印度型，是说西力东渐的结果，新的势力太强，旧的藩篱尽溃，无论政治与经济，整个的向帝国主义屈服，于是造成印度的"纯殖民地化"。所谓日本型，于西力东渐以后，在政治方面，能够将侵略的魔手，整个的打出去；但是在经济方面，毫不犹豫地将新式生产方法与生产组织，尽量的抱进来，于是造成日本的"维新"。

至于中国如果像印度的纯殖民地化，问题也倒简单；如果与日本同时步入维新之途，问题更要简单。如果在太平天国战役前后，没有西力的东渐，容我们将"农业循环"的衰颓和崩溃两阶段走完了，在太平天国的整个成功中，重复踏入一个新的"农业循环"，问题还是简单。无如西力东渐的时代——即帝国主义正式向东亚侵略的时代——偏偏错过了康熙时的生长期，错过了乾隆时的繁荣期，恰恰赶上了嘉、道间的衰颓期，叫我们中国措手不及；而且顾内顾不

---

❶ 拉迭克：《中国历史之理论的分析》，克仁译，上海辛垦书店一九三二年再版，第二十五至二十八页。

了外，很难以内战疲敝之余实现变法维新的理想，所以根本上不会走"日本型"。但是因为植根太深，国土太广的原故，"百足之虫，虽死不僵"，也不至于被帝国主义的巨浪整个的卷进去，而落入印度型。于是——在政治上仍然保持着形式的领土与主权，没有像印度那样地亡了国；但是政治机构的动力，直接间接老是觉着有人在那里拨弄。同样地，在经济上依然残留着原始农业与手工业，为大多数人民生活所寄托；但是独占的资本家商品，却也沿着海口、内河与新近修成的公路，渐次侵入中国的内地与农村。因为地理与历史的条件，那些帝国主义者的一群，抓不尽庞大的封建残存的主权，吞不尽辽阔的原始生产的机构，没有把中国造成印度式的亡国，但也不容中国造成明治的维新。不上不下，不生不死，形成原始农业经济与独占商品经济的"杂糅"（a mixture），这便是所谓"半殖民地"。❶

四

有什么样的经济机构，便形成什么样的"财政类型"。经济是原因，而财政是结果。虽说在某种程度上财政可以影响经济，我们并不否认，而且有时还要加重财政所负的责任；但是从全局着眼，其病根确不在财政，而是在财政所寄托的经济。所以许多的财政改革，如果不能"打破砂锅问到底"，而但以病征为病源，营营然惟"头痛医头，脚痛医脚"之是求，结果不是徒劳无功，便是愈治愈坏。

"财政类型"既是范形于经济的基础，所以在中国的财政体系里，自然也表现着特有的素质。先从岁入去看，在这样"杂糅体"的经济机构之上，其横断面所表现的年轮，大体可分为四层：第一，以原始农业生产为基础的土地税、田赋以及一切田赋附加、地亩摊派之类属之；第二，以流通经济及消费经济为基础的流通税及消费税，营业税、当税、牙税、盐税、统税、烟酒税、印花税等属之；第三，以外国贸易为基础的关税，海关所经收的进口税、出口税等以及陆路关税等属之；第四，以金融市场为基础的借债收入，债票、库券、短期借款以及临时透支等属之。此中多半强属之中央，少半弱属之地方，以此"杂

---

❶ 参照拙著：《中国社会之癌——加速的二重消费经济》，见一九三五年九月二十日、二十一两日天津《大公报》第三版。

糇体"的经济机构为基础,中央与地方乃分据以为税源,于是形成中国财政的种种相。❶

再从岁出去看。多少年来占岁出的第一位的,当然是"军事费"。人们看到吾国军事费的逐年膨胀,不是归罪于从前军阀的野心,便要认为是并世各国通有的现象,非中国所独有。这两种认识都是错误的,轻处说也是皮相之见。我们都知道,一直到今天,中国依然是一个农业国,这看过去不久"农村复兴委员会"的设立与最近"农本局"之大规模的设计,便可证明。须知占全国人口百分之八十五以上的农业生产者,如果能够继续其生产的劳动,以维持其最低生活的水准,大体上总可以保持天下的太平;没什么乱子,根本上不要求用兵,则军事费的支出自然也很有限。但是当一个朝代,经过繁荣的顶点走入"农业循环"的衰落期,"因农民及手工业生产方法的崩溃,千百万人俱从生产过程中脱节,辗转流为大批盗匪与募兵军队。两者相差甚微,由一个形式转移为另一个形式极属容易。募兵军队,纯恃诛求其势力下地域以为生活,此种地域愈广,则收入愈多。其当前的结果,即各割据军阀之间,为扩大其支配掠夺之地域,而起不断的战争"。❷有了不断的战争,自然促成军事费的逐年膨胀,于此又发生八个段落的影响:第一,农村提供了最大份的军事负担,同时即以农村作广大的战场,以农村的壮丁,摧毁农村的机构。第二,农作的机会愈少,农民的失业愈多,因而为中国募兵制度建立下取之不尽的庞大的基础。第三,自生产过程中脱节的农民未能尽容纳于军队,以迫于饥寒之故,形成与军队相对立的"匪"的大群。纵不归匪,也要增加都市苦力的密集,促成游惰窃骗的泛滥,使军警林立的都会,也不免感到不断的威胁。第四,名养兵而实不养兵,兵不得养则流而为匪。第五,匪成则在另一个系统之下,可以自号为兵。匪不成,仍有希望可以改编为兵。第六,不改编而遣散,则已不能复归于农村,于是又流而为匪或再被招而为兵。第七,内战多,死兵固多;但是农民失业的数目,比兵的死亡还要多;所以内战愈进行兵尽管死,尽管多。第八,以农村的壮丁供兵的补充,以农村的耕地供兵的战场,以农村的收入供战的消耗;结果则战事愈进行,农村愈破坏,兵与匪的供给亦多,而国家的军事费,愈不得不膨胀!❸

---

❶ 参照拙著:《现代税制类型之检讨》,国立北平研究院印行,一九三六年十月初版。

❷ 参阅瓦尔加编辑:《世界经济年报》第三辑。

❸ 参阅拙著:《军事负担与中国农村》,载一九三四年三月三日天津《益世报·农村周刊》第一期。

资本主义的末期，所谓"失业问题"（unemployment）乃工业劳动者的失业，国家对此"失业的工人们"（unemployed workers），要支出巨额的"失业救济费"（unemployment benefits）。反之在吾国，失业问题的重心不在工业而在农业。国家对此"失业的农民们"（unemployed peasants），名义上并没有支付什么"失业救济费"，但是在实际上，早已将这笔费用担负了，那便是列在岁出首位的"军事费"。农民失业的客观条件早在那里存在，野心家再从而利用之，勾煽之，才闹成一发不可遏止的趋势。假使所利用的是一种无源之水，纵令推波助澜，也越不出横污行潦。所以打倒一个军阀，又滋生一个军阀；剿平一处土匪，又发现一处土匪；"抱薪救火，薪不尽，火不灭"；老是剿，老是剿不清，军事费自然要永远的膨胀！

五

以上不过从岁入及岁出中，找出一两个例子，已经叫我们看的很清楚：经济基础的认识对于财政现象的了解是怎样的重要。考从前英国，也曾有过农业衰颓与农民离村的现象，历史上记的很清楚；为什么一到中国，便要这样的严重？须知当年英国农村虽然破产，而新式工厂代之而兴；离村的农民，一到都会便成为工厂劳动者；从低度的生产进而为高度的生产，这是健全的转型，宁属可欣幸之事。至于吾国则不然。"农业循环"已经走入崩颓的阶段，格于帝国主义者的侵略与桎梏，既不容我们走入一个新的循环，又不许我们蹍入一个高的机构，使之长期宛转于此崩颓的过程。于是反映到国家的收支上，也便形成笔者所指称的"病态的转型期财政"的特色。

然则将来究竟要转入怎样的一种境地呢？此时不必预言。但是从客观的情实中，也可以归纳出一些动向。我们看到：很有人梦想着"农村复兴"，或是"乡村建设"。于此我们要问：大家心目中的"复兴"，不知要复兴些什么？原始的农业生产方法值得复兴么？假令值得，便可以抵得住潮水般流入的机械化农产品么？假令抵得住，如果自己不能树立起机械化的工业，那么生产出许多的原料品，将给谁用呢？自己不能用而专供他人，那只是生产的附庸，又与从前原始农业生产之具有独立性者，截然不同，怎能还用"复兴"二字。所以"复兴"的用语，不仅是幻想，而且有些讲不通，此中原因就是根本未认清：走到今日这一步，已经是两千年来"农业循环"的总清算！此后走好了，走入机械生产的新范畴；走坏了，走入专供原料的纯殖民地。无论走好走坏，反正是——旧的髑髅，已经不许我们迷恋了。中国财政的将来，要看此经济现实走入何方以为断。

民国二十五年十月二十日
稿竟于北平研究院

财政与大众[*]

(一九三六年十一月五日)

财政与大众的关系，在我们中国，历史很久。最初，在原始部落时代，"家计"（home economy）与"国计"（state economy）不分，此时并不需要独立的财政。以后，部落渐次扩充，国家渐次成形，慢慢地也便有了赋贡的制度。"因田制赋，任土作贡"，一则征自直接统治的领域，一则征自间接统治的藩属，"田有九等，赋有九则，贡篚惟土物"，国计渐次复杂，于是有"财政"的需要。当时人民对于政府所负纳税的义务，田赋而外，诸如兵车戎马武器等，都要由人民直接供给。《司马法》载："……邱有戎马一匹，牛三头；甸有戎马四匹，兵车一乘，牛十二头，甲士三人，步卒七十二人。一同百里，提封万井，戎马四百匹，车百乘，此卿大夫采地之大者，是谓百乘之家。一封三百六十六里，提封十万井，定出赋六万四千井，戎马四千匹，车千乘，此诸侯之大者，谓之千乘之国。天子之畿，内方千里，提封百万井，定出赋六十四万井，戎马四万匹，兵车万乘，戎卒七十万人，故曰万乘之主"。这里所叙述的，虽不免有后人附会的成分，但是我们可以断定：所谓"百乘之家"、"千乘之国"、"万乘之主"那些够我们瞧半天的"份儿"，都是从大众的财政负担积累而成！《周礼》上不是也载过么："凡宅不毛者有里布，凡田不耕者出屋粟，凡民无职事者出夫家之征。"孟子也说过："有粟米之征，有布帛之征，有力役之征"；有东西的出东西，没东西的出力气，总之这财政的负担，是任何人也免不掉的。财政与大众的关系如是。

如果像周文王那个样子，用民力造成一个花园，"刍荛者往焉，雉兔者往焉"，与大众共同享受——"与民同之"——便是大到七十里，"民犹以为小"！灵台的建筑，工程很是可观，然而"庶民攻之，不日成之，王曰勿亟，庶民子来"，用的是大众的力量，为什么大众还是这样的踊跃从事呢？这毫无疑问地是为了大众的福利。可恨而又可怜的梁惠王，他不认识国家岁出的根本理论，造了园子

---

[*] 此文发表于《大众知识》杂志第一卷第二期。

只供少数人的享受，左右服役，谁要不小心伤害了他的麋鹿，便要治以杀人的罪名；这样，他还抱怨："寡人之囿，方五十里"，比文王的小多了，为什么"民犹以为大"。这真是糊涂的无以复加，根本不明了大众与财政的关系！这种道理，在《周书·无逸篇》里，早已大声喝破："……其无淫于观，于逸，于游，于田，以万民唯正之供！"大众所供奉的，要用在正当之途，谁叫你拿着大众的脂膏，供些少数人的吃喝玩乐！这种真理，在我们中国发现得太早了，早的程度叫人们都把它忘掉！

在资本主义国家，剥削制度的对象为工业劳动者；在封建社会以至前资本主义国家，剥削的对象则为农业以及手工业劳动者。其剥削的形式有二：一个是"剩余生产力的课取"（the acquisition of surplus labour），另一个便是"剩余生产物的课取"（the acquisition of surplus products），这不仅中国如此，外国也有过这样的先例。我们翻开周佛海氏或施存统氏所译波格达诺夫所著《经济科学大纲》，便可了然。但是剥削到某种程度，迟早总要促成被剥削者的反抗，于此有三种方式：最初是诉诸舆论，由既成的现实，反映为理论的主张，腾诸学者之口而发为救时之论。无如从来的统治者，总是看轻理论，以为是无病之呻吟耳，何足萦心，而不知大众的生活，已经日陷于水深火热之境。实在对付不下去，于是发生第二个方式，便是诉诸政令。这时上层的卿大夫，也知道改革的必要，因而发生救济的纶音，自然也可以迷惑一时。但是这些救济与改革总是来得太晚，而且"既定的权利"（vested interests），总是用尽方法阻碍改革的实行，于是发生第三个方式，便是诉诸直接行动。我国历史上，许多次直接行动——也便是所谓揭竿而起——的最主要的目的，便是抗捐抗税。我们看陈胜吴广为什么发出大泽宣言？还不是因为秦二世对于剩余劳动力剥削得太厉害了，才促起这些农民的暴动。黄巢固然是杀人不眨眼的魔王，但是谁叫他造成盐枭的资格？还不是因为盐税过高的结果，才把贩卖私盐造成一个大利的所在！大抵在直接行动的起初，许多是失败的，活该那些反抗者倒霉，在"国史"上，还要加以形形色色的恶名，仍旧无碍于统治者的权威。于是统治阶级，狃于小胜，以为虽以无道行之，亦莫余毒，越发加紧其剥削的方面与方法，因而诱致更广泛更严重的反抗斗争，造成天下的大乱。

我们看：每一个新朝的兴起，它的大政方针，列在前面的，总是些——"省刑罚，薄税敛"，或是"轻徭，薄赋"；不如此，必不足以收拾天下之人心以得到大众的拥护。国史上所艳称的文景之治，也是在财政方面表示得最清楚。史载："汉初定田租十五税一。文帝十二年下诏，赐民租税之半，明年尽除民田之租税。后十三年至景帝二年，始令民出田半租，定三十税一为永制"。大众的负担减轻了，自然可以得到相当优裕的生活，衣食足而知荣辱，自然不去为非作歹。文景之世所以作到"刑措"的地步，乃是轻徭薄赋的结果，决不是可以侥幸得到的。大概也是因为看到嬴秦之世"收太半之赋，发闾左之戍，竭天下之财，以奉其政……曾不足以救危亡"的原故。同时在民众方面，说来也很凑巧，其最简单而扼要的政治理想，只是要求"青天"与"清官"——"青天"不事刑罚上的压迫，"清官"不事财政上的诛求，有了这两件宝贝，便是大众的理想政治。"打官司"一事，尚属偶发不常有；惟有纳税封粮，才与一般大众的日常生活有切肤的利害关系。便是刑罚上的种种压迫，大部分还不是由财政上的诛求而起！从前孔子过泰山，看到一位妇人在那里哭的很悲切，原因是因为：她的丈夫死于虎，她的儿子也死于虎。孔子不觉很诧异的问道：为什么你还不离开这里呢？想不到那位妇人只答出三个字——"无苛政"！这是多么沉痛而幽默的描写！我以为这三个字，比白居易的"重赋"、聂夷中的"田家"还要有力量；比"医得眼前疮，剜却心头肉"的描写还要来得深刻。"苛政猛于虎"，已经很清楚地警告大众：要整个的吃人！

考之前史，每次揭竿之后，一般大众总要得到一时的解放。解放之后，似应开辟一个新局面。无奈以种种因缘——主要的便是过去我国经济机构，老是停滞在原始的农业生产阶段——大抵革命既起，豪强乘之，发难者为平民，而收获者为新贵。朝代尽管代兴，而所遵行的政治方式，只有诉诸统治者的远见与仁政，始终未能进一步的试行民众的监督。于是循环式的政治隆污，便在我们国史上，重复复重复，复演了几千年；直到而今，仍是诉诸统治者的"仁政"，而不见民众监督的开始。

财政只是政治的反映，财政理论更是财政现实的反映。尽管墨子在《节用篇》中主张一些："凡足以奉给民用则止；诸加费不加于民利者，圣王弗为"。但是"圣王"在这尘世中能够找到几个？尽管有子说："百姓足，君孰与不足？百姓不足，君孰与足"？但是君的足，正建筑在百姓的不足之上！叫那些大众们少吃点少穿点，凑在一起便可观了，那正是理财的妙诀！尽管荀子在《富国篇》里主张："不知节用裕民，则民贫，民贫则田瘠以秽，田瘠以秽则出实不半；上虽好取侵夺，犹将寡获也"。"上虽好取侵夺，犹将寡获"这句话，颇与美国讽刺家绥夫特（Jonathan Swift）所说的"二加二常少于三"（Two plus two is often less than three）的命意相符合。这当然是真理。但是在实际财政上，统治者的要求老是等不得；不仅要筹得多，而且要来得快，于是便演出"杀鸡求卵"的怪现象。倒是法国的财政家科尔伯（Colbert, 1619-1683）还算很质直，以为财政这套玩意，只是"拔最多的鹅毛，听最少的鹅叫"（plucking the goose with as little squealing as possible）。本来在封建时代的剥削制度，就是财政剥削，仅在技术上略有巧拙之分，一切仁者之言，都与事实隔离很远。所以从前德国的财政理论，便很坦白地挂出"官房学派"（kameralism）的招牌；所谓"财政学"这套学问，只是"官府的学问"（kameralwissenschaft），而不是人民的学问；只是少数统治者的学问，而不是一般大众的学问。民可使由，不可使知；"苦人掏包，阔人悦耳"（The poor pay the piper for rich man's tune）；老百姓只要它按时纳粮就得，还用着什么学问？

但是历史的发展，其原因有时出于内发，有时亦由于外铄。在今日世界交通经济之下，中国经济早成为世界经济的一环。并世各国的财政现实与财政理论，已经发生极大的变迁，决不许我们一国闭关自守，仍自复演历史上的陈述。自从一二一五年英国"大宪章"（Magna Chata）的运动起，经过一六八八年英国"人权法案"（Bill of Rights）的树立，经过一七七六年美国独立战争的爆发，经过一七八九年法国大革命的流血，经过一八四六年英国《谷物条例》（Corn Law）的废止，经过一九零九年路得·乔治《人民预算》（The People's Budget）的提出，经过一九三零年五月二十三日苏联《单一财政计划》（Unified Financial Plan）的公布，财政这件东西，已经由极少数特权阶级之手，逐渐转移，逐渐扩大，逐渐变质，而成为由大众与为大众的一种机构。假使有一个国家，违反了这个世界的有力的潮流，妄欲把持财政的工具以实现少数人的欲念，她不仅为国内大多数的人民所反对，且将为世界的巨浪所卷去。所以今日的财政，不应该是政府的财政，而是社会的财政；今日的财政学，已经不是"聚敛之臣"（tax-gatherer）或是"包税老板"（farmer-general）的手册，而是一般大众怎样过好日子（social house-keeping）的理论的根据。离开大众的福利，是不会树立健全的现代财政的制度的。这不仅是理论，这是事实，而且是历史的事实！人们纵然把历史的教训忘怀了，还有摆在面前的许多内在和外在的现象，叫我们意识到财政与大众的关系。

一九三六年十月八日于北平

战时财政与中国[*]
——中国财政的政治条件

（一九三六年十一月十一日）

Finance is not mere arithmetic; finance is a great policy. Without sound finance no sound government is possible; without sound government no sound finance is possible.（James Wilson,1805-1860）

一

我们很同意塞利格曼教授的主张："财政的状况，永远是经济关系的成果。有时其直接的影响，可以求之于政治的原因；但是政治变动的由来，还要求之于经济"。所以我们在另一篇论文里，特别提出"中国财政的经济基础"一课题，试做鸟瞰的认识，以为检讨的根据。现在我们要进一步，先从大体上看一看：中国财政所以形成今日的形态，直接从政治上所受的影响又是怎样。"没有健全的政府，不会有健全的财政"，中国财政所以造成今日的病态，于经济的原因而外，自然还要受特殊政治条件的支配。达尔顿曾说过："财政这种学问，恰横在经济学与政治学的边界线"[1]。所以，打算了解中国财政之史的发展，一方要从经济着眼，同时便要从政治着眼，虽然我们很相信："政治变动的由来，还要求之于经济"。

近百年来，中国财政在政治方面所表现的特色，可以用一个很简单很扼要的句子表示出来，便是："重叠的非常时财政"。"非常时财政"一语，近来始为人们所惯用，而且有意无意之间，还是受着东邻学者的暗示，人云亦云地将它流行起来。实则使用这个名词的时节，有两件事需要注意：一个是范围的确定；另一个是时间的确定。考英语著述中，此类名词使用最多的当为"war finance"，即"战时财政"；其次为"emergency financing"，即"非常时财政"；哈里斯（Charles

---

[*] 此文发表于《国立北平研究院经济研究会丛刊》。

[1] Hugh Dalton, *The Principles of Public Finance*, 9th edition, 1936. p.3.

Harris）曾用"army finance"，即军事财政❶；达尔顿曾用"unbalanced budgets"❷即"赤字财政"；东邻学者亦常用"国防财政"。此中"非常时财政"一语，如按广义解释，应包括天灾、地变、水火、战争等一切意外事变所引起的财政问题，以及应付非常局面所采取的非常手段。例如美国罗斯福总统在"新政"下所提出的预算，每年都列入巨额的"非常支出"（emergency expenditures），这便是在世界经济恐慌的大浪中，打算战胜萧条的办法，当然有其特殊的意义。但是，非常事变之影响于财政，其次数最频繁、其范围最广汎、其数额最巨大者，当以战争为第一，于是有许多学者，即以"非常时财政"为"战时财政"❸。吾人于讨论中国财政时引用"非常时"字样，自然也意味着以战时财政为主要内容；但是非常时财政在中国，决不能即与战时财政等量齐观，至少应包括下列两方面：一方面属于消极，另一方面则属于积极。消极方面又可区分为二：水旱疠疫，属于天灾；内乱外患，属于人祸；"战时财政"仅与人祸有关，当然不能概括非常时财政的全部。而况消极方面而外，尚有积极方面，即自一八四二年起，对外失败以来，所有前清政府、北京政府、以致今日之中央地方各级政府所实行的"新政"与"建设"，其意义绝不下于所谓"战时财政"。这是就范围讲。

再就时间讲。现在谈非常时财政的人，大抵意味着将来；无论是我们自己起而抗敌，或是卷入第二次世界大战的漩涡，都不是现在的事，而是将来的事。但依吾人所见，纵将非常时财政解释为战时财政，在我们中国，不仅要包括将来，还要包括现在；不仅要包括现在，还要包括既往。自从一八四零年以来，我们看！那一年断了战争？不是外患，便是内忧，不是剿匪，便是讨逆，直到而今，差不多一个整世纪，几乎没有一年不打仗！

蓟门来悲风，易水生寒波。云物何改色，游子唱燕歌。
燕歌在何许？盘郁西山阿。武阳燕下都，岁晚独经过。
青丘遥相连，风雨隳嵯峨。七十齐郡邑，百二秦山河。
学术有管乐，道义无丘轲。蚩蚩鱼肉民，谁与休干戈！

---

❶ Charles Harris, *Army Finance*, Two Lectures Given to the Army Class, London School of Ecnomics, March, 1925.

❷ Hugh Dalton and Others, *Unbalanced Budgets, A Study of the Financial Crisis in Fifteen Countries*, 1934.

❸ Hunter, M. H., *Outlines of Public Financ* , "Emergency Financing," revised edition, 1926, pp. 470- 493.

战时财政与中国

> 往事已如此，后来复如何？割地更石郎，曲终哀思多。
>
> ——元·刘因：《燕歌行》

"蚩蚩鱼肉民，谁与休干戈？"一年复一年，真不禁令人想起刘梦吉先生的话来！就是执政之人，曷尝不也想到：这个仗真有点打不起；曷尝不在那里设法，打算将战氛扫除。然而"重重叠叠上瑶台，几度呼童扫不开"，这套"非常时财政"，算和中国结下了不解之缘，无论把那一位财政总长请来，怎样扫也是扫不动！眼看着：一波未平，一波又起，铜山西崩，洛钟东应，岂止年年岁岁，偷活于战时财政之下，而且挣扎在二种战时财政之下！在人认为非常，我则视为寻常；在人惊为变态，我早习为常态❶，如此财政，纵仍沿用通用术语，亦当称之为"重叠的非常时财政"，与"病态的转型期财政"一语，分别表示中国近代财政的政治与经济两方面的特征。

现在让我们先对于非常时财政中关于军事方面的说一说。

二

本来财政的起源，就为的是打仗。因为有军备的需要，才有财政的需要，这话并不武断，稍加解释便可明白。我们看：两千年来直到而今，在财政上使用最多的"赋"字，一面从"贝"，一面便从"武"。"贝"是古时开始交易时的货币形态，"武"就是威力的表现；两个字义合拢起来，便是运用经济财政以达作战的目的。《汉书·刑法志》所载的司马法，说得更详细而清楚。什么是"百乘之家"，什么是"千乘之国"，什么是"万乘之主"，都是指着一定区域以内的人民，为军事目的提供一定数量的牛马、兵车、步卒和甲士；这才造成什么"家"、什么"国"那么多的政治单位❷。《左传》上也说过："国之大事，在祀与戎"，祀

---

❶ 参阅拙著：《又是一次二重的战时财政？》，载民国二十二年十一月二十七日天津《大公报》。

❷ 《汉书·刑法志》所载的《司马法》，便有这样的规定："……邱有戎马一匹，牛三头。甸有戎马四匹，兵车一乘，牛十二头，甲士三人，步卒七十二人。一同百里，提封万井，戎马四百匹，车百乘，此卿大夫采地之大者，谓之百乘之家。一封三百六十六里，提封十万井，定出赋六万四千井，戎马四千匹，车千乘，此诸侯之大者，谓之千乘之国。天子之畿，内方千里，提封百万井，定出赋六十四万井，戎马四万匹，兵车万乘，戎卒七十万人，故曰万乘之主。"此中所述，固不免后人的附会，但是从这里也可以看出：古代人民对于政府所负的纳税义务，并不限于地租；一切战斗所需的兵车、戎马、武器等，都由人民直接供给。

是祭神，戎是作战。人类的斗争本能，本是与生俱来，吃不饱饭，因为争食要打仗；吃饱了，没事干也要打仗。一个人力量不够，就要联合许多人，于是需要有组织，有国家，此时国家收入的主要部分，当然要用在打仗上。

最初所谓赋税，便是与"整军经武"有连带关系的。经过了两千年的历史，阅尽几许沧桑，直到今天，而财政的本质与目的，还是和"武"事分不开！尤其是一八四零年鸦片战争以来，我们国家每年支出的"狮子份"，直接间接，几乎都被"军事费"这一项所吞没。这当然有它的内在的和外在的种种原因。

先从内在的讲。因为我国老是逗留在原始农业经济的范畴，老是不能蹑入健全的资本主义，所以中国很难实现先进国家所施行的"代议的民主政治"（representative democracy）。我们知道：代议的民主政治，其机构为责任的内阁制或总统制，其决战的方式为竞选，其武器为选票，其战场为票匦、为议会；划出一个"公平竞赛"（fair play）的客观标准，以备从事于政治运动者周旋进退于其间，将人类的斗争本能美化了，升华而为"宪政"的方式，这不能不承认是一种人类的进步。但是此种宪政，决不能实现于原始农业的社会；"日出而作，日入而息，凿井而饮，耕田而食，帝力何有于我"的"无言的惰力"（dumb inertia），它知道什么叫政治？它那有功夫管政治？纵然生吞活剥地将新的方式搬过来，根本不会有多数的民众运用它。所以近百年来的中国政治，无论怎样变法维新，怎样革命改制，无论试验什么总统制、内阁制或委员制，结果在政治机构的本身，依然是封建统治的残存，仅仅披上现代的外衣，决不会改变了数千年传下来的内在的骨骼。代议制的民主政治，既莫由实现，政见的主张与政家的出处，又没有一定的客观标准可走，于是唯一有效的办法，只有诉诸武力的决赛。失业的农民大群，早在那里等待着，有经济的条件，以促成其供给；同时具有野心的政客与军人，时时刻刻打算以武力取得政权，或以武力保持政权，有政治的条件，以促成其需要；两边一凑，于是所谓"内战"（civil war）便有如水就下，沛然莫之能御的趋势。战机一开，此起彼仆，交相报复，如环无端，遂致军费的消耗，乃不得不沿着扩大螺线，占到国家岁出的首位。

于此又有需注意者一事，即人民所负的军事负担与预算所列的军事费，因为政治条件的不同，其间又有很大的区别。军事费之与军事负担，有时是一件事，有时是很不一样的两件事，要看一国的政治制度，与一国的发展程度而有不同。在政治已上轨道的国家，人民的军事负担，即等于政府预算所列的军事费。有时因意外事故，不免追加，在政治的程序上，也要有追加预算。预算以外，政府绝对没有权力，另给人民增加一分一厘的军事负担。即因紧急作战，征集一草一木，都要依法给价，不闻"予取予求"。在所谓现代国家，军事费之与军事负担，不应该是两件事，早已成为天经地义。

反观吾国则不然，人民遭遇的内战太多了。年年在战时财政之下讨生活，谁也不复措意：什么是军事的正常支出与非常支出；谁也不复详计：金钱输纳而外，还有多少种不以金钱输纳的军事负担。本来现阶段的中国民众，只有贫困、愚钝、散漫、迟重，才是他们的本色；在这原始农业正当崩溃，帝国主义加紧侵略的当口，中国民众不会有知识，有组织，不会行使人权与表现意志；因而对于无尽无休的内战，简直无从制裁；刘梦吉先生所称的"蚩蚩鱼肉民，谁与休干戈"，不仅从前如此，现在还是如此。以今日民众的知识和力量，有理也讲不清，讲理也没人听，事实上等于无理可讲，而唯有——在垂仆的脊背上，准备着负荷那些因战争而需索的军事负担。

这样的军事负担，约略计之可得十二类：第一，当然为列入预算的军事费；第二，为以军事目的所支付的债务费；第三，为未列预算的军事特别费与机密费；第四，为以军事作用对于某几省所支付的补助费；第五，为省地方政府对于驻在国军所支付的军事协款；第六，为县政府对于国军作战的紧急需要所支付的军事垫款；第七，为尚在割据的省份独立支出的地方军费；第八，为各县各村所摊承的军事派款；第九，为各县各村以军事目的所提供的粮秣车骡；第十，为各县各村以军事目的所支应的夫役征发；第十一，为各县各村以备作战场之故所破毁的房屋耕具；第十二，为各地人民以适当战线之故所牺牲的肢体生命。摊几元派款是钱，抓一辆大车也是钱；失掉一匹骡子是钱，伤害一名壮丁更是钱。这些列入预算的或不列入预算的，由国家支出的或由地方支出的，以金钱缴纳的或以金钱以外的什物、牲畜、劳力、生命缴纳的一切军事负担，如果都按照金钱的现值合计起来，则天文数字所排成的狰狞面孔，又该是如何的可怕！

现代的战争，可以分成四个类型[1]：第一为帝国主义者之间的战争，第二为社会主义国对帝国主义国的战争，第三为殖民地或次殖民地对帝国主义者的战争，第四为前资本主义国家的内部战争。一、二两种，与我根本无缘。至第三种，虽亦偶尔有之，亦只昙花一现。大抵吾国所有过的战争，最多的还是属于

---

[1] 参阅拙著：《从金库到火药库——军扩财政的蓦进》，载民国二十五年三月二十二、二十三日天津《大公报》。

第四种。我们既是没有踱到资本主义,自然不能树立宪政与议会制度。政见上的不同,不能用政治方式解决之,不能在议会以内解决之,这才促成内战的必要。人类的行动与发明,多随需要而生,这是历史演化的必然,令人啼笑不得。但是人类毕竟是有理性的动物,环顾斯世,便是为人类所痛恶的战争,我们还逗留在第四种类型;前三种里都没有我们的份,这应该是怎样痛心的事!

三

内在的原因而外,还有外在的原因。衰颓的农业经济和新兴的帝国主义经济碰在一起,大抵在开始接触之初,一方总要肆意侵凌,他方总要奋力抵抗,则对外战事必不可免。因而在国家所支出的军事费中,一方要担负对内作战的部分,同时还要担负对外作战的部分,是即所谓"二重战时财政"。但是以衰颓的农业经济和新兴的帝国主义经济相碰,一定是碰不过的,结果当然是失败。于是战败国对于战胜国,不仅要负担自己所消耗的战费,还要负担他人所消耗的战费,这便是所谓"赔款"(indemnity or reparation)。近时学者曾称:"道光二十二年鸦片战役告终,在江宁与英国议定条约十三款,偿英人银共二千一百万元,此为吾国数千年财政史之创局"❶,这话说得很不错。从前在我们国史上,虽然也有过所谓"岁币",毕竟数目很轻微;但是到了一八四零年以后,情形便大有不同,一方要支出巨额的战费,同时还要担负巨额的赔款;赔款既巨,自非经常输入所能应付,势又不得不借债以偿;举债既多,负息又巨,于是国家支销经费的报册,不能不增添"洋款"与"息款"两目(现在总括为"债务费"),赫然高据国家岁出的主要部位!我们看:从一八四零年以后,至今不到百年,中经英法之役、伊犁之役、台湾之役、法越之役、中日之役、义和拳之役,那一次不需要很多的战费与赔款?即如甲午之役,军费项下,糜款已逾六千万两,赔款又达二亿两。这还不算,分明是把我们的辽东半岛抢了去,还要我们拿出三千万两的"赎辽费",才能赎回来。这样直接与间接,本体与派生的种种负担,都是由对外作战而起。克劳塞维支(Clausewitz)曾说过:"战争乃政治的延长"(War is politics continued by other—i. e, forcible—means),半殖民地政治与帝国主义政治相接触,在起初的若干年中,总要打上几仗,反映到战败国的财政上,自然

---

❶ 参阅胡均:《中国财政史讲义》,第三二三页。

要造成巨额的"赤字"。所有今日财政上种种病态，莫不以此时期开其端，作为遗产（heritage）而递相遗承，且渐次推展其轮廓！

但自一九零零年庚子事变之后，差不多三十年的光景，中国竟没有对外战争！这当然也有其内在的和外在的种种原因。从外在的讲，各帝国主义者对于中国，业已经过军事侵略的阶段，所获权益已多，很可以消消停停地，用商品侵略或投资侵略"杀人不见血"的手段，纵横驰骋于远东的市场，用不着什么"强力的手段"（forcible means）。同时在当时秉政者的方面，领教过"洋人"的利害，认识了帝国主义者的真面孔，再不会有林则徐一流人的义正词严，一往无前；也不会有载漪一流人的昧势挟私，敢于挑衅。于是中外相安者数十年，没有什么对外的战事。但是我们要知道：没有对外的战事，并不是就免除了我们人民的对外军事负担。不用说巨额的赔款与债息，要我们每年照付；就是张之洞创练自强军，袁世凯在小站练兵，荣禄编练武卫军，一九零三年清廷更设练兵处，袁世凯且以全国之财力，练成六镇强兵，何莫非准备对外之故。刚过了"战争遂行的阶段"，又步入"战争准备的阶段"，中国人民所负担的军事费中，仍有巨额的对外成分在内！

到了一九二九年世界经济恐慌发生以后，帝国主义国家对于殖民地以及半殖民地的政策，又步入一个新阶段。这些侵略者的一群，迫于资本主义生产之内在的矛盾与海外市场之国际的争夺，仅靠着"和平侵略"（peaceful penetration）的办法，已经感觉着不够，于是在这摇摇欲坠的"帝国残照"（twilight of empire）中，又伸出更强悍更无耻的军事侵略的魔手。在这很短的五、六年之间，从东走到西，再从西走到东，何处不充满着含有这种意义的火药气？无论你愿意也好，不愿意也好；宣战也好，不宣战也好；真的也好，假的也好（sham fight or real fight）；反正要在被侵略的国度里，开展战事的行动。在被侵略国方面，纵令一时未能即出于抵抗，然而就在这种断续错落，若有若无，不宣而战的过程中，国民所负担的军事支出与所遭受的军事损失，已不在少，于是在中国财政的军事费中，更以新的姿态，重新加入对外的成分！

四

至于将来，无论我们是迫不得已地起而抗敌，或是卷入第二次世界大战的漩涡，总要有更厉害、更深入、更吃力的战时财政在前面等着我们。战时财政与中国，不仅在过去分不开，不仅在现在分不开，就是在将来还是分不开！过去的战时财政，除去对外的几次战役可以说是有意义之外，其余许多战争，不是对外胡闹，便是对内火并，再不然便是在农业衰颓的过程中，对于"不安分"的失业农民实行剿匪的工作。因为打了这许多年的仗，才把我们国家的财政弄得这样糟；一旦外患临头，凌虐备至，眼看着就要断送民族的生命，不得不起而抗战的时候，而作战所最需要的财政，早被过去许多次无意义的战争弄得筋疲力尽！因为过去的浪费，才闹到今日的无办法；因为今日实在有奋起的必要，才觉到过去不该那样的浪费。过去的毕竟是过去了，说还有什么用呢？我们只好计算将来吧。为中华民族的将来着想，中国战时财政，只许有一个——即对外争取民族生存的神圣战争！其他任何名义任何理由的战争都不应该，而且在实际上亦有所不许！战争的运命，既经注定在我们的将来，我们惟有拼这仅存的财政筋力，立刻担起这"唯一的"战争！

"天生五材，民并用之，缺一不可，谁能去兵？"这话虽然很古，但是话的含义，到现在还是新的。只要私有财产与独占企业还存在着，战争便不可免。纵令消弭了国内的战争，还免不了国际的战争；纵令消弭了一国与一国的战争，还免不了经济制度所形成的两大壁垒的战争；纵令否定了一切侵略的战争，还不能不有为民族的生存而自卫的战争。

汝莳种子，人反收之；	The seed ye sow another reaps;
汝寻财富，人反有之；	The wealth ye find another keeps;
汝织衣裳，他人曳之；	The robe ye weave another wears;
汝铸军器，他人挟之。	The arms ye forge another bears.
莳尔百谷，毋贻暴主；	Sow seed, but let no tyrant reap;
寻尔财富，毋集贪夫；	Find wealth, let no impostor heap;
织尔衣裳，毋饰怠荒；	Weave robes, let not the idle wear;
铸尔军器，挟之自防。	Forge arms, in your defence to bear.

——摘译雪莱原作：《歌与英人》
（*Song——To the Men of England*）

所以我们反对战争，并不是漫无分别地反对一切的战争；像十九世纪英国革命诗人雪莱（Percy Bysshe Shelley）所讴歌的自卫的抗争，乃是我们民族今日所最当实现的！生逢此世，我们已经没有法子依赖和平，我们已经没有资格提倡弭兵，当前立刻等着我们去做的，只是——以牙还牙，以血还血！在这种自卫的战争中,我们便是捧出最后的一滴血以供战时财政之用,皆在所不计!我们这些"民之蚩蚩",既是没有人替我们休止侵略的干戈,我们再不干,还等着什么呢?我们反对过去一切徒快私意的战时财政[1],但是我们要极力拥护为民族的生存而自卫的战时财政!徒快私意的战时财政,固然是"山穷水尽";但是我们相信,为民族的生存而抗战的战时财政,总还要"柳暗花明"。财政只是政治之直接的反映。政治没出路,财政决不会单独的有出路;政治有出路,财政也不会就像这样的没出路。只就战时财政一端而论,已可证明威尔逊所说的"没有健全的政府,不会有健全的财政"一语,是具有如何深刻的意义了。

一九三六年十一月十一日
稿竟于国立北平研究院经济研究会财政组

---

[1] 参阅拙著:《国家岁出的理论分析》,载《国闻周报》第十卷第十九期。

论遗产税原则及其实施*

（一九三六年十二月六日）

遗产税之应否举办，久为研究国家赋税者所重视之问题。从理论方面探讨，当为现代之一种合理的税收，不只有其财政上之必要，并有其社会上之意义。就财政言，遗产税具有两种优点：一则征收异常便利，普通遗产税对于其继承人乃不劳的获得，国家当其骤然致富时课以相当之税，继承人当可不甚计较；一则遗产税之归着有定，继承人绝难避免，由是政府无顾到转嫁问题之必要。就社会言，遗产继承乃社会上较失公允之现象。因有此制度之存在，同为圆胪方趾之人，即可有因承受先人余荫者不劳而获；反是则胼手胝足，作一世牛马。征收遗产税固未始不可多少救济此种现象，或谓遗产可以减少储蓄心，妨碍资本累积。然生产力赖以增进，资本构成赖以加速，实足以相抵。各国实行遗产税之结果，可以充分证明，其足以节制私人资本，更不待言。政府近年深体斯意，于决议征收所得税后，即有征收遗产税之筹议。遗产原则顷已由中政会通过，即送立法院参考。立院方面亦经指定专人筹划法案之起草，且将随时与财部主管人员交换意见，预料短期可完成立法程序，明年二三月间可望开征。

由是，我国之征收遗产税已不仅为原则问题，其开征如何，亦成为实际问题。我国人民对于其所有财产多守秘密，外人殊不易知悉；其在官府，对于人民财产，亦任其自由流转，未能从事登记。即以土地财产言之：政府除已公布土地法外，并设有地政学院，其目的不惟有土地法令，并有推行土地法令之人。但时经数年，收功甚鲜。虽经江苏等省有丈量土地之举，然已办理地域，究极有限。此固征收遗产税之基础，政府理应督促各地对于土地丈量土地登记之办理，然后庶宜于征遗产税。今不此之图，骤然规定原则，厘定草案，付诸实施，何异置建筑物于沙漠之上。且以无丈量登记而办遗产税，将假一般贪污土劣以巧夺机会，原所以利民者，或将一变而为害民，此岂政府料及者。

---

* 此文系作者为《北平晨报》撰写的社论。——编者注

财产有动产与不动产之分。关于不动产部分有如上述。关于动产，调查确实，更属不易。近年以来，国人在财产之构成上，亦发生绝大变动。以前多认土地为宝贵之财产，因而终身所求之者，则为土地之获得，自与海外关系打通之后，最宝贵之财产，非复不动产，非复土地，而为动产，为股票证券之类。加以国势之变迁，社会之不安，更足增厚国人重视动产之心理。其一般地主阶级，多变卖其不动产，携金钱逃之城市。以是金钱集中都市，而农村则日趋贫困。若征收遗产税而不能及于一般地主阶级，于情于理，均非所宜；或并有加紧剥削中下平民之嫌。此或亦政府所始料之不及。实则，中国之财富，亦并不尽在中国城市，而在中国之租界，以至外国银行者亦特多。若遗产税之征收而不能及此，将更使人民有不平之感。但吾人殊不知政府究有何法可以使此等之继承人乐于缴纳遗产税，其继承人若不纳遗产税，吾人又不知政府有何方法使其必纳也。

凡此皆实行遗产税之先决条件，亦遗产税原则订立之前所必须注意者。实则只就原则而论，亦不无应加研究之点。如未注意及中国社会及家庭之特殊情况是。中国迄犹保宗法社会之形态，其家庭组织与欧美之家庭绝对不同。欧美家庭率为小家庭。故有子至五六人者，即有"多数家庭"之称。我国则多为大家庭，遗产之数虽等，若子弟众多，各人所得亦极有限。今只规定"遗产税就遗产总额征收之，其总额超过五万元者，就超过额另征超额遗产税"，或"遗产税税率采比例制，但超额遗产税之率，采累进制"，殊与政府维护家庭之意不合。再就税率言，其最少额与最多额，政府在原则上理应加以规定，英法等国无不如是。而我遗产税原则，而系采比例制，采累进制，亦不甚妥。虽然，若"遗产中之土地，有为继承人继续自耕者，按其应课税率减半征收"，若"遗产总额未满五千元者"免征，亦未始不顾到一般人民。盖一般人民多系自耕农，其所有之财产，又大都不能满五千元。至原则上之一二缺点，立法院或将予以补救，是征收遗产税问题，在理论上及事实上，吾人当表赞同。唯须先有充分之准备功夫，不应贸然从事，有失办理良税之原旨。窃望主其事者加之意焉。

吾国新所得税制之缺点*

（一九三六年十二月七日）

依立法院最近通过之法案，吾国之新所得税制行将于民国二十六年正月一日开始实行，全国人士现正对此加以密切之注意，与热烈之讨论。在人民收入上课以直接之税捐，本为现代各国所共行之办法。中国政府为整理国库收入计，采用此种现代直接税制度，亦为势之所必至，理之所当然，在原则上固无所用其訾议也。虽然，税收制度，上关政府威信，下关国民经济，务必求其完善而后可行。吾人对此即将普遍施行之新税制，观察所及，尚觉有一二应即改正之点，现加以简单之指陈，而进求立法人员与理财当局之注意焉。

查西方各国之直接税——如遗产税、所得税等——之行于社会，每觉轻而易举，毫无阻碍：此无他，殆由于政府支出由人民加以固定之监督，从而政府与纳税者之间有相当谅解与合作之联系。然在吾国则不然，人民素视纳税等于纳贡，只知其为对上方所尽之义务，而不知其目的适为增进公众福利；况当此宪政尚未成立，人民无从对用途加以监督，则其必然之猜疑态度，必足为税务行政之阻碍，固不待言。然则为达成上下合作而便利征收进行，莫如由政府明白宣示此每月五百万元之税款必将用于某项法律指定之事物——如赈灾、教育、卫生、失业救济或国防设施等等。盖于此主要直接税制之中附以固定支出之声明，则人民以其与此种活动有直接而重大之关系，虽缺乏代议制度以径直支配其用途，亦必冰释其怀疑，而予以无形之支持。此在今日国家人民未能完全控制国家预算之阶段上，实为不可或少之步骤，否则逃税、虚报、阳奉阴违之陋习，必将为税务行政之阻碍，是不可不预加防范。

任何税制之品质，莫不与税则之高下规定有至密切之关系。吾国新所得税制从极低微之收入即开始课税，且其所加于下级收入之担负亦比较为繁重，此乃视任何国家所得税制为窳败之一点也。在立法院未正式通过所得税法之前，此

---

* 此文系作者为《北平晨报》撰写的社论。——编者注

亦为讨论最烈之一问题。若干委员赞成将最低可税之收入，定为每月六十元——此实为比较合理之限度。然而使富豪者肩荷国家用度之重责，而比例的轻减贫寒者之担负，似非吾国传统之精神。以故按今日成立之法则，即每月收入满三十元者亦须纳所得税矣。薪资低微之书记、技术工匠甚至若干部门之仆役，亦必将其所得之一部捐入国库。其所纳之部分，诚不为大，在三十与六十元间之收入，每十元每月纳税五分，从而每月有收入五十元之工作人员，每年只须纳所得税一元二角。然而此种人民些微之担负，亦殊于政府无真实之补益，通常之征收费用——尤以所得税系逐月征收——绝不能由此种低微之税收项下予以提付。消除此种弊窦之唯一法门，厥惟包办制度——将征收权赋予雇主或其它包办人员，由渠缴纳固定之税款而听其自由征收于人民。此种办法流弊百出，幸亦不在政府所欲采行之列。然则此每月五分一角之税款，绝不能成为政府纯净收入之来源，其结果等于剥削收入不丰之低级工作人员，而转给于政府中若干无用之雇员。因而税则之合理化，诚为新税制成功之先决条件矣。

任何税制，必以增加国库收入而无害于社会经济与人民生计为使命，政府所厘定之新所得税制，似未能完全合于此种基本原则。吾人仅就荦荦大者论列如上，幸立法人员与理财当局懔图始之难，而近求彻底之改善，则国家财政必能渐臻稳固也。

从间接税到直接税*

（一九三六年十二月十日）

> 民国二十五年十月十一日，本院敦请国立北平中央研究院财政组主任兼北平大学教授崔敬伯先生，来校在大礼堂作学术讲演。先生为国内著名学者，毕业于我法商后，去英国研究多年，既有深密之思想，又有充实之体力，不畏难，不避苦，坚忍卓绝，故能于财政学造诣綦深。此次讲演对于各国税制阐叙极详，最后对于所得税，更作深刻之探讨，讲演历一小时之久，始由吕院长代表致谢。
>
> 记者附识

（上略）今天所讲的题目：《从间接税到直接税》，对于本院法经商各系的诸位同学，全有关系，所以都应该注意它。"直接税"三个字，如果在去年今日，所得税尚未实施的时候提出来，只是一种学理上的检讨。但是到了现在，南京的财政部已经把中央直接税筹备处的招牌挂出来；上月在报纸上还看到招考直接税征收人员训练班的广告。所以现在"直接税"三个字已经由理论而入于实际。研究法律的，要注意所得税暂行条例及实施细则；研究经济的，要注意施行所得税所需要的经济条件以及实行后所要发生的经济影响；研究商业的，要注意所得税与工商业的关系与缴纳所得税时所需要的计算技术。吾人对于所得税既有密切的关系，所以都应该切实地认识它。

现在社会一般对于这次税制改革的认识，不外三点：

（一）所谓间接税是指着关税、盐税、统税之类；所谓直接税是指着所得税、遗产税之类。

（二）是直接税就是好的；是间接税就是坏的。

---

* 此文系作者于一九三六年十月十一日应邀到母校——天津法商学院向师生们所做的学术讲演，由范振鹏、郭荣合记，刊载于法商学院院刊《经济汇刊》第一卷第四期。

（三）从间接税到直接税是和先进国家的发展步骤相同，表示一种进步。

在社会，一般偶然对于税制改革有过这样的认识，尚无不可。但是在学术的研究上，也是这样的人云亦云，就有些不应该了。

我们对于上述三种认识，更要进一步地发出三个疑问：

（一）究竟什么是直接税？什么是间接税？

（二）直接税是否都是好的？间接税是否都是坏的？

（三）从间接税到直接税是否都是进步的表示？现在世界各国是否全是由间接税制向着直接税制方面进行？

学术的研究是要本着"打破砂锅问到底"的精神去检讨。现在就着上列三问题，加以简单的解释与批判。

（一）什么是直接税？什么是间接税？——在未曾解答这个问题以前，应该先看看这两个名词的起源。

我们翻开经济思想史，当十八世纪的中叶，法国"重农学派"的学者们（Physiocrats），从他们的经济理论出发，于是认为租税的课征，无论用什么方式，结果都要归到生产基础的农业上去负担。因之他们主张：既然间接地向农业去课税，则不如直捷了当地迳向农业去课税。这就是引用直接税与间接税很早的例子。以后亚当·斯密（Adam Smith）的大著《原富》（*The Wealth of Nations*）于一七七六年出版，也引用过间接税与直接税的名词。李嘉图（David Ricardo）在他所著的《经济学与赋税之原理》一书中，也曾引用直接税与间接税的名词。亚当·斯密与李嘉图的经济理论虽与重农学派不同，但是他们以为纳税人与担税人的关系是应该区分的，一种租税的纳税人与担税人有时是一个人，有时是两个人或是两个人以上。如果纳税人与担税人是一个人，这种税就是直接税；如果不是一个人，就是间接税。所以他们是以租税的转嫁与归宿去解释直接税与间接税。以后到了一八四八年，穆勒（John Stuart Mill）出版其大著《经济学原理》的时候，也用过间接税与直接税的名词。不过他认为课税的经济结果是太不容易捉摸的东西。因为需供律的往复错综，我们很难断定什么就是间接税，什么就是直接税。为区别起见，我们只可以立法者的意思去断定。如果某种租税，立法者的意思以为应该由纳税人负担，而不应该转嫁，那就是直接税；反之，如果某种租税，在立法者的意思，以为不必由纳税人负担而可以转嫁的，那就是间接税。

此外再说一说立法与行政的先例，对于直接税与间接税认识的不同。例如法国的财政部有直接税管理处，但是很奇怪的，其中所征收的税额，反而没有所得税。即如证券所得的征收，即另设登记税征收处的机关，去征收证券的所得税。所以实际上，对于直接税的观念，也不一致。

直接税这个名词，美国从一七八七年起就规定在宪法里。彼时所谓直接税是要分配到各州，而联邦政府则无权征收。这种直接税是偏重于财产税方面的。嗣后，联邦政府打算征所得税的时候，即被美国最高法院判决违法。结果在一九一三年，联邦宪法经过第十六次的修正，这才承认由联邦政府去征收所得税。

所以间接税与直接税的解释，无论在理论上、在立法上、在行政上均不能一概而论。吾人对直接税与间接税的认识，决不可草率认定，而应以其国之特殊情形为标准。

美国的财政学者塞利格曼（Edwin R.A.Seligman）曾谓：直接税与间接税的区分是很不科学的，世俗流传，只不过是习惯上的用语而已。不想这种不科学的名词，到了一九三六年的今日，却在我们国家，用牌匾把它树立起来。关于这点，我以为不必再标榜什么"直接税"，迳用所得税与遗产税的名词就得了。

间接税与直接税的用语，在理论上既不科学，在事实上又无一定的标准，所以硬把某几种税指为直接税；某几种税指为间接税，有时还要发生很大的错误。例如课诸物品的消费税，因为需方力强供方力弱的原故而不能转嫁的时候，就不能称之为间接税。又如课于工厂主的所得税，在工人没有成立工会的时候，纳税人可以在种种方式之下，将租税的负担转嫁于劳动者的肩上，这样的所得税，也就不能称之为直接税。所以直接税与间接税两个名词，勉强要使用它，也应该这样讲：在某种条件之下，某种税可以发生直接税的影响，某种税可以发生间接税的影响，这样，还可以说得下去。

（二）是直接税就是好的；是间接税就是坏的。这种说法，太不可靠。

直接税固然是较好的税制，但是现在社会中对于奢侈品的课税与对于不必需物品的课税，这类的课税，也可以说是好的税制。再深一步讲，一种税制，在其本身上可以说并无所谓好坏，不过是国家公共生活中之一种工具而已。例如一把利刃，在强盗手中就是坏的东西，反之如在侠客手中，就是一把很好的工具。所以一种税制的好坏，须由其所寄托的经济机构去认识。

英国正统学派的经济学大师皮固（A.C.Pigou）在他所著的《财政学》里边，说得很清楚，他认为国民所得分配不均的时候，间接税是坏的税制，如果国民所得分配大致相等的时候，则间接税乃是好的税制。这种标准，我认为还算正确。

直接税也不见得都是好的。例如过去的人头税，也就是吾国从前所征的丁税，乃是封建社会中最坏的一种税制。有人能够承认人头税是好的么？所以直接税并不能全认为是好税。又如过去的田赋，也是一种直接税，但是这种税制是不合于良税的条件的。

所以所得税也不能就认为是一种好的税制。须在各种条件齐备之后，才能实现直接税所具有的优点。

现在我国已于本年十月一日开征所得税，对于薪俸报酬的所得业已如期征收。从此以后薪俸收入的人员，固然无法逃税，但是动逾万千的存款利息所得，倒可以延缓到明年一月一日再行开征。究竟到了明年一月一日，是否准能如期开征，又在不可知之天，谁又能有把握？他们的理由，以为银行的利息计算繁难，所以须延缓到明年一月再说。所谓在银行内计算利息的繁难，乃是一种托词，事实并不如此。假如决定十月一日开征存款利息所得，而令其到十二月或明年一月再行缴纳，叫他们很从容地在那里计算，也未为不可。究竟是什么力量，不叫政府征收存款利息的所得税？不用细说，大家也就可以想像而知了。

所以直接税不能全说是好的，间接税也不能全说是坏的。我们须看其在某种条件之下，然后加以断定，此中问题很多。税制的好坏，是要在各种条件齐备之后，才能表现出来。

（三）由间接税演变到直接税，是否就是进步的表示？各国经验不同，事实也不尽然。有两例可资证明。

欧洲大陆各国，因为战后财政困难，实行交易税以资救济。交易税与消费税不同之点，即消费税的对象是货物，而交易税的对象是交易。交易的次数较之消费的次数一定为多。在一九一八年德国即采用交易税，一九二零年法国及加拿大诸国也开始征收。在一九二七年，德国的交易税，在税收的地位上竟占了首席，超越所得税而上之。所以在现代的国家中，所得税并不见得就站在税收的第一位。

美国各州政府因为一九二九年经济恐慌的爆发，财政困难，因而也渐次采用了交易税。到了一九三四年就有十个州政府实行交易税的征收，并有上趋的倾向。最近英国财政专家斯丹浦（J. Stamp）在他所著的《租税原理》的新版中，补充最多的地方就是交易税的部分，由此可见交易税的重要了。

交易税有人认为是种好的税制。他们以为经济恐慌发生，产业萧条，企业利润随之减少，因之财政的来源与人民的所得日见退步，而所得税的收入亦因之日少。此外薪俸报酬所得，以工人技师为中坚，亦因经济恐慌发生，工厂停闭，事业不能再做，于是所得税的征收因而锐减，于是才想到征收交易税。因为人类的欲望是一天比一天增进的，消费的数量仍然是向上发展。在这种场合之下，由消费过程中征收交易税，乃是轻而易举的事情。

世界各国为恢复经济，多采用膨胀政策，藉着增加国家支出的方法，刺激企业的生产，以冀挽回萧条的趋势，达到经济复兴的理想。在这种膨胀政策的过程中，国家的支出增加，各种国家的建筑增加，交易亦随之增加，自然可以加厚交易的来源。所以自一九二九年起，经济恐慌发生，而交易税反因之建立起来。

以前所说是第一个例子，也就可以证明间接税在现代国家中，不见得就是一蹶不振。

以下再说第二个例子。例如苏联，在国家分配大致平均的条件之下，间接税较之直接税，反倒一年比一年的在那里增加。在一九二五年至一九二六年度，所得税在税收总额中尚占百分之八，但是到了一九三二年至一九三三年度，所得税的比率只占万分之一！简直可以说等于没有。这就是说：现在苏联的趋势，是由直接税走向间接税。

由此可知，现在世界上，有的国家走的是由直接税到间接税的途径。不过要看其国家的社会经济基础与政策如何而定，不可一概而论。

所以对于由间接税到直接税的演变，是否进步的国家都是这样？我们答曰：不尽如此。

我们由此可以明了：中国的财政发展到什么程度，距离着世界纪录是如何的远。不要大吹大擂地主张现在要办的所得税是如何如何的好，是如何如何先进。真要是这样讲，那便是不认识现在的世界了。

我们站在国民的立场，对于这次税制的改革，究竟持什么态度呢？

我们现在分三点来说：

（一）我们每一个国民，对于所得税要极端的赞成，决不反对。虽然我们批评它，但是要严格地立刻实行缴纳所得税的义务。

（二）社会一般如银行家、商家之流，根本不赞成所得税，他们利用指摘的方法，以便延缓所得税的征纳。关于这一点，我们国民应当以全国的力量，去纠正他们的错误。

（三）政府实行所得税，不要仅看到为收入而开征。而应该拿出远大的眼光，以实现节制资本平均贫富负担的国家大计。

我们须要知道：所得税之设施，决不该以收入为目的，它实在是一种"政策"，尚有社会的意义存乎其中。所得税的实施，在现在的政府，是要实现节制资本的政策的。

现在政府对于所得税的态度，由"开征"二字上看，就可以知道他们的目的不正确。我们希望政府要将眼光放远了。

最后，希望以全国国民的力量，振作自己，纠正错误，督促政府。如此就可以完成一种好的税制；否则，间接税与直接税并立，无非给国民又添一种负担而已。

一九三七年

中国财政之划时代的展开

（一九三七年一月一日）

> 一个最具有希望的民族，是最能禁得起猝发事变的震惊与打击而不失其常度的。它不仅照常工作，还要加紧地工作。不仅不悲观，还要振起迈往的气魄，走上人生奋斗的大道。宇宙间所有的，不尽是光明，但也不尽是黑暗；只要肯往前走，光明总是要有的——奋斗的自身，便是一种光明！风雨如晦中，可以听到不已的鸡鸣；阴霾满天中，可以瞥见闪烁的星火；永远能够往前走的，便是永远有生命的。仅以此义，贡献于国人之前。
>
> 迎着民国二十六年的元旦　笔者谨识

元旦=中国的"预算日"

民国二十六年元旦，是开征所得税中在存款利息所得的日子；其它营利事业所得，自由职业者及其从事各业者之薪给报酬所得以及公司债券股票之利息所得，都在准备着开征。同时我们听到财政部又计划着在民国二十六年三月间开征遗产税，从现在起，也要赶快的着手筹备。前人早经说过："一年之计在于春"，个人的家计（house-keeping），应该如此；政府的国计（state house-keeping），也应该如此。而况我们政府的会计年度，从民国二十八年元旦，就要废止以前从七月起至六月止的旧制，而改成与历年同起迄的新制；所以我们在这民国二十六年开头，无论是当局，是国民，就该预先练习着打算一下：这一年我们国家的日子应该怎样过。我们要深刻的认识过去，要切实的预计将来，然后很致密的将我们现在就该着手做起的整个计划，趁这元旦的日子，提出于全国公众。在政府方面呢，他有这种义务，以公开于国民；在国民

---

* 此文发表于《国闻周报》杂志第十四卷第一期。——编者注

方面呢,他也有这种责任,以建议于政府。政府不要尽把关系国民福利的财政管理,老是装在闷葫芦里,令人莫测高深;国民也不要把深切感到的财政主张,很严密的关在口里,而不肯直言无隐。远识的国民,是能了解一个政府所处的困境的;同时贤明的政府,也能认识一个国民所以不惮主张的苦心的。如果认为政府与国民之间,需要坦白,需要公开,那么应坦白公开的事体,还有比财政再重要的么?我们希望此后每年的元旦,成了我们国家的"预算日"(budget day);每逢到这一天,至少要像英国在四月中的一天,政府与国民,都能很热烈地讨论我们国家本年度的财政大计。果能这样去作,当然比满天飞些"恭贺新禧"有意义的多呢!

所谓划时代

当前中国财政所步入的新阶段,是具有划时代的意义的。财政的现象永远是动的;何时无变化?何事不展开?但是现在却与从前不同。我们看:前些年的中国财政,无论如何变动,大体上总不外是量的变化很少看到质的变化。以收入言之,关税收入,从民国十一年的九千八百万元增到民国十二年的一亿零五百万元,从民国十九年的二亿零九百万元增到民国二十年的三亿八千万元;盐税收入,从民国二年的一千九百万元增到民国三年的六千八百万元,从民国十八年的八千五百万元增到民国十九年的一亿二千九百万元,更增到民国廿四年的一亿八千四百万元;此外还有几个例子,虽然表现着飞跃的增收,毕竟还不脱量的变化,而谈不到质的变化。便是六年前的元旦(民国二十年一月一日),在关税自主的运动后所施行的海关新税则,应该是质的变化了;然而"自主"的结果,并未能实现关税的保护目的,依然沿袭着从来以收入目的为中心的旧路,藉着自主的机会,以增加国库的收入。这样的变化,还是属于量的,而不是属于质的。再从岁出言之,中央的军务费,自民国十九年度到民国廿三年度,每年少者三亿零四百万元(民国二十年度),多者三亿八千三百万元(民国廿三年度);对于总支出的百分率,少者百分之四零点二(民国十九年度),多者百分之四十五点九(民国廿一年度);在数量上,当然有变化。但是在军务费支出的目的上,还是无变化,因为军费支出的方向,始终未能用之于"国防"。更从公债言之,仅内债一项,以民国廿五年二月一日发行统一公债十四亿六千万元,复兴公债三亿四千万元为段落,内债总数已经集累到十八亿元,这当然是多年演变的结果。但是我们要知道：这里边的演变，毕竟是属于量的。自民国十九年度至民国廿三年度五个年度中，每年总支出的百分数里，少者百分之二十五（民国廿三年度），多者百分之三十七（民国十九年度），除一小部分属于赔款之支付外，主要的还是对于内债本息应支的债务费，楚弓楚得，仍以国内金融市场为范围。每年支出的数目，尽管不同，依然说不到质的变化。

但是中国财政，走到最近的一个阶段，和前几年比，可大不相同了。回顾过去的一载，展望此后的前途，无论从收入看，从支出看，或是从公债看，量的变化外，还要遭遇空前的质的变化，仿佛一八四零年鸦片战役一般，在中国财政史上，又划下一个数千载未有的创局。

这话并不夸大；如果我们对于当前的财政现实，肯于如实的认取而且肯于坦白的说明，则在客观的要求上，总要走到这样的结论。

世人对于中国财政的分析，有的抱悲观，有的抱乐观，这许多是主观观察的结果，先有一个偏恶或偏好的心情，横在胸中，自然引出着色的判断。如果我们只从客观事实的演变去认取，则其所呈现的事态，有时确令人担心，任凭耳边怎样奏着赞美歌的曲调，在脊背上常起一种耸然之感。但是也有时令你看到：事态的变化，变得那样出乎意外，偶然在阴霾满天中，也能瞥见一些前途应有的光明。我们认清了现实，才能把握现实，更进一步才能支配现实。我们所遭遇的时代，只从财政上看，也就是中华民族最该奋发而且最容易错过的时代。走好了，走入独立自由的途程；走坏了，压根儿将民族二字取消——这真够得上"划时代"了！以下举出几件显著的实例。

过去的一年

关于过去一年中国财政的回顾，在此不必多说，因为过去不久，财部当局发表过：财政部民国廿三年会计年度及该期以后财政情形报告。那里边所报告的事实和数字都很详明，用不着我们来重复。但是在这次报告中，有一个很重要之点，要我们特别注意，就从这点上，透露出中国财政划时代展开的踪影。查财政部所提出的财政报告，无论在宋部长时代或是在孔部长时代，不止一次。计在宋任时代，曾提出三次——民国十七年度、民国十八年度、民国十九及民国二十两年度。在孔任时代曾提出民国廿一及民国廿二两年度报告一次，现在又提出一次。这五次的财政报告，在期间上，前后衔接，如果连续地读起来，恰是一部民国最近财政史。但是我们读了孔部长这次的财政报告，窥其内容与提出的日期，总觉着和以前不同。从前的报告，无论一年一提或是两年一提，总要以会计年度为起迄，而且所提出的对象，不是几中全会，便是几全大会，在最高权力机关集会的日子，表示有个交代。但是这次报告的提出，没听说开什么几中全会或几全大会；而且民国廿四年度的账项尚未结清，够不上民国廿三、廿四两年度的报告；那末为什么选择十一月二日这个日子？答复这个疑问，我们一看该报告开头的一句话便可了然，因为"本期中财政上之最堪注目者，厥惟币制改革"。民国廿五年十一月二日这一天，恰是新货币政策施行的一周年，即以币制改革为枢轴，将以前以后的财政开展，加以说明，这便是这次报告所以提出的本意。

最近币制改革的利弊，不在本文讨论范围。虽说币制与财政，关系密切；但此二者，毕竟是两件事，各有各的系统，需要脉络分明，而不容丝毫相混。但是在这次财政报告中，我们看到了以币制改革为中心，而且这次的改革，又与其他币制改革仅限于国内者不同。计自美国购银引起银问题的风潮以来，我国应付的方策，前后不下八个步骤：第一为民国廿三年十月十六日实施的银出口课税；第二为海外购银；第三为民国廿四年四月一日发行金融公债一亿元增加中国、交通两行的官股；第四为民国廿四年十一月三日发布白银集中推行法币的明令；第五为命令中央、中国、交通三行承办外汇之无限制的购售；第六为设定外汇平准基金；第七为民国廿五年五月间签订中美银协定；第八为最近风传之中英信用借款。以上八个步骤，在此次币制改革的过程中，都是不可缺的一环，互为补充，以完成外汇本位制的运用。

现在我们要问：这次币制改革，仅出于金融政策的必要呢？还是有财政政策的成分在内呢？如果双方兼顾，则在财政与金融之间，又具有怎样的因果连带的关系？试从财政的立场，施以简要的说明。

中国财政的重心

过去中国财政的基础，最早为农业经济，形成巨额的田赋收入；次之为内地消费与国际贸易，形成巨额的盐税与关税；最近为国内金融市场，形成巨额的内债收入；这都是过去很明显的事实，不待细解。吾国岁入的来源，虽然经过这些段落的开展，毕竟以国内经济为重心（关税的负担，主要还是落到国内消费者的肩上），财政的基础，尚建筑在国民经济之上。但自白银问题发生，我们的国内金融市场，受到空前的逆袭，首先受其影响的，当然为我们政府历年所采行的内债政策。外国的公债政策所遭遇的困难，常为市场饱和。因为政府举债太多，所以银行不愿再投资于政府。若在我国，于上述原因外，尚有金融市场本身问题。中国金融市场，因为白银急遽外流之故，感受根本的威胁，不能再作内债政策的基础。此时在政府方面，须先设法将金融市场稳定住，财政方有出路，这是此次币制改革最紧迫的要求。然则中国金融市场，将怎样稳定呢？从此次币制改革的过程观之，其关键已不在国内，而在国外的外汇平准基金！以英、美那样的富强，但在放弃金本位之后所准备的汇兑平准基金，在英为三亿七千五百万金镑，在美为二十亿金元，况以吾国多年入超的国家，所需要的平准基金，决非少额所能济事，于此乃遭遇极大的困难。集中后的现银，无论如何，是要留下大部分，以充发行法币的准备。国际贷借既是长处于负差，我们的外汇平准基金，随时有补充的必要，在贸易关系未能根本改正以前，如果不能老是靠着运银出口，便要设法取得海外市场的外国信用，方能维持外汇的平准，以保障新币制的安全。币值得到稳定，国内金融市场圆滑进行，中国财政方有办法。由是观之，中国政府的经济基础从前置重于国内经济者，自币制改革后，乃不得不置重于外汇平准基金，其关系已超出国内金融市场以外。这样的变化，决不止属于量，而是属于质；左右中国财政的力量，存在于国外者，已较存在于国内者为多。

这对于中国财政，是福呢？还是祸呢？祸福的判断，先要有一个切实的标准，不是我们想到便能作到的。吾人经长期的体察，以为中国贸易的入超与财政的赤字，如果不能作到根本的改正，我们是要永远仰赖着他人的。"在人檐下走，怎敢不低头"，吾人总觉着我们国家被人侵略的现阶段，深刻地显示着两个"M"：一个是"military"（军事的），另一个便是"monetary"（金融的）。这两个字，在我们耳旁，几乎唱着同一的调子。无论是文的，是武的；是迂迴的，是直捷的；是笑脸的，是横眉的；是叫你觉着喜欢的，还是叫你觉着害怕的；结果无非是——人为刀俎，我为鱼肉，加重被侵略、被桎梏的枷锁与痛苦。所以我们听到那些文明国家赞美我们的币制改革成功，或是财政状况良好，初听自然也有些爱听，稍一回味便又觉着脊背发冷！此次财政报告已经很坦白的声明"廿四年度岁计亏短，较前年度为尤巨"，赤字如此扩大，仅仅对于债票本息按期支付，就够得上状况良好么？

自然，在这国际经济日益密接的时代，我们没有法子叫我们的金融市场和外国绝缘。就是以世界金融市场中心的老资格自负的伦敦，在一九三一年也曾受过巴黎和纽约的金融资本家的操纵，弄得第二次工党内阁，不得不塌台；这是麦克唐纳和韦伯（Max Weber）都曾经明白地承认过。那末，凭我们这样的贫弱，眼看着我们财政的基础，发生这样质的变迁，不能不令人想起美学者亚当士（Henry C. Adams）说过的名句："金库是国家的心脏。货币是政治体的生命素。谁要统制住国家的财政，谁就统制了这个民族的前途[1]"。货币是政治体的生命素，不错的！我们对于新币制，将如何运动自己的力量去统制，而不致为他人所统制？这真要拿出很地道的办法趁着这改革不久一切还显不出破绽的时节，切实造成自己可以统制的客观条件；不要再以"关于财政整理的措施，业已准备就绪，再历十八个月，国家预算即可收支适合"一类的镇定语，虚慰国民。说了而不能兑现，纵便问心无他，国民也觉着是在那里骗他们呢。

这当然是极艰巨的大业。贸易的入超和财政的赤字，延续了这许多年，怎能独责现在的财政当局非把这"二竖子"克服不可。但是任何国家的当政者，没有不愿延续其政治生命的。决没有说：我办不了，谁能办谁来吧。所以这份责任，谁当局谁就得负起来。过去的，还说它干什么？就从这廿六年的元旦起，一切政治方针，都要以克服财政赤字和战胜贸易入超为中心。违背了这个中心方针，任何政治施为，都是自掘坟墓。同时在社会各方，也要发动可有的力量，促成这样方针的实现。这是一种划时代的工作；如果担不起来，那只有被时代卷了去。

从间接税到直接税

在现阶段的中国财政中，令人喜惧交集的事，真是不一而足。消极上如果不是因为间接税的台柱子——关税——急遽的减收，积极上如果不因为想造成将来战时财政的健全基础，则喧嚷多年久列悬案的所得税，还不会实现。关于公务人员的薪给报酬所得，从民国廿五年十月一日，便已实行；存款利息所得以及营业利益等所得，从民国廿六年元旦起，也要实行。多年以间接税为骨干

---

[1] Henry C. Adams, *The Science of Finance*, 1898, pp. 115-116.

的中国财政，居然在最近一年内，实际走入直接税的道路，无论实行的结果如何，不能不认为是中国财政之划时代的表现。对于现在所施行的所得税，我们尽可从学理上，从立法上，从实施的结果上，加以彻底的批评；但是批评的本意，决不是说所得税不必施行，决不是说中国的财政制度不该从间接税走到直接税。乃是说：因陋就简迁就实力的直接税，绝对不能收到直接税应有的良果，反要收到比间接税还要坏的恶果。因而主张：我们无论是推行所得税或是遗产税，要以全力加速地促成适于实行的条件，克服不利于实行的阻碍。社会上固然有许多力量，足以阻碍政府；但是社会上另有其他的力量，曷尝不可以督促政府。国民如果有见解，有热情，将以督促政府，为什么放弃这直接税的工具。所以廿六年这一年，是政府肯不肯以全力实现直接税的一年，也是中国国民是否有意志，有热情，督促政府以实现直接税的一年。如果作得好，可以作到——从间接税到直接税，所谓出幽谷而升乔木，为中国财政，辟一新纪元，这里当然包括着可喜的成分。可是作坏了的话，就要作到——间接税兼直接税，所谓"垂仆之背，载负愈增"（The burdens on the bent backs must increase），使合乎租税正义的所得税和遗产税，逾淮为枳，反成为大众课税与中产阶层的课税，这里当然包括着可惧的成分。究竟是好是坏，现在我们还不能预断，而要从民国廿六年的元旦起，注视着：此后一年中的事实来证明。

即须实现的两项运动

光是注视着，不够，我们要从现在起，以完成直接税所要实现的理想为目的，发动全国的力量，起码造成两项运动：一个是国际财政协作运动，另一个则是正确数字生活运动，分述如次：

国际技术合作，从前也曾听见过。什么改良农业，什么兴修公路，国联确曾派遣过许多专家，到中国来，帮助我们作种种的经济建设。效果怎样，所论各殊，此处不谈。现在我们从财政的见地，许多先进国家，如果还可以当我们后进国的朋友的话，是应该给我们一些真实的协助的。这于彼此都有益。我们所需要的不仅是经济建设，还需要划时代的财政建设，我们要把我们的税收制度，加以空前的改革。这里虽有见贤思齐的感觉，但也有迫不获已的心情。我们从来所依靠的间接税系统，既是发生根本的动摇，为克服财政赤字起见，我们还不该运用直接税的机构么？但是一提到直接税，无论是课取所得，或是课取遗产，当前横在我们面前的难题，便是租界、外侨和外籍银行。许多先进国家，如果还需要我们认你是朋友而不是敌人，认你是很有诚意的友邦而不是专事侵略的吸血鬼，便要在中国推行直接税的时节，给我们一些大量而切实的协助，在租界、外侨、外籍银行各方面，都能行得通。各先进国，要知道，趁着中国政府还肯努力向上的时节，帮上一膀子，是费不了什么的。如果连这些，都吝啬的不得了，也许要逼着我们政府，非走恶性通货膨胀的路子不可。在今日国际经济这样的时代，中国恶性通货膨胀的贻祸，并不限于中国自身，凡与中国有经济关系的，瞧着吧，也得不了好！那么许多先进国家，为什么还不帮着中国往好处走呢？自然，国际的财政协作（international fiscal co-operation）是要建立在公允和普遍的基础上的。如果我们国内有巨额收入的人，凭藉特殊势力，可以不纳税或是少纳税，此时而责备外侨为什么不纳税，当然是不公允的。最近李滋罗斯爵士在伦敦中国协会的年会上发表谈话时，也表示过这种意思，这在我们政府，应该早经注意。我们此际所要求的，是对内对外，同时实施，而不应该彼此观望。所以李氏又主张："英国人对于彼等原来享受之免税特权，切勿设法保持，不肯放弃"❶。我们很切盼：李氏的主张，要立刻见诸实行，不仅是说说完了。同时更盼我们的财政部和外交部，通盘筹画，提出系统的交涉，不要仅由财政部，在形式上，催一催外交部，便算了事。须知道这样的交涉，才是带有积极性的外交，与对日交涉之属于消极性者，尚有不同。我们全国国民，都有责任促成这种国际财政协作的实现。

　　正确数字生活运动，与前项运动相表里，乃是建立中国直接税系统所必需的起码条件。从另一个观点去看，健全的所得税和遗产税的发展，是要在资本主义经济发达以后；正确的数字生活，当然也要在机械化工业发展以后。但是一国经济现实的展开，于内发的原因而外，还有外铄的原因。迎着今日世界经济的大流，我们不能限制住直接税的征税办法，不冲到中国来。实行后的收数尽管不多，果能合乎公平与普遍的标准，便也能具体而微的走入现代化财政制度的大道。

　　可是在这里，又用着孔子的话了："不患寡而患不均"，不怕收的少，而怕课的不公平。打算叫它均，最根本的，便是——如何使全国多数人民都能实现正确的数字生活。谈到数字生活，我们中国的人们，可太差了！办公可以晚到

---

❶ 据十一月三十日路透电。

一两点，请客可以晚到五六十分钟，花钱可以"穷大手"自豪，你问他："花落知多少"，他可以瞠目不知所对。公家的款项，可以随意留用，账目可以公私不分。赈灾援急的捐款，因为收支缺少清单，以致玷污了最神圣而有价值的义举。就是在银行存款吧，偏要用什么"堂"，什么"记"，飞洒诡寄，叫人莫测高深。有种人是根本不会"治家人生产"，把日子过得一塌糊涂；有种人自己的算盘很清楚，却要故弄玄虚，令人雌雄莫辨。这样意识形态支配的结果，于是在模模糊糊之中，国土丧失了几千里，大水冲没了几万家，丧失的利权如果合成金钱的数字，可以达到几万万。以这样不认识数字之重要的国民，而欲实行最需要正确数字的所得税和遗产税，真太不易了！岂止不克实现理想的直接税，便是对于整个民族的前途，都有些看不清楚！

> Rise like lions after slumber
> In unvanquishable number.
> Shake your chains on earth like dew
> Which in sleep have fallen on you.
> You are many, they are few.
>
> ——P.B.Shelley

> 像狮子群瞌睡后霍地里跃起来，
> 漫山遍野地挡也挡不住。
> 震开你们的锁链，
> 委之于地轻如露，
> 那是在睡梦中落到你们身上的无情物。
> 你们是多数啊，他们是少数。
>
> ——摘译雪莱诗句

雪莱在这诗里所说的多少数，我们中华民族，真能认识清楚么？往者不可追，我们要在这民国廿六年的元旦，霍地里跃起来，记起"一年之计在于春"的格言，从国家的立法上，从社会的制约上，从个人生活的淬厉上，广泛地、深入地开始正确数字的生活。这不仅是实施直接税起码所必需，而且是立国于现代，争民族生存于今日所必需。

肩起"国防"财政的重任

财政上的收支,是对称的,不是分离的。收是手段而支是目的。如果说:岁入要受经济基础的支配,岁出就要受政治条件的支配。国民对于赋税与公债的负担,究竟是轻是重,是要看:政府对于岁出,都支配到什么方向。所以我们对于平衡预算——也便是克服赤字——的看法,并不是出于消极的态度,而是出于积极的目的。一方主张挥动格迭斯的斧头(Geddes's axe),将那些粉饰浪费的开支,根本革除;同时更主张:将许多年来,欲罢不能,造成赤字的主因的军务费,克服其原有的旧作用,展开其划时代的新作用,整个地用在民族自卫(national defence)的抗战上!古人有言:"因祸而为福,转败而为功",只从正面上,削减军务费,是办不到的;所以我们要另辟途径,给他一个划时代的展开,转到真正的国防上。由全国人民所痛心疾首的军务费,一转而为万众所最馨香祷祝的国防费,这在中国财政的支出上,当然具有划时代的意义。如此一转,不仅在岁出上有了新意义,同时在岁入上,也有了左右逢源的新出路。这从最近援绥捐款、捐物、捐力之遍及全国的热烈的运动,已经给我们一个极确切的证明。"捐薪一日",是在政府征收的所得税而外,按照百分之三点三的税率,再出一份"自愿所得税"。这种举动,决没等着政府来催促。甚至很苦的工友,也要在这"一日捐薪"的大流中,自愿拿出他一日赚得的血汗之资!这是说明了什么?这是说明了:只要把握住争取民族生存的抗战的神圣目标,全国人民,便是捧出他最后的一滴血,皆在所不计,本来课税负担的牺牲,是可以被支出的神圣目的所抵消的;抵消了牺牲,还能给他满足。所以一个国家,不怕有财政赤字,不怕预算不能平衡,要看这赤字发生的由来,是因为干了什么样的勾当。英学者达尔顿(Hugh Dalton)早经说过:"不问开支票的目的为什么,光嚷为什么开的这么多,聪敏人是做不出的"(No sensible person speaks of the burden of drawing cheques regardless of the purposes for which they are drawn)。我们读到孔部长的财政报告,看到历年亏短的情形,而且知道廿四年度的亏短数,比廿三年度还要多,我们雅不愿再事批评。因为亏短的事,不止一年,批评的话,早说够了,我们再来一次消极的批评,又有什么用呢?现在我们全国所需要的,是积极的态度:我们不怕有赤字(中国财政的前途,因为世界大势所趋,还要有更大的赤字的),我们要转移这赤字,用在争取民族生存的抗战上！在这全国到处已经扬起民族自卫战的火焰的当口，我们政府提出所得税与遗产税的作法，是很容易解除其困难的，很容易促成其成功的，只是政府给予人民以担起国防战的确切的信念！如果不能善用这个时机，而以所得、遗产二税以及其他筹款方法所征集的岁入，依然消耗在与民族抗战无关的用途，则其结果立刻可以看到中国财政设施上极大的失败。

中国民族，从古以来，便是酷爱和平，因而憎恶战争，诅咒战争，看到财政报告上支出最多的军务费，便觉着头痛。我们每逢念到刘静修先生所喊出的"蚩蚩鱼肉民，谁与休干戈！"便不免发生很痛切的共鸣之感。但是痛恶战争之极，可以一转而为极普遍的讴歌战争，历史上很有过这类的经验，当前也给我们摆着这样的经验。强国之于弱国，"德，则其人也；不德，则其鹿也；铤而走险，急何能择？"极端压迫的结果，虽在极弱小的国家，也要——"悉索敝赋以待"。"悉索敝赋"四个字，最足以说明：争取民族生存的抗战中所具有的战时财政的潜力。我们这些"民之蚩蚩"，既是没有人替我们休止侵略的干戈；战时财政的运命，既经注定在我们的面前；我们惟有拼这仅存的——但是千万不要再浪费的——财政精力，毫不犹豫地，担起这"唯一的"战争！

民国二十五年十二月十二日
稿竟于北平研究院

实报与中国财政*

（一九三七年一月一日）

一

大家看到这个题目，定要追问："趁这元旦的日子，谈谈中国财政是可以的。为什么在题目上硬把实报二字拉到一起呢？我们每天看的《实报》或是每半月看到的《实报》半月刊，它与中国财政有什么瓜葛？有什么连带关系"？我的答案是：题目所以这样写，自然也有一些本地风光映射启发的意思。但是真实的涵义，并不是大家所想到的《实报》，而是"实报实销"、"据实报告"的实报。本来《实报》的命名，在新闻纸的立场，便是据实报告的意思。新闻家的任务，应该据实报告；财政当局的任务，更应该据实报告。再切言之，无论是政府对人民，或是人民对政府，打算做到健全财政的理想，离了"据实报告"就不行！

人民对于纳税机关，不要隐匿，要实报。下级机关对于上级机关，不要欺罔，要实报。收税机关不要大头小尾，要实报。支款机关不要冒滥虚列，要实报。财务执行机关对于财务立法机关，怎样收？怎样支？要实报。对于财务审核机关，收多少？支多少？要实报。政府对于人民，在年度的开头，计划如何？要实报。一到年度的终结，开销如何？要实报。实报二字的涵义，在个人生活，便是司马君实的"无事不可对人言"；在国家生活，便是"财政公开"。无论政府对人民，或是人民对政府，关于财政的事体，怎样才算公开？最基础的条件，便是彼此都能够据实报告——要实报！

本此意义，将实报与中国财政联在一起，不算是牵强吧，不算是东拉西扯吧，总还有一些深刻的意义吧。

---

* 此文发表于北平《实报》新年增刊。——编者注

二

"一年之计在于春",这是一句很值得人们反复寻味的成语。不仅国家财政要有预算,人生何处不该有预算?——养活几个小孩,似乎都该有个预算才好。我们看:世界上最进步的国民,便是预算最精密最准确的国民。世界上最颓废的国民,也便是过一天是一天,有了今儿没有明儿,今朝有酒今朝醉,做一日和尚撞一日钟的国民。现在迎着民国二十六年的元旦,又在绥远抗战扬起了争取民族生存的火焰的当口,我们要把当前的国民生活,重新检讨一下,或者今年这个年也不至于白过。

我们知道:我们国家的会计年度,已经发生了变动了。原来的会计年度是从本年七月一日起到次年六月三十日止。历次财政部所发表的财政报告都是按照这样起迄的会计年度。但是因为民情上、习惯上、实质上种种便利,政府已有明令加以改革,按照历年制,自一月一日起至十二月三十一日止,从民国二十八年的元旦开始实行。此后的每年元旦,不仅要拱拱手、拜拜年、飞飞"恭贺新禧"的红片子;而要拿出"此后种种譬如今日生"的精神,将一年中我们国家的财政大计,检讨一番,看看这一年的日子应该怎样过。

现在是民国二十六年的元旦,正好预先就练习着以元旦为开始的有计划的生活。国家财政是要受国民意志的制约的。国民个人的私生活,如果过得马马虎虎,而欲国家财政做得清清楚楚,岂非缘木求鱼?反过来讲,如果国民的私生活都是有计划、有预算、有条理——像曾涤生所说的:"大条理,小条理,始条理,终条理",反映到国家的财政,它不敢不有精密准确的预算,它不敢端出一本胡涂账。所以说国家财政是要受国民意志的制约的。我们要淬厉国民的意志,以革新国家的财政。

以后每一年的元旦,便是我们国家的,也便是我们国民的"预算日"(budget day)。在这一天,朝野上下,都要把我们国家本年度的财政计划检讨一番。我们在本刊的新年号,所以提出中国财政的课题,自然也是这个意思。

三

财政应该实报实销,已经成了吾国社会上的老生常谈,早就应该如此,奚待今日？但在今年，却又与往年不同。我们知道：民国二十六年的元旦，是开征所得税中存款利息所得的日子。其它营利事业所得、自由职业者及其他从事各业者之薪给报酬所得以及公司债股票的利息所得，都在准备着开征。同时听到财政部又计划着在民国二十六年的三月间开征遗产税，从现在起，也要赶快的着手筹备。我们都知道：所得税和遗产税都属直接税，而从来所施行的关税、盐税、统税之类，则是属于间接税。间接税在大体上属于恶税，而直接税则属于良税。多年以间接税为骨干的中国财政，居然在最近一年内，实际走入直接税的道路，无论实行的效果如何，不能不认为是中国财政之划时代的表现。但是我们要推行直接税，不是"我欲仁，斯仁至矣"的那么快，要有实行时所必需的条件。如果条件不具备，则直接税施行的结果也许比间接税还要糟。我们中国，既是没有经过产业革命的洗礼，征收直接税的收获是不会像英、美一般，有那样多的收入。但是在这里，可用着孔夫子的话了："不患寡，而患不均"，不怕收的少，就怕课的不公平。打算叫他均，最根本的办法，便是如何能使多数国民都能实现正确的数字生活！谈到正确数字生活，我们国的人们可太差了！办公可以晚到一两点，请客可以迟到四五十分钟，花钱好以"穷大手"自豪，你问他"花落知多少"？他可以瞠目不知所对。公家的款项可以随意留用，账目可以公私不分，令人联想到"混账"。赈灾救急的捐款，因为缺少经手收付的清单，常足以玷污了最神圣的义举。就是在银行存点款子吧，偏要用什么"堂"，什么"记"，遮起庐山真面目，飞洒诡奇，令人莫测高深。有些人是根本不懂"治家人生产"，把日子过得一塌胡涂。有些人自己的算盘子儿倒是很清楚——真有人半夜里睡着觉会从床上跳起来，拿起算盘打一打，他的银行存款已经达到了几个圈——但是对外却要弄玄虚，令人雌雄莫辨。这样意识形态支配的结果，国土丧失了几千里，大水冲没了几万家，损失的利权，如果合成金钱的数字，可以达到几万万。以这样不认识数字重要或是故意把数字弄乱了的国民，而欲其实行最需要正确数字的直接税，真太不易了！

　　既往的还说它干什么呢？我们要从民国二十六年的元旦起，发愤警觉，记起"一年之计在于春"的格言，从国家的立法上、从在位的表率上、从社会的制约上、从个人的淬历上，广泛地、深入地开始正确数字的生活，换言之，即开始"据实报告"的生活，才能树立直接税实施的基础。

四

我们还要进一步的追问：为什么中国人民这样缺乏正确数字的生活呢？凡事都有个原因，我们不要仅从主观上从情感上去愤责，而要很冷静地追究其所以至此的客观条件。这里只提出两个最重要的因素，要我们国人去认识。第一，便是封建残存的统制。中国人民的生命财产太没有保障，有许多事体可以证明。人民辛辛苦苦地弄到一些养命之源，真要说真话据实报告出去，有时可以一骨脑儿被官府征收了去。古人早经说过："法网繁密，巧玩愚倾"，取巧的可以"得其所哉"，而诚实的却要"冤哉罔也"。这种情形，直到今日不能说已经肃清。在这样政治势力支配之下，请问对于个人的所得与财产，谁敢实报？所以打算令人民都能养成实报的习惯，先要将封建政治的残存制度，加以根本的清除。在课税原则上，如果实现亚当·斯密所主张的正确与公平，人民又何苦不实报？第二，便是帝国主义的桎梏。我们现在实施直接税，无论是课取所得，或是课取遗产，当前横在我们面前的难题，便是租界、外侨和外籍银行。在租界以外的，纵能做到实报，但是一跑到租界，便可以不实报，甚至连报告都可以得不着。许多达官贵人的证券、存款与珍奇宝物足以为直接税最丰富的税源的，如果可以漏网的话，不用说对于全体人民是极端的不公平，还要失掉政府课税的本旨。所以在征收直接税的过程中，租界这一关，总要用种种方法——和平的或是不客气的——将它打通了，才能责人民以实报。否则报者自报，匿者自匿，报的是小数而匿的是大数，苦的是一般平民而便宜的是特殊阶级，这么一来，岂不把一个合乎社会正义的直接税，变成压迫中下层人民的新工具？那未免滑天下之大稽了！所以我们的财政当局，要立刻发动堂堂正正的对外交涉，打破这一关；各友邦也要认清此种要求，给我们以合理的"财政协作"，叫我们国民还能认你是朋友，岂不大家都有益？此外自然还有许多条件，不必一一列举，将这些问题解决了，国民自然养成"实报"的生活。

实报与中国财政，关系太密切了！大家要乘着这民国二十六年的元旦，努力促其实现！

民国二十五年十二月二十四日
稿竟于国立北平研究院

所得税全部开征以后*

（一九三七年一月一日）

民国二十六年元旦，开征全部所得税，业经财政部用所字第一八六号公告发表。多年间接税为骨干之中国税制，从今日起，实际走入直接税之途径，此在中国财政之发展上，不失为划时代的事件。惟所得税在中国，究属初创，征收机构，尚未完成，纳税习惯，方在开始，必如何始能推行尽利，当有俟于朝野各方之集思广益与通力合作。

现行所得税暂行条例及施行细则，其中不完备不合理之点甚多，国人频能言之。立法之初，早鉴及此，故不称为所得税法，而称为暂行条例，以备试行之后，随时修改，渐次以底于完成。在此试行期间，吾人固应精研深讨，辨明利弊，预拟方案，以为将来修改之准备。但有一事不可忽略者，即新法初行，不宜骤改，况在纳税，尤重习惯，吾人对于新税则，纵令有不满之处，但在开征之后，倘无人不可，亦能习而安之，与个人生活家庭预算，打成一片。倘于此际，轻言更张，无论在机关方面或者个人方面，势须重为计算，另行安排，扰乱烦苦，又须经过较长时间，始能再成习惯。故现行所得税暂行条例，至早亦须施行一年以后，始可再言修改。吾人为此言，其着重之点，只在不轻易更张，使人民烦扰，但条例内容之亟应准备修正，则无人可以否认。第一，免税点定为三十元，究属太低。月入三十元之国民，为国家纳税五分，实际当无所谓痛苦。但税负之轻重，不仅表现于实质，而且表现于心理。收入到万者，尽有避税之余地，而劳苦群众，反须十足尽到纳税义务，此于推行直接税之前途，妨碍甚大，不可忽略。鄙意以为应自实施之第二年起，免税点定为月入五十元以下。从低亦应在四十元以下，方觉公允，此其一。第二，暂行条例对于有家室者与无家室者，儿童多者与儿童少者，概无区别，一律课税，当系为征收方便起见，其应修改，不俟赘言。窃以为自民国二十六年一月起，应由财政部举行纳税人家庭

---

* 此文发表于《北平新报》。——编者注

状况总调查，与内政部及各省市之人口调查相辅而行。所有结婚状况、子女数目、赡养义务以及其他家庭情形，俱应择要登记，以为第二年改正条例后区别征收之基础，此其二。第三，证券存款所得，按比例制征收，且税率甚轻，此当系顾虑租界之存在，恐因重税促成资本逃避之故，事实所限，吾人不愿苛责。惟此种作法，究属暂时，从现在起，即应运用外交手段，进行正式而持久之交涉，取得国际间之财政协作（international fiscal co-operation），以备来年度征收证券存款所得改用累进制之基础，此其三。

尤有进者，推行所得税，国人应有之注意与努力，可分为两方面，其一属于条文以内，其二则属于条文以外。条文本身之研讨与修正，固属重要；但尤有重要者，即为何方能造成实施条文之社会条件。倘条件不具备，纵将条文修正至极完善之境地，在实施上仍不免事于其文，立法而不能贯彻，反损法律之威严，是以朝野各方，乘此民国二十六年之开始，亟应努力造成实施所得税之理想条件。举凡人口、职业、企业等调查，国民所得（national income）之研究、新式簿记之普及、查账制度之厉行以及国际财政协作之折冲等，均应急起直追，于最短期内，促其实现，必于直接税之推行，以极大之辅助。"行百里者半九十"，只要社会条件具备，则条文之改正，不过反掌之间，此时似无庸多谈。全国各方，倘能遥瞩理想，多方准备，一年之后，断行改正，绕迂疑沮，期在必行，则一年后之所得税制，必更走入一新阶段，可断言也。

一九三六年除夕稿竟于北平

中国财政中的金融统制[*]

（一九三七年一月八日）

> The treasury is the heart of the State. Money is the vital principle of the body politic. He who controls the finances of the State, controls the nation's policy.
>
> Henry C. Adams, *The Science of Finance*. 1898. pp. 115–116.

一

"财政"与"金融"，无论在辞义上或是在实际上，都应该分清而不容相混。财政是"国家经济"（state economy）的经理，金融则系"国民经济"（national economy）的权衡。在"社会化经济"未曾实现以前，国家经济与国民经济，在体制上是要分别保持其独立性的。因为国民经济的活动，妨害了国家经济固不可；但是因为国家经济——即财政——的方便，遂以国民经济为牺牲，使之陷于长期的混乱，当然也不是"健全财政"（sound finance）所能容。所以在实际上，财政与金融务必要系统分明，不相侵扰。一方对于代理国库的银行，务要保持其独立，超然于政治支配之外；同时对于造币与发钞，虽说是国家主权的行使，但是要绝对地以国民经济的需要为标准，决不可滥用主权，以造币与发钞为救济财政的捷径。征诸中外的史实，大抵对于财政与金融分别得很清楚的，总在政治清明之时；反之，而将财政与金融搅成一团的，必在政体没落之日。实际上的经验既是如此，同时在名词上亦颇引起学人的注意。

在英文用语中，"finance"一字，如果是单用，有时是指着财政，如同美学者亚当士（Henry C. Adams）所著的《财政学》便称为"The Science of Finance"。但

---

[*] 此文发表于《国立北平研究院经济研究会丛刊》。——编者注

是也有时是指着金融，如同耿爱德（Edward Kann）所主编的《金融商业报》，便称为"Finance and Commerce"。固然在指称财政的时节，许多英美学者，都加上"公共的"字样，而成为"public finance"；但是在用为形容词的时节，仅仅一个"financial"，究竟是指着财政说呢？还是指着金融说呢？这非先把内容弄清楚了，是不能选用适当的译语的。如果仅看题目，不察内容，有时可以把财政当成金融，或是把金融当成财政，这在西洋大图书馆的分类上，或是在国内大报馆的译文上，甚至在外来名著的译本上，都不少这样的错误。希尔佛丁（R. Hilferding）的名著 *Das Finanzkapita* 应该译作"金融资本论"，但却有人译成"财政资本论"。在辞义上，无论是在中国，或是在外国，既是这样的容易混淆，所以塞利格曼老教授在一九二五年出版其《财政学研究》❶时，以及一九三一年在《社会科学大辞典》❷中，发表其财政论题时，特别提出"fiscal science"作为财政学的专用语，不主张再用"finance"字样，以免与金融相混淆。在研究的立场上说，这是很必要而且很合乎科学的。

二

如上所述，财政与金融就应该始终隔离，不发生任何关系么？是又不然。我们要知道：现在的经济流通，早不是实物交换经济，也不尽是货币经济，而是"信用经济"的时代。不仅国民经济要受信用经济的支配，国家经济即财政也要受信用经济的支配。政府财政的收支，在数量上很难恰恰相抵，在时期上也不容易恰恰相值；为财政与金融彼此调剂起见，收入多而支出少的时节，可以存在银行，转而流通于市场；支出多而收入少的时节，也可以借自银行，籍资财政的周转。在这信用经济时代，政府虽然属于公经济的主体，无妨同私人经济一般，也可以同银行开户头，也可以向金融市场行贷借；财政与金融，尽可以取得自然而合理的联系，这便是财政学上所称之"公共信用"（public credit）或"公债"（public debt）。

这是很清楚的事情：公共信用的运用，要以"金融市场"（money market）的存在为前提。现代所谓公债制度，一方要有表示政府债务的"信用证券"（credit

---

❶ Edwin R. A. Seligman, *Studies in Public Finance*, 1925, Preface.

❷ Edwin R. A. Seligman, *Encyclopaedia of the Social Sciences*, Volume VI, p. 226.

instrument），同时要有承受证券及流通证券的银行与交易所。没有现代的金融市场，是很难树立现代的公债制度的。虽说在没有金融市场的时代和地方，也有过政府的借贷，如同我国的地方财政，即在今日，还实行着什么"借垫"和"预征"之类。但是这种举动，仅是纳税义务的提前，强制的成分居多，信用的成分绝少，不能因为有借垫的字样，便认为是现代的公债制度。所以公债制度与金融市场，是具有不能分离的关系。

但是我国金融市场的成立，却与外国成立的经过，很有不同。许多先进国的前例，是经过了产业革命，形成了工业资本，进一步再形成"金融资本"（finance capital），才能蔚成金融市场的不断的资源。我们未经过产业革命，根本未曾形成雄厚的工业资本，又那里来的金融资本？所以中国金融市场的出现，应该另有其原因，不能和外国的先例相提并论。

自从一八四二年开港通商之后，因为国际贸易的突进，关税收入固随之增加，银行制度也跟着进来，日久滋蔓，调剂盈虚，遂在中国的经济机构中，添入金融市场一要素，此其一。帝国主义者的经济侵略，第一步为商品输出，第二步为资本输出。前者所以消纳过剩制造品，以取得商品市场为目的；后者所以消纳过剩资本，以取得投资市场为目的。不论目的何属，大抵总以"未开发"（undeveloped）或半开发的国度或地方，为侵略的目标；于是拥有世界最大的商品市场和投资市场的中国，遂成为帝国主义者的金融资本最好的出路，此其二。中外通商的结果，进口远多于出口，已经成为永恒的事实，于是吾国的"国际贷借"（international indebtedness），总是我们欠人家的多，人家短我们的少，贷借相消的结果，总是站在负差的地位。外籍进口商，每年取得如许债权，既不能用以尽购土货，又不能遽行辇金西归，因为列强武力的保障与中国利率的优厚，于是经济侵略者的商品输出，一转移间，不动地方，即变为资金输出，而成为中国金融市场很有力的资源，此其三。外国金融资本投到中国的结果，所取得的不仅是利息，还有利润。此中有经过政府之手的，有由外人直接办理的。我们的新式企业，如铁道、矿山、航运、电气，以及各种重工业轻工业如冶铁纺织之类，初创的时节，不是官商合办便是"中外合办"。代表外股的股东与经营者，当然有分配红利之权；于是即以就地分得的利润，重新投之于中国。此外利用"内地设厂"的特权，完全由外人自己经办的企业如英美烟公司之类，许多年来赚了我们中国那么多的钱，除了给我们政府缴纳很轻微的卷烟统税，给中国工人支付很低廉的工资而外，所剩余的巨额利润，当然蔚成外籍银行的巨额存款，以为投资中国的资源，此其四。在帝国主义者侵略的过程中，因为被侵略者，不能像绵羊般的那样驯顺，有时还要抵抗一下；结果，不仅照样的答应外人所要求的开港通商，还要赔上多少万万两的赔款。试看庚子一役，按照辛丑和约应纳的赔款，便有四亿五千万两；四十年偿清，须加利息五亿零二百零六万四千零七十四两，合计应付九亿五千二百零六万四千零七十四两。从此吾国关税，以充作担保之故，遂完全归外人支配。即通商口岸之常关，亦归新关管理。嗣因辛亥革命，外人更进一步，攫得"关税扣抵外债"之权，即以外籍银行为关款存放机关，因而华商方面，现银存底骤薄，银拆高涨，金融市场的操纵，自然要归诸外籍银行之手。然则帝国主义者的金融资本，不仅取给于在华获得的利息与利润，更直接地取给于中国的税收！不仅支配我们的国民经济，同时更支配我们政府的财政，直接从中国的税收机关取得投资的源泉，此其五。帝国主义者的金融资本，既从种种方面攫得投资的来源，当然要在中国金融市场，取得第一把交椅的资格。

其次，除了外来的金融资本之外，中国也有自己的"资本蓄集"（accumulation of capital）。但是我们这一套资本蓄集的过程，却与外国不同。在工业化的国家，资本蓄集主要的是沿着生产过程；反之在未开发的国家，资本蓄集主要是沿着财政过程。更质言之，一个是生产剥削，一个则是政治剥削。古人有言："仕非为贫也，而有时乎为贫"；圣门的弟子子张，也曾"学干禄"。做官本应该是服务（to render service），但是在封建社会以及前资本主义社会，那些和生产过程绝缘或是脱节的士大夫，如果不靠着"禄"又将何以为养？再如晏婴一流人，等着他才能举火的亲戚朋友，不下数十家，如果不取诸俸禄，将何由而取之？有了这样物的条件，势必以做官为养命之源，浸假而成为致富之道。试看在中国社会，"富贵"二字总是紧连着用；顶好的——实际上也就是例外的——也不过能聚能散，在文的散诸亲戚故旧；在武的散诸佐贰部曲，结果还能落一个"两袖清风"的令名。所以在清季便有这样的谚语"三年清知府，十万雪花银"，这就很明白地说明了政治过程中的资本蓄集，还不必提到什么巧取豪夺、贪污中饱。这种趋势，以入民国之后为尤显。外重内轻军权支配的结果，造成许多星罗棋布此起彼仆的军阀，与依附于军阀旅进旅退患得患失的政客；更因此而造成大批上好下甚因缘为利的官僚。此中岂无特立独行皎然不滓的善的成分？但是廉隅之足珍，适足以反映政治剥削的普遍。这在外籍银行如汇丰等的大户存款中，均曾流露过片段而赤裸的消息。这些军阀与官僚的资本中，当然也有一部分投资于实业。但是主要部分，不是放在银行存款生息，便用以买卖公债，"为其个人或一家，靠着稳当的收入，以保证其安定而闲散的生活"❶。这样的资本积集，数目决不在少；虽不足与外来的金融资本分庭抗礼，当然也要占到中国金融市场资金来源的第二位。

复次，随着洋货进口而活动的，除了银行制度而外，尚有买办制度，这在中国的经济机构中，也发挥着很大的作用。这种制度，一方面在交易上，拥有广泛的联系；同时在押款上，集有大宗的资本；更在经营上，学到现代的技术；藉着帝国主义者的后台，当然能够取得国有商业所不能得到的盈利，因而可以发挥固有商业资本所未曾发挥的权能，在中国的金融市场中，取得第三位的支配地位。

复次，吾国固有的生产如农业、手工业及手工工厂，以及附随农工生产之商业，在资本蓄集上，固然是卑不足道；但是凭借着地方的封建势力所赋予的高利贷的权能，也可以看到一些土著的资本积累。我们看：汉初的商人及"子钱家"，便已"大者积贮倍息，小者坐列贩卖，操其奇赢，日游都市，乘上之急，所卖必倍。男不耕耘，女不蚕织，衣必文采，食必粱肉，无农夫之苦，有千百之得。因其富厚，交通王侯，力过吏势，以利相倾。千里遨游，冠盖相望，乘坚策肥，履丝曳缟"（汉初晁错语）。这种势力在社会上支配着，直到现在依然是所在多有。惟以内战连年，农村破产之故，许多"土财主"为保障其身家安全起见，大抵挟其游资迁避都市。乡村资金，固见枯竭，都市资金，乃见增加。随着这些不在地主（absentee landlords）以及来自田间的高利贷者的迁移，自然有许多资本集中到都市的银行里，形成中国金融市场资源的一部。

以上四种资金的来源，第三是附随着第一，第四是附随着第二，大有分道扬镳、内外辉映之势。中国的资金积累，纵令未经产业革命的洗礼，即此来源，已足建立中国的金融市场。不过这种建立的过程，太觉畸形，距健全甚远耳。

于此，又有一种机构，于上述四种来源外，能以居间者的资格，使市场游

---

❶ "The Prevailing outlook of the municipal bourgeoisie was that of the rentier: the chief object o economic activity was to secure for the individual or for the family a placid and inactive life on a safe, if moderate, income." Mikhail I. Rostovtzev, *Economic and Social History of the Roman Empire,* 1926. p. XI.

资与政府财政相结合，以其收获做成资本的积累——这便是许多年来银行自身所经营的公债投资。银行投资公债，其获利的优厚与安全的保障，在吾国经济界，是任何方面的投资所不能企及的。它不仅获得很厚的利息、折扣与佣金，还能利用市价涨落的机会，攫取大宗买卖的差益。本来是在产业界找不出什么出路的游离资金，经过这"魔术杖"（the enchanter's wand）的一挥，转眼之间，便能发挥"螽斯衍庆"的效果。我们看：这些年来，百业萧条，亏累倒闭者，项背相望；纵能幸存，也不过支撑门面，早无盈利可言。然而在这普遍的萧条中，独有一种营业，获利甚丰，那便是银行业。此中盈利的主要来源，属于公债投资，早已成为公认的事实。发行的折扣，常至六七折，而所得的利息，少亦五六厘。国家从公债所得的收数，固多亏蚀；但是国库对公债应付的本利，则分文不能短少。岁积月累，亏蚀日深，倘不以赋税的形式，取偿于全国的人民，试问将如何取给？于是以承销公债为契机，通过财政的机构，将课税所得的资金大部，集中于银行之手，当然要蔚成中国金融市场资金的主流。

以上五种来源，乃中国金融市场所以造成的主力，而正常之工业资本不与焉。我国新式工厂所需用的资金常从银行举贷，倘因销路不佳，货品堆积，期限一到，即须借乙还甲，以弥缝一时。一旦周转不灵，捉襟见肘，非停工倒闭，即将多年苦心经营的事业，拱手让与债权者。凡此之例，不胜枚举。以如此脆弱飘飘之新兴工业，又安有剩余资本，足资积累，为金融市场树健全之始基？所以中国虽能勉强凑成金融市场，但与先进国家迥不相同，此则不可不注意者！

三

政府财政与金融市场的关系，在前清时代尚不怎样密切，我们看昭信股票与爱国公债募集的成绩便可了然。以后随银行事业之发展，与政府财政所以结成不解缘者，大体经过三个阶段。第一，在北京政府时代，因为革命之后，外重内轻，各省税收，率不报解，中央财政，乃有采用公债政策的必要。于是大小新式银行，便如雨后春笋，接踵而起，甚至有专为对政府放款而成立银行者。此系以政治的动力，促起新式银行的兴起时期。第二，欧战之后，一方因政府滥发公债之故，债信大跌；同时以舶来品进口减少之故，新式工业抬头；于是金融市场之资金，向以投资公债为主业者，至是乃转投于新式工业。此系以政治的消极作用与经济的积极作用促成银行事业正常发展时期。第三，在国民政府成立以后，原来持票人的心理，以为这一次的革命，还不把北京政府发行的公债都革了去。但是结果恰相反，本息照付！于是金融市场的投资，复置信于公债。加以欧战既停，外货涌进，新式工业，甚难立足，于是银行资金又转而趋于政府，这是因政治的转变与经济的升沉因而造成银行事业的畸形发展时期。到第三期，政府与银行、财政与金融关系愈深，大有相依为命之势。

我们提到公债，便联想到债票。实则政府举债，不必专靠债票，其主要形式有三：第一为狭义的公债，以债票行之，期限较长，有长至数十年者。第二为库券，按原则讲，期限不能过一年，以月计。第三，为银行垫款或透支，不用票券，只靠帐篇，随借随还，随用随归，短者以日计。大抵在财政健全的国家，以公债供建设之用，期限甚长。即欲填补预算上的亏短，亦可运用长期公债的方式，以期获得较利的条件。但在财政力量薄弱的国家，发行长期公债，已觉力不从心，渐次采用库券的方式。例如中央政府在民国二十二年十月发行的一亿元关税库券，以及民国二十三年一月发行的一亿元关税库券，数额虽如是之巨，但在发行上却采用库券的形式。据民国二十二年《关税库券条例》第五条所载："本库券分一百五十个月偿还本息，于民国二十二年十月末日起按月偿还……至民国三十五年三月底止，共计十二年半，本息全数偿清"。不以年计而以月计，不称公债而称库券，在银行可以勤于收回，在政府即须勤于支付！这当然是政府方面迫于举债，不得不迁就银行的结果。依赖库券，仍觉不足，更向中央银行寻求垫款或透支，此不仅中国为然，凡从事内争或外战的国家，殆莫不如是。据国际联盟出版之《世界经济调查》❶所载，秘鲁在一九三一年，对其中央银行根本不负债务。但是到了一九三二年的年终，所负债务即已增到钞票流通额的百分之一百八十。又如玻利维亚，在一九二九年，政府负债仅占钞票流通额的百分之十，至一九三二年的年终，竟达百分之一百九十。日本政府对于日本银行的负债，在一九三零年不过占钞票流通额的百分之十五，至一九三二年的年终，也要膨胀到百分之四十五。况在吾国，代理国库的中央银行，始终未曾做到独立，仅成财政部的附庸，制度上既不能入金库独立的正轨，事实上自不免"予取予求"的流弊。始则以金融补助国库，继则以财政累及金融；有时金融能助成公债的滥发，有时财政即招致金融的危险。二者之间仿佛结成"恶性循环"（vicious circle），分不清谁是因谁是果。始之以交相利者，结果乃交

---

❶ League of Nations, *World Economic Survey 1932-1933*, p. 187.

相害。盖至举债形势发展到银行借垫的阶段，流弊乃大为显著。

四

吾国公债制度与金融市场的关系既如是之密切，所以中国财政，渐次有依赖金融市场之势。倘银行方面对于政府不肯随时借垫，政府即无法度过财政的难关。曾忆民国二十二年十月三日宋财政部长所提关税库券案的原文中，便有这样的句子："……溢支军费，苦无来源……赖各银行以爱国之热忱及维持金融之苦心，对于上项不敷之数，为暂时借垫，财部亦先于最短期间为之偿还，使得渡此难关"。这是中国财政依赖金融市场最清楚的证明。前边已经说过：吾国金融市场的资金，大部以帝国主义者的海外投资与因贸易入超暂存中国之外商资本为主。以这样资金所形成的金融市场，当然不是正常的，而是畸形的；不是健全的，而是病态的，迟早是要发生破绽的。本来中国的贸易入超实际延续了许多年，何以在往年便能马马虎虎的过去，而现在则不能？此中可分三个阶段观察：第一，以贸易入超购运土货；第二，以入超债权贷放取息；第三，以应收债权运银他去。在以前两个阶段，贸易纵然入超，我们的金融市场尚能运转自如（此中自然还有华侨汇款等原因）。一旦因为美国购银之故，海外银价较在中国为高，辇归运用较在中国有利。债权本来是人家的，何必定留在中国？因为多年的贸易入超，造成永续的贷借逆势；一旦抵消无方，控制乏力，白银流出乃有不可遏制之观。始则影响金融市场，继则牵动国家财政，朝野变色，始惶惶然以"白银问题"为动色相告之资。

白银纷纷外流，金融市场的筹码与发行纸币的准备顿感缺少，于是头一个受到威胁的是中国的银行、钱庄及工商各业；第二个因公债资金来源的动摇而感到威胁的，当然是政府的财政！至于政府的对策，第一步便是在民国二十三年十月十四日夜间，以紧急方式由政府与银行会商，通电全国海关，开征银出口税。但是这种对策，并未收到预期的效果。偷运的不必说，我们是鞭长莫及，照顾难周。即令上税，而运者自运，则以海外银价继长增高上税之后依然有利可图故。于是在民国二十三年新旧年关之间，不得不想第二步的办法，而有海外购银之举。

迎着美国购银所引起的银价暴腾的高潮，仅靠着银出口课税及海外零星购银的办法，毕竟是无济于事，政府乃不得不想进一步的办法，将当时流通的货币制度施行一番根本的改革。此项计划酝酿已久，适因白银问题发生，乃有急转直下之势。但欲改革币制，须有运用币制的机构。原有的中央银行，历史未久，信用未弘，资力欠充，势难单独担此重任。于是有民国二十四年三月二十日发行金融公债一亿元，以"充实中央、中国、交通三行资力"之举。据孔财长提案原文："查中央银行资本，本部业于上年底，遵令增加为一亿元。但其时国库缺乏现金，发有国库证券三千万元作为抵付。又因弥补国库一时收支不敷，商垫四千余万元，均应早为如数拨补。中国银行现有资本二千五百万元，内政府官股五百万元，应再增官股二千五百万元。交通银行现有资本一千万元，内政府官股一百万元，应再增官股一千万元。以上三行拨补新及增官股之款，共需一亿元以上"。自经此次改革之后，不啻以中央、中国、交通三个银行的资力，并成一个中央银行；不啻以中交钞票多年深入民间的信用为推行法币制度的前驱。在国内银行的系统上、在纸币发行的集中上更进一步，在现银准备的保有上，凭这一亿元的金融公债，立刻展开划时代的新页。

办妥了这一步，已经替新货币制度打下了"三分天下有其二"的局面。同时再有国际间的协助与默契，于是很从容地在民国二十四年十一月三日的晚间，发表了中国货币史上的惊人之笔。一方推行法币，同时集中现银，使银的保有与流通在国内市场成为违法。此项法令在今日政治局面之下，当然不能作到集中的理想；但在交易媒介上，银币一物不复有存在的余地。整个经济社会的活动，离开法币，再没有第二个合法的公认的交易媒介，使通货系统中根本没有发生良恶二货的可能。这种做法，当然比民国五年的中交停兑高明得太多了。当时中交虽然停兑，但是中交以外的钞票，仍然是兑换纸币。市场上下不仅有现币的流通，还有与现币相兑换的其他钞票的流通，相形之下，立刻发生良货与恶货的分离，使中交钞票的价值顿时下落。这种塌台的现象，在此次币制改革中是看不到的，这当然是金融统制做得很周密的结果。

然而对外，却与对内不同。在国内市场，法币是唯一合法的交易媒介与支付手段；但是一出国门，人家便不认了，非拿出真银子现钱不可。于是在此次币制改革中，又有两个不可缺的步骤：一个是命令中央、中国、交通三行无限制买卖外汇，一个是设定外汇平准基金。查吾国每年入超数目，以中数计算，约在三亿元以上，平均每月需要二千五百万元的平准基金，方能应付裕如。此数合成美金，每年约需一亿美金；合成英镑，每年约需二千万英镑左右。在改革之始，有集中后的现银，足资挹注。一方以现银及其它正货，支持发行法币的六成准备金；同时还能运银出口，以充外汇平准基金之用。据海关发表，上海在民国二十四年输出白银不过六千八百余万元。但是这里的五分之四以上，都是在银国有令发布后所输出的。以后运银出口之事，时有所闻，在我们贸易入超未曾得到根本的改正以前，这是很必需而且很自然的。

在这次币制改革的机构中，外汇平准基金成了最扼要的枢纽。当初英国放弃金本位后，汇兑平准基金就有三亿七千五百万英镑；美国放弃金本位后，平准基金竟达二十亿美金。以英美工商业之发达，所需平准基金尚需如许巨额。况在吾国，以多年入超的结果，加以财政预算中军事费的膨胀，所需军用品，概须购自海外。国际贷借的结果，老是欠人家的多，人家欠我们的少，贷借相消，常处于负差的地位。对此负差的结算，仅靠着运银出口，是有时而穷的；对于平准基金的补充，仅靠着自力，有时是要办不动的。这种情形，不待事到临头方才觉察，从币制改革之初便应想到。所以非取得国际的协助不可。于是关联于币制的改革，又发生中美银协定与中英信用借款两问题。

"国际对华贷款"提议已非一日，在民国二十四年的春间便有此种风传。以后不时起伏直至今日。虽说此种声浪，系随着"中日经济提携"的呼声而起，而为国际政治间所谓门户开放主义与东亚门罗主义斗争的新姿态；但在我们自己，如果没有特种需要，无论对谁，就是肯借给我们，都可以谢绝他。我们用不着借款，难道说非教我们接受不成？总因为我们的财政太困窘了，我们的金融太紧急了，乃不惜东一撞，西一撞，蕲求国际贷款的援助。纵令实现一二，还不是吃亏在我，操纵由人，刀俎之势既成，悬勒之机何在？以云危机，这才真是"危机"呢！

我们的新货币制度，及以金融市场为基础的财政制度，既是以外汇平准基金为枢纽，而外汇基金的补充与维持，又需仰赖国际的援助，这在无形之中，已经把我们国家的财政重心，寄托在海外金融资本家之手，因而引起国际间金融集团对于中国的斗争。当前的事实告诉我们：我们国家被人侵略的现阶段，很显然地表示两个"M"：一个是"military"——军事的，另一个则是"monetary"——金融的。两条路线的做法纵有不同，但在我们耳边几乎奏着同一的调子，莫不以中国为侵略斗争的对象。即以金融言之，民国二十四年十一月四日币制改革的成功，无疑地是得到英国的协助，因而引起美金集团的不满。在一九三六年的年初，伦敦银价曾暴落三分之一，这便是美元对英镑的反攻。美国既是世界银市场的大买主，她要是说不买，便可以拆伦敦银市的台。同时我们运到英国的白银，既是找不到买主，自然不能立刻用作外汇基金，则新币制的维持，立成问题，于是有一九三六年五月中美银协定的签订。协定内容：美国购买中国存银五千万盎司；在中国方面，答应恢复白银的使用，如用银管理规则的修正与新银币的铸造，即其显例。嗣由孔财部长于一九三六年五月十八日发表第二次法币改革宣言，宣言内容：关于法币准备，仍以金银及外汇为准备；惟白银准备之最低限度，已改为百分之二十五。同时为谋商民之便利，加铸一元及五角之新银币，以确保白银的用途。这当然是容纳美国的要求，对于中国金融的支配权，使英美两国站在春色平分的地位。当然，在英国方面是不甘于缄默的，既是助成于前，自然要关心于后。英格兰银行总裁芒泰谷·诺曼（Montagu Norman）所指称的"留待英国工业发展的未开发的国家"❶，无论如何，是要拿金融的锁链牢牢地联系住的，于是有一九三六年十月中旬"中英信用借款"的传呼。当时上海金融界，且认为是稳定外汇的必要做法。由此看来，无论英美间如何斗宝，无论李兹罗斯爵士对我们表示怎样的友谊，但是中国财政的重心，业与币制改革以前不同，不复专靠国内公债市场，而要依赖海外的汇兑平准基金；更切言之，而要依赖海外金集团国家的购银与贷款，才能维持我们的币制，才能支持我们的财政，则已是不必讳言的事实了。

五

降至最近，又经过一次十二月十二日的西安事变，更足以证明金融统制之举足轻重。这次政变，从政治的意义去看固属空前；从金融的意义去看也可以说是：币制改革后金融统制的试金石。无论在中国还是在外国，因为空前的政变，常足以引起急性的金融恐慌（panic）。此次陕变在金融市场上所引起的波动可分为两方面：第一为公债市场，表现急剧的跌落；第二为标金、金票及外汇市场，表现急剧的上涨。据十五日《申报》所载："公债受时局的影响最敏捷，起先本有不开市之议。一经开市，统一各债，无一不跌去四元而至停板，这是统

---

❶ It is greatest, perhaps the only great, undeveloped country left for the expansion of British industry（Montagu Norman, quoted in the *Financial News*, Silver Supplement, Dec. 14th, 1931）.

一公债上市以来未有的现象"。至于标金,"一年以来的价格,本无甚出入。十四日由于投机的机会,一日之中,居然有十四元的起伏,结果是涨起五元四角"。至于外汇过程一致奇紧,大家争买英、美、日的外汇,以致促起外汇的腾贵。此外因政变所造成的粮食非常市面,更属骇人听闻。例如小麦已发见数十年来未有的高价,面粉价则节节上涨,远期皆出四元三角。此外红粮、苞米、油饼、麻豆涨度皆属非常。公债与外汇的涨落,属于金融制度的本身,物价的腾贵,属于币值的反映。总而言之,因为这次的政变,已经在金融市场与商品市场(money market and commodity market)掀起空前的轩然大波,真要看:是政治破坏了金融?还是金融控制了政治?

　　这真是孔部长所称的"试金石"。币制改革后的金融机构,在这次政变中,居然表现了人们不曾想到的威力。不仅未曾被政变的骇浪卷了去,反而成了解决政变极有力的杠杆。我们先看公债市场。据十五日《申报》所载"当十四日上午开盘,因时局之严重趋恶,经纪人公会深恐剧变,曾召集各经纪人会议,有申请交易所理事会及监理员停拍之举。惟以事出于预卜,致十时后照常开拍。以后形势凶险,人气仓皇,买户顿见绝迹,市价一致猛跌,逾出四元,竟告停板。惟多头急于斩割,于暗盘中再跌一二元"。多头虽急于斩割,而买户顿见绝迹,只好相与暂持镇静,大家都不要抢卖,形成"市场休战"(market truce)的状态。彼此都肯镇静一些,公债行市自然也就慢慢地回转。再加上政治好转的希望,得到一些把握,将来公债还要涨价呢,自然有许多"多头"不再倾售,于是公债市场暂告稳定。但外汇市场便不这样简单。我们知道:中央、中国、交通三行无限制买卖外汇,是新币制运用中不可缺的一环,并由财政当局负责公布。一旦因为政变的影响,无论是本国人,或是外国人,无论是出于简单恐怖的心理,或是出于扰乱金融的企图,只要向这三个银行购买外汇,买到什么数,就应该卖到什么数,绝对不能说:我不卖。如果三行稍微有个含糊,表现一些迟钝,法币价格登时就要遭遇极重大的打击。在政府等于毁法,在财部等于食言,在银行等于停兑,那么我们的新货币制度岂不就要由破坏以至于崩溃?试想:当西安事变之后,如果法币信用发生动摇,我们口袋里装着的几十元薪金,老总们手里领到的几块月饷,拉车子的凭寒风中的热汗换来的一两元法币,如果不能一块顶一块,而落到九折、八折、七折,甚至等于民国五年的中交票,使每一个人的日常生活都发生问题,请问这个社会该闹成什么样?如果整个的社会生活发生普遍的不稳,试问政治局面该乱到什么地步?新货币制度最大的功能,便是"统制",但是危机所在,也便是"统制"。如果统制的方向弄错了,或是根本不能统制,其结果等于蒸汽机关的爆炸!

这样人世的悲剧,毕竟未曾临到吾们的头上!人们口袋里的法币,一块还是一块,并未曾跌落分毫。虽说在这期间,关于"锅上锅下",有人在那里取巧赚钱,东西贵了,等于币值的下落;但在币制本身,毕竟没有发生什么破绽。据十五日《申报》所载,在十四日的一天,标金兴奋异常,曾穿出七十元大关。赖"有某行无限止供给",始渐好转。又据十六日《世界日报》所载:"上海某国商人购进外汇近五百万,图扰乱金融,破坏我币制,幸中央银行无限制买卖外汇,得以压平"。并称"英美银行,决与我取一致行动维持金融,故汇价已好转"。这等消息千万不可轻轻看过,关系太大了!有了这样有力的接应,才可以放心大胆地无限制买卖外汇;使我们的新币制,金瓯无缺,屹立狂流,使全国各方对于法币保持从来的信用,一切生活照常,这对于西安政变的解决,实在增加了旋乾转坤的威力!所以在二十六日《世界日报》第三条的要闻中,便载孔财部长的谈话,他说:"……在蒋公留陕期间,幸赖中外金融界,能切实与政府合作,使金融汇兑稳定如常,人心为之安堵……不能不致其感谢之忱云云"。以后又在元旦日的"新年感言"中指出:"政治之变动,最易影响于金融。自改革币制以来,准备充实,外汇平稳,法币信用早已昭示中外。此次事变发生,赖国内外金融界切实与政府合作,故能市场安堵,一如平日"。这都是在震惊后的欢愉中自然流露的心声,非当其局者不能道出。这不能不认为是币制改革后金融统制的大成功!

六

"中外金融界"在这次政变中,关系太大了。如果不能"切实与政府合作",则金融汇兑必不能"稳定如常";人心又怎能安堵?所以中国金融机构的现阶段,不仅统制了政府的财政,而且统制了政治的总过程。这次旋乾转坤的大业绩,必在金融方面打下了硬底子,然后再分头做些政治的、军事的、以及社会的表层工作,才能演出:转危为安、转嫱为妍、转悲剧为喜剧的奇迹。亚当士所称"政治体的生命素"——即货币——所以为古往今来,上千上万的人们所心仪、所膜拜者,盖非无故!

从此我们可以证明：现行的货币制度与金融机构，如果政府自身滥不用，保持年来"有限度的通货膨胀"（limited inflation），并且保持适当的国际合作，是没有人可以加以破坏的！震撼了武力而不能震撼金力，总还是有办法的。但是危机也在此！如果我们政府不能善用，而把它恶用了，从"有限度的通货膨胀"走到"恶性的通货膨胀"，使通货膨胀的作用，尽着量在那里积累，则其结果，早晚要发生内溃的悲剧！而况我们法币的信用，不仅要靠着国内的正货准备，还要靠着外汇平准基金；外汇基金的补充，不能尽凭运银出口，而要依赖国际贷款的协助。我们对于贸易的入超和财政的赤字，如果真有战胜克服的办法，则偶尔求助于外国，不是不可的。在互惠的条件之下，外国也是乐于帮助我们的。但是入超与赤字，如果老是这样地延续下去，时时要靠着外国信用的援助，方能维持我们的币制，方能支持我们的财政，其结果就很难说了！"在人檐下走，怎敢不低头"？"金融的"宰制，较之"军事的"宰制也轻不了什么啊！

民国二十六年一月八日稿竟于
北平研究院经济研究会财政组

军扩财政的新姿态[*]

（一九三七年一月十九日）

从来中国人的观念，对于战争总是憎恶的，总是诅咒的。不是说"兵凶战危"，便是说"佳兵不祥"；所以有人讲：中华民族是最爱好和平的。但是翻开历史，从上古到如今，最爱打仗的而且打得最勤的，也是我们中国人！这里有个极有力的佐证。我们看：从禹贡的"因田制赋"起，一直到现在止，在中国财政上使用最久的名辞，就是"赋"。这个"赋"，一面从"贝"，一面从"武"，合起来讲，便是运用经济财力去干打仗的勾当。所以有人曾撰用过"从金库到火药库"一个语句，以形容财政的过程。不过这倒不仅是中国如此罢了。

一九三七年，给人类带来什么新消息呢？看吧，多着呢！过去不久，日本曾编成三十亿元的大预算，在性质上即是军备预算，早为识者所公认。这样庞大的军备预算，反映到外汇上，而为日元的软化，于是有一月八日彻底实行一九三三年制定的外汇管理法的明令。这是第一件惊人的事。

一月八日，美总统罗斯福氏向国会提出新预算案，请求在一九三八年内，拨发从来未有之平时国防经费，数额竟达美金九亿九千一百六十万元之巨，较上年度增加二千七百万元，用途包括建造巨舰两艘并军用飞机四百架。这是第二件惊人的事。

据塔斯社一月十三日电讯，苏联财政委员长格林科所提出的新预算，业经中执会一致通过，支出总额为九百七十亿一千五百五十万卢布，其中国防预算为二百零一亿二百二十一万卢布，较一九三六年度之一百四十九亿卢布，表示三成五分七厘的激增。这是第三件惊人的事。

刚过了年，仅在这几天的功夫，接二连三地教我们瞧瞧这些新花样！我们看：环绕着太平洋而且亘及亚、美、欧三大洲的三个强国——日、美、苏——竟尔不约而同地表现了空前的军扩财政。而且这样的例子，到处皆是，并不限

---

[*] 此文系作者为《北平晨报》撰写的社论。——编者注

于上述三国；泛世界的军扩财政的高潮，已经弥漫到世界上每一个角落，而莫能除外。

军扩财政的表现虽一样，而目的却不同。在这普遍的军扩财政的高潮中，有的国家直截了当的为侵略，有的国家迫不获已的为自卫；这里边当然有许多政治的、经济的以及社会机构的条件作动机，此处不暇细谈。但是有一点，是世人尤其是我们中国人所不可忽视的，就是：无论是为侵略、为自卫，除了现在的西班牙，没有不是对外的！以整个民族为单位，以另外的民族为对象；决没有一国打算着把这空前的军扩财政消耗在一个民族的单位以内！这是当前最清楚的事实的指示，要我们中国人去认取、去理会。

"天生五材，民并用之，缺一不可，谁能去兵？"裁军的幻梦，自入一九三七年，更被冷酷的事实驱逐得无影无踪。无论怎样弱小的国家，怎样酷爱和平的国家，没有法子不作自卫的国防财政的打算。这是世界的运命，谁能违拗它？德国诗人海涅（H.Heine）在一八二八年所称："政府当局眼看着这个怪物的袭来"，移在此处，依然是一幅逼真的写照。

如果"这个怪物"——第二次大战——当真的来临，将如英财政学家达尔顿（Hugh Dalton）所说："在它手里，一定要带来最新的科学礼物。过去的战争，如果和它比较起来，也不过象无知的小孩子玩玩罢了！"

国防财政的树立，既是成了现代各国不可避免的运命；而其体制之新、耗财之巨，又令人有疲于奔命之苦。所以唯一的作法，只有集中可有的财政精力，很经济地从事于争取民族生存的奋斗！这个目的达到了，其余一切方有可谈。如果认识不清，把持不牢，体力已亏，又戕伐之，尚欲五更当风，走上万里的征途，那只有送命而已。前人早经说过"眼界不开，则骨力不坚"，一九三七年的开春，所表现的泛世界军扩财政的新姿态，我们能够闭着眼睛不看么？

国民意志与国家财政[*]

（一九三七年二月二日）

一

　　对外抗战，要以对内和平为条件，这已成为举国一致的要求。但是对内和平，不是仅靠着消极的"相忍为国"的旧办法便算完事；而要有集思广益，相反相成，百虑而一致的新机构；使不和不平的因素，都能消弭于无形；纵有郁积，亦可藉法制的轨道，用和平的手段从容进退于其间，不必怒目横眉，摩拳擦掌，非动武力不可。必得这样，才能确保国内的和平，使内战无爆发的机会。所以现阶段的中国政治，无论如何，是要赶快实现宪政与民主的夙诺；这在不久即将举行的三中全会的议程中，特揭出定期召集国民代表大会一点，已可概见。领袖们果真公忠谋国，总不教这次的传呼，又成为不可捉摸的幻影。倘不把民主的精神与做法，尽量容纳到中国政治的机构里边，是不能解消不和不平的因素的。所以我们迎着中国宪政将次实行的当儿，无论是谁，都该殚精竭思，从种种方面，促成民主的准备。"凡事预则立"，如果朝野各方事前都有个准备，而且准备得很切实，必不至临时手忙脚乱，使很好的机会随随便便地溜过去！本此认识，特提出"国民意志与国家财政"之课题，从政治机构中顶吃紧的一环，说明其民主的必要与民主的条件。

　　此外还有一个当前的促因，可以促成国民意志与国家财政的合致。大家都知道：从本年元旦起，全部所得税业已开征，同时遗产税法也在那里起草。所得、遗产二税都属直接税，居然在这民国二十六年的开头，先后光临到中国税收的体系中，这在多年以间接税为岁入骨干的中国，不能不说是划时代的表现。既往的中央财政，百分之九十以上是要靠着间接税的。无论是关税、盐税、

---

[*] 此文发表于北平《世界日报·社会科学周刊》第十六期。——编者注

统税、烟酒税、印花税等等，无一能脱离间接税的范围。所谓间接税，是说：纳税的是一伙人，担税的另是一伙人。纳税人缴纳税款之后，他自己不一定要负担，可以藉着财货流通的过程，遮掩在货价之中，转嫁到消费者的肩上。人民对于国家的纳税义务，因为是间接负担的原故，所以在他的日常生活中，对于所消耗的或是所使用的物品，究竟负担了多少税？简直无从计算，而且无从觉察。这种情形，在十八世纪末叶，早被英国一位财政家皮特（William Pitt）所揭破。有一天他在国会报告英国财政的情形，便很坦白地指出："从背上披着的最后一缕，从口里吞下的最后一嚼，都能给它上税而不闻人民的怨嗟。课税的方式，系以日用百货为对象，税额即消散在货价之中。一般人民，仅知道抱怨物价的高涨和时光的艰苦，而不知如此时艰，乃重税所造成"。这话说得最痛快不过，许多政治家，他就是明白，也不肯这样说！纳税一事，本来是人民对国家最重要的义务，也便是人民关心政治最有效的联系。用大家的钱，办大家的事；大家把钱拿了，是不是替大家把事办了，就从这一点关心，便可以找到民主政治最有力的起头。所以有人讲，英国的宪法，便是代表"荷包的权利"（power of the purse）。然而这种关心与联系，在施行间接税的国家，因为转嫁的缘故，一转两转，前转后转，弄得很稀薄了！纳税的有法子不担税，担税的不直接去纳税，关心的程度既微，监督的观念自薄，人民纳税之后，究竟政府怎样开销？有谁去管它？所以在西洋的经验，民主政治最发达的国家，也便是直接税最发达的国家。直接税既经引用到中国，民主政治也应该引用到中国。国民意志与国家财政，在从前是很难联到一块儿的，但是到了民国二十六年，应该有联系合致的可能！

二

国民意志与国家财政怎样才能合致？从广义去看，所走的方式有三。第一个方式，是靠着"仁政"。在专制时代，"谁做皇帝，给谁纳粮"，根本谈不到什么国民意志。但是开明的君主，他晓得"作之君"是干什么用的。他知道皇帝的宝座并不是给"独夫"逞威风的。他要"天视自我民视，天听自我民听"，以百姓之心为心；他要"民之所好好之，民之所恶恶之"，以兆民的苦乐为苦乐；他要"寒不衣裘"，谓众军皆无裘；"雨不张盖"，谓众军皆无盖。他为了"一路哭"，他不管"一家哭"，不以少数人的悲欢，耽误了大多数人的苦乐。原始生产方法之下的农民，是不会说话的，是很不容易动的，史家称之为"无言的惰力"（dumb inertia），最确切不过。所以在民众自身，不会表现什么国民意志。然而开明的君主，他要用种种方法，"通四明，达四聪"，"勤求民隐"地，以了解国民的意志，以实现国民的意志。尤其是在财政方面，特别表示得显明。"文王之囿，方七十里，刍荛者往焉，雉兔者往焉，与民同之"；区区园林之微，花上国家几个钱，都要和大众共同享用，真是拿大家的钱，办大家的事。老百姓口里虽然不会怎样说，但是这样去做，一定能够"得民心"。政府在财赋的出纳方面，能够得民心，那便是国家财政与国民意志的合致！凡是遇到这种时候，总是天下太平；反是而像纣王的样子，"厚赋以实鹿台，大敛以积聚桥"，以"万民唯正之供"，徒供统治者少数人的滥费与享用，结果总是天下大乱。换句话讲，凡是国家财政与国民意志合致的，便是好政治；反之而彼此脱节甚至背道而驰的，一定是坏政治。这种历史的铁则，在中外的史迹上，不知道实证了多少次了！

  第二个方式，是靠着"制衡"。前边所说的"仁政"，是要靠着人的；人存政举，人亡政息。为人主的，能够恢弘客观，以万民的苦乐为苦乐的，毕竟是属于少数。大多数的君主，都是以财政为剥削民众的工具。所以仁政的方式，可遇而不可求，以此自安，永远是不会进步的。感于人治的不大可靠，于是有法治的要求。打算有好政治，仅以客观存心，不够，还要划出很具体的彼此都要遵守的客观标准。无论是治者，或是被治者，无论立场怎样不同，利害怎样错综，大家一旦商定了一个客观标准，便要共同遵守。如同赛球一般，虽然站在相反的两方，但是彼此都要活动在一定的范围，驰骋在一定的路线，"诡道"而得球，你可以不让他，他也一样地不让你。彼此都要受客观标准的限制，便能两得其平，这便是"制衡"的道理。把这个道理应用到财政上，便是民主国家的宪法中所最尊重的"预算特权"（budget prerogative）。所谓预算特权，在岁入方面，是说："一切税收，不照国会通过的手续，或逾越国会通过的时期，而藉口特权，以供统治者之用的，即为违法"。在岁出方面，一方面有预算的限定，他方有决算的制裁；既须受立法的批判，又须受审计的监督。政府既是替人民办事，人民是要拿钱的。但是这个钱怎样拿？怎样用？仅是政府一方愿怎么办就怎么办，不成！仅是人民一方愿怎么办就怎么办，也不成！大家商量出一个公认的办法来，而且很确定地制成法律，大家共同遵守。人民打算少拿，办不到；政府打算乱花，也办不到！凭着这样客观标准的制衡作用，自然可以做到国家财政与国民意志的合致，这便是现代民主政治的出发点，也是宪政制度的主要精神。无论是一六八八年的英国革命，一七七六年的美国革命，或是一七八九年的法国革命，无不以赋税上的诛求为革命的导火线；革命成功之后，无不以制定宪法为保障民权的主要工具；宪法实质，又无不以监督财政为人民对于政治的重大要求；"制衡"之理，显例当前，不俟烦言而解。

  第三个方式，是靠着"大同"。前面所说财政上的制衡，运用得很好的，前例固多；但是运用不好的，因而落到有名无实甚至弊病百出的也不在少。在资本主义生产的社会里，贫富的悬隔乃理之当然，营利的竞争亦法之所许；经济上的利害冲突和能力上的强弱悬殊，分明摆的很清楚，光靠着法律上的制衡作用，是很难发挥实际上的效用的。纵能发挥，也不过彼此妨碍（obstruction），彼此干涉（intervention），国家财政与国民意志的合致未可期，反而减少行政的效率，贻误国家的大计。资本主义下的民主政治，所以受立场不同的各方所攻击，不是没有理由的。假使一个社会，没有贫富之分，没有狄斯累利（Benjamin Disraeli）在他所著的 *Sybil* 小说中所指称的"两个国度"（the two nations），没有董仲舒所说的"富者田连阡陌，贫者无立锥之地"，真有一天，走到孔子所说的"大同之世"，而没有什么大不同；到此时节，不必一定等着"制衡"，自然很容易取得政府财政与人民意志的合致。政府的基础越放大，放大到经济的、社会的"大同"，所需要的政治方式，所需要的财政制度，自然另有个样子。既与"制衡"的方式不同，也和"仁政"的方式不同，只要稍加分析，区别是很显然的。

三

  国家财政与国民意志的合致，所采用的方式，既有上述三种的不同，那么在中国财政的现阶段，究竟要用那一个方式呢？我们既不能一下子就跳到大同，也不能照着几千年来的老例子，专靠着所谓仁政。不用说仁政这一套，不是俯拾即是的东西；便是现在我们已经真真地得到了，我们也要睁眼看看世界的潮流，不能以仁政自足，而要走上民主的道路。固然民主这套玩艺，是有许多毛病的，而且要经过产业的资本主义化的，我们纵想学步，也不容易走像了。但是在这里，我们要提出一个问题，现代的所得税和遗产税，也是资本主义的产物，为什么我们现在要采用，而民主政治便不能采用呢？采用了所得税和遗产税，不见得收到人家那样的税收，而且也免不了有毛病；但是我们迎着这世界的大流，不能因噎废食而不去采用，这已为朝野各方所公认。社会化的产业收入，一时既提不到，又不采用直接税，难道说就一辈子靠着间接税不成？所以我们对于民主政治，并不相信它是理想的办法，也不能保证它不发生毛病，但是在现阶段的中国，确实不能不朝着这个方向走，已经有了许多有力的言论和事象，足资证明。把这种作用适用到财政上，便是采用制衡的方式、民主的精神，取得国家财政与国民意志的合致。

这当然不是说：一有了"制衡"，便可以不要"仁政"的。不仅要，还要尽量地把"仁政"的成分，放在"制衡"制度的里边。你看这个"仁"字，是二人，不是光看到一个人。一八四六年废止英国地主阶级所拥护的"谷物条例"的，乃是保守党的领袖弼尔（Sir. Robert Peel）而不是自由党的领袖拉塞尔（Sir. John Russell）! 这当然不要忽略自由党所发挥的制裁力量。然而弼尔能够看到当时英国多数人民的要求，不惜冲开地主们的阻碍与非难，毅然决然地废止了"谷物条例"，以求国民意志与国家财政的合致，确乎值得政治家们的效法。同时在人民方面，也不要老坐在那里等着，袖着手在旁边看着，国家的财政大计仿佛和他无关似的！这样，再下去一百年，中国人民还是像现在一样的没出息。我们要：国家每年提出一个预算，每年提出一个决算。我们要看财政的预计上，怎样收，怎样支；要看财政的执行上，收多少，支多少。我们要有通过预算的有力的机构，要有核准决算的有效权能。我们要：国家的钱，能够花在最必需、最有用的用途，如对外抗战；不要它花在很无聊、很不急或是很不应该的方面，如同接二连三的阔人们的治丧费和国葬费，堂皇富丽大衙门的建筑费，以及予取予求公私不分超过薪俸收入不知多少倍的办公费。我们不仅要有有力的宪法规定和政治机构，还要发动社会各方面的力量，蔚成正确的国民意志，定出国家收支的理想、步骤和准则，使政治当局有所警惕与遵循。尤其是在社会各方面的利害未能一致的时节，更要有极客观的观察，极均衡的批判，到时可以做到："螫蛇在手，壮士断腕"，为大多数人民的利益，不惜以少数人的利益为牺牲。不仅在政府要有这样的做法，在社会也要有这样的主张。必如是始能蔚成正确的、健全的国民意志；有了这样的国民意志，才能渗透到、反映到国家的财政。国家财政与国民意志将如何使之合致，政府应该从政府自身去做，人民也要从人民自身去做，问题本来是两面的。贤明的政府，不等着人民的制裁；有出息的国民，不靠着政府的钦赐。时候不早了，中国人民该到觉悟的时候了，无论从那一方面看，一九三七这一年，都应该是划时代的一年！

一九三七年一月三十日
稿竟于国立北平研究院

舆论与财政公开*

（一九三七年二月三日）

引言

从民众的责任讲，要有好政府，先得要有好社会；要有健全的财政，先得要有健全的舆论。不仅民众们应该以此自课，政府方面也要有卓识、有雅量、有公忠，尽量做到财政的公开，以备接受社会的批判。"其所善者，吾则从之；其所恶者，吾则改之"。以多数民众的好恶为好恶的财政，才真是"仁"政。所以由当局的远识，蔚成社会的诤言，是走向"健全财政"（sound finance）最聪明的道路。此中道理，早被世界公认的财政宿学巴什帖布，在一九零三年说得很清楚了。他说："关于财政，最感困难而需要克服的，并不在管理者的无力，而是社会群众方面的漠不关心与缺乏知识。一个通明而合理的舆论，在现代国家的一切改革中，都是重要的前提，不仅限于财政而已"。本此见解，特于《实报》新年号撰写《实报与中国财政》一文，阐述财政公开之义。复于本年二月二日北平《世界日报·社会科学周刊》第十六期，撰写《国民意志与国家财政》一文，阐述舆论制衡之义。吾国政治的前途，迟早要步入宪政与民主的轨道的。感于"匹夫有责"之义，故复汇集刊布，藉供社会各方的参考。

The great difficulty that has to be overcome is not the weakness of ministers, but negligence and want of knowledge on the part of the mass of the community. A better informed and more reasonable public opinion is an essential pre-requisite of financial as of all other reforms in the modern state.❶

---

* 此文发表于《国立北平研究院经济研究会丛刊》，文中涉及的《实报与中国财政》（北平《实报》新年增刊，一九三七年一月一日。）和《国民意志与国家财政》（北平《世界日报·社会科学周刊》第十六期，一九三七年二月二日），已在本文集中单独刊印。

❶ C. F. Bastable, *Public Finance*, 1903，Preface to the Third Edition.

最近财界之传说与现实*

（一九三七年三月六日）

近来关于中国财政，有种种传说。我们不能很轻信地就认为是事实，但也不能断定：除谣言外，再没有其他的意义。前年十一月三日发表新货币政策以前，不是也闹过谣言么？去年二月一日发行十八亿统一公债及复兴公债以前，不是也闹过谣言么？对于那些谣，当局不是曾经很正式很庄重地辟过么？但是昨日所辟的谣言，一转眼间，常能变成今日铁般的事实，这在近几年国民的记忆中，不是没有的。惊弓之鸟，惩前毖后，对于最近财政方面的谣传，国民不能不关心。

传说中的主要者有三：一个是发行国防公债问题，一个是减低法币的正货准备问题，再一个便是改组中央银行问题。这些传说，在没有事实的证明以前，我们很不愿提出讨论，致滋社会的疑虑。然而，只因避免社会疑虑之故，遂尔缄口不言，以待事实的揭晓，试问事实既成之后，说还有什么用？英学者巴什帖布（C. F. Bastable）早经指出："纳税的民众，要时刻注意当政者的措置。如果民众对于切身的财政，先自漠不关心，则一切不幸的结果，至少一部分，在民众自身，亦不能辞其咎。所以政府财政的最高标准，唯有健全公民的勤敏的监督，才可以得到。"现当三中全会闭幕之后，中国政治将次走入宪政的时节，凡属国民，对此政治机构中顶吃紧的一环——财政，都该殚精竭思，从种种方面，促成民主的表现。

关于低减法币的正货准备问题，在二月十七日耿爱德（Edward Kann）所主编的《金融商业报》第七期，曾经登载过。本身法币的正货准备为百分之六十，保证准备为百分之四十，减低计划，拟使正货、保证两部分，各为百分之五十。自新币制施行以来，国内既不准流通现币，法币不准兑换，则正货准备的分量，多一成，少一成，都没有什么大关系，耿爱德氏也曾表示过这样见解。但是我们

---

* 此文系作者为《北平晨报》撰写的社论。——编者注

对于新币制，总要极力使之安全，总要极力增加其安全的余地，而不要减少其安全的余地。三尺宽的桥，可以过得去；一尺宽的桥，也可以过得去；甚至独木桥，也不是不可以过得去。然而，安全的余地愈少，坠落的可能愈多，下临恶性膨胀的深渊，而欲减低正货准备的成数，总不是妥当的办法。我们很希望这样的谣言，根本不会成为事实！

其次，关于发行国防公债的问题，在二月二十日的《北平晨报》曾经载过一点，并称：关系方面，力予否认。以后在二月二十七日《平津泰晤士报》的社论里，也曾提到。该报于发行军事公债消息外，尚载：政府"对于一般岁出，打算大加缩减，省下来的钱，直接或间接，都要用到同一的目的上。"中国是世界上酷爱和平的国家，而且是这样的穷，那里有资格参加泛世界的"军备竞赛"呢？但是迎着今日的潮流，不参加，又该怎样？子产曾说过："国不竞亦陵，何国之为！"立国今日，如果不能发愤图存，也要渐次陵夷地玩完了，还叫做什么国？直质的讲，问题还说不到国防，而是救亡。为这样的目的，就是再发行一些公债，国民也没有不赞成之理。不过，国防公债，如何才不致流用到非国防的方面去，那却要在主观上政府有决心，有办法；客观上，还要给人民以确切具体的信赖，方是正道。

最后谈到改组中央银行问题，这与前两个传说，颇有不同，业已渐次成为事实。据中央社南京三月三日电讯：中央准备银行法草案，现在中政会财政、经济、法制三个专门委员会联会审查中，最近期内可呈经中政会核定，发交立法院审议。多数财政经济学者，均主确定该行立于超然地位，使尽"银行的银行"之职务。经当局缜密研究之结果，似有采纳可能云云。这是很好的消息，我们很不希望它是谣言而为事实所否定！我们如果希望我们的法币制度，能够始终圆满进行，不发生任何危机与破绽，最根本的办法，就是确保中央银行的经营，超然于财政部的直接支配之外，不为岁出的方便，增加法币的流通，是通货制度走上恶性膨胀之路！国家对于金融的统制，在现在这个时代，不用说，当然是必要的。但是需要统制的，是政策、是方针，是为全国人民的利益，而不是为政府开支的方便！这种道理，无论是中央发钞银行或是地方发钞银行，都应该深刻地注意，坚定的遵守，才不致演成时代的悲剧。所以我们听到改组中央银行的消息，很希望它不以传说而止，而要有事实的证明。

此外还有更根本的问题。大凡谣言的形成，总要经过三个阶段：第一，在事实上已经有了问题,而且急待解决。第二,负责方面,尚未拿出正当的解决办法。第三,于是有关系的各方面,各以不同的利害与立场,善意的或恶意的,提出种种的推测,于是而有谣言。所谓"似是而非",纵然是非,也颇有似是之处。前年财政部实行法币改革时,曾经宣称:十八个月以内,总要叫国家预算平衡,使不致危害法币政策的基础。现在已经过了十六个月了,我们国家的岁计,在常态财政之下,是否已经得到平衡?还没有明显的事实,足资证明,于是种种推测,缘之而起。所以今日最迫切的要求,还是由政府方面,下大决心,有真办法,在平时,先做到岁计的平衡,则其结果,必能使有害的谣言,不辟自消,有益的传说,顺利实现。全国国民,都在那里虔诚地祷祝呢!

最近财政之传说与现实[*]

（一九三七年三月十三日、十四日、十五日、十六日）

这种题目在英文杂志上时常见到，惟我国尚少文字检讨，今承贵院长邀请，有机会与诸位先生及诸位同学一堂讨论，不胜快慰。个人拟对本题分作五方面来讨论：（甲）概论，（乙）中国财政之收支，（丙）中国财政收入现状，（丁）最近财界之传说，（戊）我国民应有之认识。今分别讨论。

（甲）概论

一、普通研究财政者恒多注意财政之技术性，认其为政府之工具，因之财政学每便被研究财政者视作政府或统治者之学问。如在中古时代财政学者之称为官房学派，为皇室之谘询。然发达至今日，其意义已扩大而成为社会之学问，此说非个人所倡，即如最近英财政学者 Joseph Stamp，于政府方面担任多种职务，对学术亦多研究，著有《租税原论》(Fundamental Principle of Taxation) 最近出版，其对财政观察主要观点有三：（一）个人观点，（二）哲学观点，（三）社会观点。而财政学之于今日已早脱其政府立场而有其社会立场，即对财政学之观点已进化而作社会观察，注意全国之福利，此在今日之我国尤为需要。故（一）如何为政府造成财政之公务人员或财政领袖（此为人所共知之切需），（二）以纯社会立场研究财政，替社会从财政方面做贡献，为我国当前之两大急务。近年来因全国精诚团结，埋头苦干，前途已较有希望，于是个人研究学术之负担当亦随而增大。将望大家共同努力，期从社会舆论及教育方面造就此项人才，以满足我国财政上之要求。今日提出此问题与大家互谈讨论，即由社会立场立论，由社会立场讨论财政问题，为任何政府所注意。惟普通现象，则以政府无论发达进步至何阶段，终难完全顾虑社会利益，而偏向政府实际情

---

[*] 此文系作者在平大女院所作的学术演讲，由晓君记录，刊载于《北平晨报》。——编者注

形，是所宜多注意之点。至以社会立场讨论财政，则宜注意国家政府财政之实际要实，不得徒务空论。

二、财界，财界两字在英文及日文中常用，我国所称之金融界即英、日所谓之财界，广义之金融包括政府财政及金融，今日之公债以金融市场为基础，而公债实属财政项下，是故公私经济互相关联，自我改行新币制以来，公私经济关系益密。

三、传说与现实之释，个人讨论此题目之发出，为先观察事实而后注意传说，于新币制施行之时，曾注意我国财政之实施，及其对财政之影响如何。先有事实之观念，继对稍有关系之传说，即予以注意，以便分析考证之。

（乙）中国财政

我国财政之中心问题为收支不符，而此似已成固定化，有连续性，最近几年来无一年财政上不发生亏损。依民国二十三年财政报告，民国十九年亏损二亿一千七百万元，对总支出之比为百分之二十八；民国二十年亏损为一亿三千万元，对总支出之比为百分之十七点五；民国二十一年亏损八千六百万元，对总支出之比为百分之十二点二；民国二十二年亏损一亿四千七百万元，对总支出之比为百分之十七点六；民国二十三年亏损一亿九千六百万元，对总支出之比为百分之二十点八。民国二十四年尤多，竟达二万万元以上，我国财政之巨额亏损现象，不仅财政者应加注意，即一般国民尤应注意之。值此国际风云险恶，各国扩军日烈之秋，军扩财政实为各国所切迫关怀之事，我国处此困难危境，岂可墨守而无策划乎。

（丙）中国财政收入现状

我国财政最大收入，厥为关税一项，故对关税须特予注意。依海关报告，去岁一月至十二月之收入为三亿二千四百万元，较二十四年之收入三亿一千五百万元多九百万元，百分数为百分之二点八。当走私事件猖獗与国际贸易衰落之际，关税收入能有增加，一般人颇引为喜，实则于国际贸易入口比前年减少百分之二十，出口仅增百分之一情况下，我国关税之增加，不过为因币制改革，金银比价与而前不同，换算率改变，发生之数字上之增加而已，并非实质之收入增多。同时每年三万万以上之关税收入，并不能任政府自由使用。其中一部须以偿还外债（因外债多以关税为担保）。如民国二十三年关税收入为三亿三千四百万元，其中用以偿还内外债数额为二亿二千万元，所余只一亿一千四百万元；民国二十四年收入为三亿一千五百万元，其中用以偿还内外债数额为二亿一千六百万元，所余只九千九百万元；民国二十五年收入为三亿二千四百万元，其中用以偿还内外债数额为二亿一千二百万元，所余只一亿一千二百万元。依预算（根据现有事实）自民国二十六年至民国三十九年之二十四年间，所应付之内外债总计共有四千九百万镑，五千一百万美金，三亿二千万法币，合计银元四十二亿八千万元。依关税每年三亿计算，民国二十四年关税收入之总额不过为七十二亿，扣除内外债之偿还数额，所余极为有限。不足供实财政开支，况今国际趋势，将对汇兑贸易施行管理收缩，因之今后之关税收入不再会增加，乃可断言之事。关于内债一项，最近正于民国二十五年十二月三十一日，欠而未偿者，政府发行之公债为十八亿二千九百二十五万元，由中央担保之省公债为二亿零八十万元，合计竟有二十亿三千零五万元。公债发行虽不如日、欧之多，然国库之虚弱实为日、欧所未及者，况将来新公债之发行尚不敢必，是故我国公债之负担甚大。再因钞票之发行财政每得增收入，依三月一日发行准备金报告，中央、中国、交通、中国农民银行（最近始获得发行权）以及普通商业银行如大陆、中南、金城等所发钞票，总计去年一月底为八亿七千二百万元，今年一月底为十三亿七千九百万元，增加额为五亿。至于我国发钞增至如何限度始称为货币膨胀，实须研究，有谓行新币制，现银集中，增发钞票，市面筹码不至有何影响，然若将来再续增发，其破绽仍能隐藏否，实待讨论。

（丁）最近财界之传说

最近关于财界之传说，即"我国财政将往那去？"问题，我国现阶段财政之困难实为确切之事实，须为挽救又为切需，而财政当轴者，未发表其妥善办法。彼等之设想亦多顾虑不便发表，因之金融界、新闻界及一般关切财政之人民便有种种积度与传说：

如一、上海《金融商业报》（*Finance Commerce*，Edward Kann）本年第七号载我国法币准备将有更变，此项消息中文报悉无登载，谓我法币准备将由百分之六十改为百分之五十，保证准备由百分之四十增为百分之五十。耿爱德

（Edward Kann）谓此消息无关紧要，即实现亦无多大影响，然设从多方观察，当不免有种种影响，行法币制，而现银集中不能兑换。故今日之正货准备与前年未行法币前所有之正货准备作用不同，因之其多少并无关系，过去发行准备多，亦不过便于兑换耳。由此点观察，耿爱德所见当然正确，如从另一面观之，今日之正货准备虽失兑换效用，但其准备虽无实质作用，而其心理作用尚存。是以法币正因其不能兑换，致其心理作用益得加强，代表价值与信赖程度每因而增及，发行正货准备多，人民对于政府之信赖当较深，故谓成低发行准备之百分率不可谓为无关紧要。同时准备金对外未减实质作用，因法币无外付效能，对内准备百分数大，则不能随意外汇现银。设减低其百分率，则外汇可能性大，是准备金不特对内有其心理作用，对外尤具有实质作用，此耿爱德所未晓。此外准备金对发行具有拘束力，设无充分之准备，必无发行权可行使，百分率减，其拘束力变小，而其安全性亦随减小。

二、发行国防公债。此项消息传出极早，十二月十二日《世界晚报》及最近之《晨报》皆曾有登载，如英文《北平时事日报》二月二日社论载有消息谓：蒋委员长在三中全会上提出五年计划，要点有四：（一）军队效率之增进，（二）军器效用之增进，（三）空军之扩充，（四）地方军队之改编。曾与沪金融界接洽，发行军备公债，缩减一般之政费，即利用节流方策，以期用余款直接或间接充实国防。三月六日《世界日报》亦登三中全会曾讨论三年经济计划，闻已为中政会所采纳，费用需二十亿以上之巨款，此皆传说，未敢即信。挽救财政穷困，增发钞票危险性大，增加税收性慢，是故其可用之途径仍为增发公债。三月八日《大公报》社论载："法国发行国防公债以整理财政扩军……"，此项消息颇足提醒我国，且亦足以告诫国敌。设我国采此同一方策，实不必大惊小怪，又传我孔财长与英财长见面将商洽中央贷款，是知我国期有国防建设。不特发行公债以充资用，尤有借重友邦贷款助成，过去我国人民对于政府发行公债颇多反对，然今日已有事实证明。我国日渐走上国防建设途径，财政亦当同此政策，因此深望我国人民今后勿再徒作反对，宜两害相权而取其轻。今后国民之任务乃在极力督促政府务以公债之发行必用之于国防建设。

三、中央银行改组。改组中央银行非仅一般国民之要求，每为政府所允准之事，改中央银行为中央准备银行，其资金各普通银行供给，使其造成一超然之机关。最近中央通讯载：准备银行草案已拟妥提呈三中全会讨论，闻现已交付立法院审核矣,在一般金融界之意见有二:一派认为改组中央银行为中央准备银行,可使之不受国家财政之影响实属有益。另一派则主张我国既已采决统制经济政策,对中央准备银行又独任其超然,如此是否能名符其实,得为一超然机关,尚待考论。上二派之意见各具理由,然亦不免各有偏见,其实吾人可从理论与事实两方面来观察此事件。(一)关于中央准备银行之业务与经营须绝对居于超然地位,至对政策与方针政府须有干涉指导之责任与权限,而此实为中央银行所应接受者也。(二)在理论上应为超然,事实上待国家危极之秋,有战争之时,依苏俄之经验可将超然之中央银行由政府予以实际统制。此等事件为一般国民派应赞成之者,于平时其可立于超然地位,而遇战时则应变更政策,此所须注意之事实。论财政之原则乃为平衡收支,此目前我国尤应特予注意,期本年期我国能有财政平衡预算,是乃众望之事。

为时间关系,不能详细与各位讨论。关于第五点(戊项)国民应有之认识,仅付此节中略言之云。

注:原讲演人来函照登

鄙人本不长于辞说,此次承邀讲学,词不达意之处所在多有,讲后承记录晓君及报馆方面,即时予以发表,甚感劳谊。惟以未经校正,深愿得暇重写,以就正于当世,诸希亮察是幸。

崔敬伯拜启
一九三七年三月十五日

螺线型财政的透视*

（一九三七年四月四日）

讲摩登的，无不知有流线型。太太们裁新装，要流线；达人们御摩托，要流线。流线之普而为型，早已有目共睹，然亦知有螺线型乎？

社会上螺线型的表现，可以说是不一而足。就业的人数与机会，是一例；经济的生产与消费，是一例；财政的收入与支出，又是一例。关于就业的全国调查，现在当然找不到；但是我们可以说：求业的人数，是一年比一年多，而授职的机会，总觉着一年比一年少。一方沿着扩大螺线，他方则沿着收缩螺线，形成螺线的背驰。

再看经济。在消费方面，无论数量、种类、价值、范围、速度无不沿着扩大螺线，一年比一年大。穷乡僻壤都弥漫着独占资本商品的狂流，劫后农村的断壁颓垣，还可以看到残留着的哈德门香烟的广告。但是在生产方面呢？无论有固有，是新兴，所有生产的数量与价值，以及分配到每一个生产参加者的购买力，就全社会讲，似乎是沿着收缩螺线，一年比一年小。如与消费对比，又是一个螺线的背驰。

再看财政，历年各省收支的确数，是无从计算的。只就中央财政所昭示于民众的数字来看，在岁出方面，从十年前（民国十六年度）的一万五千余万，膨胀到十年后（民国二十五年度）的九万九千余万。区区十年，如此扶摇直上，够得上螺线的扩大了。同时在岁入方面，从十年前的一万四千余万，增加到十年后的七万六千余万，固然说不上螺线的收缩；与岁出对比，也说不上螺线的背驰。但是二者之间，不能作到"同步调"的发展，即不免形成岁计的亏短，即财政赤字。民国十六年度的赤字不过三百万，民国二十五年度的赤字竟达二亿二千二百万。岁出则"奔轶绝尘"，岁入乃"瞠乎其后"，纵不是背驰的螺线，已不免形成跛行的螺线。勉强跟上一些，总是一长一短。长短相违，愈差愈大。

---

* 此文刊载于北平《实报·星期偶感》。——编者注

再进一步的分析。岁入数字的增加，仍有许多条件要考虑。岁入的真正增加，应该是税源的增殖，而不必靠着增加税率。但是吾国税收近几年来最显著的特征，便是税率的改订。最近中政会决议加税案，所有卷烟、火柴、棉纱、水泥的加税，尤可证明。倘使税率不增，则以数年来内外经济的萧条，一般民力的凋敝，反映到岁入上，难免不为螺线的收缩。又如去年（民国二十五年一月至十二月）的关税收入，总额为三亿二千四百万元，较前年增收九百余万元。但在实际上，增收的原因，主要的乃因法币政策实施后，银对金的比价下落，以关金换算法币，当然要虚涨一些，岂能与真实的增收相比？我们看去年的出口贸易，较前年仅增百分之一。而进口贸易，却减少百分之二十。吾国关税，向来是靠着进口贸易的。进口减少，税收又怎能增加？由此看来，岁入对于岁出，不仅表现着跛行；有的方面，且不免于背驰。

在政府，当然早看出这事不妥。所以最近"中央拟定财政计划，竭力紧缩政费，俾得收支适合"，我们认为这是当前最扼要的办法。这一着办到了，然后改组中央银行，树立建设计划，方有基础可寻。否则岁计上的亏短，老在那里加大，而弥补之道，又不能老靠着增税与募债，那时通货膨胀的诱惑，势必加强，立法机关无论把中央储备银行法的条文，规定的如何"超然"，总有力量叫它不能超然于财政要求之外，以发钞应付政费，早晚走入恶性膨胀的穷途！所以我们要以全国上下各方的力量，促成紧缩政策的成功，不要叫国家的岁出，老是沿着扩大螺线的旧路，尽量狂奔，那才是救亡图存的根本招数呢！

财政部与中央银行*

（一九三七年四月六日）

"财政部与中央银行"，本是一个现成的题目。在一九三四年，英国有一位学者 David W. Dodwell 便用过这样的题目，写成一部很有分量的作品。当时我们读到此书，仅认为有学术的价值而已；想不到一入一九三七年，随着中央银行改组的呼声，很自然地，叫我们又想到这个旧题目。中央银行为什么要超然？所谓超然，是对着什么说的？用什么方法，才能实现超然的理想？要有什么条件与力量，才能克服可有的阻碍？对于以前的支配力量，纵令作到超然，此后又将有什么把握，才能躲开"扶得东来西又倒"的覆辙？这样一追问，则中央银行与财政部的关系，遂成为问题的中心。

这一个问题，所应讨论的方面，太多了。朝野各方，都该殚精竭思，献可替否，为中国民族经济，作长远的打算。既不可掉以轻心，又不容夹杂偏见，要能极客观地，正视问题的核心，从几个主要观点入手，然后办法方有着落。

不仅在当政者方面，便是在人民方面，对于财政与金融的分别，大抵不甚措意。以为中央银行，当然是财政部或中央政府的一部分；省银行当然是省政府的一部分；市银行当然是市政府的一部分。这样的认识，几乎普遍于社会各方，早认为没有考量的余地。一旦有人主张：财政部与中央银行或是省政府与省银行，应该分清，也许有人以为怪诞不经。须知中国政治与中国金融，演变到了今日，即与几年前相较，业已大不相同。我们要认识：财政仅是政府出纳的经理，而金融则系社会活动的权衡。在代理金库一点，金融固可为财政帮忙；但在发行纸币一点，银行就该为社会服务。以社会经济的需要，为流通纸币的准标，而不能以印刷钞票的机器，供筹款开支的方便。因为现代的币制与金融这套玩艺，太精致而微妙了。运用好了，真可以出神入化，起死回生，使政府与社会，两得其益。但若运用糟了，也可以弄得天翻地覆，使政府与社会，交受

---

* 此文系作者为《北平晨报》撰写的社论。——编者注

其累。所以，财政与金融应该分清这件事，无论从政治当局着想，或是从银行当局着想，都是亟应了解，亟应坚持弗失的大事情。明乎此，方能认识中央银行为什么应该超然于财政支配之外，而不可与财政相混淆，此其一。

我们主张中央银行应该超然，决不是书生之见，也不是故意和政府闹别扭，这可以提出两个观点来说明。第一，中央银行应该超然，主要的是指着经营和业务方面来说；至于方针与政策，政府可以有权力以指导中央银行，中央银行也应该有义务，以服从整个国是的指挥。如果把"超然"两个字解释为：几个商股的代表人，可以完全不受政治方针的指示，仅以金融资本的利益为前提，当然不是主张超然的原意。要在以社会的立场，维护大多数民众的生活，从发钞、准备、再贴现以及公开市场政策各方面，取得经营的独立，而不为政府的财政要求所左右，这是应该注意的一点。其次，我们所希望的超然，应该注重平时。需要我们在平常无事的时候，竭力作到超然，越超然越好。但是一到民族生死存亡的关头，我们便要拿出可有的力量与方法，争生命于俄顷；到那时节，我们的政府便是把中央银行拿过来放在直接支配之下，也应该得到人民的原谅。民族如果保不住，还讲什么超然呢？超到什么地方去呢？这又是应该注意的一点。不过，我们要知道：吗啡针、强心剂，真到必要的时候再用，才有用。如果在平日就用惯了，效用也便没有了。所以说：在平时，是越超然越好！这不是书生之见，这是人生的教训，要我们来认识，此其二。

我们都知道：干柴近烈火，是很容易着起来的。赤字财政好比烈火，发钞的中央银行好比干柴。财政部与中央银行的关系，如果太密切了，好比烈火近干柴，所以非隔开了不可。但是我们还得要深一步的认识，赤字财政的火焰，如果老是在那里翻腾，老是在那里蜿蜒，你便是把干柴搬到多远的地方，"赤字"的火焰，还是要飞到的。换句话讲，如果我们的赤字财政，没有根本消弭的办法，便是把中央银行弄得怎样超然，法币的前途，还是没保障的。所以根本的问题，倒不在中央银行是否超然，而在我们的岁计，能否相抵。平衡岁计，方是改组中央银行能否成功的前提，这又是我们全国上下亟应注意的事体，此其三。

以上先就一般不甚措意的地方，加以初步的认识，俾国人对于中央银行改组问题，得到一些分析的参考。至于最近政府提出的中央储备银行法案，尚未窥得全貌，且亦非短文所能尽。甚望全国舆论，能从本问题的各方面，不断研讨，必能于政策的树立，多所匡益。西哲有言：有什么样的人民，就配有什样的政府；同样的，有什么样的人民，就配有什么样的中央银行。我很同意这几句话。

当前中国财政问题[*]

（一九三七年四月）

引 言

随着时间的迈进，社会永远是不断地向前运动。专就财政来看，自入一九三七年，无论中外，请看，表现出的新事态，该有多少。而且这些新事态，都和我们每一个人的生活的现在及未来，发生极密切的关系，不容我们忽视，不容我们缄默。我们的一知半解，固然不见得把握住事态的全貌。但是涓流成海，国民是不能放弃其应有的责任的。

这五篇文字，是在最近三个月中，陆续发表的。题目是随时想到，原没有什么系统与计划。不过对于这些不同的课题，所根据的分析与批判的态度，却有一贯的联系。第一篇《军扩财政的新姿态》，曾载一月十九日《北平晨报》，是由本年世界的动向，推论到中国财政的当前问题。第二篇《最近财界之传说与现实》，曾载三月六日《北平晨报》，是以曲突移薪的见地，对于当时的财政传说，唤起朝野各方的思患预防。第三篇《螺线型财政的透视》，曾载四月四日《实报》，根据最近十年来吾国财政的经验，作一种尝试的剖析。第四篇《财政部与中央银行》，曾载四月六日《北平晨报》，系就当前财政问题的核心，在尚未具体解决以前，贡献一些国民的跂盼。第五篇《举债与增税》，则对于最近的增税问题，先从各国的经验与理论的推绎，寻求其可能的动向，以为树立政策的参考。

这仅是一个学人对于国事的一点关心。很客观地，思以一得之愚，为国家大政，尽献替之职。裨谌谋野，房杜救时，大家是各有各的任务的！

一、《军扩财政的新姿态》（《北平晨报》社论一九三七年一月十九日）

二、《最近财界之传说与现实》（《北平晨报》社论，一九三七年三月六日）

---

[*] 此文发表于《国立北平研究院经济研究会丛刊》。——编者注

三、《螺线型财政的透视》(北平《实报》星期偶感,一九三七年四月四日)

四、《财政部与中央银行》(《北平晨报》社论,一九三七年四月六日)❶

在战时财政或"准战财政"的局面之下,政府对于人民的要求,诚如美学者维尔斯(David A. Wells, 1827~1898)所言:"只要有收入;而且要敛得快,筹得多;"许多财政理论与课税原则,至此已无从容审虑之余地。不过筹款的方法,究竟要那条路?则因各国国情与其社会条件,颇有不同。一般所谈到的,可分四种:第一种是偏重增税,第二种是偏重举债,立论各有根据,都成言之成理。一遇国家有事,需要巨额收入的时节,我们辄能听到"增税乎?举债乎?"的喧哓。结果还是要看各国的经济实力与行政效率;强一些的,才能增税,弱一些的,只好借债,以实力为判断,而理论的选择无与焉。于此还要注意,主张借债的,并不是一点税不增;主张增税的,并不是一点债不借,不过重心有专注、分量有等差而已。第三种是借债与增税并重,所谓"五十与五十之理论",以为两者要得其平,不可偏重。第四种是"隐匿的增税"或"强制的借债",亦即一般所称之"通货膨胀"。通货膨胀在开始的时节,颇等于强制公债,关饷发薪,受者不能拒绝,而且票面书明:凭票即付国币若干元,岂不是借债的形式?但是膨胀的延续稍久,货币的价值降低,仍以同一的钞券,购买向来之劳力,则对于跌价纸币的受领者,不免是一种损失,等于对国家负担了一种新税,故学者称之为"隐匿的课税"。以上四种,均为世人所习知,无庸细述。

但于上述四种之外,犹有一种,而为吾人所不可不注意者。问题所在,既不是"增税或举债",也不是"增税及举债",又不是"隐匿的课税与强制的借债"。而是——以增税为举债的支柱,使债与税之间,结成依倚的连带。本来课税收入,乃岁入的常态,而借债收入,仅是岁入的变态,一属经常而一属临时,主从之分,显然可见。但是一国的财政,倘若沿着赤字路线,作螺线型的扩大,岁计的亏短,不仅延续多年,而且愈陷愈深,势必因赤字的延续化,演成公债的固定化。寅支卯粮,靠债度日,使借债收入,由变态进而为常态。

在英美进步的国家,政府向人民借债,是不必提供担保的。但在政治落后的国家,则担保品的确实,乃政府举债最主要的条件,如无抵押,"免开尊口"。担保品的形态,不只一端,如国有财产,如国营事业,不必专靠税款;而以税收作抵为最普通。政府借债愈多,税款作抵愈巨,税收所入的主要部分,俱供举

---

❶ 上述四篇文章在本文集中单独刊印。

债担保之需,则所余以供岁计之经常支出者,必渐有限。侍婢本是服侍夫人的,至此则"婢作夫人",公债本是补充税收之不足的,至此则课税反成为借债的支柱！事实而至于此,已不是"增税乎？举债乎？"分别选择的问题；而是以举债为目标,先以增税为觅得担保的张本。

如以增税为募债的张本,则增税本身所入之多寡,是否即能直接应付政府之要求,似已不成多大问题。假使专靠增税以应付支出,则增税之后,既无把握必能增收；纵使增收,也无把握必成巨额；特此以应付赤字财政的迫切要求,何能济事？但是以此为担保而发行公债,即能比照可能的税收,发行多至若干倍的债额,而以此后多年的税收,从容偿还,岂不合乎"来得快,收得多"的条件？这不是推论,这是事实,从前有过这样的经验,现在又要有这样的表现。

增课统税,除高级卷烟外,如棉纱、如火柴、如水泥,都是对于生活必需品的课税；在消费税系统中,已经是很坏的课税；至于增课盐税,那更是显然地属于"大众课税"了！仅以这样的课税,填补赤字,已觉不妥；倘再以增税为举债的支柱,岂非以大众普遍的负担,经过公债的机构,促成少数局部的资本集累？谅非健全经济政策与财政政策所宜出。自然,当国家举行大政的时节,倘有所需,人民是有输将的义务的,是要了解政府的苦衷的。但是在政府方面,将如何使增税或募债所入,必能用之于国防,必能用之于建设,而不徒为赤字填补？将如何深澈认识：以课税供举债的资本集中的行程,而不致轻于尝试？将如何厉行政费的紧缩,打破十年来岁出螺线的扩大,予全国以民族更生的启示？想当局,必能认识此千载一时的时机,在财政方面,有划时代的表现。

从"租税国家"到"企业国家"*

（一九三七年四月二十七日）

近年各国财政，有一个很普遍的趋势，正在那里发展，尤以踏入民国二十六年，来得更显明。不仅外邦如此，在吾国也颇有这样的朕兆。将来走到如何地步，固不可知；但在客观的事实上，总不免反映一种新的过程，那便是——从"租税国家"到"企业国家"。

这两个看着很面生的术语，在一九一七年，已经被德国经济学者所采用。近来日本学者也颇注意及此，如大畑文七教授，便用过"租税国家论"的课题，写过一部佳著。所谓"租税国家"，是说政府经济生活的主要来源，是从课税得来。国家收入，十之八九，都要仰给于租税。不仅中国如此，许多先进国家，也是如此，这可不待数字来证明。例如民国二十年度的财政报告，岁入总数为六亿八千二百万元，仅仅关、盐、统三大消费税，即达五亿九千九百万元，占总收入的百分之八十八点二。又如民国二十一年度的财政报告，岁入总数为六亿七千一百万元，其中仅关、盐、统三大消费税，即达五亿六千四百万元，占总收入的百分之八十四。假若没有这五、六亿的租税收入，则我们政府的生活，立刻便要发生问题。从这一点看，称它为"租税国家"，似无不可。至于"企业国家"，是说国家发展到一定境界，政府的功能，已不在课税方面去发挥，而要在经营企业方面去发挥；国家收入的主要来源，已不再靠着赋税得来，而要靠企业得来。生产事业的主要部门，既是收归国营，则私人企业家，便要失掉凭藉私营企业以得利益的可能与机会，而"租税国家"失其根据。

从租税国家到企业国家的过程，可以从三方面去观察。据本年一月中旬发表的一九三七年苏联国家预算，收入总额为九百八十亿六千九百万卢布，其中主要部分，均从社会化经济事业得来，至于资本主义国家所艳称而列入预算第一位的"直接税"，在苏联预算，仅占百分之三。据伦敦《经济周刊》（The

---

* 此文系作者为《北平晨报》撰写的社论。——编者注

Economist）记者的解释，以为这里边有一种道理，以为："如果你只是打算着再把它拿开，为什么容许人们去赚钱"？这句话最足以说明：从租税国家到企业国家的哲理；这是一个例子。近来我们在东邻的出版界，常常看到这样一个新名词——准战时经济体制。在这种口号之下，如日本、如德国，为备战之故，特别在经济活动方面，厉行统制政策。这就是说：在产业的所有和经营方面，名义上虽然维持着从来私有和私营的制度，但是在方针和体系上，却要以民族备战为理由，将国内若干种制造业、采集业、交通业以及金融业，严格地置诸整个国家统制之下。战争虽未到来，但在企业经营的方针上，已不容私人或私团体的自由，而要系统的编入一个整的体系之内，故称为"准战时经济制"。这种趋势，当然也是朝着"企业国家"的方向走，虽然它的指导原则和苏联不同，这是第二个例子。最后谈到中国，我国财政的困难，是尽人皆知，如何打开？不外一些开源节流的老调，开源的方式甚多，加税、借债与通货膨胀，国人讨论，已甚详尽。即在加税之中，有的属于"增率"，增加现行的税制的税率；有的属于"增类"，即于旧有税类之外，增设新的税制；有的属于加紧征收方法；有的属于改订征税标准。如最近对于盐的课税，拟改公斤为市斤，结果是不增率，不增类，依旧可以得到加税的效果。这花样已不少，然而仍是属"租税国家"范畴里的东西。此外，另有一种新趋势，要求国人加以深澈的注意。过去不久，财政部曾经派员出国调查"专卖制度"，归来曾有报告书，且有许多建议，这是报纸上曾经发表的。再看近来各种国营企业，如缫丝厂、纺纱厂、造纸厂等等，都在那里计划，有的且经着手，这些消息告诉我们什么？似乎是说，我们政府，也朝着"企业国家"的路子走。举办这些国营事业的动机，固不尽出于财政，在这泛世界准战时经济体制的高潮中，中国自不免受些影响。但是我们的这一套，终与上述两事，不甚相同，这又是一个例子。

"企业国家"，在指导原则上，有他的经济背景；在政策运用上，有他的政治目标；在人事管理上，有他的任官制度；在技术经营上，有他的系统训练。同是朝着"企业国家"的方向走，但是我们可以断言，所得的结果，决不会相同，就因为上述四条件，都具有很大的决定力！这种新趋势，在中国还在萌芽时期，要国人刮目相视，望国人群起讨论。

所得税与现代生活*

（一九三七年五月八日）

以课税的公平作标准，批评现行所得税法的结构，当然有许多，不能令人满意；以个人的情感作出发，宁愿在马马虎虎之中，被人转嫁了许多消费税，也不愿被政府指名唤姓按住葫芦扣子儿，交纳一些直接税。从前英国一位很有名的政论家柏尔克（Edmund Burke）便有过这样的名句："课税而能取悦，如同讲爱而能凭理智，是未曾赋予人类的。"这话说得最透亮。本来在"租税经济"之下，对于政府，固然是一种收入，对于个人，未免是一种牺牲。既是一种牺牲，人们只有躲着它，谁还欢迎它？只有盼它不来，谁还盼它来？就是来，也是晚来的好，晚来一个月，少拿一个月。人们对于新税的推行，所以先求免，继求缓者，也就是这个意思。

租税是一种"牺牲"，不错的。财政学上，对于租税根据的讨论，也有所谓"牺牲说"。但是我们要知道，那一个国家的政府不课税？那一个国家的人民不牺牲？最近四月二十日英财长张伯伦提出的新预算案，对于所得税的税率，提高到每镑五先令，人民对于所得税的负担，重到所得额的四分之一。此外还有一种新税，叫做"利得发达税"（growth of profits tax），凡营业利得，超过两千镑的，都要另课一种新税，这牺牲可够瞧的了。于此要我们注意，牺牲既不可免，怕它也是不行，只要有牺牲的标准与代价，我们又为什么不可以牺牲呢？

先言代价。租税论中，有所谓"最小牺牲说"，简单的解释，就是说，课税不怕课税，要选择其牺牲最小的。这里边有二义。其一，在许多种租税中，那一种课税，对于人民的牺牲最小？理论比较的结果，参以各国的经验，直接税系统中的所得税和遗产税，较之间接税系统中的必需品的消费税，对于人民的牺牲，总要小的多。于此还要注意，课税牺牲的分量，总是随着收入额数的增高，而次第减轻的。古人有言"九牛一毛"，很足以说明这里边的道理。其二，所

---

* 此文系作者为《北平晨报》撰写的社论。——编者注

谓"最小牺牲"，尤应比较岁入与岁出。国家课税，对人民是一种牺牲，不错。但是因为支出而用诸国防的结果，使人民免去许多生命财产的牺牲，双方衡量一下子，是不是可以把课税的牺牲，减至最低度？我们不要怕拿直接税，而要有热情，有办法，教政府一定要把直接税的收入，用之于国防，那才是正面应作的文章呢！

次言标准。我们不怕牺牲，而要在社会的水平关系上，能够作到"均等牺牲"！盐税的负担，最不均等了。收入巨万的，吃那些盐；仅博蝇头的，也要吃那些盐；对于盐的需要，贫者较之富者，依赖的程度还要迫切；然而所纳的税，并不因纳税能力的不同而有所区别，这能算"均等牺牲"么？所谓均等，不要指表面的数字说，而要指"担税的能力"！收入特多的，要按累进的税率，特别课得多；收入特少的，要按减免的规定，课得特别少，甚至于不课。能备有此等条件的，除所得税与遗产税，又将于何处求之？

我们人的生活，总是想着叫它现代化。宫殿式的建筑，里边总是装电灯，决不会三百六十天，天天"红烛高烧"。怎样阔的人物，也不愿坐上"牛步迟迟"的八抬大轿，而要来一部一九三七式的流线型。我人的每月支出，不出上几笔登山、泅水、打球的运动费，够得上现代么？不出上几笔购书、订杂志、阅日报的文化费，够得上现代么？同样地，以二十世纪的国民，在直接的纳税支出中，而没有所得税，够得上现代么？我们既是不能转回头再过原始的生活，就应该在种种方面，力求其现代化。我们既是拿了现代化的租税，我们就有权要求政府，发展现代化的支出，而且将一切不合乎现代化的税收与开销，尽量削减，那才是"摩登时代"的人们所应有的努力呢！

最近十年中国财政批判*

（一九三七年五月十二日）

> 这篇文字是崔先生三月二十九日在南开大学的讲稿，同学笔记后，又蒙崔先生修正，特此揭布，以飨读者。
>
> 编者

一、引言

本月十八日，是国民政府成立的第十周年纪念，我们国家的财政，至此已有十年的历史。十年的时间，不算短了；人生在他的过程中，每到一个段落，总要回首瞻顾一番，"行年五十，而知四十九年之非"，有了过去的检讨，才能认清此后应走的途径。古人早经说过："前事不忘，后事之师"；又说："不知来者，视诸往"；所以我们对于最近十年的中国财政，在这朝野各方发奋图存的时节，确有提出检讨的必要。

我人对于中国财政，不单是乐观论者，也不单是悲观论者。社会现象，本如海上波涛，那一方不是升沉起伏，鱼龙变化？人们凭着空间站得那么小，时间站得那么短的一副眼光，硬要说这些都是乐观的，或者说这些都是悲观的，自己若肯琢磨琢磨，也不免觉着好笑。古时的聪明人，不是早经说过么，"祸兮福所倚，福兮祸所伏"。你看着是祸，别糟心！这里边有福的成分；你看着是福，小心着！这里边有祸的成分。所谓全部人生，即是充满矛盾的东西。有矛盾，才有前进；能前进，自解矛盾；惟有停顿而不肯前进的，才被牺牲在人生的矛盾中！所以我人对于中国财政的研究，始终抱定"客观"的态度，从事实的反映，找

---

* 此文发表于天津《大公报·经济周刊》第二一七期。——编者注

理论的解释。以下试就岁出、岁入、公债三方面,分述之。

二、关于岁出

岁出是一国政治活动的反映,岁出的是非,不在岁出本身。一国的政策往东,岁出随之而东,政府的方针尚武,岁出随之而武。岁出对于国策,恰如影之随形,形之不端,影怎能直呢?然而一国的岁出,毕竟是测验政治的标尺;从岁出的膨胀,可以测定国家活动的范围,从岁出的分配,可以测定政务分野的大小,持与岁入的变化相对比,可以窥知一国财政的全貌。试就中央政府历年所昭示于民众的财政报告暨预算数字,将十年来的国家岁出,列表如下:

年度	岁出总额(圆)
民国十六年度	151,037,578.50
民国十七年度	434,440,712.92
民国十八年度	539,005,919.25
民国十九年度	714,468,144.15
民国二十年度	682,990,864.15
民国廿一年度	671,924,755.91
民国廿二年度	828,711,688.16
民国廿三年度	918,111,034.00
民国廿四年度	957,154,006.00
民国廿五年度	990,658,450.00

我们不用举出许多烦琐的数字和比率,只从上列简单的大数来看,已可窥知一件极显著的事情,便是岁出膨胀。本来岁出膨胀,是世界各国通有的现象,并不限于中国。膨胀的原因,大体亦当相同,似无专就中国加以检讨的必要。岁出的膨胀,如果认为是历史的必然,那就想法子找收入好了,何必再讨论岁出?经验告诉我们:"开源"与"节流",形式上当然是老搭档,同时挂在人们的口头;但是结果呢?节流总是匿迹销声,而开源却要兼程并进,穷通之悬隔如此。古人早经说过:"取之尽锱铢,用之如泥沙",这种不合理的现象,岂只财政为然?我们睁开眼看一看,今日社会的生活,还不就是这个样子么?

人类毕竟是理性的动物,而且客观环境,发展到某一阶段,不容人们再因袭故常,而要他改弦更张。最近中央"拟定财政计划,竭力紧缩政费,俾得收支适合",便是这种表示。因此我们又想到:岁出膨胀,究竟它的原因在那里?对于膨胀的原因,如果没有根本对付的办法,光说紧缩政费,行得通么?我们政府的岁出,只就政府所昭示于民众的数字来看,从民国十六年度的一亿五千一百万元,膨胀到民国二十五年度(预算数)的九亿九千万元,十载之间,一年比一年多,可以说是"螺线的扩大"了。究竟以何因缘,才促成这样的膨胀呢?

寻求吾国岁出膨胀的原因,有四个方面要注意:第一,现代国家所有,我们也有的;第二,现代国家所有,而为我们所缺乏的;第三,古代国家所有,我们今日还不能没有的;第四,现代国家所没有,而为我们所特有的。吾国岁出,和并世各国不同的地方,不仅在内容,在用途,在膨胀的速率,更在其经济的和分配的影响。现在我们没有时间讨论许多;只就上述四方面,各举一例,而加以说明。

人类活动,根本要靠着欲望,而欲望则随时代的前进,不断地向前开展。不仅增加其数量,还要扩大其范围,最后则变化,提高其性质。生产和创造方面,纵不见得都能如此,但在消费方面,可以说走遍天下而莫不如此。国家财政只是社会生活的反映,社会消费与国家支出,同在那里膨胀,毋宁是事理的当然。这是中外所同,并不因为我们的生产落后,就节制了我们的消费;也不因为我们的收入落后,便节制了我们的岁出。在这点,确乎够得上"见贤思齐",不愧现代国家的样子,此其一。

近代国家岁出膨胀问题,在十九世纪后半,早经德国学者瓦格纳(Adolph Wagner)研究的很详尽,而有所谓"国家活动增进律"(law of the increase of state activities)的揭橥。意谓:"中央与地方政府,继续不断的,担起新的职务;同时对于新旧职务,更采有效而完备的方法去施行",一属外延(extensive)而一属内包(intensive)。举一个最显著的例子,便是先进国家对于"社会事业费"(social services expenditure)的逐年扩大。如普及教育、公共卫生、老废救济、失业保险等事业,都要日进不已的由国家负责支出。这一类的事业费在中国不是一点没有,不过在岁出中所占的成分太少了,比较先进国家,太觉着落后了。如果说,社会事业费的增加促成岁出的膨胀,在先进国家是可以的,在吾国尚不敢以此粉饰。我们总不敢说:这样的原因,人家有,我们也有。此其二。

军事费的畸形膨胀,何国蔑有?但是今日进步的国家所支出的军事费,都是对外的;对内而有军事费,在他们是梦想不到。但在政治制度尚未走入宪政的国家,政争的解决与政家的出处,没有法制的轨道可走,乃不得不出于兵争,以拥兵为内争或防止内争的必要工具。直至最近,我们还能得到:"安内先于攘外"以及"安内即攘外"的传呼；这便很充足的说明了：多少年来，花了那么多的军事费，因而造成岁出之加速度的膨胀者，原因不外安内。安内，而要靠着巨额军事费的支出，在古代国家是常有的事，不幸在中国今日，还不能没有，此其三。

债务费的巨额支出，外国也不是没有。关于利息支出部分，外国低而中国高，此因经济背景不同，只是分量之差。至于还本，则大有分别。在进步的国家，发行债票，纵有折扣，分量甚微；发行时所收与偿还时所付，大致可以相抵，只花一分利息及少额折扣及手续费。若在吾国，发行债票之际，常以需款孔急，迫不及待之故，一般募集与委托募集，都不易办到，乃不得不按抵押发行的办法，事实上以债票或库券作抵，七折八扣，向由银行借垫。然而还的时节，却要按照票面，分文不能短少，这里边的损失，可就大了！有人统计，从民国十六年度到民国二十二年度，七年之间，公债发行额为十一亿三千万元，而实收额则为六亿四千五百万元，仅占发行额的百分之五十七，差额四亿八千五百万元，只好算国库的纯损失！因为这样的原因所促成的岁出膨胀，在所谓现代国家，恐怕是没有的吧，此其四。

每一方面，仅举出一个例子，已足说明：吾国岁出膨胀的原因，和别的国家相比，该是怎样的不同。开国十年后的国家财政，确乎需要一个划时代的转变了。政府决意"竭力紧缩政费"已经把握住时代的要求。甚望对于岁出膨胀的原因，再加以深澈的认识，而有以解决之，庶几这次"节流"的主张，不致和从前一般，仍归于烟消火灭耳。

三、关于岁入

以次再看岁入。吾国岁入内容，以税款收入为大宗，形成所谓经常岁入。我们的岁出，

固然是一年比一年膨胀，我们的经常收入，增加的速度，也不算小。试以最近十年为例，一观其发展的趋势：

年度	经常岁入总额（圆）
民国十六年度	147,928,743.50
民国十七年度	343,296,477.82
民国十八年度	438,063,208.83

续　表

年度	经常岁入总额（圆）
民国十九年度	497,753,803.34
民国二十年度	552,976,394.46
民国廿一年度	579,307,213.69
民国廿二年度	648,752,366.00
民国廿三年度	729,845,500.00
民国廿四年度	770,321,643.00
民国廿五年度	768,982,339.00

　　我们只就历届财政报告以及最近三年的预算数，观察吾国的经常岁入，虽然不及岁出膨胀之速，发展也不算小。其中发展最显著的，要算关、盐、统三大消费税。关税收入，从民国十六年度的一千二百万元，增加到民国二十五年度的三亿一千八百万元；盐税收入，从民国十六年度的三千万元，增加到民国二十五年度的一亿八千九百万元；统税收入，从民国十六年度的六百万元，增加到民国二十五年度的一亿三千二百万元。就这三大消费税，即占经常岁入的百分之八十左右，所占的成分与发展的速度，大有可观。然则我们对于这样的现象，发生什么感想？对于这样的发展，加以怎样的批判呢？

　　我们的态度，始终是客观的，始终是一贯的。我们不是一味的喊好，但也不是一味的挑疵，你看着是进步么？就在这进步中，包括着危机，一个不小心，准要有苦头叫我们吃，这叫做"福兮祸所伏"。你看着是危机么？就在这危机前，引起了注意，只要肯努力，可以"因祸而为福，转败而为功"，这叫做"祸兮福所倚"。本来社会上的现象，无往而不为矛盾的发展的促成。刻舟求剑，而棹水迁流，胶柱鼓瑟，而缓急弗应，社会的现象既是动的，所以我们也要拿活的眼光去看它。一味的歌颂，不成，一味的挑剔也不成，对于十年岁入的批判，又曷尝不是如此呢？

　　我们分析了最近十年的中国岁入，觉得至少在四个方面，给我们表示出来的现象，都是很密切、很严重、很幽默的矛盾的对立。我们了解了这些矛盾，才能认识过去之所以成功，同时从这些成功中，也就给我们带来许多病菌，要我们再作更大的努力，另走一个新局面。以前十年教训，可以作此后十年的指针，我们又安可只知缄默而不加以批判呢？

　　第一个矛盾的对立，便是——真实的增收与人为的增收。十年来的岁入，是增加的，而且增加的很不少。从表面看，政府看着喜欢，我们看着也喜欢。但是稍加细按，不免叫我们感到一种虚幻的茫然，引起一些恐惧。我们要知道：真实的增收（intrinsic increase）与人为的增收（fictitious increase）应该有很大的不同。真实的增收，是说税率不增，而因经济的繁荣，产业的发展，税源的增殖，很自然地，形成税收的增加，用不着政府以人为的方法，勉强以求税额的扩大。这样的增收，才是最实在的（substantial）、最可靠的、最可欢迎的。若乃经济萧条，产业衰颓，国土日蹙，国权日削，如果税率仍旧，税收必减无疑；于此，乃以人为的方法，加紧征收的机构，提高应课的税率，结果，税收不仅不减，反而增加，初一看，真也是难能可贵的了。然而这样的增收，是不是真可欣幸的呢？古人有言："涸泽而渔，岂不得鱼？明日无鱼"。因为人为的增进，妨碍了税源的增殖，伐之不已，不仅自然而真实的增收不可期，即此暂时而人为的增收，也难持久，岂不大可忧虑？我们看出这一点，就要预防这一点，及今为之，犹未为晚。我们不要空欢欣于人为的增收，而要从真实的增收下功夫。即因此而牺牲了人为的增收，也在所不辞。只要这么一觉悟，前途又大有可为呢！

第二个矛盾的对立，便是——封建势力的解消与封建残存的负隅。我们看，十年来的税收发展，其中最著的，当推统税。关、盐二税均有多年的历史，加以整顿，其事易集。至于统税，乃是由许多许多的分封割据、五花八门、纷纭错杂的货物税，渐次整理而来。所以统税的命名——consolidated tax——固指征收的方法，也可以指整理的过程。统税的成功，反映政治统一的成功，同时即暗示封建势力的渐次解散与消失。从这一方面看，确乎是很可庆幸的，虽然我们对于统税所课的货物，有许多种不能叫人同情。但是封建势力，在统税上固然看出一些解消，但是在盐税上，尚自顽强负隅，新盐法颁布了四、五年，人们都认为是比较满意的东西，大家都天天盼着实行；但是千盼万盼的结果，就是不能实行！直到今日，尚不知那一天能实行。这是什么力量在那里作梗呢？毫无疑问的是封建势力的残存，如同猛虎一般，蹲在盐专卖制度的山口，就没有人敢进去，使盐专卖的势力圈，仍得享有其多年来的不当利得而人莫之敢问。盐税本来是顶坏的消费税，盐专卖制度，更是顶坏的课税制度。流毒至今，仍自屹然，如虎负嵎，莫之敢撄，这种封建的残存，可真够瞧的啦！岂有百政更新如今日而应有此？对于这个问题，我们要正视！要不放松！要不赦免！我们的朝野，对于这样的现象，如果不肯正视，不肯挑战，那便是对于封建残存的屈伏！倘使新盐法能实行，岂止扫清积弊，还可大增税收，较之刀笔夫子，舞文弄墨的，改公斤为市斤的把戏，岂不太高明了么？

第三个矛盾的对立，便是——关税的自主与外货的深入。关税自主，确乎是过去十年中，改革财政的大成功。政府所卖的气力很不小，所经过的顿挫也不少，因为自主的原故，我们的关税收入以至整个财政，确也大大的改观，对于这样的现象，当国民的自然也要喜欢，认为是十年来财政成功之一。但是随着这关税自主的成功，却要溜进一年多似一年的独占商品的竖子！这些足以制中国经济体于死命的竖子，一批一批的，布满了我们的都市，而且弥漫到我们的乡村，使我们自己的产业日颓，精血日亏，生命奄奄，不可终日！关税自主，是可欣幸的，却要与外货深入并存！就在这一批不了一批，舶来品的竖子身上，建筑起我们的巨额关税收入，这该是何等矛盾的现象！比沃瑞治（Sir William Beveridge）诸位教授，讨论关税问题（*Tariffs: The Case Examined*, 1931）的时节，早经指出："收入关税，着眼于财政，对于进口，但愿其源源不绝，而后税收可增；保护关税，着眼于经济，对于进口，但愿其裹足不前，而后国产有望"。为了收入，即不能顾到保护；顾了财政，即不免妨害经济。关税的二重目的，结果是"互不相容"（mutually exclusive），盖亦"关税自主"始料之所不及！现在我们政府，不是已经提出撤废领事裁判权的主张么？我们甚愿政府，即于此时提出第二次关税自主运动，使我们的关税机构，不徒为增殖岁入之工具，而要形成保护国产的壁垒。经济国防之不具，国防之谓何？这真是现阶段我们朝野应该努力的大事件啊！

第四个矛盾的对立，便是——现代方法的引用与大众课税的加紧。行政的现代化，尤其是财务行政的现代化（modernized），我们是最欢迎的，谁能说我们不要现代化？我们看，十年以来，国家岁入的增收，得力于行政机构的现代化，确乎不小。无论是海关，是盐物稽核所，是统税机关，以及最近的所得税与将次施行的遗产税，无论是已成功的或是眼看着要办成的，没有不靠着现代化的管理方法。我们从这样现代化的过程，不仅增加了我们的税收，整顿了我们的财政，而且改变了我们的社会习惯，提高了我们的人生生活，使我们也能次第跻于先进国之林，而无有愧色，这真是可喜欢的事情，我们要感谢这征税机构的现代化。但是天下事有一利即有一弊，征税机构的现代化，在运用之初，亦不能免。我们不能说将来总是如此，但是我们很盼望，大家知所警惕，不叫它如此。我们都知道，吾国的盐税，是一种大众的课税，统税除高级卷烟、啤酒、洋酒之外，所有棉纱、面粉、水泥、火柴不是大众课税，也是人生必需品的课税。现代化方法，往这些方面用，我们即不免有所顾虑，以为这就是大众课税的加紧。如果方法不摩登，管理不现代，粗枝大叶的挂一漏万，人民尚有漏网的机缘，少受一些压榨。一旦方法进步，手续严密，一滴一点，均无所逃于天地之间，被课的人民，可要吃苦了。假使这样现代化的方法，能够尽量用在直接税，那是再好不过。如果不能用在直接税，而只是在间接税方面去发挥，则对于现代化方法的欢迎，又令人有些踌躇了。勒茨教授（Prof. H. L. Lutz）曾说过："长于组织的奇才，引导这些国家，计划出很精密的赋税管理制度。但是这种制度的计划与运用的目的，与其说是：对于租税的负担，期得分配的公平，不如说是：对于收入之有效的聚敛"。我们不能疑神疑鬼的以为拉茨教授说的是我们，但是我们不能不有所警惕，一方欢迎现代化的方法，尽量引用到中国，同时对于应用的对象，更能加以适当的选择，那便好了！

岂止岁入，人生何处不是充满矛盾的对立呢？赌博里的清一色，也是由许多内在的和外在的矛盾，凑合冲突而来，很难有手起就是清一色的。所以我们对于吾国的岁入，不要徒沾沾于小成，而要注意其流弊，不要灰心于流弊，而要作不息的奋争。那么，总可以把黑暗的排出去，把光明的引进来，"祸福无门"，总还是"惟人自召"啊！

四、关于公债

十年来的岁出，是一年比一年膨胀；十年的岁入，也是一年比一年增收。扩大的趋向虽同，而速率总是不同，岁入较之岁出，总是来得迟缓，一长一短，形成所谓"跛行的螺线"，靠着"赤字公债"来填补。现在我们先把最近十年，国家因收支不相抵，而要靠着公债及借款收入以抵补的每年数字，列表于后：

年度	公债及借款收入（圆）
民国十六年度	12,108,835.00
民国十七年度	100,144,245.10
民国十八年度	100,942,710.42
民国十九年度	216,714,340.81
民国二十年度	130,014,469.69
民国廿一年度	112,617,542.22
民国廿二年度	179,959,332.16
民国廿三年度	188,265,534.00

续 表

年度	公债及借款收入（圆）
民国廿四年度	186,832,365.00
民国廿五年度	221,676,111.00

以上的数字，就是经常岁入，抵不上岁出总额所表示的亏短，也就是一般所称的"赤字"。国家财政，有了赤字，最普通的方法，便是拿借债来抵补，借债的方式虽不一，而其功用则大抵相同，以借债供建设者甚微，而以借债补亏空者甚巨，是之谓"赤字公债"。我们看了十年来，公债及借款收入的每年净额，不免发生若干感想，分别缕述如次：

第一，因赤字财政的延续化，形成赤字公债的固定化。我们不是反对公债，而是反对专以募债，或以募债的主要部分，专供填补赤字之用。这种现象，偶然有之，亦不足怪；但是连续十年，无一年不有赤字，无一次不靠借债，这现象真不可轻视！固然也因为我们政府有债可借，银行们情愿相借，所谓"周瑜打黄盖，愿意打，愿意挨"，才造成这样永续的表现。然而全国的人民，可遭了殃了。欠了这么许多年的债，还不是一年一年的慢慢地抽筋拔骨的由人民去还？虽然说，政府花这么多的钱，欠这么多的债，还不为的是人民？人民还要抱怨？但是十年举债，积万累亿，桩桩件件，都是为人民而花的么？财政的亏空，真个没法子消除么？不可以少借点么？过去的，没法子说了，说也没用了，现在十年已过，国政更新，此后十年，我们不要再看这赤字的延续了！我们政府，应该有决心，我们人民，也应该有勇气，朝野并力，克服这延续多年的财政赤字！

第二，因举债担保的强制化，形成赋税制度的支柱化。本来赋税收入，乃岁入的常态，而借债收入，仅是岁入的变态，一属经常而一属临时，主从之分，显然可见。但是一国财政，倘若沿着赤字路线，作螺线型的扩大，岁计的亏短，不仅延续多年，而且愈陷愈深，势必寅支卯粮，靠债度日，使借债收入，由变态进而为常态。我们看，英美进步的国家，政府举债，不必提供担保。但在政治落后的国家，则担保品的确实，乃借债最主要的条件，如无抵押，"免开尊口"。政府借债愈多，税款作抵愈巨，税收的大部分，俱供举债担保之需，则所余以供岁计之经常支出者，必渐有限。侍婢本是扶持夫人的，至此"婢作夫人"；公债本是补充税收的不足的，至此赋税制度反成为借债的"支柱"。事实而至于此，已不是"加税呢？举债呢？"分别选择的问题，而是以加税为举债的支柱，使债与税之间，结成依倚的连带！我们看，占国家收入第一把交椅的关税，最高收数，曾达三亿八千万元，但是除去内外债还本付息之外所余以供我政府的经常支出者，还有几何？大概国人们都已有目共睹，不待数字的证明了。我们何时才能打破这样离奇的现象？

第三，因短期借债的常态化，形成发钞制度的危机化。我们提到公债，便联想到债票，实则政府举债，除债票、库券外，尚有短期借垫与往来透支，这并不仅中国为然，不过在吾国，这样的举债，大有演成常态化的样子。试据历届的报告，一观政府借款的情形：

	年度借垫额（圆）	偿还额（圆）	净欠额（圆）
民国十七年度	——	——	28,077,995.45
民国十八年度	111,695,663.77	106,587,831.55	5,107,832.15
民国十九年度	185,458,199.27	152,594,629.53	32,862,569.74
民国二十年度	108,111,322.52	104,984,887.66	3,126,434.86
民国廿一年度	225,820,036.56	138,056,436.61	87,763,599.95
民国廿二年度	395,099,185.51	303,660,297.97	91,438,887.54

政府的短期借垫（short-term advances），无疑地，都是向中央银行通融。在适当的范围之内，而且在偶然的条件之下，不是不可以的。但若"予取予求"，求之不已，以短期借垫为当然，以中央银行为外府，势必影响到中央银行的发钞政策，于社会需要的标准而外，不免为政府支应政费，那就有走入恶性通货膨胀的可能。过去数年，政府所仰赖于短期借垫者，既是如此之急切，很足以说明：中央银行超然之难；同时短期借垫，既具有这样的危机，也足以说明：中央银行超然的必要。最近中央银行改组问题，进行的很积极，原因或即在此。

第四，因公债发行的抵押化，形成资金集中的局部化。吾国发行公债，以需款孔急之故，不能利用一般募集与委托募债，渐次仰赖于抵押的办法，以债票或库券作抵，七折八扣的，先由银行把款垫出来，以后结算，这里吃亏很大，前面已加说明。兹据财政报告，略举事实如下：

年度	公债发行额（圆）	公债实收额（圆）
民国十六年度	7000万	61,363,331.71
民国十七年度	1亿4800万	68,554,600.99
民国十八年度	1亿9800万	90,510,656.13
民国十九年度	1亿7400万	192,816,436.88
民国二十年度	4亿1600万	125,455,691.39
民国廿一年度	——	26,195,594.31

续　表

年度	公债发行额（圆）	公债实收额（圆）
民国廿二年度	1亿2400万	80,220,444.62
合计	11亿3000万	645,116,756.02

　　七年间的举债数目为十一亿三千万元，而实收数仅得六亿四千五百万元，仅占发行额的百分之五十七。所差四亿八千五百万元，即发行额的百分之四十三，早晚是要由政府支付的。政府以需款孔急之故，不得已而迁就银行的条件，似乎是情有可原；但是如此一来，国库的牺牲，可算受定了。只好将来慢慢地设法加税，由全国民众的租税负担中，觅得还本的资源，而还本之后，却要落到少数银行家之手！我们政府的理论的础石，有一块是建筑在"节制资本"上面的。但是这样举债还债的过程所制造的成果，是节制资本呢？还是集中资本呢？资本不妨集中，但是由大众的负担凑集，一转移间，集中于少数金融资本家之手，这种作用，太不可轻视了！过去如此，将来如何？我们很盼望政府，能有一个合理而确定的方策！

五、结语

　　以上对于吾国最近十年的财政状况，从岁出、岁入、公债三方面，加以简单的分析与批判。因为时间的限制，不能对于数字，更作精密的检讨，对于财政的全面，也不能作到周详的叙述，仅从财政之属于实质的三大方面，每一方面，提出四个观点，一共是十二个观点，很客观地，表示一个学人的批判。英学者达尔顿曾引证大哲培根的话，"与其很烦冗的一一报道，不如很简短的鼓舞判断"（to excite the judgment briefly, rather than to inform it tediously），现在我要借用这位哲人的名言，以遮饰我的寡学，诸希原谅！

说"预算日"*

（一九三七年五月十四日）

本月十二日，中政会通过民国二十六年度国家普通岁入岁出总预算，收支均列十亿零六十四万九千四百七十八元，经立法院审议后，即可公布施行。这是国家的大事件，要国人注意，而且要国民尽量发表意见。

东西先进各国，有所谓"预算日"（budget day），这是一年中国会开会期间最紧要的一天。因为各国会计年度开始时期的不同，所以这个"预算日"，究竟在那一天，各国很不一致。英国在四月中，苏联在一月中，吾国以民国二十七年年终为止则在六月底以前。试以英国为例，一到"预算日"这一天，换言之，即财政总长提出新年度预算的这一天，老早便把国会中的下议院填满了，所有楼上楼下，黑压压地挤得水泄不通，后来者只有望门兴叹。因此，很有人，起个大黑早，带着一包三明治，赶快跑到下院占座儿，其盛况，较之我们的梅博士莅平打泡的头一天，有过之无不及。约莫下午三点多钟的光景，在万目睽睽之下，他们的财政总长，手里提着一只小皮箱，姗姗入场，这时候，众院中的空气紧张极了，大家都在那里猜，猜这闷葫芦里，究竟卖的是什么药。好容易盼到财政总长发言了，第一段，先报告上年度预算实行的结果，是盈？是亏？第二段，再预计新年度的岁出与岁入，究竟是够不够？如果有余，可以把某几种税率减一些，倘有不足，必须把某几种的税率增一些，于是步入第三段，正式的把应增、应减、应添、应去的税名与税率提出来，而说明其理论与事实的根据。若再有发行公债的必要，所有举债的理由、数额以及发行的条件、偿还的方法，一一宣布有众。这时间总要在下午四点以后，银行也关门了，交易所也停市了，等到明早开市，所有新预算的内容，已举国皆知，大家机会均等，很难有预先刺探设法占便宜的机会。不过消息能够早听一些，便可以早准备一些，议会听罢归来，赶快和有关者商办法，向有关者拍电报，以便次晨开业之

---
* 此文发表于天津《大公报》。——编者注

不失时机。早一天,是一点消息听不着,晚一天,是一切机会溜过去,所以全国上下,对于这"预算日",无不聚精会神的注视它,纵使与个人活动无直接之关联,而以民主国的国民资格,也要尽量了然于一年中国家的财政方针,籍以评判政策的得失。于是当天的晚报、次日的日报以及各周刊、各月刊,所有社论、要闻、专论、特刊无不集中于新年度的预算。见仁见智,各表主张,拥护批评,万籁齐响,议场内的唇枪舌剑,辩难多方;报纸上的崇论宏议,若决江河;国民的意志,舆论的权威,论战的技巧,民主的实力,无不乘此"预算日"的机会,尽量表现出来。从这种热烈的程度,我们可以断定:一国民智的高下,一国政治的隆污,这是宪政的标尺,这是民主政治的试金石,世界上决没有对于一国的财政政策漠不关心或是关心不能的国民而可以妄谈民主政治者!

  怎样才可以把一国的"预算日",造成这样的神圣而重要呢?这要从两面讲。在政府一方面,它要凛然于国民付托之重。"万民唯正之供",应如何用在最有效的地方?应如何放在最合理的基础?税负如何分配?施政如何划分;都要以最大的责任心,最准的判断力,最周密的筹维与最技巧的方法,不失时机的——道义上不准他早露,责任上不准他延缓——提出于全国民之前,如此郑重而为,则预算直可等于"天书",其价值可以至高无上,为什么不能取得人民的尊重?在国民一方面,他们要认识民主政治历史的出发点,要认清国家财政与国民生活的关系,要知道国家岁出,便是整个政治的反映,若是忽略了一国的预算,便无从测定政治活动的趋向与分野,因而要拿出极大的注意力,极犀利的分析力,极客观的判断力,对于国家的预算,尽其献可替否之职。集涓滴而成海,蔚众流以急趋,可以形成健全舆论极有力的权威,使一国的政治很自然地纳入于轨道。所以说"预算日"的树立,要靠着政府与国民双方的努力,仅责望于一方,是不成的!民国二十六年的总预算,是国民政府开国后第二个十年的第一个年度的预算,我们很盼望能够作到划时代的展开,故先拈出"预算日"一课题,先引外邦的先例,以备国人的参考。

民国二十六年五月十三日于北平

世界两大财政类型的对比[*]

（一九三七年五月十五日）

一

无论在自然现象，或是社会现象，渐变只能造成分量之差，而突变则能造成实质之差。实质（substance）有了根本的变换，则其内涵的组成自有其新的体系，持与前期相比，截然两事，自成一种新的"类型"（type）。吾人对此新类型应尽量保持客观态度，勿杂丝毫成见，使新型的表现得以如实地一一映入吾人的理知，才能蔚成新认识，使人类在知识上有了长进。这是从纵线观察（vertically），同时从横线观察（horizontally），也应该有这种觉悟。即在同一个时代，因为空间条件的不同，有的国度尚逗留在旧的类型，有的国度已渡入新的类型；因为处在同一个时代，人们受惰性的支配，常常用同一的眼光，以观察类型各异的国度，因而引起极大的误解。"不揣其本，而齐其末，方寸之木，可使高于岑楼"，这不仅是孟子的幽默，而且是现代的幽默。因此，我们才注意到类型的探讨，以认识社会上一切现象，固不仅财政为然。

关于"财政类型"的研究，早已盛行于德国。近年日本新进学者，亦颇加以注意。如东京商科大学之井藤半弥[❶]，庆应大学之永田清[❷]，对此均有很详细的叙述和讨论。不过这些德、日学者着眼之点，大抵集中于纵线的观察，说明其史的发展，和我们注意的目标不甚一样。我们打算提出的，是就着现阶段各国财政，先从大体上看一看，彼此之间在类型上有什么不同；从这些不同的表现中，寻求其内蕴的特点，比照检讨，以为了解国际现象的一助。

---

[*] 此文发表于《国际知识》杂志第一卷第一期"专论"。——编者注

[❶] 井藤半弥：《财政学原理》，东京岩松堂一九三三年版，第八十三至一百页。

[❷] 永田清：《现代财政学之理论》，东京岩波书店一九三七年版，第二百五十二至二百七十一、三百零八至三百二十一页。

二

财政的构成与经济生活之总体的机构之间,在本质上有着密接不可分的关系,这已成为学者的定论。塞利格曼老教授在所著《租税论集》的第一页,便写下这样的句子:"不仅租税的实体,便是租税的理论,都要随着社会的经济基础而共为变迁。财政的状况,永远是经济关系的成果。有时其直接影响的原因,可以求之于政治;但是政治变动的由来,还得要求之经济,财政与经济是分不开地连结着。课税自体也和社会生活的一切事态相同,仅是一个历史的范畴"[1]。我对于这几句话,不惜屡次地征引,就因为它能够说明财政问题的本质。所谓财政类型,简单地讲,不过是经济制度的反映而已。

在这充满矛盾的世界经济基础之上,不会有和谐的、稳定的财政制度。所谓不和谐与不稳定,有两个不同的动向:一个是沿着下行坡线,加速度地促成旧局面的清算;一个是沿着上行坡线,很艰辛地促成新局面的展开。于此继往开来的经济交流中,再掺上各种不同的历史传统与政治组织,于是世界各国所表现的财政现象,乃不得不呈五花八门纷纭错杂之观。更从技术方面观之,各国的财政制度各有其特殊的结构,经济政治原因而外,有会计制度的不同、有收支划分的不同、有科目分类的不同、有整理程序的不同,千差万殊,殊难比较。然而财政一物,在本质上,不外经济制度的反映,倘从根本着眼,不难检取其内蕴的特点,以窥其异同。举其最主要者,约有两大类:第一为资本主义类型,第二为社会主义类型。两大类型,形成财政制度之国际的分野。

资本主义财政,在它的制度本身,早已孕育着内在的矛盾,一天一天地尖锐化起来,迟早要找到一个解决,然后走到一个新综合。这种财政制度的新综合,不仅正在酝酿着,而且一步一步地实现着,超越了资本主义类型,根据另一种经济机构,形成另一个体系的财政制度。这种新综合,说它是"社会主义的",或者有人以为尚早。但是一个经济制度的最主要的生产手段与交换方法,如果已经脱离了私有财产制与私营企业制的桎梏,纵然在枝节方面,仍然显示一些私有和私营的残存,已不足影响整个经济制度的基础。根据这样基础所形成

---

[1] E. R. A Seligman, *Essays in Taxation*, 10th edition, 1925, p.1.

的财政制度,自然有它的特殊的组成与表现,不能与资本主义类型相提并论。❶

三

先从岁出方面来看,资本主义国家的岁出,无论在数量上或是在功用上,与百年前相较,已经有了显著的不同。英国财政学家斯丹浦说得好:"不过一个世纪的光景,国家一物,业已从当警察的国家,发展而为当看护、当医生、当制药家、当慈善家、当引导人、当哲学家,从摇篮以至坟墓都能当朋友的国家"❷。国家所应作的、所能作的职务,既是如此之多,自然需要多额的经费。于是十九世纪以后的国家岁出,大抵沿着德学者瓦格纳(Adolph Wagner)所指称的"国家活动增进律",看到显著的膨胀。

于此我们要注意资本主义国家的岁出,在数量上、在范围上无论怎样膨胀,但是在性质上,其主要部分还是属于消费型的支出。从"摇篮以至坟墓"(from cradle to grave)都能当朋友,国家所作的事不可谓少。但是育婴、疗病、养生、送死,毕竟不能阑入财货生产的范畴,而只是人生消费的范畴。数目有多少,程度有等差,只能算是量的变化,而不是质的变化。

但在社会主义类型则不然。社会主义的经济体制,系以产业的社会化或国有化为中心,国家不仅是最大消费的主体,而且是枢纽生产的主体。国家所支出的经费,不仅是当医生、当卫队所需要的费用,而且是当制造家、当企业家所需要的费用。国家经费的内容,不仅要包括人员薪工、物品消耗等行政的项目,而且要包括生产品或制造品的"成本"。国家既成为最大生产者,浸假而成为惟一的生产者,则在资本主义类型下所有"市场经济"所需要的生产费的总体均将包括于国家岁出之中,则其数额之巨,将使旧社会的财政学家惊为河汉无际。考苏联财政的预算总额,在一九二八年至一九二九年度,收支双方各为八十四亿卢布,一九二九年至一九三零年度,即增为一百二十九亿,一九三一年度增为二百三十八亿,以后历年递增,至本年一九三七年度,竟增至九百八十亿零六千九百五十万卢布。在这九百八十亿卢布之中,用之于国民经济的发展的为三百九十五亿,用之于劳动大众之文化的、物质的水准之向上的为二百

---

❶ 参阅拙著:《世界财政动向鸟瞰》,载民国二十四年一月十四日天津《益世报·财政周刊》。

❷ Joseph Stamp, *Current Problems in Government and Finance*, 1924, p.31.

六十六亿，用之于国防能力的强化的为二百四十五亿，用之于国债的偿还的为二十五亿，其余用之于一般政费的为四十七亿。这样的数字，可以说是"世界最大"(the biggest in the world)的支出预算，不能与资本主义类型财政同日而语。

在资本主义国家，不是没有经济支出，而其支出的数字，且有与年俱进之势。又如美国罗斯福总统在其所标榜的蓝鹰运动之下，国库为复兴目的所增加的"非常支出"(emergency expenditures)亦足惊人。但是资本主义体制下的公共企业，终不外乎水、火、交通之类，英国所称的"water and gas socialism"意即指此。至如罗斯福总统之"新政"(The New Deal)无论扩充到什么境界，但是主要的生产工具和生产资源，仍操诸私营者之手。这在资本主义类型里边，纵可说是进步，但是与社会主义类型相比，终有本质的不同。

仅从岁出的数字一方面来分析，已有这样大的区别，我们还可以从内容看一看。在泛世界军扩财政的高潮中，几乎没有一国不在那里扩军。无论你是资本主义也好，或是社会主义也好，甚至前资本主义也好，一谈到财政便要冤亲不分、不约而同地一齐走上军扩预算之路。从表面去看，似乎没有什么不同，但从内容去看，却有极大的不同。先言目的，同是战争，即有侵略的与非侵略的之分。究竟什么侵略，什么是非侵略？这不能专凭主观，而要以一定国家的生产方法为决定的标准。如果某一国的生产方法，属于独占的资本生产，以私人或私企业的利润获得为归趋，势必要辟市场于海外，求原料于他方，求而不得，必出于争，争而不已，遂至于战。此种经济机构，先天的带有侵略性，故以此为基础所造成的战争，当然也是先天的属于侵略的范畴。反之在社会主义生产，根本上已不以私人或私企业的利润获得为归趋，社会的生产就是供社会的享用、消费或再生产。不像资本主义生产，眼看着国内上千上万的人，没得吃，没得穿，为赚钱起见，也要向海外争市场。所以社会主义生产虽然也是现代化的机构大量生产，但在先天上便不需要侵略；纵令卷入战争的漩涡，也不是侵略的，而是防御的。防御之战，期于避战；侵略之战，期于必战。前者是维护大众的，后者则是毁灭大众的，目的之不同如是。

这些巨额的军扩预算，都花到什么地方去呢？则又因财政类型的不一样，而有很大的不同。在社会主义国家，军扩的财源，大部分取给于社会化事业，只花一份"成本"(cost)于事已足。若在资本主义国家，无论是造飞机、是造大炮、是造战船，都要向私家工厂去订货。这些工厂，决不是白给国家效劳，假若不赚钱，谁还开工厂？所以货价之中，不仅包括成本，还要包括利润。军扩预算愈大，工厂赚钱愈多，于是在西洋便造成"人命商人"（merchants of death），在东洋便造成"军需膨胀景气"。蒲徕恩（C.C.Plehn）教授所称"靠着世界受罪的买卖"（trading on the world's misery），孟老夫子所说的"矢人惟恐不伤人"，都是指着这当子事！纵令对于这些军火制造商和贩卖商，课一些战事利得税（war profits tax）也不过取回若干分之一，仍无碍于这些人命商人的巨额收益❶。日本经济学者猪俟津南雄曾说过："我们这些财阀，右手贷出巨额资金于政府以取得利息；左手拿出大批军需品供给国家以取得利润。在这样情势之下，他们确乎是有利可图了。但是担负这些利息和利润的人，又该是社会那些阶层呢？"❷

在不同的财政类型之下，预算科目纵令相同，科目内容却有不同。同是扩军，同列军事费，谁又想到军事费的里边，又包括着那些玩意呢？现在所提到的还只是一两端而已。

四

再从岁入方面来来看。在资本主义社会，一般生产物，仅为私经济主体而生产。于此而有政府为其自己的存在而营经济生活，主要的乃以课税的方式，从"国民所得"中征集其一部分，以供政府之用。从这样的生活与活动之物的基础来说，在原则上，并不是作第一次的生产，乃是"第二次的"。以权力的方法，参与社会所产生的生产物之分配。由此分配所形成的"派生所得"——即租税——在国民所得中所占的百分率，大抵由五分之一以至四分之一，都要通过政府的预算，备作种种的开支，于是有"租税国家"（steuer staat）的称呼❸。

但在社会主义类型之下，国家的收入可要变质了。"租税国家"逐渐隐形，"企业国家"（unternehmer staat）颇有取而代之的趋势。本来租税的特质便是"一种强制的分担，取自私有所得或财产，以为公共的目的"❹。现在我们要问：私

---

❶ 参阅拙著：《从金库到火药库——军扩财政的蓦进》，载民国二十五年三月二十二及二十三两日天津《大公报》。

❷ 参阅猪俟津南雄：《军备公债增税》，东京改造社一九三四年版，第二百零一页。

❸ 参阅大畑文七：《租税国家论》，东京有斐阁一九三四年版，第三十九至四十八页。

❹ Sokolnikof and Associates, *Soviet Policy in Public Finance*, Editor's Preface by C.C.Plehn, 1931, p.IV ix.

有所得或财产，何自而来？还不是以私有财产制与私营企业制为基础？如果这两种制度有了根本的变更，则巨额的所得与财产，即无发生的可能，而"租税国家"所仰赖的税源，自然也要失掉了它的根据。自然，在计划经济开始之初，不但不能从企业本身立刻找到丰富的收益，还要替它筹措巨额的建设经费，且不独建设初期为然。纵令计划经济已经有了一段落的成功，实现公有企业的收益，仍须保留于社会生产的各部门，以备充实、扩展、完成之用。等到社会化生产，一朝奠定了础石，摆好了间架，它便要层层而上，形成社会收入的永久的源泉。此时一切社会支出，均可仰给于社会收入，不必再靠租税，则租税所占的比率必为之日减，早晚也许走到"无税"的阶段，亦未可知。

以苏联为例，自经五年计划之后，公营企业收入，已渐有可观，在一九三四年度预算中，岁入总额的百分之八十四，即自"社会化企业"（socialized undertakings）而来，仅余百分之十六，才靠着对于人民方面的募债与课税❶。本来在社会主义类型之下，租税制度可以不用，但在计划经济的建设初期；因为经济政策的要求，对于某种限度以下的私有与私营，仍有暂时保留的必要。这在不摇撼社会化经济制度的根本，同时可以助成经济难关的平稳渡过的条件之下，是可以的。但也不能不借助于课税的方法，抑制私有与私营于一定限度以内。

在社会主义类型之下，虽不免有租税的存在，然而税制的组织，已有极重要的变更，与资本主义类型不同。现代英美各先进国的税制，无不以所得税及遗产税所谓直接税（direct taxation）的收入为中心，而消费税或货物所谓间接税（indirect taxation）实居无足轻重之列。但在社会主义类型之下，则为间接税的比率反较直接税为高。初看似不可解，倘科以从来的理论，颇有退步之感。日本学者汐见三郎说得好："一九三一年以后，苏联的所得税收数激减，而间接税则收数激增。当一九三二年至一九三三年度，所得税与单一农业税之收入，在总收入中仅占百分之三点六。此因苏联所遵行的政治原则，与资本主义国家所遵行者根本不同，故于判断上述两种税收的重要性，单着眼于收入数目的多寡，无有是处"❷。最近英国《经济周刊》（The Economist）的记者也说过："如果你只是打算着再把它拿开，为什么允许人民去赚钱？"（Why allow people to coin money if you intend merely to take it away again？），如果你老是靠着直接

---

❶ L.E.Hubband, *Soviet Money and Finance*, 1936, p.112.

❷ 参阅汐见三郎：《各国所得税制论》，东京有斐阁一九三四年版，第二百四十四页。

税，为什么不直捷了当地实行社会化的生产？这当然是根本的问题。至于间接税，本身并无善恶可言。无如在私有制社会，财富的分配极为不均，此时而课以同额的消费税，当然极不合理。但若人民的收入经过重大的平等化之后，大家对于消费税同样负担，反合乎普遍与平等的原则❶。

从"租税国家"到"企业国家"，就是在资本主义类型中已经有了这样的趋势了。一方随着"租税国家的危机"的深化，国家收入老是靠着租税，感觉着有些不行；同时随着"准战时经济体制"的开展，为备战之故，也要把几种重要工业置诸国家的直接管理之下。这是世界整个的趋势，而且加速度地在那里进行。这种趋势，毫无疑问地是朝着大崩溃的路子走；但是随着这条大流，却挟着"从租税国家到企业国家"的潜流以俱来，准备着在大溃决之后，还可以寻到一些已经存在的新机。

社会主义类型之下的政府财政与企业经营既已打成一片，所以她的预算制度，也和资本制预算不同，藉着预算的形式，实现"统一的财政计划"（unified financial plan）。此种计划"包括一切社会化经济之货币的蓄积、人民的资源、一切资本投资的支出、生产与流通方面的经营资金以及文化的要求与管理所需要的各种经费"。此时所谓预算，将如米勒（Miller, Margaret S.）反映生产与分配的一切过程与计划统制的逐渐扩张，而成为"整个社会经济的对照表"（a balance-sheet for the whole of the national economy）。这些特质，如果拿来与资本主义类型相比，很可以看出，现代各国财政究竟朝着怎样不同的方面在那里动。

一九三七年四月二十二日于北平

---

❶ 参阅拙著：《现代税制类型的检讨》，民国二十五年十月国立北平研究院印行。

所得税与应能负担*

(一九三七年五月十五日)

本月十二日报载：阎百川先生近来研究"合理负担"，已得具体办法。其要义，第一，要有钱的人，多出钱；凡是得利钱的人，有财产的人，赚钱多的人，应多多负担，减少平民痛苦。第二，铲除赋税上不平等的积弊；在抗战意义上，既可消灭内部纠纷，统一人心，集中力量，一致对外；更可在经济方面，处理得当，公平负担，免除能胜任者不胜任而放任，不能胜任者强迫胜任以至铤而走险的流弊。我们从当政者方面，偶然听到这样的主张，真不啻空谷足音，为之欣然色喜，觉着我们中国总是有前途的，各方面都在那里着着进步。阎先生的主张，果真能贯彻于山西，而且能贯彻于全国，岂止中国的财政有办法，中国的建国图存、抗敌救亡，也真要有办法了！

翻开我国几千年的历史，凡是"横征暴敛"、"苛政猛于虎"的朝代，没有不没落的；反之，凡是"轻徭薄赋"、"与民休息"的朝代，没有不兴起的。这是国人周知的事实，不待举例以明。但是我们还得要进一步的认识，所谓"轻徭薄赋"，毕竟是消极的办法，仅仅把乱世中所加于劳苦群众的税负，多少减轻一些，人们便以为是"仁政"；而不知国用之数，总要膨胀，寄生阶级，滋蔓日多，传下三两代，即非开国之初政减官疏之可比；需用既巨，还是取之于民，而税负必日日重。假使在开国之初，不仅在消极方面，"轻徭薄赋"，而且在积极方面，树立起阎先生所主张的"合理负担"，要有钱的人多出钱，必能为国家奠定百年大计；纵使政务日繁，而有合理的收入，足以应付之，又何致以剥取民脂民膏，为国家财政的出路？

于此，还要注意，所谓"合理负担"，仍不外主观的说法，什么是合理的呢？什么是不合理的呢？仅凭主观的判断，终恐因人而异，似不如即提出东西财政学者所主张的"应能负担"（contribution according to capacity or ability）作为课税

---

* 此文系作者为《北平晨报》撰写的社论。——编者注

的客观标准。所谓"应能负担",是说:纳税的数量,要以个人的纳税能力为衡,不仅能力大的多拿,能力小的少拿,而且要运用"累进"课税的制度,使能力大的,拿的特别多;要运用课税"减免"的规定,使能力小的,拿的特别少,甚至于不拿;此外,更区分"勤劳所得"与"财产所得",使税率的规定,重于后而轻于前;还要按照超过利得,于"标准税率"之外,另课以"附加税率";凡此种种,均已成为财政学术上的定理,各国税制上的定则,没有丝毫置疑的余地。简括的讲,把上面各种条件合起来,便叫做"应能负担";课税的客观标准,早已摆得清清楚楚,只待人们去应用;现在我们施行不久的所得税,便是实现"应能负担"最主要的税制之一。如果我们的当政者,真打算实现赋税上的"合理负担",最简捷的办法,便是极力推行各国所早已行之有效的所得税!

从来的当政者,曷尝不也追求课税的"平等"呢?但是所谓平等的解释,却要受时代思潮的支配,古今可以有极大的不同。古时所行的丁税,亦即西洋所称的人头税,当时也认为合乎平等的原则,但是那只是"税额的平等",大家所纳的数目虽同,而大家纳税的能力不同,怎能叫做平等呢?以后又有所谓"比例税",百元的百分之一与万元的百分之一,比例虽同,但只是"税率的平等",使收入万元者,与收入百元者,按照同一的税率去纳税,仍与今日所谓平等之意义不符。于是近代始有累进理论与累进税率的树立,取得"税负的平等"。吾国现行的所得税,固然有许多地方,不能不迁就事实,因陋就简,与课税平等,应能负担之旨,不尽相合;但是自从去年十月起,吾国毕竟也走上现代税制的大道。只要全国各方努力推行,根据经验逐渐修正,则"应能负担"的课税原则,也许就要树立于吾国;使吾国的财政制度与立国大计,均能有划期的展开,那才是国民所馨香祷祝的呢!

评二十六年度国家总概算*

（一九三七年五月十六日）

我们注意国家预算，今年与往年不同，这里边有许多道理。第一，民国二十六年度的国家预算，乃是国民政府开国后第二个十年（the second decade）的第一个年度的预算。古人有言："行年五十而知四十九年之非"，人生每到一个段落，总要回首瞻顾一番，如果看清了过去是错，就该从现在起，往对的方面走。从前种种昨日死，此后种种今日生，既往十年的赤字财政，大家都知道是不应该有的；所以从民国二十六年度起，就应该打破这赤字的延续，使国家财政开辟一个新局面，此其一。抗敌救亡，已经成为举国一致的要求，政府以此昭示，人民以此勉励，非如此不能争取民族的生存。朝野上下就该从现在起，把握住最后的目标，从种种方面去准备；而非常时财政的准备，乃为国家要政之一。一方面克服赤字之故，我们要政府大刀阔斧地，竭力做到一般岁出的紧缩；同时为准备救亡之故，我们又要国民毫不犹豫地，努力促成国防岁出的充实。于此民利已瘅，而又不能不挣扎图存的时节，要我们政府能够拿出极大的智慧和极强的魄力，对于预算的编成，真能做到——有所取，有所舍；竭力核减一般的支出，移之以充实国防，此其二。法币政策实行后，十八个月平衡国家预算的诺言，眼看着就到，这不是信誓硁硁匹夫为谅的问题，而是升天沉渊稍纵即逝的问题。预算不能平衡，法币固多危机，纵令预算做到表面的平衡而不能取得真实的平衡，法币的危机，仍自存在，并不为之丝毫减少。法币制度的安危，关系国计民生太大，纵勒之机，就悬在最近的一年，所以我们对于民国二十六年度的预算，特别看得重要，此其三。

本月十二日中政会已经把民国二十六年度的国家普通岁入岁出总概算通过了，总额为十亿零六十四万九千四百七十八元，即将送由国府令交主计处编制拟定总预算，再发交行政院转立法院审议后，依法由国府公布施行。预算制度

---

* 此文系作者为北平《新报》撰写的文章。——编者注

在中国本与先进各国不甚相同,事实上,中政会通过的概算,虽只窥见一鳞半爪,持此以推断将来的总预算,大致可以无误。于此我们愿提出三个意见。

第一,据说这次总概算,在经常岁出方面,除外交费较本年度减二十九万一千余元外,党务、国务、军务、内务、财政、教育、司法、实业、交通、债务各费均有增加。现在我们还不能知道各费增加的内容与理由;而且像教育费及建设专款基金一类的项目,我们无宁要欢迎其增加。但是要知道:全国民的纳税能力,经过这几年的内忧外患,早已疲敝到极点。国家大政,这个也重要,那个也重要,从主观上讲,还有一样不重要的么?还有一样不应该增加的么?但是理由尽管充足,而轻重却要权衡!凭着这份可怜到极点的一般民力,仍自层层不已的给他们添负荷,还不能从初办的直接税取得充分资源,这局面怎能下得去!前面已经提过,值此朝野上下发奋图存的当口,要政府有所取,有所舍。实在不能减少而且需要增加的国防费,人民便是抽紧了肚带,也情甘愿意;但是在一般政费的支出,总要表示出政府毅然决然的态度,做到"断然的紧缩"(energetic compression),一新天下的耳目,此其一。

第二,据说这次新年度的总概算,所有关、盐、统、所得各税所列收数,均较本年度增加很多,不免叫国民发生许多苦辣酸咸的感觉。所得税额的增列是应该的,而且是可能的;我们的朝野各方,应该认清此新税的本质,努力向前迈进;只要轮子转起来,收入是不愁的。我们看阎百川先生因为研究"合理负担",都累出病来,可见所得税的推行,在各方面都有顺利的趋势。这当然是国民所欢迎的。遗产税怎么样呢?报上的消息没提。但是我们很盼望政府,就在这新年度里,尽着可能的力量向前推行,收入尽管不多,而动机急待开始。若夫关税的增收,则颇有些靠不住了,除非我们政府对于走私,真有根本的办法。但是对于走私,真能有办法的话,换言之,便是真能取得外邦合理的待遇的话,我们又应该树立起以经济政策为出发的关税政策,而不应以收入关税自足。那末,我们就不应该在概算里还列多出三千四百万元的关税收入。又如统税的增率,除高级卷烟、洋酒、啤酒、薰烟等类可以同情而外,余如面粉、棉纱、火柴、水泥,那一样不是属于菽粟水火的人生必需品?我们很不愿看到这些税率的增加。至于盐税,那更不消说了,仅仅改上一个字——改公斤为市斤——税额便要加倍!国计固不可不顾,民生又将如之何?"竭泽而渔,岂不得鱼"?后患又何堪设想?这总不是开国政治应有的现象,我们很盼望政府要能长顾却虑，不可轻于出此，此其二。

第三，据说新概算中，并无债款及悬拟之收入，这当然是好消息。但是果真做得到么？过去不久，政府不是宣布过，把通常预算和建设预算分开么？关于通常岁出，以税收支应；关于建设岁出，以举债支应，政府不是也表示过么？此次新概算，假使"并无债款收入"，其当然的解释，总还没有把国防和经济建设的支出包括在十亿元的支出之内！以十亿元应付通常岁出，全靠着加税来应付；等到举办经济建设，再发公债，这问题可就太严重了！我们没有看到总概算的详细内容，不便就如此判断，我们也很盼望不是这个样子。但是，我们很盼望政府认识这里边的严重性，此其三。

国家财政，走入第二个十年的第一年，应该有一个划期的表现，使国民耳目一新，使国民精神一振，上下交勉，共同走入抗敌救亡、建设立国的大道。若乃率由旧章，变本加厉，假借建设以膨胀岁出，巧取豪夺以榨取民膏，当然不是国民所盼望于政府，自然也不是励精图治的政府所愿为。我们在这里盼望着——一个与总概算不大一样的总预算！

民国二十六年五月十五日于北平

所得税与外侨*

（一九三七年五月二十二日）

据本月十六日沪报：财政部所得税事务处上海办事处，以公共租界工部局华员缴纳所得税，经会办何德奎之倡导，认缴者甚为踊跃，办事处昨特函何氏致谢。前日本报亦载一消息：浙沪商会纷电财部，对外侨缴纳所得税，请与外部协同交涉，务令就我范围，一律缴纳，以重主权，而裕税收。财部现正会同外部分向各国驻华使馆商洽进行。吾人对此问题，以为关系税收之事尚小，关系邦交之事甚大！中外人士请仔细地想一想，自从一九三六年的腊尾，无论对外，无论对内，中国政治，先后跃进一个划期的阶段以来，凡属友邦，莫不刮目相视。友邦都肯高看，吾人何敢自轻？君子自爱而爱人，重人以自重，故对于推行所得税所引起的外侨纳税问题，也愿本自重重人的态度，很客观地，表示一些"爱人以德"的意见。

我们自信是"不念旧恶"，但事实也不容抹杀。许多外邦，在过去确乎不曾把中国当作国，不曾把中国民族当作人。趁着我们时乖运蹇，绊倒尘埃的时节，照着要害，还要来上几脚，使我们好久不得翻身。不拿国当作国，不拿民族当作人的外邦人士，除了肆意侵略，榨取自肥而外，做梦也梦不到，还要给你们国家纳税？那岂是可以提出于不对等民族之间的东西？不用说拿，就是提上一提，也都有伤"文明"国家的颜面，而要斥为荒谬绝伦的！纳税，谁说不可以；不仅要对他们本国拿，还要对于他们所认为对等的友邦拿；但是从来就没听说过还要对中国拿。倘使不知分寸，贸然提出，先报之以几声狞笑，再继之以赫然震怒。

然而，这些，毕竟是属于过去的回忆了。我们不相信现在还有，更不信将来还有。这不是主观的幻想，而要有其客观的现实！我们很不愿以过去的回忆猜度人，同时还相信：友邦也不至于拿出过去的态度对待我。质直的讲，拿过

---

* 此文系作者为《北平晨报》撰写的社论。——编者注

去的态度，对待过去的中国，是可以的；如果还拿过去的态度，对待今日的中国，就不行！你没听见英国的雪莱（P. B. Shelley）说过么？"就像狮子一般，从瞌睡后，蓦地里跳起来，漫山塞野的挡也挡不住……"又没听见法国的乔治·桑（George Sand）说过么？"不是生，就是死，不是血的奋争，便是烟销火灭，问题就是这样不可抗止的摆在面前"。中国民族，今日已经迫不获已的临到这种境地，所以才激起争取民族生存的浪花，这是世界亲眼都看到的。如果以平等的态度对待我们，我们这样民族，是最好说话的。一好百好，大家都好。如果仍以几十年前甚至五年前的"死硬派"的心理，观察今日中国，那可就错了。近人曾湘乡曾说过："轮囷肝胆，与他掀战一番"，中国民族已经从痛苦中摸清"动"的意义了，"光脚的还怕穿鞋的么"？

  如果把这层根本的意义明白了，则外侨之应纳所得税，已不俟烦言而解，还用着引经据典的说一番大道理么？世界各国的人都知道，所得税在现代的税制中，是最合乎公平原则的。所得税之所以可贵，端在"公平"一点！这个公平，不仅适用于国内，还适用国际。如果欧与欧，欧与美，可以适用，而不适用于中国，那是"对华合作"高唱入云的时代所应有的现象么？友邦人士应该记得世界知名的财政学家塞利格曼老教授（Prof. E.R.A.Seligman）在一九二七年的夏天，曾在海牙的国际法研究院，讲过"国际财政协作问题"（la cooperation fiscale internationale）。世人总该记得，早在一九二一年国联即曾邀请了四个国家的四位教授——哥伦比亚大学的塞利格曼、鹿特丹商科大学的布鲁音（Bruins）、都灵大学的安诺第（Einaudi）与伦敦大学的斯丹浦（Sir Joseph Stamp）。以后到一九二六年又加入美国耶鲁大学的亚当士（T.S.Adams）——组织专门委员会，以讨论国际纳税问题。一方避免重复课税以保障纳税人的利益，同时亦不许逃税，以损伤公平的标准。世人都知道："政治从属主义"（doctrine of political allegiance）已经没有存在的余地，而为"经济从属主义"（doctrine of economic allegiance）所代替。现代国际课税的理论与管理，实以"经济从属主义"为出发点，这在一九二八年，已为美财政学家康斯脱（Alzada Comstock）所揭出。纳税人的经济利益从什么地方得来，便要向所在地的政府，纳所得税。这理论太显明了，早没有争论的余地了。虽说课税实际，细目尚多，但是大前提，总要认识清楚。我们绝对以平等待遇对人，同时也盼望人以平等待遇对我。大家不是盛唱国际间种种方面的合作么？何妨先从"财政的合作"入手！

所得税与租界[*]

(一九三七年五月二十九日)

　　昨日报载：财政部以从来施行之棉纱统税统率，向系以二十三支为界，分两级征收，分级过简，负担难期平均，定下月一日起，实行增加棉纱统税率，于二十七日通令税务署、各区统税局、税务局及各分区统税管理所、税务管理所遵照办理。我们以国民的立场，听到这种消息，一方感觉，政府所以如此办理，当然有其不得已的苦衷，"巧妇难为无米炊"，如果这里也办不得，那里也办不得，收入无着，政府岂不要停摆？但是从另一方面想，政府财政，无论如何困难，为什么一定要向人生必需品方面着想？棉纱、面粉、火柴、水泥这一类的统税，都是与大多数人民之衣食住行、菽粟水火，发生密切之关系。税率稍一加重，民生立受影响！自从去年十月推行所得税以来，我们正盼望政府，毅然走向——从间接税到直接税的大道。如果像近来许多事实所昭示，岂不要造成——既是间接税，又是直接税，直税已行，间税未去，不仅未去，反而增高的局面？岂是人民所期望于励精图治的政府？吾人以为：政府与其耗费精力于间接税的增高，何如致力于直接税的推行？推行直接税，障碍虽多，但是，总可以得到大多数有理智的民众之绝对的拥护！虽有万难，在所必赴。我们不是说：政府可以不要钱，我们决不采消极的反对的态度，以为这个税也不要征，那个税也不要征，那么政府该靠着什么去办事？我们是要政府，有所舍，有所取，注意其远者大者，取得全国之支持，而用全力以赴之，必能"柳暗花明"地另辟一个新局面，如所得税的推行，便是俯拾即是的例子。

　　推行所得税的眼前障碍，许多人以为是外侨，而其根本症结，则在"租界"。因为租界的存在，损害我们的独立与主权的先例，太多了，真是不遑枚举。现在推行所得税，因为租界的存在，又给我们添出三种困难：第一个当然是外侨纳税问题。外侨缴纳所得税所以发生问题，其症结不在外侨个人，而在租界之存

---

[*] 此文系作者为《北平晨报》撰写的社论。——编者注

在！因为有租界作荫庇，可以不受我们主权之直接的支配，才有逍遥的余地。假使租界之制度不存，主权之行使无碍，则外侨亦与一般人民等耳，对于纳税的义务，何能独异？第二个便是租界内华商与华人纳税问题。因为租界的存在，不仅外侨可以逍遥法外，即是寄居租界之华人与华商，亦可以因循观望，俨然与外侨同科！未受亡国之苦，先享免税之益，"溺人必笑"，方且以卜居租界或早迁租界，为得风气之先，无形中养成寄人篱下之亡国奴的心理。第三个便是租界外之华人与华商为逃税之故，也许要避入租界的问题。无论中外，很自然地喜欢纳税的人，大概很少。所谓"踊跃输将"，总要受理智或国民意识的支配。但凡可以少拿些，谁还愿意多拿呢？但有机会可以不拿，谁还非拿不可呢？人家在租界，可以不拿，可以没事，而且照样在光天化日之下摇摇摆摆的像个人，我们为什么一定不入租界呢？日前天津商会曾经发表宣言，吁请缓征所得税，其中理由之一，便是恐"商民以租界为规避之所"。这是由衷之言，那一个国家不发生逃税与避税的问题？财政学上所称的"逋税斗争"，可以分析成许许多多的花样。过去不久美国一位赫赫有名的财政总长，还犯过匿报所得税的罪名。实不止中国人民有此心理，谁叫我们中国一直到今天还有租界的存在！？

　　其实应付的方法，也无庸烦琐，只要先把握住几条纲领，发动全国的力量，以全力去推行，不是没有希望的。第一，要由我国的外交当局与各国使馆，甚至向各国政府，据理力争。租界纵仍存在，审判尽仍特殊，但是现在我们所推行的所得税，乃是遍世界进步的国家所早已施行而且公认的良税，绝对不能如领事裁判权，藉口于我们的法律不良，而要求特殊。这理由太充足了，只要我们政府，肯于发动堂堂正正的外交力量去执行，人民必以全力为政府后盾，此其一。第二，我们个人的私心，谁都打算少拿点税。这事可不必讳言。但是，今日的国民，今日已经有了民族复兴的觉悟的国民，我们相信，一定可以拿出理智，可以拿出民族的意识，克服自私的心理。大家反对不良的间接税，又规避良好的直接税，难道说，非叫政府喝西北风不成？我们看绥远抗战的时节，大家所举办的"一日捐薪"，所举办的捐款捐物，都是何等的踊跃？所以那样，就为的是——争取民族的生存。今日我们要拿出同样的热烈心情，缴纳所得税，以督促政府，厉行救亡的工作。我们不要消极的批评，而要拿出积极的工作，以促成积极的运动，此其二。第三，"害群之马"，在任何场合中，都很难免，我们为防止无知之人效尤起见，要发动政府的力量和社会的力量，对于籍租界以逃税之辈，予以侧面的、多方的、间接的、精神的种种方面的制裁！住租界的，逃租界的，他能永远不出租界么？他能不入华界么？他能永远不和华人接触么？他能永远不和中国官方打交涉么？方法有的是，只怕没有决心去施行！我们要形成有力的政治的社会的制裁，不怕逃租界，飞上天！此其三。

我们政府，如果肯这样做，肯领导人民这样做，积极从直接税找出路，岂止税收大有增殖的可能，且能博得举国一致的拥护！较之"从背上的最后一缕，从口里最后一嚼"想办法，岂不远胜一筹么？

推行所得税的人事问题*

（一九三七年五月三十一日）

引言

除非我们国家有一天可以从"公共事业"取得充分的收入资源，课税的事情总是要免不掉的。无论用什么花样，"羊毛出在羊身上"，无非从一般国民的收入中想办法。虽说直接税比间接税要好得多，但在纳税人的心里，只要教他拿钱，总不会怎样喜欢的。这是人类心理所同，没有什么中外的分别。

假使一种税，已经课了许久，慢慢地渗入人们的习惯，当初以为不便的，日久习而安之，则旧税亦可认为良税。不过在初次推行的时节，好比脚上登新鞋，明知其良于行，总觉得有些不自在。因而怀疑却顾的心情，"恶正丑直"的举动，不免缘之而起，对于良税的推行予以很大的阻碍。

所得税在中国推行的历史很短，在人事方面自不免遭遇前边所说的阻碍。不仅外侨不愿缴纳，即本国纳税人又曷尝踊跃输将？于此想到四个问题：

一，所得税与现代生活；

二，所得税与应能负担；

三，所得税与外侨；

四，所得税与租界。

一与二主在对内，三与四主在对外；皆以中外纳税人的人事问题为中心。虽说良税如所得税早晚要成了习惯，前途的发展总是有把握的；但在初步推行的现阶段，舆论方面总要有一番努力，以期中外人士对此新税能有更清楚更深入的认识与了解。中国财政的前途迟早要走入"从间接税到直接税"的途径；但是新的轮子转不起来，旧的税制是不会废除的。

---

* 此文发表于《北平研究院经济研究会丛刊》。——编者注

推行所得税的人事问题

因此必要,特提出上述四个问题❶,在《北平晨报》的社论栏分别于五月八日、十五日、二十二日和二十九日陆续发表。财政改革是要有舆论基础的,消极的批判已经很多了,故特提出一些积极的建议,藉供中外人士了解之资。感于反复申述的必要,故覆汇集刊印,以念国人。

一九三七年五月三十一日于国立北平研究院

---

❶ 上述四篇文章在本文集中单独刊印。

论预算类型*

（一九三七年六月五日）

昨日报载：行政院一日例会所通过之民国二十六年度国家普通岁入岁出拟定总预算书案，已于三日咨请立法院审议。通过之内容如何？审议之结果如何？现虽不得而知，但是参照日前报纸所发表的总概算的轮廓，亦可想像而得。中国政治，迟早是要走入宪政的途径的。国民感于政治革新的必要，对于民国二十六年度的新预算，咸表示其关切的态度，这是很可乐观的现象。吾人于此，愿对于预算之本质，即所谓"预算类型"，加以解释，藉供国人参考。

外国有预算，中国也有预算；西洋有预算，东洋也有预算，既是都名为预算，则在制度方面，应该没有什么大不同。因而对于预算的认识和批判，时常采取同一的标准。殊不知：各国的财政制度，既不相同；财政制度所寄托的经济基础，更不相同；因而建筑在不同的经济基础与财政制度之上的预算制度，当然也不能相同。所谓不同，不仅在量，而且在质；不仅有程度之差，还要有本质之差。古人有言："比人必于其伦"，我们很愿补充二句："比物必于其类"，"比现象必于其经济的基础"！"比拟不伦"，人们是要引为笑谈的；然则对于预算制度的批判，而不注意其经济的基础，可乎？"不揣其本，而齐其末，方寸之木，可使高于岑楼"。这不仅是孟子的幽默，而且是现代的幽默。

在现代的世界上，关于预算，至少要有三个不同的类型。普通所谓英美式的预算类型，是建筑在资本主义发达后的宪政制度之上的。所谓："立法统制"、"行政统制"与"司法统制"，虽不必分的那么清楚；但是宪法所赋予所保障的人民的"预算特权"（budget prerogative），确乎是民主制度的精髓；最初所以监督政府的收入，浸假而监督政府的支出。不得国会之许可而妄征租税，固属违法；不经国会之通过而迳行支出，亦不可能。虽说在施行责任内阁制的国家，凡是在阁议上所通过的预算，很少不通过于国会的。但是光仗着与党的多数，悍

---

* 此文系作者为《北平晨报》撰写的社论。——编者注

然提出不合理的预算,在国会中,总要受少数反对党的严格的批评与指摘,勉强通过,也要丧失政府的信用的。所以英美式的预算类型,从好的方面看,很能表现政治上所谓"制衡"的妙用。

英美式之外,还有一个新兴的预算类型,其特质所在,不在政治,而在经济。英美式的预算,无论如何扩大,毕竟属于"政府预算",主要的属于消费主体的预算;但在苏联,因为主要产业收归国营之故,其政府,不仅以最大之消费主体而存在,还要以最大的生产主体而存在。因而苏联式之预算制度,已不仅是消费主体的预算,而是生产主体的预算!在英美式预算制度之下,关于生产主体的预算,是另有其范畴的,不能与政府预算,混而为一。我们看到:美国出版的 *Budget Control*、德国出版的 *Budget Kontrolle* 以及日本出版的《预算统制论》,那不是财政学范围里的东西,而是企业会计里的东西;它不属于公经济的范畴,而是属于私经济的范畴,这是和苏联式预算制度最不相同的地方。

至于中国式的预算类型,在本质上,又与上述两种,很不相同。中国既未实行宪政,尚无民选之国会,则所谓"立法统制",在形式上,虽有中政会与立法院,究与英美之议会不同,事实上不过等于"行政统制"。至于"司法统制",因为金库制度尚未达到真实独立的地步,则所谓监察与审计,多属有名无实。纵能做到一二,亦多见小失大,"明足以察秋毫之末,而不见舆薪";非不见也,见而不能举审计之实,则不如不见之为愈。此实吾国之经济组织与政治制度所造成,与人才无关。所以胶柱之士,持西洋制度,以批评吾国现行预算制度,颇觉文不对题。就现在之客观条件,而责问吾国:何以不能实现"立法院统制"与"司法院统制"之理想?亦不免有"何不食肉糜?"之感。就实论事,尚不如责望政府专心致志,以实现"行政统制"之功能。在行政的系统上,要能彻上彻下,藉着预算的机构,作到"自己管自己"的功效。天下惟能自己管束自己的,才能管束他人;惟能做到财政统制的,才能作政治统制!打算贯彻政治统制,而不从贯彻预算入手,那真成了南其辕而北辙了!我们相信:中国政治,总是要前进的;所以很盼望:中国的预算制度,趁这民国二十六年度的开头,也能有些新的展开才好。

平均人民负担*

（一九三七年六月十二日）

"平均人民负担"是一个很好听的名词，不仅现在修订新盐法的时候，有人要引用它；翻开几千年的中国财政史，引用它的次数，实在不少。善用之，而能于民有益的，不能说是没有；但是，恶用之，只是加重不平的，其例亦甚多。现在因为修订新盐法，我们又听到"平均人民负担"的主张，甚愿一倾鄙见，藉供国人参考。

考各国税制的变化，大抵具有两种动向：一个是"租税的合并化"，另一个便是"租税的分别化"。按照历史经验，每当国用浩繁，需款紧急的时候，往往设立临时税，久之继续不废，即变成经常税。在此许多经常临时各税之间，彼此殊少联络，或于旧税之上，加征附加税，附加税数额，往往超过正税以上。后来财政渐入正轨，乃稍加以整理，综合性质相同各税，成为一个体系。如唐德宗时代所行的"两税法"，所谓："户无主客，以现居为簿，人无丁中，以贫富为差，将一切租庸杂徭，合并为一"，便是"合并化"的工作。又如明万历年间所行的"一条鞭法"，所谓"总括一州县之赋役，量地计丁，同输于官……凡额办、派办、京库、岁需与存留供亿诸费以及土贡方物，悉并为一条，皆计亩征银，折办于官"，故谓之"一条鞭"，这也是"合并化"的工作。降至最近，将从前五花八门之厘金、特税、通过税、百货捐一类之内地消费税，合并为统税；将牙税、当税、交易所税之类并入营业税，将煤油特税合并于关税，都是"租税合并化"的工作。

"合并化"当然有它的益处，化重叠为单一，化烦苛为简易，对于纳税人，自有许多方便。但是从另一方面看，就在这合并化的过程中，税负无形加重。人民的租税负担，只有比从前多，不会比从前少！同时在官府方面，还要打出"均赋"的旗号，将太高的减低些，将低微的提高些，一部分人民固然享到减税的

---

* 此文系作者为《北平晨报》撰写的社论。——编者注

利益，另一部分人民却要遭受加税的痛苦；如果国库的收入，不因"均赋"而减少，则享利益的人民，较之受苦痛的人民，总不会多！这样"均赋"的结果，只有加税，不会减税。

政府限制田赋附加，自民国十七年，即曾颁布办法。以后至民国二十一年八月，又重申前令。各省奉行的结果，即曾有过名均赋而实加赋的经验。例如某省附加，以各县所征团防款为最重。民国二十一年十一月成立整理案，各县一律以每两代征五元为标准。但全省六十一县之中，逾五元者二十四县，未满五元者三十七县，结果在人民方面，减不抵增，政府则有增无减！同时还要在整理团款惩奖法第四条，规定："如有抗延挠阻违拗情事，一经查核属实，即由保安司令部，呈请省府，分别惩究！"这样的"均赋"，未免太有点滑稽！

"合并化"之后，无论增也罢，减也罢，在纳税的手续上，总算简单的多，能够长期保持这样状态，也还不错。无如历史的前例，国家经费，老是沿着扩大的螺线往前走，总觉着入不敷出。于是在已经"合并化"的税制上，更以种种名义——如建设保卫之类——造成病态的分别化，苛杂烦扰，使民不堪。于是在"均赋"的名义之下，再来一次合并化，将附加并入正税之中，太重的降低些，轻微的提高些，后来居上，形成一种更高的标准。

国家的税收，是层层而上，而民众的负担，则火热水深；如果社会经济的发展，跟不上国家财政的发展，其必然的结果，即为国民经济的衰颓与崩溃。

伊索寓言曾载过猴子分饼的故事，对半均分，老是分不匀，于是不匀的部分，便陆续跑入猴子的肚里；均分的工作未作到，而饼已无存；结果是便宜了猴子，苦了两只猫。

人类的智慧是随着历史的积累而渐次增进的。前人蹈履过的覆辙和前人讽刺过的恶德，总不应为后人所忘记。然而现当改订新盐法的时节，却又听到"平均人民负担"的主张！

是人类愚蠢的复演呢？还是别具新猷确能证明于民有益呢？甚愿朝野各方，都能远瞩彻识，勿徒汲汲于目前。

谈税制改革*

（一九三七年六月十三日）

除非我们国家有一天可以从"公营事业"取得充分的收入资源，课税的事情，总是要免不掉的。无论出什么花样，"羊毛出在羊身上"，无非从一般国民的收入中想办法。虽说直接税系统中的所得税、遗产税较之间接税系统中的盐税、统税之类要好得多；但在纳税人的心理，只要叫他拿钱，总不会怎样喜欢的。这是人类心理所同，没什么中外的分别。

假使一种税已经行了很久，慢慢地渗入人们的习惯，当初以为不便的，日久习而安之，则旧税亦可认为良税。不过在初次推行的时节，好比脚上穿新鞋，明知其良于行，总觉着有些不自在。因而怀疑却步的心情，"恶正丑直"的举动，不免缘之而起，对于良税的推行，予以很大的阻碍。而所得税在中国，推行的历史很短，在人事方面，自不免遭遇前边所说的困难。不仅外侨不愿缴纳，即在本国纳税人，又曷尝踊跃输将？虽说良税如所得税早晚要成了习惯，前途的发展，总是有把握的；但在初步推行的现阶段，舆论方面总要有一番努力，以期中外人士能有更清楚更深入的认识与了解。中国财政的前途，迟早要步入——"从间接税到直接税"的途径，离开以关、盐、统三大消费税为中心的旧窠臼，展开直接税的面影。但是所得税的轮子如果不能转起来，只是盼望政府先把旧税废掉了或是减轻了，办得到么？国民对于国家财政的态度，是要从消极和积极两方面并进的。对于新盐法的改动与棉纱统税的增率，当然要从消极的批判方面，指摘其不良的影响，予政府以民意的制裁。同时对于所得税的施行，却要从积极的创设方面，推动其已有的机构，引财政于革新的正轨。虽然有人顾虑：所得税纵能实行，而间接税却要照旧，不仅存在，反而增高，岂不成了双管齐下，直、间并担的局面？以现在的民力，如何负担得了？关于这一层，政府确不可轻轻

---

* 此文发表于北平《实报·星期偶感》。

看过。但是在人民方面，间接税要反对，直接税也不愿意拿，自然也不是合理的态度。

因为一九三六年的腊尾，对内对外都有过空前的收获，所以一九三七年这一年，应该是中华民族焕然奋发的时机，从积极方面走入一个新阶段。我们要发动民意的力量，促成财政的革新！

整军之财政意义*

（一九三七年六月十九日）

近五十年来，军事与中国的关系，约有四个形态：第一个形态是"练兵"，第二个形态是"裁兵"，第三个形态是"扩军"，第四个形态是"整军"。时移势异，沧桑屡迁，回首前尘，不胜今昔之感。近代的中国，自经帝国主义的侵略，感于船坚炮利的必要，于是练兵的呼声，訇然而起。粗制滥造，无裨国防，阀势既成，反促内争。国人疾首蹙额之余，复纷纷然，相与主张裁兵。设计集会，中外所同，北伐方终，即办编遣，兵工政策，指日实施。岂知会议未竟，内战爆发，以杀止杀，更走军扩，以编遣起而以军扩终，当亦非始料之所及。十年转战，消耗已多，乘隙蹈罅，致招外辱，困心衡虑的结果，始有对内和平对外抗战的根本觉悟，因而促成今日的整军。生当今日的世界，既不能空言裁军，又不应妄事扩军，由量转质，由内转外，于是而有整军，盖亦多年痛苦经验所启发，使中国得以走入再生的新阶段。

自进入一九三七年六月以来，先之以豫皖苏三省的整军，继之以川康的整军，根本办法，全盘决定，整编程序，分期实施，一方要实现国军化，不许再有省区之分；同时要实现现代化，完全使充国防之用。此种办法，稍事扩充，所有中国的军队，即可成为整个的国军。永绝封建的根株，跃入现代的舞台，至此，始有面目与现代国家相见。

整军之最大的意义，厥为财政！世人都知道：数十年来，吾国民穷财尽的根本原因，即因兵多。国家预算，所列每年的军事支出，虽达三亿以至四亿元之多，终究是一小部分，此外不列入预算的，不经中央政府支出的，以金钱以外的什物、牲畜、劳力、生命所缴纳的一切军事负担，如果都按照金钱的现值合起来，可以排成圈外加圈的天文数字。再进一步的认识，吾国军事支出之不合理，尚不在其数量之巨，而在军费支出之毫无效果。不仅毫无效果，而且酿

---

* 此文系作者为《北平晨报》撰写的社论。——编者注

出极大的流弊。如此巨额的军事费,如果真能花到每一个士兵的身上,真能花到每一个士兵的锻炼、培养、武装、动员、治疗、抚恤的实际,以军费名者,真能费之于军,而不复三番五次的重新取之于民,吾人敢相信:对外早已打退了敌人,对内早已奠定了治安!国人所要求于政府的,莫不曰:樽节支出;同时政府所最苦恼的,便是财政管理所应有的"行政统制",先不能行之于军。于是国家岁出的运用,在根本条件上,乃无原则可言,而惟视"经费捕捉斗争"之势力的消长,以定岁出的趋向。捕捉的结果,惟有大力者,能攫得其"狮子份",所谓实业开发费、文化教育费之类,自然沦为卑不足数的极小分数。不仅此也。财政理论,对于租税的负担,有所谓"转嫁"——由纳税人转嫁其税负于担税人——同时对于经费的归着,亦有所谓"转娶"。"经费捕捉"的结果,如果以军费名者,真能尽数用之于军,犹可以练成强兵,犹可以捍御外侮,犹可以维持治安,犹可以实现经费支出的最低要求。但是一经"转娶",则上千上万的军费支出,强半跑入少数人的私囊,而所谓军士者,乃不免枵腹、跣足、风侵、露宿之苦!国家制定岁入与岁出,本是一种化私为公的办法,但岁出一经"转娶",则其必至的结果,不仅不能化私以为公,浸假而蚀公以成私——以为公的空名,作成为私的实在!过去军费支出的情实,是否有异于此?

现在既是走入"整军"的新阶段,我们很盼望政府,不仅要作到人事的整军,务必要作到财政的整军,使财政方面的"行政统制",先贯彻于全国的军队。军队不得归私人,军队尤不得躐私财。中国财政,困难到今日,抗敌御侮的要求,迫切到今日,再不许民族命脉所寄托的财政,仍为军队所盘踞,所吮吸,所浪费,以至于同归于尽!关键所在,只在公开,整军成败,实系于此。

从间接税到直接税*
——税制改革之批判与展望

（一九三七年六月二十八日、七月五日）

一、引言

　　一九三七年在中国，无论从那一方面看，都是划期发展的一年，使我们国家在历史的过程中，迈进一个新阶段。试以财政为例。所谓现代的"直接税"，在去年十月以前——因为全部所得税，从今年一月一日起，才开始征收，严格的讲，应该是今年一月一日以前——只是学术上的名辞，只是徜徉于学人的书斋，震荡于学府的课堂，回旋于法家的笔底，而不会与人生日常生活发生实际的联系。但自去年十月一日以后，尤其是今年一月一日以后，情形便不然了。"直接税"三个字，在我们中国，已不仅是学术上的名词，而成为实际上的名词。我们在南京的财政部，可以看到直接税筹备处的牌匾；许多初从大学毕业的高材生，都要投考直接税征收人员训练班；一般公务员，他的月薪，只要在三十元以上，每月总要有一次，看到扣除所得税几元几角的字样。去年十月以前，我们对于"直接税"，总以为，还不合治政制度一样？不知什么时候才实现于中国。而且民国十八年的甘末尔《税收政策意见书》，也很郑重的说过，中国的现状，还不够施行所得税的条件。但是事实上怎样呢？我们居然能够实施所得税，居然能够脱离以间接税为收入中心的旧窠臼，毅然决然走入直接税的大道，这在中国财政史上，不能不说是划时代的大事件。我们都知道：一九三六年的腊尾与一九三七年的春头，无论对外与对内，都是中国民族的生命中大转捩的枢纽。朝野各方，莫不奋然兴起，担起抗敌救亡的大任，从种种方面，赶做准备的功夫。因应非常时期财政的要求，于是"直接税"的推行，乃成为当

---

* 此文发表于《国闻周报》杂志第十四卷第二十五和第二十六期。——编者注

前之急务。民族自救的担子太重了，凭着过去以间接税为财政中心的一套，是不中用了。于是"直接税"在中国，乃不得不脱颖而出，形成——从间接税到直接税——一个新起的过程。这样的趋势，关系民族自救的前途太大，不仅研究财政问题者所应深思，全国各方，都有正确了解的必要；故特提出研讨，以就正于国人之前。

二、何谓直接税？何谓间接税？

关于直接税与间接税的名词，在十八世纪中叶，已被法国"重农学派"的学者们所采用。从他们的经济理论出发，以为租税的课征，无论用什么方式，结果都要归到生产基础的农业上去负担；因而他们主张，既然五花八门地间接向农业去课税，则不如直截了当地迳向农业去课税。这就是引用"直接税"与"间接税"很早的例子。以后亚当·斯密（Adam Smith）的大著《原富》（*The Wealth of Nations*）于一七七六年出版，李嘉图（David Ricardo）的大著《经济学与赋税之原理》于一八一七年出版，更正式讨论直接税与间接税的问题。他们的经济理论，虽与重农学派不同，但是对于赋税的研究，以为纳税人（tax-payer）与担税人（tax—bearer）的关系，是应该加以分别的。一种税的纳者与担者，有时是一个人，有时是两个或两个以上的人。如果纳税人与担税人是一个人，这种税，便是直接税；如果不是一个人，而是两个以上的人，那便是间接税。这两位学者，是以赋税的转嫁与归宿（shifting and incidence）去解释直接税和间接税，其意义属于经济的。以后到了一八四八年穆勒（John Stuart Mill）出版其大著《经济学原理》（*Principles of Political Economy*）的时候，也提过间接税与直接税的课题。不过穆勒的意见，以为课税的经济影响，是很不容易捉摸的东西。因为需供律的往复错综，我们很难断定：什么就是直接税，什么就是间接税。为区别简单起见，只可以立法者的命意去断定。如果对于某种租税，在立法者的意思，以为应该由纳税人负担，而不应该转嫁，那便是直接税。反之，如果课税的目的，在立法者的原意，根本就没打算叫纳税人负担而可以取偿于他人，那便是间接税❶。用这样的标准以区分直接税与间接税，其意义属于法律的。

在穆勒的用意，以为根据立法者的意思（the intention of the legislator）区

---

❶ John Stuart Mill, *Principles of Political Economy*, Ashley's ed., 1909, p. 823.

别直接、间接二税，应该是很简单的了。依此标准，则所得税、遗产税之类，都应该是直接税，关税、消费税之类，都应该是间接税。殊不知，实际上的变化太多，常常与立法者的原意相反。譬如消费税，在赋课之初，以为可以转嫁于消费者。但是因为需要者占强势供给者占弱势的关系，纳税者并不能转嫁于消费者，而即由纳税者自己负担，则消费税岂不成了直接税？怎能一定说它是间接税呢？又如所得税，大家都以为是直接税了。而不知纳所得税的地主，在某种佃租制度之下，可以高抬其地租而转嫁于佃户。纳所得税的房主，在都市麇集之区，可以高抬其房租，而转嫁于房客。又如课于工厂主的所得税，在工人没有成立工会的时候，纳税人可以在种种方式之下，将租税的负担，转嫁于劳动者的肩上。这类的所得税，便会发生间接税转嫁的功能，怎能说所得税一定属于直接税呢❶？

再从立法与行政的实际经验来看，各国先例，对于直接税与间接税的应用，也很不一样。例如法国的财政部，设有直接税管理处（the division of direct taxes），但是很奇怪的，其中所征收的税类，反而没有所得税。即如证券所得的课税，即交由登记税管理处（the registration tax administration）去征收。按照法国的标准，所谓"直接"税，实际即等于估价税（"assessed" tax）。又如美国，自一七八七年起，直接税的名辞，即包括于联邦宪法之中。彼时所谓直接税，是要按着人口分配到各州，而联邦政府则无权动用。当时以人头税及财产税为直接税，以遗产税及特许税为间接税；至于所得税，最初亦认为间接税，以后始宣布为直接税。在手续上，直到一九一三年，经过第十六次宪法的修正（the sixteenth amendment to the constitution）这才承认由联邦政府征收所得税，不再为最高法院判为违法❷。

如此看来，无论在学者的理论上，或是在各国的经验上，关于直接税与间接税的解释，都有很多的分歧，吾人对于直接税与间接税的认识，决不可草率认定。稍一粗心，硬把某几种税指为直接税，或是把某几种税指为间接税，有时可以发生很大的错误。所以塞利格曼老教授曾经指称："直接税与间接税的区

---

❶ Edwin R. A. Seligman, *Essays in Taxation*, 10th ed., 1925, pp.690-691.

❷ *Encyclopedia of the Social Sciences*, Vol. XIV, article "Taxation", by R. M. Haig, 1934, pp.533-534.

分,现在都认为是很不科学的,世俗流传,只不过是用语的习惯而已"❶。勉强要使用,也应该这样讲:在某种场合或条件之下,某种税可以发生直接税的影响,某种税可以发生间接税的影响,这样,还可以说得过去。

不过"直接税"与"间接税",无论中外,毕竟是常用的术语,大家用惯了,一时也丢不开,我们无妨另找一些可以说得过去的解释。鄙意以为国家课税,除少数的例子系课诸财产者外,大部分都要课之于"所得"。蒲徕恩老教授曾讲过:"租税是一种强制的分担,取自私有财产或所得,以为公共之目的"❷。实则取自"财产"与取自"所得",分量颇有不同,未可相提并论。课税的原则,大家都知道,只能课之税源,而不能课之税本。除了遗产税及资本征收(capital levy)是专门以课取财产为对象者外,其他一切赋税——无论是直接税或间接税——还有不靠着"所得"的吗?我们能喝啤酒,能吸雪茄,因为我们有购买力;而个人的购买力,则系所得所构成。不过在消费税——即一般所称之间接税——的赋课,并不是根据所得,直接测量其担税力;乃系根据支出,推定收入,间接测量其担税力。大部分的租税,归根结底,是要靠着所得,而课税的技术,则随社会之发展,而有间接与直接的不同。只要社会发展到相当阶段,则对于国民所得的课税,是可以指名唤姓,"按住葫芦扣子儿"的。从这一点看,世人称消费税为间接税,称所得税为直接税,尽管转嫁的情形不同,似乎也没有一定反对的必要。

总之,我们研究任何问题,都要认清客观上的对象,而注意其时间与空间的限制,不可一概而论。什么时候或地方,我们不能用这两个名词;什么时候或地方,我们还可以用这两个名词,那就很需要一番斟酌了。

三、是间接税都是恶税么?

一般概念,以为:直接税都是良税,间接税都是恶税;因而推定:能行间接税而不能行直接税的,概属落后的国家,废止间接税而推行直接税的,概属进步的国家;于是许多人以为:从间接税到直接税,乃是一种进步,反之则为

---

❶ Edwin R. A. Seligman, *Double Taxation and International Fiscal Co-operation*, 1928, p.67.

❷ G.Y. Sokolnikov and Associates, *Soviet Policy in Public Finance*, Editor's Preface by C.C. Plehn, 1931.

退步。这种见解,存在于普通人的脑中,尚无不可;但是在学术的研究上,也这样地"人云亦云",就要有些不妥。不错的,从大体上看来,许多间接税,确属恶税,许多直接税,确属良税,中外学者,对于这方面的叙述与解释,早已汗牛充栋。献身于社会运动的拉萨尔,在一八六三年发表其《间接税与劳动阶级的负担》(*Die indirekte steuer und die Lage der arbeitenden Klassen*, by Ferdinand Lassalle, 1863.)一书❶,已将间接税的弊害,指摘无余。不过我们要进一步的认识,很有几种直接税,并不属于良税而属于恶税;同时,也很有几种间接税,并没有坏影响,还要有好影响。例如古时的"人头税"(poll tax or capitation tax),也就是吾国从前所征的丁税,乃是封建社会中很坏的一种税制,我们能够因为它是直接税的原故,就认为是良税么?又如吾国省财政,占收入主位的田赋,本应该是课于地主的直接税;但是这样的直接税,乃是全国田赋改革论者集矢的目标!就是现在我们所推行的所得税,谁都要认为是良税;但是累进税制,并不能适用于存款所得,在这一点上——其实不止这一点——我们能够说它已经具备良税的条件么?直接税不尽是良税,例证甚多;就是良税,而在某种情形之下,仍有其不良之点,又岂可一概而论。

便是间接税中,也不尽属于恶税。无论是关税,无论是统税,课税的对象,有属于必需品的,但也颇有属于奢侈品或娱乐品的。对于人生必需品的课税,如同我们现行的棉纱、面粉、火柴、水泥等统税以及食盐课税,毫无疑问地,要列入恶税,因为这些间接税赋课或重课的结果,可以提高必需品的市价,使大多数的民众生活,感到严重的负担。英国十八世纪末年一位很著名的财政家威廉·皮特(William Pitt)不是早经说过么:"从背上的最后一缕,从口里的最后一嚼,汝皆能课之以税,而不闻重税的怨嗟。课税之法,系以日用百货为对象,税额即消散于货价之中。一般人民只知抱怨物价之贵与时光之苦,而不知如此时艰,乃重税所造成"❷。这样的间接税,不用说,当然是很坏的。对于这类的间接税,我们当然要拿出勃莱特与科布登(Bright and Cobden)在一八四六年以前争取谷物条例废止的精神,促成中国必需品课税的废止,使我们饭桌上的窝

---

❶ E.R.A. Seligman, *The Shifting and Incidence of Taxation*, 5th edition, 1927, pp. 203-204.

❷ "You can tax the last rag from the back and the last bite from the mouth, without hearing a murmur about heavy taxation. And it is by taxing a large number of articles in daily use. The tax will then be lost in the price of article. The people will grumble about high prices and hard times, but they will never know that the hard times are caused by heavy taxation."

头、面条永远不包含着税的成分（"free breakfast table"）！这是就着必需品的课税说。但是必需品以外的非必需品以及奢侈品的课税，我们不仅不希望它废止或减轻，基于国民经济以及准战时经济体制的立场，还要求它加重！这不仅是人生节约的问题，乃是迫于国防经济的积极要求，要我们省下不必需的以及奢侈的消耗，使其更有效的用之于争取民族生存的准备方面。这样的间接税，乃是很好的税制，怎能称它是恶税呢？

　　再进一步的讲。一种税制，在其本身，并无所谓好坏，它仅是公共生活中的一种工具。例如一把利刃，在强盗手中，可以杀人越货，当然是坏东西；在侠客手中，却可以锄暴安良，又是一种好东西。所以一种税制的好坏，不要仅着眼于税制本身，而要深刻认识其所寄托的经济机构。剑桥经济学大师皮固（A. C. Pigou）在他所著的《财政学研究》中，说的很清楚。他认为国民所得分配不均的时候，却要贫富阶层负担同额的消费税，使租税的负担，轻于富而重于贫，演成"逆进"（regression）的结果，此时所谓间接税，当然是很坏的税制。若在国民所得的分配大致相等的社会里，大家的收入，既是都差不多，则负担同额的消费税，反合乎普遍与平等的原则，此时所谓间接税，又成了好的税制❶。毕竟是皮固先生识见恢弘，他在一九二八年，便承认了苏科尔尼科夫的主张。苏氏以为：革命后的"俄国人民，已经很广泛地，转化到公同的水准。所以间接税制，在资本主义国家因为财产之尖锐的不平所表现的反民主特质，在俄国是不会发生的"❷。于此，皮固先生又补充一句，"但在英伦这样的国家，这些问题，仍然是极端的重要啊"！

　　我们看到这些例子，所以对直接税，不能就认为是好，对间接税，不能就认为是坏。我们要看它是在如何条件之下，或是在如何基础上，才可以加以判定。

四、走向直接税是否都是进步？

　　从间接税到直接税，是否就是进步的表示？反之，从直接税到间接税，是否就是退步的表示？各国经验不同，事实也不尽然，试分别述之如下：

　　从过去的历史经验来看，凡是进步的国家，大抵逐渐放弃了以间接税为中

---

❶ A. C. Pigou, *A Study in Public Finance*, 1928, pp. 143-144.

❷ G. Y. Sokolnikoff, *Manchester Guardian Supplement*, July 6, 1922, p. 225.

心的征税政策,采取以直接税为中心的征税政策。这不仅靠着主观上的理论与主张,而要靠着客观上的条件与时代。试以美国为例,在一九一三年,联邦政府的税收,完全靠着关税与内地收入税。在实际上,没有直接税的存在。以后才先后推行所得税及遗产税。英国施行直接税,年代很早,在大战前,已占国家收入的主要部分。但是税率提高,收数激增,仍是大战开始后的现象。战争结束以后,已经提高的税率,亦不克怎样减轻。所以塞利格曼老教授,便有这样的说法:"直接税在公共收入的发展中,业已形成最后一阶段"❶。这个阶段,是否就是"最后"?尚不能不有所研讨,吾人还不能雷同老教授的主张。但是从间接税到直接税,在几个进步的国家,确乎表现的很清楚,尤以美国,趋势最为显著。战前与战后,仅仅五年之间,直接税的收数,竟从十分之一,增加到二分之一,美国联邦政府的所得税,自第十六次宪法修正后,取得法律上的根据,遂成为税收的重心。迫于战事的要求,促成急遽的转换,战事停止,亦竟不能回复直接税与间接税之从前的比例❷。再以英国为例。英国施行直接税,固较它国为早,但是间接税在英国,所表现的"逆进"的流弊,亦赖有直接税之长足的发展,才能稍为抵消。世界知名的科尔文《国债税收报告书》,曾分析英国人民——系以曾经结婚,生有三个十六岁以下的儿童,而且靠着勤劳所得的纳税人作标准——所纳的直接税和间接税,持与个人所得相对照,而算出所占的百分率。比较的情况如下:

所得对于租税的分担

一九二五年至一九二六年所得(镑)	直接税百分率	间接税百分率	合计
100	—	11.9%	11.9%
150	—	11.6%	11.6%
200	—	10.2%	10.2%
500	2.0%	4.2%	6.2%
1000	8.1%	2.9%	11%
2000	13.2%	2.0%	15.2%
5000	21.9%	1.3%	23.2%
10000	30.0%	1.2%	31.2%

❶ E.R.A. Seligman, *Essays in Taxation*, 10th edition, 1925, p.6.
❷ A. Comstock, *Taxation in the Modern State*, 1928, p.31.

从间接税到直接税

续　表

一九二五年至一九二六年所得（镑）	直接税百分率	间接税百分率	合计
20000	36.9%	0.6%	37.5%
50000	44.2%	0.2%	44.4%

自前表看来，间接税的性质，系属于极端的"逆进"，即在现代国家，也是很显明的。英国的贫苦阶级，要将收入的十分之一以上，完全以间接税的形式，纳之国库。至于年收入一千镑以至二千镑者，所纳间接税不过占收入的五十分之一。其最富者，仅占千分之二！间接税之逆进——轻于富而重于贫——的作用，虽为世人所周知，但相差如此悬绝，在科尔文报告书发表以前，尚未为世人所认识[1]。赖有直接税之急遽的发展，才把英国国民的税负，弄得稍微公平些，这确乎是英国税制进步的地方。

从间接税到直接税，按照上述的例子，固然是进步的表示；但是从直接税到间接税，也不见得就是退步的表示，有两个例子，足资证明。

大战后各国财政制度变迁中，有一个新起的现象，便是交易税的采用（the introduction of general sales or turnover taxation）。在一九一四年的时节，交易税本不为世人所注意。及至大战结束，乃突然流行于各国，犹以在法国为显著，竟成为国家收入的主要来源。盖以欧陆各国，当大战之后，疮痍待复，财政困难万端，不得不于直接税系统外，寻求新税源，于是交易税，乃为欧陆各国所注意。按交易税的本质，乃属间接税的范畴，而为许多学者所反对。但在现代商业国家，只以零售数量而言，无论好坏年头，一年下来，总额可超巨亿，只要课以百分之一二的轻税率，便可以得到极丰富的收获。交易税的性质，近于消费税，但与消费税，颇有不同之点。消费税的赋课，其对象属于货物。而交易税的赋课，其对象则属于交易（sales or turnovers）（包括货物的交易与服务的交易）。一种货物，从生产以达消费，所经过的交易次数，不知有多少，有一次交易，即要课一次交易税，在商业发达的国家，如以"交易"为对象，确乎是一个很丰富的税源。只要课税的种类，选择得宜，税率的高下，规定得体，也不能一定说是恶税。一九一八年，德国即采用交易税，一九二一年，法国及加拿大亦开始征收。比利时、意大利两国亦于一九二一年采用。在一九二七年，法

---

[1] Report of the Committee （Colwyn as the Chairman） on National Debt and Taxation, 1927, pp.94-95.

国的交易税，在税收的地位上，竟占了首席，越所得税而上之。在所谓"现代国家"中，所得税并不见得都占在税收的第一位❶。

美国当一九二九年经济恐慌爆发之初，交易税还未曾露过头角。但是到了一九三四年，便有十四个州政府，采用了交易税，势且"方兴未艾"。关于交易税的著作，亦争相出版，专家如美之硕浦（Carl Shoup）在一九三四年所发表的八百页的大著❷出版不久，便失掉了时间性。"在财政史上，除了汽油课税而外，没有一种像交易税这样快，传播到整个的世界。截至一九三三年止，已经有了三十个国家采用了它，打算废止的，简直是绝无仅有"❸。

究竟交易税的利弊如何？学者争论甚多。宿儒如塞利格曼反对此税最力❹。本文主旨，不在讨论交易税，未暇一一征引，此处只说明在最近各国财政的制度上有这样一个新趋势而已。凡事都有其促成的客观原因，交易税又何能外？计自世界经济恐慌爆发以来，产业萧条，企业利润随之减少，因之国民所得与国家税源日见退步，而直接税的收入，不免大受影响。此外薪给报酬所得，以熟练工人及技师等专门家为中坚，亦因工厂停闭或减工，事业不能充分去做，当然要影响到所得税的征收，不得不于直接税以外，另想新的办法。本来人类的欲望，是一天比一天增进的，世界经济，无论如何萧条，而消费的数量，仍然是向上发展。在这种情势之下，从消费的过程中，以及人事活动的过程中，征收交易税乃是轻而易举的事情。

此外还有一个促因，足以助长交易税的发展。世界各国为恢复经济，多采用膨胀政策，藉着膨胀岁出的方法，刺激企业的繁荣，藉以挽回萧条的颓势。在这种膨胀政策的过程中，国家支出增加，公共建筑增加，交易亦随之增加，自然可以加厚交易税的来源。所以自一九二九年以还，经济恐慌发生，而交易税反因之树立起来。这种趋势，固然有许多病态的成分，在里边支配；但是我们不能说：所谓"现代国家"，所走的都是直接税的道路；而要注意：以交易税的姿态而出现之间接税的发展！

---

❶ A. Comstock, *Taxation in the Modern State*, pp.110-153, and *Encyclopedia of the Social Sciences*, Vol. XIII, pp.516-519, Article "Sales Tax", by A.G. Buehler.

❷ Robert M. Haig, Carl Shoup and Others, *The Sales Tax in the American States*, 1934.

❸ Carl Shoup quoted in Sir Joseph Stamp's *The Fundmental Principles of Taxation*, new and revised edition, 1936, p.87.

❹ E.R.A. Seligman, *Studies in Public Finance*, 1925, pp.131-138.

以上是第一个例子，以下再提出第二个例子。我们都知道：现代所得税之丰富的基础，是要建筑在资本主义经济的基础之上的。有了丰富的个人所得与巨额私产。才能找到所得税之充分的税源，一旦社会的经济基础有变，私有财产的存在有问题；如同苏联在一九一七年以后的样子，则直接税的基础，便变生根本的动摇。在一九二五年至一九二六年度的苏联预算，所得税的收入在税收总额中尚占百分之八点五；但是到了一九三二年至一九三三年度，只占万分之一❶。在施行"社会化经济"（socialized economy）的社会里，所得税和遗产税所谓直接税的收入，不仅无依赖的必要，而且无恃为收入大宗的可能。据一九三七年度的苏联预算，所有直接税的收入，在总岁入中，仅占百分之三。苏联的经济学者对于所得税的见解，可以用一句话来表示："如果你只是打算着再把它拿开，为什么容许人们去赚钱"？（Why allow people to earn money if you intend merely to take it away again?）❷所以直接税在俄国，已无发展的余地。反之在间接税，因为国民所得的分配大体平均之故，则有逐年增加的趋势。初看似不可能，倘科以从来的理论，岂不有退步之感？日本学者汐见三郎于此看的很清楚，他说："一九三一年以后，苏联的所得税，收数激减，而间接税则收数激增。当一九三二年至一九三三年度，所得税与单一农业税的收入，在总岁入中，仅占百分之三点六。此因苏联所遵行的政治原则，与资本主义国家根本不同；故于判断上述两种税收的重要性时，单着眼于收数的多寡，无有是处"❸。由此看来，在苏联所表现的——从直接税到间接税的新趋势，不仅不能说是退步，反而是一种进步！世事的变幻，竟有如此者！

从一般的经验讲，一国税制，从间接税走向直接税，当然是进步的。但是就最近的趋势看，我们不能就说：从直接税到间接税，既是一种退步。一方要看社会组织的经济基础，同时还要看税制发展的机构内容，不可一概而论。

五、税制改革与中国

我们总要先看清了世界的经验，再检讨我们自己，庶不致茫无标准，专凭

---

❶ 汐见三郎等四人合著：《各国所得税制论》，原著一九三四年版第二百四十三页，宁柏青译本商务印书馆一九三六年版第二百四十六页。

❷ "How Russia Raises Capital，" *Economist*，March 27, 1937, p.705.

❸ 汐见三郎等四人合著：《各国所得税制论》，原著一九三四年版第二百四十四页。

主观的臆断。我们的国情，我们的经济基础，与东西各国，不仅有量的不同，且有质的不同。在人，可以那个样子，在我就不能那个样子。就是想做到那个样子，也得在客观条件大体完备之后。既不可趑趄不前，但也不可揠苗助长。然则在现阶段的中国，我们的税制改革又该走那条路呢？

根据历史的教训与客观环境的要求，要我们毫不犹豫地立刻拔腿，走向由间接税到直接税的道路！

中国税制机构的础石，是建筑在间接税上面的，已成为举国皆知的事实，不待烦言。尤其以中央财政，每年将近十亿元的岁入，其中百分之八十左右，是要靠着关、盐、统三大消费税（big three）❶。我们的关税制度，虽说自民国二十年起，取得"关税自主"，但是税制的机构并未树起关税壁垒的阵容，以达保护政策的理想。虽说国计艰难，司农仰屋，关税的收入目的一时很难放弃；但是建国工作，首在造产，保护政策，势在必行，经济国防之不具，国防之谓何？无论如何困难，我们是要扬弃了关税的收入目的，坚决地以保护国产为目标，则关税收入必且日减。至于盐税，那更不消说了，消费税中最坏的制度，当以盐税为第一，只要中国肯走进步的道路，盐税是早晚要废止的。至于统税，除了高级卷烟、洋酒、啤酒、熏烟而外，所有面粉、棉纱、火柴、水泥等统税，都与人民日常必需的菽粟水火、衣食住行有密切的关系，我们很不愿意老是看：这些东西还要上税！西洋各国，不是没有消费税，前引科而文《国债税收调查报告》，英国下层阶级对于间接税的负担，其不合理的分配，亦足惊人。但在进步国家，所课的消费税，毕竟属于奢侈品或非必需要品者居多，绝没有像我们国家，过半集矢于必需品！此种必要，朝野皆知，振衰起懦，不容再缓，就是政府惮于兴革，而以今日救亡图存的迫切，政府也非办不可；根据过去多年痛苦的经验❷，我们的国家税制，非打破从来以间接税为中心的旧窠臼，不足以减轻民生的痛苦，此其一。

自入一九三七年，世界各国的军扩财政，又以加速度的姿态，向前蓦进❸，预兆第二次的世界大战，迟早总要到来。我们迎着这暴风雨的前夕，在财政方面，不

---

❶ 参阅孙怀仁：《中国财政之病态及其批判》，一九三七年版，第十八至十九页；又东亚经济调查局出版《支那国民政府的财政》，一九三六年版，第三十九至五十五页。

❷ 参阅拙著：《最近十年中国财政批判》，载天津《大公报》，本年五月十二日经济周刊。

❸ 参阅拙著：《当前中国财政问题》，一九三七年版，国立北平研究院印行。

能不"未雨绸缪"地先有个打算，省得临时措手不及。只要世界大战发生，中国是无法幸免，纵不以交战国的资格而被蹂躏，也要以有名无实的中立国而被蹂躏。其必然的影响，在关税，则以国际贸易的中断或生障碍而关税减收；在盐税，则以沿海要害被占或发生骚扰而盐场破坏；在统税，则以新式工厂多在沿海沿江的大商埠，届时最感战争的威胁而生产停顿。这样一来，则在我国岁入中占到百分之八十左右的"三大消费税"，都要有息影潜踪的危险，给我们国家的财政，挖下一个大漏洞！到那时节，纵令我们不愿和间接税分手，间接税也不得不和我们分手！我们就是怎样诚恳的挽留，也挽留不住。远识的政治家，如果看到这一点，就要自今日起，毅然决然地打定主意：离开间接税而走向直接税！不要等间接税掉头绝裾地舍了我们，现在我们就豪不惜恋地离开了这三块料！这是有见于将来的趋势，不得不"未雨绸缪"地，朝着——从间接税到直接税的方向走，此其二。

引言中已经提过，自从一九三六年的腊尾，以至一九三七年的春头，中国政治，无论内外，都走入一个新阶段。所以中国的税制，也有走入新阶段的可能。不佞在去年六月草写《所得税实施问题》一文时，其中一段，即曾标出"此次试行的可能如何？"的课题，举出三个条件，以为都有促成我国实施所得税的可能性❶。其主要的原因，即因："一遇战争的逼迫，从前所认为困难的障碍，皆不得不设法排除，硬着头皮去干。不仅所得税的树立如是，所得税的发展，也莫不如是。在我们中国，不用说不远的将来，要有战争的威胁，即在现在，早已在战时财政之下讨生活，日子是越过越紧，紧到不可开交，在当局的财政政策的现阶段，再也不能不找到所得税了"。这还是消极的说法，再从积极方面观察。将来中华民族如果真能担起民族复兴的大任，则在紧急必要的时节，要能做到：有力的出力，有钱的出钱，不仅要各尽所能，而且要做到"合理的负担"。财政上的合理负担，只靠着间接税，是绝对地做不到，唯有厉行直接税，才有渐次实现的可能。所以将来中国的非常时财政政策，无论如何，要以直接税为重心！不仅有钱的出钱，而且钱少的少拿，钱多的多拿，按着累进税率，取得现代财政理论所谓"应能负担"的标准！中国人能做到这一步，则中国的抗敌救亡，必能得到十二分的把握。"悉索敝赋以待"，虽以郑之小国，尚有以自立，况在今日的中国呢？但是这一着，如果做不到，则整个的争取民族生存的大计，皆

---

❶ 参阅拙著：《所得税实行问题》，一九三六年六月版，国立北平研究院印行。

无所附丽，而失掉其"金"的基础。所谓"金"的基础，不仅指充足的战费，而是指"合理的负担"，这是最近各方当政者所已经注意到的事情。所谓"和"，是从"平"的条件中自然生出来的。做到"平"，必能做到"和"。万众一心，事无不举。从中华民族争取独立自由的必要着想，也不能不走——从间接税到直接税的途径，此其三。

　　自然有人顾虑，果真从间接税走到直接税，曷尝不好。就怕直接税已行，间接税不去，不仅不去，反而增添，结果就要弄成——间接税兼直接税，人民岂不太苦了？这样的顾虑，吾人很承认，但是不能持此以为反对施行直接税的理由！我们以全国的力量，先把直接税的轮子转起来，同时再以国民的力量，促着政府，废止一切压迫民生的间接税，那才是走上复兴途径的国民们所应有的努力呢！

民国二十六年五月二十七日
稿竟于国立北平研究院

遗产税应即实行[*]

(一九三七年七月三日)

日前报载：立法院第一百零八次会，讨论遗产税暂行条例草案时，委员中有一部分主张将此案暂行缓议，另一部分则主张修改原订立法原则，速予制定施行；双方争论甚剧，结果重付审查。我们听到这种消息，对于立法机关之慎思明辨，固致其钦佩，但对于财政政策之当前的需要，亦不能不表示一些国民的主张。爰倾鄙见，以谂当世。

遗产税与所得税，本为现代直接税的双生子，凡施行所得税制的进步国家，莫不施行遗产税。大势所趋，颇有风靡世界之观。虽说这两种税的推行，要有其经济的基础，凡是施行此二税而有成绩的国家，大抵都是资本主义最发达的国家。但是我们要问：我们没有资本主义，便永远不能施行直接税么？一种制度的生成，其原因，有时出于内发，有时亦出于外铄，必待一切条件具备，而后可行新制，那么，"学养子而后嫁"，早不该为圣人所反对。考遗产税与所得税，本为现代直接税的两翼，据民国十八年甘末尔《税收政策意见书》的见解，所得税与遗产税都不能施行于现在之中国。但在事实上怎样呢？自从去年十月一日以后，我们居然也能施行所得税了。不仅在形式上能够施行，而且在实质上，渐有把握。即在收数方面，民国二十五年度预算中，仅占百分之零点五，在民国二十六年度预算中，即增至百分之二点五，其税额虽不为财政收入之大宗，而比额则已增加四倍。所得税既是能够推行，而且可以增收，则与所得税同属直接税的遗产税，就不能立刻推行于吾国么？我们决不忽略推行时应有的条件，也不漠视推行时可有的障碍。但是这些条件与障碍，如果在所得税，可以有方法去取得去克服，在遗产税，我们相信，也可以有方法去取得去克服。本来所得、遗产二税，就是一条线上的东西，同属指名唤姓，"按住葫芦扣子儿"的一套。对于推行所得税所应有的工作，大部分也是对遗产税所应有的准备。"一举两

---

[*] 此文系作者为《北平晨报》撰写的社论。——编者注

得",为什么不同时推行遗产税呢?此其一。

一般人总以为:只要征税,就为的是收入。这也颇有学理上根据。英国有句俗话——"Taxation for revenue only"——意思就是说:"课税只为收入"。当初所以有人这样主张,是在十九世纪,反对保护关税的时候,以为征收关税,只为收入,不应该有其他的目的。这种说法,自有一番主张,尚非无米巧妇只图收入之可比。但是这种主张,到了十九世纪的末年,便已发生根本的变化。当一八九四年英国有名的财政总长哈科特(Sir William Harcourt)提出遗产税——英称"死亡税"(death duty)的改革时,表面上虽仍否认课税之"别有用意"(ulterior aims),但是当时有眼光的人,都能看得出,哈氏政策,于收入目的而外,还要使大宗地产,渐趋分裂。这便是说:课税的"收入目的"而外,尚有"社会目的"。况且推行遗产税,所以不能注重收入,还有本身上的理由。征收所得税的目的,尚可以说,主要是为收入;但是开征遗产税,在收入目的上,是不能与所得税相提并论的。因为收入目的,第一要能"充分",而遗产税之丰啬,一视财产所有者死亡之多寡,在一个会计年度中,不能盼望有多数富翁之死亡。第二要有"弹力"。某一年度之税率虽增,而富翁之死亡率不必随之而增。我们都知道:国民政府的理论基础,有两大支柱,一个是平均地权,一个是节制资本,二者皆有待于遗产税之切实的推行。国民政府的财政,已经走到第二个"十年"的第一年,再不容把上述两大政策,仍自束之高阁;所以对于遗产税的推行,自不应"暂行缓议",此其二。

子舆氏早经说过:"虽有智慧,不如乘势,虽有镃基,不如待时。"天下事果能把握时代的使命,因利乘便,可以收到"风利不得泊"意想不到的效果。我们看去冬绥远抗战举国捐薪捐物的运动,那是何等的踊跃!何等的普遍!有钱的出钱,有力的出力,争先恐后,几成天经地义。最近阎百川先生所提倡的"合理负担",即"要有钱的人多出钱,凡是得利钱的人,有财产的人,赚钱多的人,应多多担负,减少平民痛苦"。按照阎先生的意思,造成一种制度,便是先进国家所推行的所得税和遗产税。遗产税的推行,如果在平常无事的时节,大家或者还要反对,认为是侵犯个人的财产自由,思以种种方法,反对之,阻挠之,逃避之,以保障个人的利益。但是非常时财政之下,国家财政已由政府确保:为的是争取民族的生存,则"毁家纾国"之士,自古已多;为国效死之志,人所同有,生命在所不计,而况财产乎!

国民经济的基本认识*

（一九三七年七月十八日）

现阶段应有的经济政策，扼要地讲，应该把握住那几条？这是每一个国民，尤其是研究经济的人们，所应该每饭不忘的。据吾人客观分析的结果，以为当前所最需要的，要能集中精力，把握住几条纲领，发动全国的力量以赴之，其余枝叶问题，自能迎刃而解。现在首先要提出的，便是树立民族工业。

所谓"国民经济"，质直地讲，便是：民族的生活"——以一个民族作单位，有吃、有喝、有穿、有住，经营独立的生活。所以一切经济建设，都要严守民族的立场，此着一错，满盘皆空。至于我人所以特别提出工业，而不揭橥农业者，并非漠视农业。实以立国现代，非先把现代化的工业打出一个基础，不仅工业没出路，农业也没出路。"中国自古以农立国"，成了人们的口头禅，但是以农立国的结果，并没把中国造成颠扑不破的局面，以屹立于帝国主义的狂流之前。今日创巨痛深，勉力挣扎，独欲恢复从来之原始农业生产方式，而不能赤地新立，另造一套新机构，其不足以保障民族的独立生活，以不俟烦言而解。以中国的自然条件，在经济建设的程序中，当然要有农业的地位，而且很重要。但是今日所需要的农业，已不是数千年来所从事的单纯再生产，而要把农业机械化、现代化，造成扩大再生产，才能适应今日的需要。简单的讲，即是要作成农业的工业化。把工业化或机械化的生产方法，适用到农业方面，然后中国农业才能获得新生命。于此又教我们想起，机械化的工作，在没有尽量用诸工业以前，能允许我们用诸农业么？农业的机械化，必以工业的机械化为前提；而新式工业的抬头，必以取得民族独立为基本条件！

所谓"国防"，便是"民族的自卫"，以整个民族为单位，经营独立的生活。所以国防的目的，不只在"生存"，而且在"生活"，谈到生活，便是经济的问题，没

---

* 此文发表于北平《实报·星期偶感》。——编者注

有经济的要素,则国防为空虚;没有国防的条件,则经济无保障。经济建设的基础,非树立民族工业,不足以期最后之成功。感于经济国防之严重,故特提出,用备国人参考。

现阶段之国民经济与国家财政*

（一九三七年十二月十六日）

一、问题的提起

我们每天读书阅报，手之所触，目之所接，碰到的经济问题和财政问题太多了。这里也是问题，那里也是问题；这个也该解决，那个也该解决，千端万绪，弄得人头昏眼花，真不知从何处下手。生在这个时代，就是这个样子，躲是躲不开的；惟有站在正确的立场，运用科学的方法，拿出坚决的态度，从正面迎上去，才能理出一些端绪。只要六辔在手，把握几条纲领，其余枝节，自能各归统属，使问题的解决，有个先后缓急。

所谓现阶段，包括时与空的两个成分。我们所遭逢的时间，是非常时期；所遭逢的空间，是国防线上。不仅生长华北的人们，应该这样认识，便是生长在内地的人们，都应该这样认识。由全国各方组成一个整个的国防，这国防才有力量。现在我们要问：国防的目的，究竟为什么？无疑地是为争取民族的生存。但是有了生存（existence）就够了么？不够！还要生活，我们要有活力（vitality），我们要能活动（activity）。谈到民族的生活，便令我们想到国民经济。所谓国民经济（national economy），质直地讲，便是民族的生活，以一个民族作单位，有吃、有喝、有穿、有住，经营独立的生活。所以说国防的真实的意义，不应该仅在军事与政治，而应该在经济。纵使敌机不飞，主权无伤，而民族的生活，天天在那里丧失其独立性，则国防问题的严重与迫切，并不为之减少。所以仅作到军事的国防不够，我们还很需要经济的国防。

打算作到经济的国防，要有一套很得力的工具，那便是国家财政。所谓国家财政，换句话讲，便是"政府经济"。考经济学所讨论的经济单位，当以政府

---

* 此文发表于《东方杂志》第三十四卷第二十二、二十三、二十四期合刊。——编者注

为最大。如果政府经济有办法，则国民经济的问题，便也解决了大半。况且经济的国防，是一种有机的活动。如何方能组织得宜，运用自如？非有很健全的政治机构，是不能胜任愉快的。政府怎样才算健全呢？英学者巴什帖布（C.F.Bastable）早经告诉我们："没有健全的财政，不会有健全的政府"（Without sound finance no sound government is possible）。所以我们真要实现经济的国防，非有健全的国家财政，是办不到的。因此我们要认识现阶段的国民经济与国家财政，提纲洁领的，究竟该怎么样呢？

二、最低限的经济纲领

现阶段应有的经济政策，扼要地讲，应该把握住那几条？这是每一个国民，尤其是研究经济的人们，所应该每饭不忘的。据吾人客观分析的结果，以为当前所最需要的，只要能把握住下列四个纲领，发动全国的力量以赴之，一切枝叶问题，自能迎刃而解。所谓四个纲领：

第一，树立民族工业。民族意义的重要，前边已经说过。一切经济建设，都要严守民族的立场，此着一错，满盘皆空。在这"经济合作"的烟幕弹连续放散的迷雾中，很容易偷偷地抽去了民族的筋，加重殖民地化的速度。至于我人所以特别提出工业，而不揭橥农业者，并非漠视农业。实以立国现代，非先把现代化的工业打出基础来，不仅工业没出路，农业也没出路。"中国自古以农立国"成了人们的口头禅，但是以农立国的结果，并没把中国造成颠扑不破的局面，以屹立于帝国主义的狂流之前。今日创巨痛深，勉力挣扎，犹欲恢复从来之原始农业的生产方式，而不能赤地新立，另造一套新机构，其不足以保障民族的独立生活，已不俟烦言而解。以中国的自然条件，在经济建设的程序中，当然要有农业的地位，而且很重要。但是今日所需要的农业，已不是几千年来所从事的单纯再生产，而要把农业机械化、现代化，造成扩大再生产，才能适应今日的需要。简单地讲，即是要作成农业的工业化（industrialization of agriculture），把工业化或机械化的生产方法，适用到农业的经营，然后中国农业，才能获得新生命。于此又教我们想起：机械化的方法，在未曾尽量用诸工业以前，能允许我们用诸农业么？农业的机械化，必以工业的机械化（mechanization of Industry）为前提。而新式工业的抬头，必以取得民族的独立为首要条件。所以当前的经济建设，我人首先要求树立民族工业，也便是这个道理。

第二，保障国防资源。"树立民族工业"的说法，还不免失之广泛。其中千头万绪，依然是百废待举，限于本身的力量与当前的要求，不容我们面面顾到，而只要抓住几桩与民族自卫有切肤关系的事业，如食粮、如植棉、如纺纱、如钢铁、如采煤，竭全力以赴之，以为经济建设的前驱，以奠民族工业的基础。先把这几桩作好了，使从事于民族抗战的国人，有得吃、有得穿、有得住、有得用，眼前即能作到独立民族所应有的最低标准（national minimum），其余一切，便都好办；便是晚办一些，也没有什么，因为基本生活的条件已具备了。倘若基本的生活条件尚未其备，只是好高骛远的什么都来，结果必致什么都弄些皮毛，什么都弄不到好处。财力的虚縻、时间的空耗，等到觉察出来，控制也来不及了。拘牵拖陷的结果，势必以救亡的初衷，造成速亡的结论，那岂是可以轻于尝试的？所以现阶段的经济建设，于第一个"民族的"意义而外，要能守住国防资源最低限度的标准。用志不纷，先从要害入手，不仅当前的要求，大致可以应付，便是此外一切的建设，也都有了初步的基础了。

第三，改组中央银行。查中央储备银行法案，已于六月二十五日经立法院修正通过，这是最近经济建设中的大事件。中央银行原属财政部，改组中行问题，应该属于财政问题的范围，为什么列入经济政策呢？这里边很有深意。从来国人的观念，总以为中央银行是财政部附属的机关，省银行是省政府附属的机关，历来的事实是那个样子，难怪人们就那样想。但在今日，政治的演化与客观的要求俱已展开一新阶段，则中央银行一物，不应该仅成为政府筹款的外府，而应改弦更张，超然于政治势力支配之外，使成为社会经济流通之权衡。许多学者，常把中央银行一物，比之于经济体的心脏；又把中央银行比之于伟大的储水池（reservoir）。心脏所以司血液的循环，中央银行所以司通货之调节。一国通货之出纳周转，应以整个社会经济的需要为衡。假使中央银行仅为财政部的附庸，则因政府之迫切的要求，难免不以发钞为救济财政的工具，"守着饭锅挨饿"的事是不会有的，大势所趋，必不免走入恶性通货膨胀之路。不仅贻害于经济，财政也要并受其累。所以我们认为这次中央银行的改组，在国民经济建设的过程中，其意义太重大了。现代所谓建设，所注重的不仅在量与质，还要注重活动的加速。因此我人在经济政策的主张中，于一二两项注重量与质的条件而外，还要提出立刻改组中央银行的要求，以完成"加速"的条件。盖必中央银行切实改组之后，一切经济活动方有健全可靠的轴心！

第四，矫正国际收支。国际收支适合的确立，在现代经济政策中，可以说是最重要的。以一个民族作单位，在一年之中，究竟收多少？支多少？收支怎样相抵？相抵的结果，对于整个民族的经济体，究竟是有利有害？对于有利的方面，如何发展？对于有害的方面，如何矫正？并如何在国际间取得适当的调和？这恐怕是一国的经济政策中最高的指导吧！我们看中国银行营业报告书所发表的民国二十五年度中国国际收支的数字，双方各为十七亿七千六百八十万元。其中自然以货物的出入口占主要地位。出口货值为八亿一千一百六十万元，入口货值为十一亿四千一百五十万元，支多于收者二亿二千九百九十万元，主要则靠着白银出口二亿八千九百六十万元，以资抵补。虽说华侨汇款项下，尚可收入三亿二千万元，但在支出方面，尚须偿付外债一亿二千七百八十万元；此外还有无法查明之银行资金及其他资本向外移动之数，恐非华侨汇款之数所能抵补。于此还要注意：上列数目，还是找得着能发表的数字，此外因统计不备或故意隐匿之故，我们所不能知道的，尚不知有多少。虽说问题太大，作病太久，决非咄嗟所能立办；但是矫正国际收支的课题，不能不悬为最重要的目标，前述三点，都要附丽于此。

三、最低限的财政纲领

现在我们再看一看现阶段应有的财政政策，应该集中到那几点。财政问题较之经济问题，总要简单一些。但在今日以经济建设树立民族自卫的过程中，财政政策确是一个有力的杠杆，内容自不简单。不过国家施政，要有本末，提纲挈领，亦可与经济政策相对照，提出下列四个纲领：

第一，厉行直接税制。"从间接税到直接税"，这一个口号已不是理论，而是事实。当初许多学者，甚至专家如甘末尔，都以为中国还不具备实施所得税的条件，主张从缓。但自去年十月一日，由政府毅然开征以来，居然也能行得通，前途且颇顺利。此无他，世界大势所趋，战时财政所迫，不容我们不努力尝试。虽说施行条件，一时尚未具备，但不能因噎废食，必得"学养子而后嫁"。果然一朝开始，办也就办了。反正我们不能老是拘囿于间接税的樊笼，迟早要施行直接税，早一天是一天。总得等到间接税真没着落的时候，才去"临时抱佛脚"么？我们都知道：第二次的世界大战，迟早是免不掉的，一旦开仗，不管我们参加不参加，但是关、盐、统三大消费税形成国家收入百分之八十左右的台柱子，都有因战事而减少甚至有一落千丈的可能。并不是我们在理论上，一定要主张直接税，而是事实上迫不得已地不能不找直接税，这已成为中国财政既定的命运。不过在这里，却有两个难题，颇足为推行直接税的障碍。第一是所得税及遗产税纳税人的阻挠；第二是政府一方推行直接税，同时又舍不得间接税，双管齐下，予纳税者以苛征的口实，复予税源以重大的打击，影响到直接税推行的前途。所以我们要求政府，要有决心，能够专心致志地推行直接税，而不要恋恋于间接税。同时即发动全国上下的力量，对于社会上推行新税的障碍，予以坚决的无情的扫除，这才是中国财政在开源一方面的主要出路！

第二，进行财政整军。我们都知道：近二三十年来，中国民穷财尽的主要原因，厥为兵多。国家财政的大部分，皆为内战所消耗。因而许多人，对于预算所列的巨额军事费，莫不疾首蹙额，主张竭力削减。但是结果怎样呢？诅咒自诅咒，事实自事实，客观的原因不除，病态的事象不减，仅从消极方面用力，有时是行不通的。况当此国防吃紧的年头，增兵之不暇，还能谈到裁兵？充实国防之不暇，还能说道核减？环境所限，不如索兴从积极方面入手而进行"整军"。自入六月以来，先之以豫、皖、苏三省整军，继之以川、康两省整军，进行且颇顺利，可以说是时代的产物。整军的目的，一个是国军化，不得为地方所私有；一个是现代化，不许为封建的供奉。我们国民所负担的军事费不怕多，要能用到国防军的锻炼，用到国防战的实现！真能国军化和现代化，我们人民便是多拿一些捐税，也没什么不可。去年绥远抗战，全国捐薪捐物能够那样踊跃，便是很显明的例子。因此我们所需要的，不仅是人事上的整军，还要求财政上的整军。所有政府对于财政统制的种种办法，要能很切实很普遍地贯彻到军队的方面。第一要它公开，第二要它核实，第三要它有效。不仅要一钱有一钱之用，还要虽一文钱都能用到最有效的方向，这才是中国财政在节流一方面的主要做法。

第三，保障法币信用。保障法币信用与改组中央银行，本是一件事的两面，在经济政策中既经提到，为什么在财政政策中又重复一回？这里边也很有一番深意。根据各国财政经验，每当国用浩繁之时，时常采用发钞政策，以济加税与募债之穷。最初尚有限度，日久即不克自制。因增发而跌价，因跌价而愈不得不增发，辗转相寻，愈陷愈深，演成恶性膨胀，后患不堪设想。此中原因，即在财政。倘使财政有办法，何致以发钞为理财之出路？所以保障法币信用的职责，不在经济方面，而在财政方面。况自现银集中推行法币以来，所有商业银行的纸币，均将尽数收回，国中所流通的钞票，只有国家银行才能发行。只要国家银行能不滥用发钞权，决不致因私家银行滥发钞票，因而引起经济界的不安之理。然则保障法币信用的工作，怎样才能做好？最主要的，当然是改组中央银行，使成为超然独立的机关，不受政治的影响。不过在财政方面，也要有根本的作法，不致以发钞为筹款的捷径。倘使国家支出，漫无限度，筹款方法，急不暇择，纵令将中央储备银行法的条文，订得如何严密，试问它准能保得住法币的信用么？因此才把保障法币信用，列为当前最主要的财政政策之一。

第四、平衡国家预算。财政政策中的平衡国家预算，与经济政策中矫正国际收支，是最有连带关系的。平衡国际收支，是现代国家最主要的工作。但是一个政府，如果对于自己的财政预算，尚不能作到平衡，对于国际收支，更没有能力去支配。所以现阶段平衡预算的工作，比较从前更多出一番意义，便是以这种工作，作为平衡国际收支的基础。平衡国家预算，普通多指数额的平衡，只要岁入与岁出双方数字能够一样，便认为达到目的，这是很不妥当的。"估计的预算"（estimated budget）与"实施的预算"（executed budget）数字每难相合。这在财政管理很健全的英国，都所不免。但二者差额，总要尽着可能的努力，使之减到最低度。即以近年经济情况变动之遽，而英国预算总收入的估计额与实收额，其间差数总没有超过百分之二点五。所以美国预算学家柏克（A.E.Buck）以为预算的估计，能够有这样的成绩，乃是英国的财政官吏与统计家很可以自豪的地方。吾国"预算统制"，在立法与司法两方面，既都有名无实，则不如专心致志，以实现行政统制之功能。先从行政系统上，彻上彻下，藉着预算的机构作到自家管束的理想，而不可以形式的收支平衡自足，庶几财政能上轨道。

四、结论——国民的努力

四个经济纲领与四个财政纲领是相互对照的；彼此之间，具有休戚相关互为影响的关系，以表明之如次：

	经济四纲领	财政四纲领
（一）	树立民族工业	厉行直接税制
（二）	保障国防资源	进行财政整军
（三）	改组中央银行	保障法币信用
（四）	矫正国际收支	平衡国家预算

即以第一项为例。民族工业如能发达，必能促成直接税制的发展，这是形影相随不可否认的事实。据美国财政学家康斯脱（A.Comstock）的解释，一九二七年美国所得税的总收入中，仅纽约一州，即占百分之二十七。即因纽约州乃是美国工业的中心，有了充分发展的工业，便有了源源不绝的所得税。因之许多学者，便称所得税为"工业税"（industrial tax），甚至称之为"都市税"（urban tax）。即在中国，如果现代的民族工业真能树立起来，则所得税之飞跃的发展，可操左券。因为所得税的税源，毕竟要以企业所得为大宗。仅靠着薪给报酬所得找收入，毕竟是可怜而有限的。再从另一方面看，如果我们国家，真能厉行直接税，从直接税系统中建立收入的来源，而不复仰赖于间接税，则关税的"收入目的"，即有转移的可能，使之渐变为"保护"。吾国之关税制度，倘能由收入目的转移于保护目的，首先受到利益的，便是民族工业。所以说财政与经济是具有相互关系的，是互为影响的。举一反三，其理甚明。

不过所谓政策，毕竟要责成于政府。政府所应该做的，前已言之；然则国民应该做些什么呢？国家政策总要受国民意志的影响；国民真能向前，政府不敢落后；国民真有决心，政府不敢蹉跎。当此非常时期，托身国防线上，当国民的最低限度所应该做的，要有下列四端：

第一，在没有充分的生产以前，不作过度的消费。

第二，在未曾尽量利用国货以前，不用外货。

第三，在民族危机随时可以到来之前，要有随时即能应付的准备。

第四，在争取民族生存的献祭之前，要捧出每一个国民的心血与财力。

上列四端，都与现阶段的国民经济与国家财政有关。国民真能这样做，一方帮助了经济的建设，同时帮助了财政的改革。我们不是光提倡消极的节俭，我们自然要努力生产，但在生产未曾充分以前，我们绝对不浪费！什么叫做浪费？超过了生产力的消费，就是浪费。如果生产进步，则"水涨船高"，消费也当随之进步，不然则生产了那么多干什么用呢？其次我们并不一定反对用外货，但是从国货里，很可以找出许多可用的东西；不肯去用，反而替外货作推销，这当然不是具有民族思想的人们所应该做出的。复次，我们所要求的救亡准备，并不是认为可以咄嗟立办的，当然要有计划、有步骤，定出一个相当的标准。但是要认识：当此世界情势日趋险恶的今日，民族的危机是随时可以光临到我们头上的。我们不能因为准备的时候不够，不去抵抗，而要有随时即能应付的决心。最后经验已经告诉我们，在民族自卫的献祭之前，我们国民是什么都可以掏出来的。掏出我们的钱，掏出我们的产，甚至掏出我们的头颅，这都是国民所已经经验过的。许多人都替我们中国的战时财政发愁，凭我们这样穷，靠什么去抗战？而不知民族自卫的献祭之前，是可以得到人们所想不到的财源的！

我总相信：中国的经济有办法，中国的财政有办法，只要能认识现阶段所赋予于我们的使命！

一九三七年七月十六日于牯岭

一九三八年

所得税与国防公债[*]

（一九三八年六月四日）

一、抗战财政的新发展

战时财政问题在中国，与在各国不同。既不同于当前之敌人，复不同于欧战时之西方各国。以衡量过去西方各国的标尺衡量中国，那是不对的。中国之政治经济，既有其特质，所以表现于战时财政者，亦有其特质。在外国应该怎样做的，在中国也许做不通；在外国看着是山穷水尽，在中国也许要柳暗花明。在这次抗战中，赢得内外人士的惊讶的，不仅在军事，而且在财政。

一般讨论战时财政者，关于筹措战费的方法，总是提出增税、募债、膨胀通货而加以比较的那一套。但在事实上，我们的全民抗战，截至四月底止，已经打了八个多月，增税固极有限，募集内债亦只有一次，膨胀通货并未采用。仗打得这样紧，而财政的应付，却是那么从容，似乎是我们这次的抗战，不必靠着增税、募债与膨胀通货，仍然有法子进行的。其实不然。

在抗战的第一年，因为"得道者多助"的缘故，因为"德不孤必有邻"的缘故，我们在财政上，不必怎样发愁，这是人人可以想得到的。但是这样神圣伟大的民族抗战，毕竟要建立在民族自己的人力与钱力之上的。所以抗战财政的筹维，迟早要置重于增税与募债，这不仅为完成民族解放所应尔，即为促成战后之经济建设起见，亦应于抗战期内，在赋税政策与公债政策上，开始改革工作，以奠定健全财政之础石。此种工作的直接意义，固为增加收入，但其间接的意义，却超越于增加收入之上。困心衡虑，玉汝于成，唯有在争存亡的战斗中，才能促着中国财政，脱卸旧装，展开它的新生命。

应此必要，于是有一九三八年五月一日开始，以所得税为担保之五万万元国防公债之发行。

---

[*] 此文发表于汉口《大公报》第五版，"未完待续"部分惜未能找到。——编者注

二、公债担保之划期的改进

许多年来，募集内债，总是有担保的，这是世人皆知的事。而提供担保的税款，总不外关、盐、统、烟酒、印花之类，这也是习闻的事。但是这次五万万元国防公债的担保，却不是上述的那几种，而是从来不曾听到的所得税。所得税与内债发生关系，这是破题儿第一遭，在中国财政史上，不能不说是划时代的表现，值得国人注意。

吾国财政的收入，向来以间接税为主干。仅关、盐、统三税，在最近八个年度的岁入中，所占的数额，多者达民国二十六年度的七亿七千二百万，少者亦达民国十九年度的五亿一千六百万。所占的百分比，多者达民国二十年度的百分之八十八点二，少者亦达民国二十五年度的百分之六十四点六。其中尤以关税所占的成分为最多，在过去八年中，多者占到民国二十年度的百分之五十四，少者亦达民国二十五年度的百分之三十二。国家收入既是靠着这些间接税作中坚，募债的担保，当然也要靠着间接税作台柱。现在因为战事的破坏，三大间接税的收入，当然受到影响，抗战愈久，破坏的程度愈甚。此后发行公债，势不能仍以关、盐等税作担保，而要找到直接税系统中的所得税。"从间接税到直接税"，中国税制改革的必然趋势，在发行公债中，已经很明白地指示出来，此应注意者一。

但是有人还在想：在抗战的进程中，关、盐、统等税的减收，当然是无可避免的了。但在战事结束后，我们总还可以看到这些税收的恢复，那时募债的担保，还要回到间接税。这种推想，完全受惰性的支配，如果任其蔓延，是可以毁灭这次抗战在财政上已得的收获的。间接税之容易转嫁，容易使人民负担不均，这是人人都知道的，过去我国家恃此三项收入，乃是不得已的事情，迟早要加以改革。关税的主要目的，在于保护，而收入目的，应在其次。"为了收入，即不能实现保护；为了保护，即不能顾到收入；关税之二重目的，往往是互不相容"。英国比沃瑞治（Sir William Beveridge）诸学者，在《关税问题的检讨》❶一书中，早已指示得很清楚。此后果能贯彻"关税自主"，我们不应该再盼望从关税上仍然得到很多的收入。至于盐税与统税，十之八九，均与基本民生有关。面粉、棉纱、水泥、火柴这些属于衣食住行菽粟水火的必需品，我们

---

❶ William Beveridge, *Tariff: The Case Examined*, 1731.

纵不能做到无税，也要做到轻税，方合保障民生之旨。所以我们也不该盼望盐、统二税，恢复战前那样的收数。现在开始走着"从间接税到直接税"的路线，是前进的，我们不能开倒车。不应该还意想着将来仍靠关、统等税作募债的支柱，此应注意者二。

而且还有一层。因为租税转嫁与归宿的关系，以间接税作募债的担保，其及于社会经济的影响，若与直接税相较，结果乃大不相同。间接税因为转嫁的关系，其课税负担，大体上要归宿于消费者。换句话，便是间接税的主要税源，要从消费大众甚至贫苦大众得来；而承购公债者，无论中外，则又多归于社会上富有资财者之手。美儒亚当士（H.C.Adams）早说过："人们不是买公债才发财，而是发财的人才能买公债"，这话颇有些"谈言微中"的味道。以间接税作募债的担保，是不啻以社会上消费大众的负荷，支付公债本息，将多数人的小额收入，通过公债之机构，转入少数富有者之手。资本的蓄积，不能通过生产过程，而要通过举债过程。这里蕴育着无限的社会危机，当为识者所洞察。今幸天假良缘，因祸得福，以间接税为公债的支柱，已成过去的事实了。我们的直接税，离着理想虽远，毕竟是所得多的，负担的要多一些，而且很不容易转嫁。此后如能更合理、更严格地加以推动，则直接税的来源，总要取之于富有资财的个人和富有收益的企业。以此收入支付公债的本息，不啻"取之于右手而还之于左手"，至少总要发挥"节制资本"之功效。此于改善经济制度，消弭社会问题，关系至大。倘能推行尽利，不仅增大抗战力量，且为战后复兴，奠定合理之基础，此应注意者三。

然则所得税现在的收数如何？其前途的发展又如何？

三、所得税收的现状与展望

在民国二十五年度以前，所得税的项目是不见于中国的预算的。自民国二十五年度起，始于岁入预算中，列收所得税五百万元。但因开始筹备，种种手续，至民国二十五年十月一日，始先开始征第二类甲项公务人员薪酬所得税，与第三类公债利息所得税。自民国二十六年一月一日，始全部开征。在民国二十五年度中，（至民国二十六年六月三十日止）实收六百五十万零一百八十四元二角二分，超过预算一百五十余万。仅仅半年多的光景，实收数目，要超过全年预算数目至百分之三十，可以说是初步的成功。

所得税与国防公债

民国二十六年度国家预算中的所得税，列收二千五百万元。根据上年度的经验，如果没有战事的破坏，总有把握，可以收足。但自民国二十六年度开始的月份起，战事便已发动，范围渐次扩大，创巨痛深，至今已八个月之久。须知所得税的税源，是要靠着社会各方面个人的或团体的所得。现在既是经过这样空前的大战，社会的所失超过社会的所得不知多少倍。即以第一类营利事业所得而论，所有沪、苏、冀、鲁、皖、浙、晋、豫、察、绥各省市，或全部归于陷落，或一部沦为战区，所有民族工业与民族资本，已遭破坏或陷于停顿的，至少当占全国的半数以上，势必影响第一类营利事业所得的征课，其理甚明。更以第二类公务人员薪酬所得而言，自全面抗战以来，行政开支一再紧缩。或将机关取消，或将人员裁减。原有经费，除军事等少数机关外，多者按七成发放，少者按四成或一成发放，影响公务人员之薪酬所得，更无俟言。此外一切社会经济之活动，除少数幸运者外，无不受战事之打击，则所得税之来源，必为之大减。然则吾人"从间接税到直接税"之理想，值此时代，岂不等于痴人说梦？

实则不然，民国二十六年度的所得税，虽值此空前战事破坏之后，税收仍为可观。截至最近止（五月十四日），据已经集中报告的数字，加以统计，其收数如下表：

所得税税收汇报表（截至民国二十七年五月十四日止）

款项类别	累计金额（圆）
公司行号等营利事业所得税	472,923.54
官商合办营利事业所得税	121.24
一时营利事业所得税	1,287,410.91
公务人员薪酬所得税	1,103,431.03
自由职业者所得税	10,359.91
其他从事各业者所得税	320,600.64
公债利息所得税	6,631,999.07
公司债利息所得税	19,159.50
股票利息所得税	50,170.38
存款利息所得税	2,478,819.82
保险金额超过额所得税	9.65
行政收入	170.00
合计	12,375,175.69

［未完待续］❶

---

❶ 原文如此。——编者注

抗战财政的根本认识*

（一九三八年六月二十七日）

战时财政问题在中国，与在各国不同。既不同于欧战时的西洋各国，复不同于当前敌人之日本。以衡量敌人的标尺衡量中国，固然不对；以衡量过去西洋各国的标尺，衡量中国，也是不对。我们总要对于中国战时财政的特殊性，先有个明确的分析与认识，才能进而检讨其内容，并推究此后可有的趋势。

什么叫做明确的分析与认识？不佞以为可以从四个方面入手。

第一，要认清战争的类型。战争本是政治的延长，而政治又不外经济的反映。我们分析战争，仅从军事的观点入手，不够，还要进一步，从政治经济的观点入手。依此观点，战争可以分成四个类型：

一、帝国主义国家与帝国主义国家之间的战争。

二、社会主义国家与资本主义国家之间的战争。

三、未施行宪政国家的内部战争。

四、被压迫民族与侵略国家之间的战争。

倘使日本和西方的另一个帝国主义国家开了仗，那便属于第一个类型。过去欧战，也不外这种力量作祟。又如日本与苏联之间打起来，那便属于第二个类型。又如未实行宪政的国家，政治上有了争执，没有宪政的轨道可走，欲求解决，只有靠着拳头和武力，因而引起不断的内战，在我们历史上，前例甚多，那便属于第三种类型。然则今日的对日抗战，究竟属于以上三种的那一种呢？都不属，而是属于第四种。第四种类型的战争，乃是出于万不得已的自卫战，是经过长时期忍辱负重于无可避免的民族解放战。这种纯防御的（purely defensive）的战争，是最神圣的，最合乎正义的，对内赢得全民族的死力，对外博得全世界的同情，有了这样的基础，筹措抗战的财源，是不成多大问题的。

我们这次的民族解放战争，其对手的帝国主义国家，乃是世界上最妄动、

---

* 此文发表于《新民族周刊》杂志第一卷第十八期。——编者注

最凶暴、最贪婪、最褊急的侵略国家。这个国家，如果在侵略我国的过程中得了志，势必加重其他强国对日的困难。所以在第一种类型的战争未曾发动以前，无疑地，要依种种方式透入中国的抗战，以挫暴日的凶炎。结果在第四种战争中，被压迫的一方面，很自然地加入第一种战争的对抗力量。关于第二种战争，也可作同样的解释。其对抗战的力量，也要用渗透的方式发挥出来。这都是国际政治与国际经济的自然运行，与主观的好恶无关。古人云："德不孤，必有邻"，我们这次仗算是打着了，引出这许多朋友。又曰："得道多助"，这条道算是走对了，集合这许多助力。这当然是中国战时财政最主要的基础之一。

第二，要认识"空间"的重要。时间与空间，本是哲学上的名词，人类的活动与历史，是要靠着这两个基本的条件。现在我们要问：这两个要素，那一个更重要呢？那一个该在前呢？我们不是讲哲学，我们要拿当前的抗战来讲。在我们的抗战中，我以为空间的重要，应在时间以前；有了空间，才能运用时间；有了中国这样大的土地，才能说的起"长期抗战"。有人讲作战最需要的，有三个"M"。但是以这次抗战的经验来看，还得要加上一个"M"，于"Man, Money, Munition"之外，还要加上一个"Mainland"！以敌我国力的悬殊，在初期作战的段落中，丧师失地，是绝对免不掉的。如果我们的国土，仅等于德法本邦，仅限于冀晋察绥，我们早已经亡了国了。假使寸土不留，据点尽失，虽有人、钱、军火，何所用之？虽具三个"M"，其奈英雄无用武之"地"何！所以莫斯科的深入，终败拿翁；勘察加的把握，卒兴苏联；倘以勘察加的口号，掩饰不抵抗，当然要不得；但若持此以坚抗战努力的信心，却是很有意义的。在我们的抗战中，一两个城池的得失，是无足轻重的，尽有广大的原野，足供回旋。惟其有空间，才可以运用时间，惟其有这样的广土，才能容许我们作长期的抵抗。在敌人是劳师袭远，在我们是以逸待劳，所有军事运输的花费和繁难，敌我之间正立于反对的角度。而况"有土此有财"，军事所需，可以尽量取给于内地。加以蕴藏内地的潜在财富，因抗战的需要，不得不加以开发，这又是中国战时财政很重要的基础之一。

第三，要认识数字的价值。去年元旦，不佞曾发表一文——《中国财政之划时代的展开》，里边曾引译十九世纪英国革命诗人雪莱的句子：

  Rise like lions after slumber
  In unvanquishable number.
  Shake your chains on earth like dew

Which in sleep have fallen on you.
You are many, they are few.

——P.B.Shelley

似狮子般，在瞌睡后，霍地跃起来，
漫山塞野挡也挡不住。
震开你们的锁链，委之于地轻如露，
那是在睡梦中落到你们身上的无情物。
你们是多数啊，而他们是少数。

——雪莱

　　这位革命诗人的启示，不佞在一年以前即曾很诚恳地介绍过。"他山之石，可以攻玉，"这段诗里的每一个字，都像针对着我们今日而发。所以我就借用雪莱的成句，作为今日抗战的鼓吹。我们的敌人虽凶，他们毕竟是少数！我们军事的机械化虽差，而我们的民族，毕竟是多数！这数字的涵义，不仅是伟大，它还是千年沉睡霍地觉醒的活跃数字，它还是抗战大蠹凝成钢铁的强韧数字，它还是炬火高擎突破黑暗的泼刺数字，它还是前仆后继源源不绝踏着前人的血迹奋进不已的长列数字！这数字太可宝贵了，在别处是很难找到的。这是我们抗战财政又一个最主要的基础。

　　第四，要认识中国财政的历史。我们的战时财政，不自今日始；战时财政的负担，不自今日重；所以中国战时财政问题，也不自抗战后才始发生。不佞《二重战时财政》及《战时财政与中国》两文中，早经揭示过。不过在范围上，较前扩大而已。我们看历年的军务费，在岁出总额中所占的百分比，多者如民国二十一年度的四十九点七，少者如民国二十五年度的三十二点五。其实际数额，多者几达四万万，少者亦在三万万以上。这还不算，我们过去每年支出三万万左右的债务费，主要用途还不是用在军事？两数合起来的百分比，多者曾达民国十九年度的八十四点一，少者亦达民国二十五年度的五十六点六。这还不算。我们岁计中所列的补助费，主要用途，不外补助地方的军事费。此外直接由地方政府支出，不列入国家预算的军事费，不知有多少；以机密费的形式，不列入预算的，又不知有多少。如果把这几项通通算起来，则在抗战开始以前，我们国家的财政，早就是硕大无朋的战时财政；中国人民的军事负担，其比重要超过任何国家的人民；他国财政，可以有平时战时之分，我国则多少年来，无日不在战时财政之下讨生活；经验俱在，无所用乎隐讳。谚语有之："见惯不惊"，又曰："习惯成自然"，正因有此经验，所以这次抗战，在财政上并不感觉特别之负荷。然而在意义上，可大不相同了！从前消耗于内战者，今乃始用以对外；多少年来人民所疾首蹙额的内战，一经转换方向，乃成为最神圣的民族解放战争，这是如何的奇迹！春秋时范文子曾说过："外宁必有内忧"，吾人试思，假使没有对日的抗战，我们人民能够免掉战时财政的负担么？我们敢担保绝对没有内战么？过去许多国内政治的难关，所以卒能化险为夷者，何莫非日寇侵略太甚之故？何莫非对日抗战高于一切之故？我们以今日的战时财政，来代替过去的战时财政，仅仅在数量上多费一些，岂不太有价值了么？因祸而为福，转败而为功，变量的关系甚小，而变质的意义无穷，这又是中国战时财政很重要的基础之一。

古语有之："本立而道生"，有了基础，也便有了方法了。凭我们国家这样穷，然而抗战八月，财政的措置，仿佛是很从容、很裕如，这并不是无因而致的。我们要认清这些条件，要在这些特有的条件上，树立合理的财政政策，以竟抗战建国的全功。

民国二十七年五月十六日稿竟于重庆

国际风云与中国财政*

（一九三八年九月十九日）

近来以捷克问题的紧张，欧陆风云变换非常，国际局势动荡不安；于是一般社会的观感，以为如果第二次世界大战爆发，对于我国的战时财政，不免要发生很大的影响，从而有所焦虑。同时香港电讯，传我财政特派代表团一行，已于本月九日乘泛美公司飞机赴美，于是上海方面盛传中美某项事件的洽商，业已成功，并推测中英之间关于此类问题亦将继续有所成就，因而外汇突然松动云。两相对照，忧喜交集，究竟应忧应喜？我们不妨以客观的立场，加以缜密的检核。

一年多的抗战，自始即是应战。我们自顾兵力与财政，明知免不了要经过许多的困难，但我们对于抗战财政所具有的特质，也不能加以忽视。多少年来吾国政治所以不能迈进，有两个大病：一个是政治上"人"的散漫，一个是经济财政上"钱"的散漫。我们的敌人许多年来对于我们的一贯政策，也有两个：一是拆散你的人，不叫你人团结；一是紊乱你的钱，不叫你钱统一。然而双十二事件解决后，我们的人团结起来了；法币政策实施后，我们的钱统一起来了。这是出乎我们敌人意料之外而使它最惊心刺目的事情。有了这样很坚强的钱的基础，再加上其他关于军需军运地理战略等等特优的条件，不要说打上一年，就是再打上一两年，何致于就发起愁来呢？何至于非仰赖外国不可呢？古人有言"本立而道生"，有了基础，也就可以头头是道。这不是悬想，这都是事实。我们不必主观地拿出自己的数字来证明，我们且听一听"旁观者清"的，是怎样说法。如最近世界知名的金融研究家安齐格（Paul F. Anzig）于其所著《一九三七年至一九三八年的世界金融》（*World Finance*, 1937—1938）书中，对于战时财政一章，特别讨论到西班牙的战时财政与中日战时财政，安氏的意见，固有使我们不能苟同之点，但是他对于中国战时财政的最后判断，还算正确。他说

---

* 此文系作者为重庆《时事新报》撰写的社评。——编者注

我们抗战经年,并未曾利用恶性通货膨胀;他说我们打了一年,并没有从外国得到怎样实际的借款;他说一年来的中国战时财政,是靠着自己的力量的。这是对于中国抗战财政很正确的认识,出自外籍专家口中,殊不失为有力的反证!

平心而论,如果友邦肯于从财政上帮助我们,自然是我们所欢迎的;我们如有办法可以从友邦找到财政的协助,自然也是很好的事情。"德不孤,必有邻","得道者多助",如果我们再从战争类型的分类上,以认识吾国抗战的性质及其与国际分野的联系,我们是可以得到友邦之财政的协助的,但是我们不要把它算在自己的账上!得到时,是意外,得不到,靠自己,是本分。近年国人好言自力更生,假使因为得不到许多国际间的财政协助,反而促成我们"自力"的启发,那更是民族更生所最需要的。所以如果认为欧战一启,立刻于我们不利,也不尽然。我们的仗,打了一年多,并没有从各国得到若何惊人的财政援助,所以纵令欧战爆发,此项援助也不会觉出特别的减少。西方民主国家于欧洲无事之时并未怎样制裁暴日的凶残,所以欧战有事之后,敌人之侵略我们,也不一定还比现在来的凶?因为欧陆战云的险恶而惴惴于国际财政援助之趋于不利,似乎可以不必。反之,战幕一揭开,反而划清正义与侵略的壁垒。强有力的民主国家,更可以放手去作,一洗过去畏首畏尾怕吃怕烫的姿态,则对于暴日的蛮行反而可以进一步的加以制裁,对于吾国的财政反而可以进一步的加以协助。而且战端一开,列强的许多工业照例是大规模的转变为军需工业,军火的出品,突飞猛进,除自用外,很有余品,以供给同一战线的国家,那时我们岂不可以得到更多的援助?总之,我们要先树立起"自力"的战时财政,使抗战得以长期的进行,以最后的胜利,求得国际和平正义的伸张,同时我们今后更要以最大的耐心与最大的勇气,去接受国际对我财政的援助。

税法与税人[*]

（一九三八年九月二十五日）

　　战时财政在理论上应该靠增税，在实际上又不能靠增税。夷考各国之经验，国力强些的，运用金融市场之机构，动员国内流动资金，并由国外取得信用，以内外债之方式，应付战事之要求，结果国债之数额为之突增，英国即其一例。国力弱些的，恃国家银行为筹款机关以增发纸币为战费来源，印机转动，不克自止，浸假而走入恶性通货膨胀之路，德国即其一例。但是远见的政治家，无论在如何紧迫的局面之下，总还忘不了增税，其直接应付战费的力量固属有限，但为战后财政整理着想，不能不早辟途径，预植根基，使将来的整理工作，有所凭藉。近来政府于改革旧税外，锐意筹办新税（如遗产税之类），当系有鉴于此。

　　税制改革的工作中，树立税法，固属重要，树立税人，更属重要。此中有种种理由，抗战开始以来，因为行政经费，一再紧缩，作战区域，日见扩大之故，各机关原有人员，不免加以疏散。但因抗战的要求，有许多新的事业还要作，有许多旧的事业还要加以充实，因而还要用许多的人，即如举办各种新税，原有税务人员，既不敷用，自然要从税人的充实上想办法。但是这些新税人，一来要有专门的学识与技能，不是任何人都能胜任的，二来要有考选任用的制度，不是从来荐引的旧套所能应付的，所以我们要特别提出"树立税人"的标题来。也同树立税法一般，是要经过很严格很科学的审查与熔炼的，有崭新的税人，才能推行崭新的税法，此其一。西方各国政治所以入轨道有效率，造因固非一端，但是有一个重要的节目不可忽略，便是文官任用制度（civil service system）。此种制度，以英国施行最早，亦英国收效最宏，政府官吏，自常务次长以下，都要从这种制度出身，经考试，有保障，严考绩，认职而不认人，阁员与政次的进退，决不影响到这般行政官吏，因为有这样坚定完整的制度，所以内阁尽管更迭，而政务丝毫不停，一般行政人员既可专心对事，安心任职，所

---

* 此文刊载于重庆《时事新报》。——编者注

以对于他们的职务，自能聚精会神，用志不纷，个人有前途，于是国家的政治也就有前途了。英国现时最知名的财政学家兼事业家斯丹浦（Sir Joseph Stamp）著作功业，两俱赫然，便是从这种制度出身的。此种制度，吾国早应采用，值此抗战期间，为加强行政机构起见，采用此制，更不容缓，果能因推行新税，先从财务人员考选训练任用入手，必能为吾国政治辟一新纪元，于抗战前途，裨益甚大，此其二。吾国历史上理财名家，刘晏总要占一个很重要的地位，当时经安史之乱，唐室财政，猛展艰窘，经晏管理，竟有盈余，晏才固有足多，要亦有赖于用人得法，晏之办法"检劾出纳，一委士人，吏惟奉行文书"，当时虽无考选训练名称，但晏能使士人办税，不落靠税吏办税之窠臼，可称炯眼独具，吾国财政既日进于现代化，则办理财政者，应多方选用具有现代学识之人才，而财务人员之考选训练，即所以达此目的之正当办法，此其三。财政管理，首要预算，但"估计的预算"与"实施的预算"数字每难相合，此在财政管理号称进步之英国，皆所不免，但此二者之差额，总能尽力使之减至最低，即以近年经济情况变动之遽，而英国预算总收入的估计额与实收额，其间差数，从未超过百分之二点五，所以美国计学专家柏克（A.E.Buck）在其近著《各国预算制度论》一书中，以为预算的估计，能有这样的成绩，确是英国财务人员与统计人员可以自豪的地方。吾国之财政管理，果欲以此为改进之目标，首先要采用英国早已行之有效的文官任用制度，树立税人，至此已刻不容缓，此其四。

从来重人治者，以为徒法不足以自行，重法治者，又以为徒善不足以为政。于是多年流行的见解，认定"有治人，无治法"。但是"人存政举，人亡政息"，仅靠着人治，毕竟不合乎现代的要求。所以我们无妨进一步的主张——治法化的治人，政治要靠人才是不错的，但是这人才不是偶然访来、邀来或是介绍来的，而是依据一定的法制，考选训练任用而来的。先确定一个治法，从这里找治人，再叫这些治人从事于实现治法的工作，这样一来，政治一定会有进步的。

财务人员如何训练?*

(一九三八年九月二十七日)

现阶段的中国政治,正在过渡期间——由传统式的政治,进入现代化的政治。办理政务的人员,一部分受有现代的教育,一部分根据从来之经验,两方面都不乏特立杰出之人才表现其服务之成绩。但就一般来讲,偏于旧时代的,其弊在墨守成法,沾染旧习,迟重泄沓,不足应当前抗战之要求;偏于新时代的,其弊又在涉于玄想,动称欧美,空疏欲速,不足举当前建国之实际。国步如此艰难,时局如此危急,再不从刷新政治人才入手,则任何良好之计划,都属无用。我们殷愿财政部此次的训练,允宜特别注意此点。务期所训练之人员,皆能廉能勤毅,一洗从来之惰性与暮气;同时又能脚踏实地,一洗晚近之夸大与空疏,庶几一新吾国政治之阵容,为抗战建国,增加实际的力量。

节约运动,早应开始,实不待此次抗战之后。盖吾国经济自最大病征,即系"加速度的二重消费",生产虽牛步迟迟,而消费则奔轶绝尘,此病不改,纵无强邻之侵略,国亦不国。然而提倡之后,能否即见实效,此中大有问题。盖习俗移人,贤者不免,恶劳好逸,我岂异人?从恶如崩,从善如登,能有几人如墨子,"以自苦为极"?所以节约日播于口头,而浪费则几满于全身,非有大力,盖莫能转移风气。所谓大力,其来源有二:一为高级领袖的个人,以身作则;一为集团生活的陶冶,渐趋自然,而以集团生活的陶冶,效力更大。甚望财政部此次训练,能注意此点。规律在握,则易于推行,年事方新则旧染易涤,如能以集团生活的力量,树其始基,则"俭能养廉",异日从政,必少贪污之弊!

此次训练,一部为高中程度之毕业生,一部为大学程度之毕业生。尤以大学毕业者,应已有自治之能力,则对于训练的涵义,应不限于受动的训练,而要特别启发造成一种自动的训练。盖训练云者,不是奉行的公事,而是精神的学习。参加学员,如仅以个人职业为重,在形式上不得不勉强服从,一旦训练

---

* 此文系作者为重庆《时事新报》撰写的社评。——编者注

终了，倖得及格，实际从政，一反训练时期之所为，则训练一段，岂不等于虚应故事？此事确不可忽，希望主持训练者加以注意！固然，整个社会，未经彻底改造，而望青年之不受诱惑，其事甚难。但是正因环境之恶劣，越需要大学生之认清使命，努力奋斗。同时在主持训练方面，在考选之初，应特别注重其个性之质朴，不徒以辞藻才华见长。入所以后，更应提倡其自治自律，不徒以高压之校规相强。务使受训人员，自尊其人格，自重其使命，自严其管束，"士有爵禄，则名重于利"，稍有自觉之青年，在此大时代，得此机会，以报效于国家，未有不努力者。

综括言之，国家各种制作，所含之意义愈大，则吾人对其期望亦愈殷。凡事造端也简，将毕也巨，吾人固不苛责此次训练，即能呈现若何惊人之成功，但期正其始基，端其初步，风气既树，收效自宏，故特致其拳拳，以备当局及社会之参考。

论开征遗产税*

（一九三八年十月三日）

举国期待的遗产税暂行条例，已于前日（九月三十日）为立法院第一百三十九次会议所修正通过，条例原文，并于隔昨公表。此为所得税开征以来民国财政史上第二件大书特书的事情。关于此案，经多年之讨论与波折而卒底于成，不仅为抗战财政增加一生力军，且为此后之财政建设确立合理的基础。积年渴想，一朝把握，真有"望子久矣"、"来何暮也"之感！虽条文之内容，不无可商讨之处，但国人际此危时，已不暇斤斤于字句，而应共掬热情，多方赞助，使此新税得以即时实施，然后从实施的经验中，再闻改进之道。

抗战以来，时人盛倡"有钱者出钱，有力者出力"，我们早已耳熟能详。惟国人积习，好言空洞的原则，而短于具体的办法；诉诸主观的情感，而缺乏客观的准绳。即如"有钱出钱"一语，无人能公然加以反对，解囊输国之举，亦渐成为国人的习惯。但就一般而论，有出钱的，有不出钱的，将如之何？应该多出钱的，而所出甚少，将如之何？应该继续出钱的，而昙花一现，将如之何？诉诸国民的情感，而情感麻木，将如之何？诉诸主观的断定，而应多反少，将如之何？于此可知：仅恃"有钱出钱"之空洞口号，决不足为国民树立合理负担之标准。既不足以言持久，且造成多少不平的心理，竟流弊之极，可以消灭国民对抗战之热情。考"钱"之来源，一部分要靠所得，一部分要靠财产，欲求"出钱"的合理。惟有在推行直接税之下，始能得一客观之准绳。故于推行所得税之外，亟应推行遗产税，使国人报国，更得一合理合法的轨道，于抗战财政的前途裨益实多。从来对于遗产税之实施，所以多抱审慎态度者，在技术方面，无非以吾国之财产调查尚未举行，户名亦未划一；兼以财产之确实数量与价值，记未能详，而财产之确属何人，所有据之详实记载，亦有缺漏。以如此支离破碎的调查基础，而欲推行遗产税，岂非易事？对此责难，有一当前的事实可作答

---

* 此文系作者为重庆《时事新报》撰写的社评。——编者注

复。数年前外籍顾问甘末尔草拟《税制改革意见书》时，以为吾国施行所得税的条件，尚未具备，此项新税，尚不能实行于中国。然而今日则何如？以战事破坏如此之甚，而民国二十六年度（自民国二十六年七月至民国二十七年六月）所得税之收入，竟超过二千万元，占预算数五分之四以上，这岂是始料所及！大凡一种新制，必俟万全而后行，将永无实行之期。只要方针确定，大体已俱，便须即时迈进。遗产税的推行，亦复如是。以此税既势在必行，则其所需要之技术条件，亦将努力促成，不容再事延缓。我们甚盼各主评机关，首先要对于财产之登记与户名的划一，详拟程序，严格执行！"国民财产"究有若干？乃现代国家立国之要件，英国财政统计专家斯丹浦（Sir Joseph Stamp）于其名著《英国人民之所得与财产》（*British Incomes and Property*）一书中，论之甚详。甚盼研究调查机关，于此特加注意，因为这是抗战建国的重要工作，不仅为推行遗产税而已。

许多人还有一种顾虑，以为遗产税一旦施行，易促流动资产之逃避。在此抗战期间，国民固应自重，不应只顾一身，但在政府方面，对于可以造成逃资之举措，亦应审慎。实则此类顾虑，亦可不必。良以过去我国人民，在外国存款或保管贵重物品卒被没收或不准提取者，其例甚多。即以近事印证，如自捷克问题紧张，欧局日濒决裂之际，于是在上海方面，有外币者纷纷换购美金；香港方面，平日认为可靠之港币亦大为跌价。相形之下，吾国法币之价值，反为提高。在此战争危机遍及世界之时代，何处是干净土？何国有稳当钱？远离父母之邦而投靠于他人庇荫之下，轻者不准动用，甚者半文不值。吾人即抛开道德观点不论，只从目前利害着想，亦不能逃资国外，而应保留国内，不仅为国，而且为身；身之休戚，产之安否，与国相同，其理固顺，其道亦稳，殷鉴不远，则一般逃资国外者，当可废然知返。而况此次遗产税的规定，其课税甚简，其税率甚轻，只课于总遗产而不课于分遗产。国民依据此种合理合法而且负担甚轻之客观标准，以贡献于国家，则所以助成抗战，厥功甚伟，谅无因课遗产税而促成逃资之理。逃于本国，并不能逃于外国，本国所课甚轻，而外国课税反重，倘并此极简明的利害，尚不能辨别清楚，则是自绝于国人，而且自掘其坟墓，纵不待国家执法以绳，亦必为社会的指斥与良心的谴责！抗战财政，不能恃增税裕财源，但可凭税制行理想。我们多年之理想，以为无论在理论上或在实际上，中国税制，迟早须走入"从间接税到直接税"之大道。盖先进各国以此昭示，抗战财政以此要求，千回百折，至今日而卒能实现，所以我们于欣祝之余，甚盼国人能放大眼光，以群策群力，使此新税得以顺利推行于中国，则后方之振奋，直接即可反映于前方之抗战，关系重大，幸努力为之！

税制改革之展望[*]

（一九三八年十月十一日）

吾国财政，在税收方面，从来以关税、盐税、统税等间接税为主干。开征所得税以树立直接税之基础，系属近年之事。抗战开始后，朝野各方面对于税制之改革，更属意于直接税。于是于所得税之外，最近更由立法院通过遗产税暂行条例，而非常时期过分利得税，亦在准备实施。凡此种种，均足表示吾国财政已由旧的窠臼走入新的范畴，目前收入虽不足言，但为求得人民负担之公平以奠定健全财政之基础，则此等工作，亟应努力推进。惟遗产税与非常时期过分利得税均属试办，尚无实施之经验，如此新税，能否推行顺利，我们不妨就年来所得税推行之经验而一加检讨，"不知来者视诸往"，庶几或可获得一明确之认识。

所得税收入在民国二十五年度预算中，列为五百万元。实际自民国二十五年十月一日，始行开征第二类甲项公务人员薪酬所得税及第三类中公债利息所得税；自民国二十六年一月一日起，始行全部开征。在民国二十五年度中（民国二十六年六月三十日），实收六百五十万零一百八十四元二角二分，超过预算一百五十余万。实际开征，仅及半载，实收数目，已超过全年预算数百分之三十，凡此所示，实表示其初步之成功。民国二十六年度国家总预算中，所得税列收二千五百万元。根据上年度之经验，倘无战事之破坏，实收定可超过。但自民国二十六年度开始之月份起，抗战即已发动，所得税之税源既须仰赖社会各方面个人或团体之所得，则经此大规模战事破坏之后，所得税源的锐减，不问可知。即以第一类营利事业而论，所有沪、苏、冀、鲁、平、津、晋、豫、浙、闽各省市，或全部归于陷落，或一部分沦为战区，所有民族工业与民族资本已遭破坏或陷于停顿者，至少当在过半以上，势必影响第一类营利事业所得之征课，其理甚明。更以第二类薪酬所得而言，自抗战以来，行政开支，一再

---

[*] 此文系作者为重庆《时事新报》撰写的社评。——编者注

紧缩，或将机关取消，或将人员裁减，原定经费除军事等少数机关外，多者按七成发放，少者按四成或一成发放，影响公务人员之薪酬所得，更无俟言。此外一切经济之活动，除少数幸运者外，无不受战事之打击，则所得税之来源，必为之大减。

在此极度困难之下，截至最近止，民国二十六年度之收入，尚达一千九百五十九万七千二百二十九元五角五分；此数系由所得税主管机关根据各处报表，截至十月五日止，汇制而成，实际上税款已收而银行、邮局等经收机关之报表尚未寄到者，为数尚多。民国二十六年度终了后（民国二十七年六月三十日止），规定延长两个月，至八月底止，为税收整理期间；十月底止，为报表整理期间，藉使民国二十六年度应收税款得以尽量收集，限满之后，则收入总数，定能超过二千万元以上。税源破坏如是之广，而税收成绩，尚能有如此把握，一方面固赖纳税人之拥护新税，踊跃输将；亦因直接税制度本身，尚属公平合理，故能于各种旧税大受打击之后，尚能以新的姿态，为此后财政改造，开启健全合理之新机。吾人甚盼开征遗产税及非常时期过分利得税之时，尽量应用所得税已有之经验，同时更盼社会各方，以过去拥护所得税之热诚，助成新税的实施，必能为吾国之战时财政，开辟一新生面；启徒增益税收，且足以实现"有钱出钱"之原则，增强长期抗战之实际力量！

节约与治安*

（一九三八年十月十八日）

人人提倡节约，而浪费依旧流行；人人跂盼治安，而抢劫不断发见——这是住居在后方，尤其是住居在重庆的人们所习见习闻的事。节约运动，提倡的这样起劲；治安要求，希望的这样迫切；为什么老是不能照着人们的理想很快的实现呢？此中当有许多原因，需要人们从根本上着想，从根本上努力，而不是空口说白话所能奏效的！根据实际的经验，我们感到：节约所以不能彻底实行，因为人们未曾认清了治安。治安为什么不能切实维持，因为人们未曾实践了节约。二者之间，具有极密切的关联，缺了节约，根本就不会有治安，尤其是在这样困苦颠连的时代！

自社会经济的现象观之，能生产者甚少，而能消费者实多。生之者寡而食之者众，在整个经济活动中，能参加生产部门者，只限于一小部分，并非人人皆能生产。至于消费则不然。饮食男女，人之大欲，要吃要穿，老少不分，消费既具有如此普遍性，实足以左右社会经济之消长。是以研究经济者，不能只言生产而不谈消费。更自国家财政观之，在收入方面，一切国民不见得都负有纳税之直接的责任；而在国家支出方面，几与社会各方面直接间接都要发生多少关系，尤以吾国为甚。试看吾国官吏之多，以及仰赖官吏以为生活者之众，就可以看的很清楚。所以谈财政者，不能只注意岁入而忽略了岁出。我国的经济现象，有一特质，有人称之为："加速度的二重消费经济"。近世纪吾国的经济活动，在生产方面，虽远不如人，但在消费方面，却有见贤思齐奔轶绝尘的姿势！此中原因甚多，大体归纳之，不外两种力量：一为封建传统的麻醉，一为资本商品的诱惑；一方为封建意识的继承者，同时为资本主义的接受者。客观条件，原本可好可坏，不幸在吾国竟发挥的坏的方面耳！

西洋文明的实际状态，为精神上尚勇进，而生活上尚质朴，企业大家如洛

---

* 此文系作者为重庆《时事新报》撰写的社评。——编者注

克菲勒、如亨利·福特,根本不以豪华见称。"食前方丈,侍婢数百人"的现象,在西洋无有也。我国则不然。一方保留着传统的封建力量,同时感受了资本主义的陶薰,以致生活的态度,成为虚荣与阔绰之混合;其生活的现象,汇为淫靡与豪侈之交流;其生活的方式,演为无度与贪求之合奏。此于各大都会中一般缙绅的生活样式上,可以一望而知,而且加速度地在那里进行。自与西洋交通以来,学生产,则牛步迟迟,学消费,则奔轶绝尘,积之既久,自然造成政治的不良与社会的不安,消耗国家的根本实力!吾人试思:在杜工部所称:"朱门酒肉臭,路有冻死骨"的状态之下,在霍布孙(J.A.Hobson)所称"剩余的物与冻馁的人"(surplus goods and starving man)的状态之下,社会的秩序,能够好好的维持么?我们天天盼望治安,而每天的生活,却又与节约相反!少数愈奢侈、愈足以造成多数的不平,有非严刑峻法所能慑止者。"民不畏死,奈何以死惧之"!不能节约,而谈治安,其结果,犹甚于"缘木而求鱼"!从治安一方面着眼,节约的意义,在消极的方面,可免"慢藏诲盗",在积极方面,"不为无益害有益",移节约之资,大规模地举办各种社会有益事业,人心既平,盗贼自少,治安获保,始克安居。时至今日,已非独存独荣之日,大家没有生活,自己也就没有生活,所以说:节约与治安,具有密切不可分离之关系!根据这样客观条件,我们很直率地提出下列四个生活纲领:

一、在没有充分的生产以前,不许作常态的消费;

二、在没有充分的岁入之前,不许作常态的岁出;

三、在大多数民众没有相当的消费以前,不许少数人作过度的享受;

四、在民族解放的战斗未曾成功以前,不许国家或个人有分文的浪费。

所得税与抗战[*]

（一九三八年十月二十五日）

吾国税制从来以间接税为骨干，开征所得税以树立直接税之基础，系属最近之事。考所得税发展之历史，大抵出于战事之需要。一七九八年英国之所以采用此税，实缘于对拿破仑的作战。一八六二年美国采用此税，亦以有释奴的战争。法国所得税法案之提出，不下两百次，实际见诸实行，亦在欧战开始以后。论者谓英美各国所得税收之多，赖有其经济之基础，但其税率所以能提高如今日者，实藉战争之力。我国倡议举办所得税，为时甚久，徒以政治经济条件之不备，屡议屡辍，延未施行。但至民国二十五年十月一日以后，吾国税制中，卒能见所得税之出现，实以战争危机，无可避免；间接税制，终被破坏，绸缪未雨，不得不于直接税中寻求出路。迩者抗战经年，国家财政发生重大之变化，而持久抗战之重要条件，财政实居其一，是则开办未久之所得税，其一年来之经过，我们实有加以检讨之必要。

现行所得税征课之对象，约分三类：第一类为营利专业所得，第二类为薪给报酬所得，第三类为证券存款所得。对于经济分配范畴中之利润、薪资、利息各项，就其所得之内容，分别课以一定之税率。关于税率之组织，除第三类存款证券所得，系采比例税率外，其一二两类，均采累进税率。其余关于免税点与免税范围，亦均分别订定，初具规模。惟事属创办，不能不注意下列数点：第一，吾国之国势普查尚未举行，各种制度尚未完备，势不能遽采综合课税制度，暂行条例暂从分类课税入手。一俟分类课税积有经验，统计资料渐次集中，以及财产登记，户名划一均能次第举行，则改行综合课税，方有所凭藉。第二，因综合课税未能遽行采用之故，是以累进税率，亦不能充分应用。例如第三类存款利息所得，都以户名未能划一，财产调查未备之故，不能即采累进税率，以免资金逃避，化整为零之弊。此后欲图改进，须积极进行准备工作。一俟条件

---

[*] 此文系作者为重庆《时事新报》撰写的社评。——编者注

具备,再行改订,庶几轻而易举。第三,课税种类中关于农业土地所得之课税,因各省田赋尚待普遍整理,土地清丈一时尚难举行之故,不得不暂置于课税范围之外。关于此点之改进,当与整理田赋办理清丈同时并进,庶能有所依据。第四,现行条例虽有免税点之规定,然以人口统计与家庭调查之不备,关于家庭负担,曾否结婚,以及子女有无等项,势不能详为分别。此后于推进税务之中,同时举办生活统计,则所得税制必能有所改进。第五,英美各国现行所得税,其税率颇高,故能蔚成税收之第一位,为国家岁入之骨干。但如此高率,亦非一蹴而几,施行之始,亦系由渐而入。我国初办此税,税率概属温和,以期轻而易举。一俟推行渐久,再行分别提高。以上五端,均属理想与事实一时未能一致之处。徒骛理想而不考实际,其敝为窒碍难行;迁就事实而漠视理想,其敝为固步自封。是宜以事实为出发,以理想为前导,俾收逐步改进之效。

所得税以社会所得为税源,而社会所得之增益,则以国民个人及公私团体之活动为前提。倘使此等活动能继续、能发展,则抗战期间无论如何持久,终能取得所得税之税源。故所得税之前途,与抗战时期之建国工作有极密切之关系。本年五月一日发行之国防公债五万万元,以所得税收入为还本付息之担保,即足说明国防之充实,有赖于所得税之支持,而所得税之发展,亦有待于抗战建国之迈进。现第一年营利事业所得税之征课手续,业经完竣。我人深盼主持者一方根据第一类征课临时补充办法,对于一部陷入战区之营业,依合理之程序,征收其税款,以裕库收。同时即由主管稽征机关,依据第一年稽征经验,修订所得税暂行条例,将各类税率酌予调整,课税范围酌予扩大,运用累进制度,强化征收方法,倘能切实执行。即在此艰难困苦之局面中,仍可增益收入,举步艰辛,任重道远,利弊固难逆睹,要当以积极之态度,加倍努力耳!

今后之经济与财政*

（一九三八年十月三十一日）

抗战到现阶段，困难重重，风雪满天，这是当初所早经料到的。我们自然要克服困难，但不否认困难；自然要继续抵抗，但是不要忽略，仅靠着向来的办法和态度，是不能负起抗战到底的责任的。环境有了新变化，立刻要跟上新办法，而且要拿出新的精神与态度。"由今之道，无变今之俗"，我们应该准备担起此后更加困难的工作。在广州陷落武汉撤守之后，我们的军队与军实，并没有什么大损失，而且依照既定的计划，布置到更有利的地带，如同费比亚斯（Fabius）等待常胜将军汉尼拔一般，准备以背水阵的决心，予敌人以决定的打击。但是这些前方将士和后方民众与工作人员怎样才能供应其需要，以持续其斗争的活力，当然是社会经济与国家财政所急待解决的问题。

从社会经济讲，眼看着长江中部的殷富区域与珠江下游的通海大埠，已经为敌人的铁蹄所践踏，不由我们支配，此后我们只有加紧西南西北经济的开发，在这大陆的深奥，树起新中国经济的基础，这是人人都能想到的。但是怎样开发？却要把握核心，集中精力，从几桩扼要处着手。既不可重床架屋，纷设机关，致迷职责所在，又不可侈谈计划，辩争枝节，反离实际所需。更质言之，今日开发内地经济的主眼，只是"足食、足兵"的问题。人们有吃的，可以继续工作；兵们有用的，可以继续作战，这个仗就可以打下去。除此而外，都非眼前所必需，要我们断然缓办。破鞋对付着穿，破房子对付着住，妨碍不了神圣的抗战。我们千万不要再把生产力靡费在"要而不紧"的方面！（有些生产事业，虽非眼前所必需，但是可以专销海外换取军火以充实我们的兵力的，仍然属于"足兵"的范畴）。

再看国家财政，也要同社会经济一般，除继续努力于开源而外，更应注意于用的问题。在这里，令我们想到一百四十年前英国一位财政家帕奈尔（Sir

---

* 此文系作者为重庆《时事新报》撰写的社评。——编者注

Henry Parnell)所遗留的教训,他说:"除了对内维持治安对外抵御侵略所必需的费用而外,虽分文的支出,都是浪费,都是对于民众不必要而苛酷的诛求"。这样关于岁出的主张,虽然被近儒如亚当士(H. C. Adams)、达尔顿(Hugh Dalton)所批评,但是在我们抗战的今日,仍然有揭橥实行的必要。国家各种支出,从单个本身去讲,那一项不是必要?那一样可以裁减?但是从抗战的大前提着眼,则此后用钱的标准与措置,势必求其更臻于完善。第四期抗战,好比背水阵,再没有什么退身的余地;前方后方,都该有沉船破釜誓无还心的认识。所以在经济财政各方面,也该有断然非常的措置。曾涤生曾谓:"赤地新立,尽丧所有,始别有一番文镜"。作文章且如此,而况抗战建国的大业?所以"尽丧所有",无所用乎悲伤;"赤地新立",正可资以创造。值此抗战局面愈趋严重的时候,能否柳暗花明别有新境,则看吾民之努力如何,经济财政,不过其表现之一端耳。

从管理贸易说到贸易国营[*]

（一九三八年十一月十一日）

近来对于管理出口与统制外汇问题，各方颇多讨论，所见纵有不同，要皆有鉴于支持抗战之艰难，为国利民福，深致其筹维之计。吾人本国民之立场，身居局外，自未能有若何之真知灼见，但因本问题关系于抗战之前途者甚大，故略贡其一得之愚，以供各方之参考。

现代国家之支出，最大部分，要靠租税；税收而外，有时利用公债政策，以资挹注，然而"羊毛出在羊身上"，偿债所需，还要仰赖于租税，故学者有"租税国家"之称。自欧战开始以还，西方各国财政，因战事之故，国家税收，无不大受影响，对于战时财政之应付，理论上虽以增税为最妥，实行上则以增税为最难，战时国家之庞大支出，决非租税所能应付。于是德国知名之经济学者熊彼特（Schumpeter）于一九一七年，特著《租税国家之危机》（*Die Crise der Steuersteat*）一文，推阐国家岁入政策之前途，以为国计所需，既不能充分取给于租税，即须直接经营各种企业，从企业之收益，供给国家之活动，形成所谓"企业国家"（unternehmersteat）。此种理论，实足指示财政制度发展之前途，对于战时财政，尤有支配决定之意义。

吾国以最穷的国家，支应持久之抗战，自开始作战之日起，早已计及：仅靠着增税募债或增发纸币这一套的财政政策，是不足以胜任愉快的；所以关于国家财政的设施，于量的增进而外，更须注意于质的改造。我们的战时财政，在国内方面，怎样都可以对付着过；但在国外方面，打算供给军火补充军实，除少数信用购入外，非有真银子现钱不可，否则须有东西出口，以与进口的东西相抵冲，这样才可以把抗战继续下去；所以对外贸易，已经不是做买卖的问题，而是持续抗战的问题；已经不是关系商人的利害，而是关系民族的存亡；已经否定了个人的立场，而应以国家为单位。所以今日的对外贸易，仅言管理，已嫌

---

[*] 此文系作者为重庆《时事新报》撰写的社评。——编者注

不足，按着理想去作，应该作到贸易国营。所谓"企业国家"，当然以贸易国营为最重要的部门之一。

战时的对外贸易，既应以国家为本位，而否定个人本位，则商人之蒙受损失，乃属当然之事，既限制其平日所恃以滋润之熟径，复制裁其战时所冀以攫取之利得，不平之感，最易滋蔓，商人本质，就是如此，无足骇怪。在国家方面，一方须认定方针，坚决执行，同时须尽可能范围，作到人的公开与事的公开，使社会晓然于国家为此，除以国家本位，持续抗战之目的而外，更无其他；凡足以引起误解之处，即须以谨慎之态度，避免于事前，复须以平静之心气，辟解于事后。"非常之原，黎民惧焉"，贤如子产，也会因伍田畴，而受到初期的激烈诅说。至于如何计划国营贸易？这诚然是值得我们研究的问题；但社会各方，如能先把大前提弄清楚了，则一切的疑虑，都不难迎刃而解！

过分利得课税问题[*]

（一九三八年十一月十四日）

非常时期过分利得税条例，已于上月二十八日由国府明令公布，此乃战时财政必不可少之举措，社会各方早已纷纷主张，莫不拥护。近闻少数商人，拟对当局提出修正意见，此在新税推行之初，亦属照例必有的现象。此次立法，既以过分利得为课税对象，自有获取过分利得之人。商人以营利为本分，一旦课之以税，自非所愿。英国大政论家勃尔克（Edmund Burke）有言："课税而能取悦，如同讲爱而能凭理智一般，是未曾赋予人类的"。所以商人对于过分利得之课税，总要有所要求，纵不要求免，也要要求缓。

我们对于经济问题的判断，不宜就论理的见地，而要用经济的眼光。在现行经济制度之下，"需要与供给"的铁律，是具有支配和决定的力量的。商人做的是买卖，私有企业制度一日不改变，就应该许商人赚钱，需要超过供给，价格自涨，早寓顾念商艰之意。

惟我们详按该条例第十四条复经明定："凡由战区迁入内地之工厂及因战事受有重大损失之营业，经查明属实者，应暂予免税"。有此规定，国家对于商工业之维护，可谓无微不至。此次非常时期过分利得税条例的制定，是依据所得税的体系，而不是依据营业税的体系。课税的标准，完全以过分利得之有无为取舍，此乃最合理之办法，但在征收手续上，则不免于繁重。假使政府为迅速筹款起见，迳按营业税的体系，以期手续简单，收款迅捷，商人亦岂能遽言反对？国家既以合理之办法课诸人民，人民即应以拥护之态度赞助政府。又岂能得陇望蜀，再事宽求？据闻此次起草，对于起征日期，颇有人主张自去年七月七日抗战开始之日起。此在理论上，颇为正当。凡自抗战后博取过分利得者，对于国家，都应负纳税之义务。欧战时许多国家施行资本课征（capital levy）制度，为抗战之故，有资本者即应按照一定税率，对于国家有所贡献，初不问其

---

[*] 此文系作者为重庆《时事新报》撰写的社评。——编者注

资本之取得集积于何时,盈利自多,并非商人故为剥削。孟子说得好:"矢人惟恐不伤人,函人惟恐伤人"。商人既以营利为业,过分与否,自非所问。但是商人也要明了现代国家课税政策的趋势。欧美各国,不仅在战时,便是在平时,都具有极充分的理由可以运用课税权,以施行国民财富的再分配。商人要赚钱,是不错的。但是过分利得的来源,诚如美国财政学家浦徕恩(C.C.Plehn)所说,是"靠着世界受罪赚来的"(trading on the world's misery),吾人纵撇开伦理观念不讲,只就经济政策和财政政策着眼,也应该课以重税,以备持久抗战之用。试以美国所得税为例,在一九一四年大战开始前,其最高税率不过百分之八,战争开始以后,最高税率曾到过百分之七十七!战时利得税以英国的成绩最好,其最高税率在一九一七年曾到过百分之八十!吾国对于过分利得之课税,税率最低为百分之十,最高为百分之五十;其起征点在营利事业为利得超过资本额百分之十五,在财产租赁为利得超过其财产价值百分之十二,业已迭经考虑,力求和缓。立法方面,于筹维国计之中,更何"不溯既往"之足言?果如论者主张,仅课抗战开始后之过分利得,已觉轻微许多。然而审虑结果,仍以工商各业之利益为重,既不自民国二十六年七月七日起征,又不自民国二十七年一月一日起征,仅从本年七月一日起征,吾人以国民立场,正嫌国家立法之偏于宽大,乃竟有拟要求缓征之举,如所谓改自民国二十八年一月份起者。商界不乏明达之士,对此当能有所憬悟也。吾国抗战的前途,是要建筑在"应能负担"的基础之上的。无论是流血,是流汗,是出钱,是纳物,谁的能力大,谁就该多负担。能力大是荣誉,多负担是光彩!"靠着世界受灾受难赚来"的过分利得,还不该赶快的按照纳税的形式,为国家贡献一点,以减轻世界的灾难么?

国际财政协助之展望[*]

（一九三八年十一月二十一日）

关于远东国际关系，美国致日本照会全文，业于日前刊载，日本答复，亦载昨报。我们看到这些材料，不禁发生许多感触。谨以客观的见地，略加分析，并对各友邦，一抒其合理的估计与期待。

我们这次抗战，从最初起，就没有打算把他国拉在一起。我们不得已而争生存，完全是我们自己的事，所靠的完全是自己的力量。国际的援助，如果惠然肯来，自然是我们所欢迎，但没有把它算在自己的账上。我们知道国际往来，是靠着利害关系结合的，岂止国际，就是家庭关系，季子也会致慨于"位尊而多金"。人情不免，国情亦不免。如果我们得不到国际的协助，我们只有怨自己，决不致怨尤于友邦。痛痒虽说相关，而利害尚未切肤，我们又怎能盼望远处数万里外的朋友们之披发缨冠前来拯救呢。

国家间的主要关系，是作买卖。买卖之道，认货而不认人。谁买我的货，谁就是主顾；谁买得多，谁就是好主顾。英美等国和中国作买卖，和日本也作买卖。远东市场如果始终教他们照旧作买卖，初不问市场之归属于何人；如果远东市场之新占有人，仍许各国照旧作买卖，仍许各国商人行动自由，仍许他们自由运货，自由买卖外汇，直接的讲，仍许他们照旧赚钱，他们又何必一定要拉回旧日的东道主，而反对新来的东道主呢？所以我们的敌人，真要是聪明的话，他要先稳住这些跑上海、跑天津、跑青岛的西洋商人，把握住这些商人，也便把握住这些国家。有买卖作，他们是不会有功夫来反对日本的，不会有功夫来援助中国的。但是在事实上，日本为什么不这样作呢？他不是不聪明，他是性急心眼窄，为什么性急？一半是先天，一半也是现实所造成。这一年多的抗战，虽没有把敌人弄到经济崩溃，但已百孔千疮，危机日迫，一旦占领中国市场，他们国家的商人，便争先恐后迫不及待的来争生意，那还有功夫和那些碧

---

[*] 此文系作者为重庆《时事新报》撰写的社评。——编者注

眼紫须的老板们从容揖让呢！争之不已，遂至于挤，不是西风压倒东风，便是东风压倒西风，美国送到日本的抗议书内所说的各种事实，都是事有必至，理有固然，没什么可奇怪的地方。

如果西方各国从最初起，就看清楚了敌人所欲打击的，不仅是中国的生存，而且是各国在华百年来日积月累早经享得的经济利益。他不仅要占据远东市场，而且要赶出西洋商人，西方各国如果把日本了解得更深刻些，也许对于远东政策，另辟一个新生面。但是这种推论，还不说书生见解。前已言之，国际关系要靠着贸易来决定，商人的见解，常足以影响国家的外交。我们知道商人哲学，最重现实，眼前买卖不做，而预计明年如何如何，在买卖道上是讲不通的。当前利益，不能强其牺牲，将来痛苦，不足扰其现实，所以推论西方各国最初即应觉察者，仍属蹈空之论。

好了，现实终于来到了。这现实不是偶然的，不是局部的，而是有继续性有组织性的。这不仅对美国如此，对其他国家都是如此。各国本打算不择地主，不担牺牲，只求照旧作买卖便好。现在则已证明，这买卖实在作不成了，该好好的想个办法了。光靠着抗议，是没用的，他还曲解狡辩，振振有词，还是维持住远东市场的旧主人罢，还是直接间接帮帮老东道罢。帮了这位老东道，等于帮助了自己。纵令因为援助中国，有所牺牲，岂不比在陷落区域里作买卖的牺牲，还包含着许多希望么。这都是国际关系演变之自然结果，不是主观的爱憎所能左右的。

我们看清这些趋势与可能，就要立刻跟上我们自己的内部努力与外交活动！我们不指望其他的援助，只盼作到财政援助。而且不希望救济式的援助，只盼作到买卖的援助。货价一时付不清，多分几期。我们现在努力开发内地经济，所需要的交通材料与生产工具，为数既多，为期亦迫。盼望主事者，在内则加紧进行，在外则加紧折冲。我们真在那里干，友邦才能帮得上。西方各国，现在痛心疾首于敌人的横暴，正要把我们帮起来，我们切不可失掉这样良好的机会，而不去努力。我们第一步的作法，只要把内地的交通网，赶快的组成，把内地的通海贸易，相当的展开，抗战就可以很有把握。而这两件事，又非有国际的财政协助，是不容易作到的。友邦已经在那里准备着伸出手，只看我们自己努力如何！

新经济基点之创设*

（一九三八年十一月二十八日）

自从广州陷落武汉撤退以后，国人对于抗战前途，虽未遽抱悲观，但于经济力量的支持，总以为倍加困难，因而视内地经济的建设，一若为缓不济急。困难诚然是困难，开发内地自然也不是咄嗟立办的事，但是我们不要忘掉，自从一八四二年起，一直到武汉撤退之日止，将近百年的中国经济，始终以沿海沿江的大都市比较接近舶来品输入的地方为基点，以此基点为枢纽，配合若干原始生产部门，于是形成所谓次殖民地的经济形态。此种形态，国人虽知其不合理，虽知其应解放，然而积之百年，在生活上，早已习而安之。居谷者恶光，蚁眈者憎睐，非舶来品供应不欢者，谁又肯舍都市而弗居？经济基点在此，人生活动在此，意识形态自亦不能外此。而此基点以外之问题，或则漠不关心，或则语焉不详。触念不亲，痛痒自隔，解放大业，莫由自举，虽微日寇之侵略，在经济上，早已丧失其独立！

但自去年"八·一三"抗战以还，国土的沦陷，先从沿海沿江的大都会开始，直至最近武汉撤退之日止，比较便于舶来品装卸的大码头，几已丧失无余，这诚然是我们很痛心的事。虽然，塞翁失马，安知非福。如从另一方面看，特别从经济意义讲，丧失了这些经济基点，也可以促成此后经济的独立！这种观察，在习于上海广州生活者看来，似乎是不可解，但是从整个民族看来，勿宁说是可欣幸的现象，假使没有日寇的侵凌，好好离开了这许多都市，谁肯？决然击碎津沪的奢靡，谁行？放着俯拾即是物美价廉的舶来品而不用，谁办得到？然而一经抗战，这些令人陷溺的大码头，都不得不和我们分手！打破了经济基点，也便打破了意识形态，仍然保留着住天津上海的意识形态的人们，是不足以担负创造新中国的使命的。

---

* 此文系作者为重庆《时事新报》撰写的社评。——编者注

丧失了旧的经济基点，便足以建立起新的经济基点么？这个险，谁也不能保。但是"旧腐不去，新肌不生"，则是可以断言的。我们已经丧失了的，暂时既拿不回来，再不创设新的，又怎么办？在理论上，我们有创设的必要，在事实上，我们有创设的可能。以长期抗战，掩护新基点的创设，以新基点的创设，支持抗战的进行。所谓"建国在作战的时候"，当以创设新经济基点，为工作的中心！

所谓的经济基点，并不限于地理的意义，此外意义甚多。先从地理言之，我们要把新经济基点，建筑在大陆的奥里，由内向外，一反从前凭藉"条约码头"由外向内的覆辙，此其一。再从组织言之，以往工商各业，虽模仿资本主义的生产，然多未能采取先进国家的优点。但在今日抗战时节，有些事业，应由国家经营；有些事业，应采合作方式；有些事业，更应该求其合乎近代化的水准。自去年七月以后，吾国"工业合作社"的组织，已随农业合作而起，此后亟应尽量扩展，以应战时之需要，此其二。复次，关于技术方面，我们许多新式工业，完全靠外来的机器设备。一旦被战事破坏，新机器又来不到，工业便无法进行，这种作风，亟应改变。多利用土法，多奖励自造，用我们自己的工具，来开发我们自己的富源，效率虽觉稍迟，利权却不外溢。机器虽难进口，生产仍可进行，也许在这种努力之中意外获得许多发明与创作，此其三。复次，关于产品方面，现在生产之主要目的，"抗战第一"四字足以尽之。凡与抗战无直接关系或无迫切关系者，尽可从缓。在产品方面，只要应用，不求美观，只要坚牢，不求舒泰。将重工业提高到最大限，将轻工业减低到最小限，为抗战之故，不妨以一般消费为牺牲。我们是穷国，穷有穷的办法；我们是经济组织落后的国家，落后有落后的好处，要在降低我们的消费，以适应我们的生产，此其四。

"赤地新立，尽丧所有"，正是我们另辟新境的良机。"柳暗疑无路，花明又一村"，无妨引为再接再厉的鼓励。果能战胜悲观的袭击，何事不可有为？此种经济史上划时代的大业，正待一九三八年以后的我辈人去作！

论稳定金融[*]

（一九三八年十二月五日）

"战争所需要的，有三件东西，第一是钱，第二是很多的钱，第三是更多的钱"。这是一位西洋名将的格言。不错，作战总得要钱，"好汉无钱到处难"。缺了钱，许多事不能做，何况打仗？但是钱之为物，并不是目的，只是一种手段。有钱可以办军粮，可以买军火，可以发军饷，可以备军需，钱多则所购自多。所以钱的本质，只是代表一种"购买力"。现在大家常说"有钱的出钱，有力的出力"，相提并论，似乎指的是两件事。切实说来，无妨归纳到"有力的出力"一句话之内。一个出的是购买力，一个出的是劳动力，其为力的表现则一。此种购买力，在数的方面，固求其多，但是在值的方面，则求其稳！假使钱的价值，不能稳定，无论是涨是落，都要发生许多不良影响，有碍抗战的前途。所以只说战争需要钱多，还觉不足，吾人拟为之补充：战争更要钱稳！钱的购买力，能够稳定，一切方有标准，方能按照预定的计划去进行。

钱的稳定，有对外与对内二义。对外的稳定，其战时目的为换取军火，其施行手段为管理外汇，世人早已耳熟能详。至于对内的稳定，其目的则较为广泛，除供应军需持续抗战而外，所有发展生产，敏活交易，安定社会，维系人心，均与金融稳定有极密切之关系。关于管理外汇，政府致力已久，各方均知注意。惟对于如何稳定内地金融，似尚有待于更深切的认识与更积极的努力。

金融之不能稳定，其原因又可从两方面观察：第一是货币与货物的关系，第二是货币与货币的关系。在平常时节，一定社会里的货物交易与货币流通，常保持一种"平衡"，反映到物价上，也便没什么大变动。但是在货物一方面，或是供给少了，或是供给不少而需要多了；反之在货币一方面，或是发行多了，或是发行未多而流通滞了；反映到物价上，都可以促成上涨的趋势。于是有"平抑物价"，这是从货物一方面下功夫。但有时在货物方面，并没有变动，而在货

---

[*] 此文系作者为重庆《时事新报》撰写的社评。——编者注

币本身，却有了变动。在外为国币与外币的对比，在内为硬币与纸币的对比，或是主币与辅币的对比，对比有了变化，亦足影响于物价。如果辅币一方面，数量缺少了，反映到币值的比例上，便为主币的跌价。一般物价，总是联系于主币，所以辅币涨价，未能享物价下落之利，而主币跌价，却已受物价上涨之弊！此种现象关乎大众生活者，至重且巨。在抗战时节，欲防物价之上涨，于平抑物价的工作而外，自然要积极从事于稳定金融！

最近渝市曾发生钱价上涨的现象。从前每角法币换二千四百文，一星期前曾跌至二千文，且有无处兑换之势。考其原因，或因奸商镕化外运，或因钱商囤积居奇，或因匪徒蓄意捣乱，均不难用政治的手段与警宪的力量严厉制止。当局亦经拟定对策，分别执行，短期不难解决。惟因此事，令人想到一个更为根本的问题，希望朝野各方，予以注意：战争所需要的，不仅要钱多，而且要钱稳，前已言之。但是金融如何才能稳定？则敢应之，曰"定于一"！我们知道，货币的功用，第一便是交易的媒介，只要不是抱布贸丝以羊易牛的物易社会，便须有一种大家公认的交易媒介，以供买卖之用。这种公认的媒介，愈统一，愈集中，其功用亦愈大。抗战以前，政府为整理内地各省币制，曾发行若干次之金融整理公债，总算是把法币推行了，把主币确立了。对日抗战经年，吾国币制，不仅丝毫未受影响，反因法币之确定，助成长期之抗战。中央与地方，国家与人民，交受其利，早已中外同钦，有目共睹。但是主币统一之后，仍应继之以辅币之统一。一方由中央银行尽量发行一分、半分之辅币，同时由地方当局与商人团体，彻底协助政府，严厉制止蓄意扰乱金融之行为，以完成币制之统一。生在现在的世界，已经否定了个人的钱，只有建立集体的钱！这个钱只有在集体生活中才有用。窖藏起来，固无用，运到外国，也不保险，即从个人利害着想，稳定金融之责，也该由人人担起来！

英美借款成功与我国战时财政*

（一九三八年十二月二十日）

抗战迄今，沦陷了许多的国土，在形式上，所有关、盐、统一类的旧收入，大都一落千丈；新创各税，又方在萌芽；原有的金融市场，如津、沪、粤、汉都失掉了，发行公债，更是万分困难；发钞当然要方便些，但是政府于盱衡国计民生之余，又恐恶性膨胀之贻祸无穷，不得不谨慎将事；仗总是要打下去的，打仗就得要钱，这个钱该怎样筹？风雪满天，前路正遥，我们囊橐里的糇粮，还有多少？我们的态度，自然是积极的，但是冷酷的事实，摆在面前，又不容我们遽抱乐观；于此忧心忡忡，仰屋兴嗟之际，忽然空谷足音，自远而至，如二千五百万金元的中美信用借款成功了，中英借款一千万磅，亦即签订，凡属国民，谁不欢欣鼓舞？其最敏锐的反映，即在上海，所有各项政府债券，均一致上涨，金融市场之黑市外汇，大见转松，汇划贴水率，亦见猛跌。此类借款，果能继续进行，且能运用得宜，则对于我国之战时财政，必能打开一新局面。吾人于感谢友邦的盛意与钦佩当局的努力之余，尚有不能已于言者数事：

第一，这样大规模长期间的抗战，凭我们这样穷，我们不配说：不必靠友邦的协助。但是友邦的协助，不是靠着乞怜得来，也不是靠着利用得来，而是靠着我们的自力牺牲得来！所以我们从抗战之始，就没有把国际借款，写在自己财政的账上。因为"得道者多助"的缘故，时间一到，自然要水到渠成。所以我们在自己财政的设施上，更要努力，不要因为国际借款成功，便觉欣然自得，放松当前的工作！

第二，当前之战时财政工作，表面是支配钱，实际是支配物。我们所借的款，只是购物的信用，而所购的物如汽车汽油之类，运到吾国来，又所以供运物出口之用。又如进行中之一千万磅英金信用放款，即用以建造铁路，自湘桂两省通至缅甸边界，其中除六百万磅系供建造经费外，余四百万磅则用以向英

---

* 此文系作者为重庆《时事新报》撰写的社评。——编者注

国购买铁路材料。吾国今日最需要者，莫过于交通。交通有办法，则货物出口有办法，而增加外汇，输入军火，持续抗战，也就都有办法。吾国战时财政，能够把物的条件，运用灵活了，就是再打上几年，也是胜任愉快的。

第三，我们趁着国际借款成功债券一致高涨之际，可以继续发行金公债，使国人保有英美各国外币者，得以尽量购买政府债票。中国是有办法的，是有前途的，如果没前途，外国肯赊给我们东西么？我们不要误认英美所以肯给我们信用者，光靠着友谊。她们于友谊之外，总还要打打算盘。算定中国有意志，有办法。所以才肯这样做。外国债权者已经信任了我们政府，则国内债权者，更无所用其迟疑。开发内地经济，建设国际交通，用款的地方多着呢！岂是区区英美信用借款所能济事？所以我们甚盼政府于对外借款成功之后，再准备对内继续募债的进行。

第四，此种国际信用借款，不仅对于战时财政具有重大之功用，对于战后之财政改造，更具有划时代的意义。假使苦心不负，抗战有成，则战后之建设，无疑问的，必走"利用外资"之路。我们所要的，不一定是钱，主要的还是货物，尤其是制造用机器与交通用材料。我们借来这些物，以开发我们的富源，将来即以开发出的富源，来偿还借来的债款。因此我们要根本树立起战时及战后之经济建设方案，而加紧进行。务期以极速的效率，造成许多之产业，以产业的收益，偿还对外的借款，不再仰赖国库中之赋税收入与海外所存之外汇基金，这样的利用外资，才是最有效最合理的方式！

第五，基上所述，我们感于此后信用借款意义之重大，特提出"财政纪律"（financial discipline）之口号，期望政府彻底执行。自借款进行之日起，所有从前购货折扣之弊，务须一扫而空。而所购之货，复须为新制廉价切合国内之需要者，不徒为外邦销残余。材料运进之后，更须极有效率地运用之，以期产生更大之效果。不仅足以偿债，且能有余以增加外汇，则此项借款，始能为整个之成功。从借款进行之日起，以至债务清偿之日止，务须由政府树立坚强之"财政纪律"，以贯彻之，然后方能免借债之弊，而收借债之利！

听到英美借款成功的消息，我们不可徒以欣赏了之，更不可狃于小成，以致怠于努力。划时代的财政改造与经济改造，均将以国际间的信用借款为契机，在初步成功之余，需要吾人表现更大的努力！

战区财政问题[*]

（一九三八年十二月二十六日）

长期抗战，应从军事政治经济各方面，注意于广大之游击区，以"面"的充实，与敌人所占的点与线，争一日之长，此乃当前急不容缓之工作，无人能加以否认。但一谈及活动，即与财政发生关系，任何方面之工作，皆非空手所能济事。在国军撤出之地方，许多税收，因而停顿，国库收入，为之减少；但亦有许多支出，因机关裁撤政务暂停之故，得以节省若干；收支双方，颇有可以相抵之处。惟自政府立场言之，税收尽管减少，而在战区应作各事所需之经费，则不可不筹！财政如此困难，支应战事，尚虞不足，又须筹划游击区内所需各项经费，可谓难之又难。于是战区财政问题，尤其是战区税务处理问题，确是值得考虑的一件事。

查课税权为国家主权之行使，在行政权未能充分运用之地方，征税自感困难。况在游击区内，人民多受颠沛流离之苦，应纳各税，原则上均应分别蠲免，始足以系人心而资救济。但游击区所属各地，面积广大，自有富源，战事袭击，多属一时现象，事过境迁，仍可续营生业。税源既未尽失，征税机构，即可斟酌情形，相机推动。倘能为国库有所增益，即以所收税款，用之当地，以供经济恢复之需，则国家与人民，即已交受其益。惟吾人主旨，终以战区不收税为原则，尤以新办各税，不可轻于尝试。苟因战区活动较有把握，考虑到课税问题之时，亦须在左列条件下，方可着手。

第一，责成临近游击区之征税机构，遴派专人，对于某一区内之税源及课税环境，预行调查，以为进行稽征之准备。如课税环境条件尚未具备，万不可操切从事，致失国民内向之心理；只可继续调查，以时报告，藉明战区真相，以便相机推动。

第二，凡游击区，所受战事破坏较轻，安定期间较久，而敌伪统治力量复

---

[*] 此文系作者为重庆《时事新报》撰写的社评。——编者注

未深入之地方，经调查清楚后，即可准备征税。惟办理调查稽征之人员，须由一定机关，遴派体格健实、行动机敏、赋性和蔼之人充任之。进行工作时，应鼓舞民众之爱国情感，使其在法定标准之下，愿献其收入之一部，以助成我们民族抗战的胜利。

第三，游击区征税事宜，应由主管机关，组织流动稽征团，前往办理查报、核定等手续。以时出动，办毕转移，发挥征税机关之机动性，以适应战区之情势。其收款机关，能运用国家银行流动办事处之方式，最为理想。税款之缴入银行者，即等于缴入国库。

第四，战区所收税款，国库收账后，经过一定手续，应尽数用之于地方。或拨助自卫所需，或救济被难民众，使人民了然：取之于战区者，即以用之于战区！按照纳税之方式，总比任意摊派或捐输，较为公平合理。同时办理军事政治之人员，在战区内，绝对禁止再用摊派捐输等名目，以袪流弊！

第五，战区所收税款，于办理前项工作外，可经主管机关之许可，与农本局或合作社等机关，切实联络，酌提所收税款，购入游击区内之出产，运销内地，使资金仍能归返当地民间，藉促活动。设能扩充信用合作及工业合作之组织，提出税款之大部，作为合作基金，以发展各项生产事业，其效用较之单纯之支出与救济，当更为宏远。

在上述条件之下，以进行战区之财政工作，或能于长期抗战，有所裨益，而不致酿成许多的流弊；惟实行之际，则殊为困难。第一要有人，第二要有机构，第三要有呼应。必须条件具备，全面机动，方能发挥效能。此际而言战地办税，似觉为时尚早；但在游击作战略有把握之后，则此问题，迟早总要考虑，故筹之不可不豫也。